소수자들의
삶과 커뮤니티

소수자들의 삶과 커뮤니티

용감한 사람들

성노동자•이주자•장애인•성소수자•어린이•미혼모
BDSMer•사이버 거지와 도둑•약물사용자

윤수종 엮음

문학들

모두가 용감한 사람입니다

이 책은 『문학들』 '이야기들' 란에 게재되었던 글들을 묶은 것이다. 그간 '이야기들' 란에 실렸던 글들을 묶어서 『소수자들의 삶과 문학』(2014), 『소수자들의 삶과 기록』(2019)을 펴낸 데 이어 이번에 『소수자들의 삶과 커뮤니티』를 펴내게 되었다.

소수자들은 삶을 살아가면서 다양한 관계를 맺고 더욱이 커뮤니티를 형성해 가고 있다. 사회 안에서 색다른 작은 사회들을 만들어 내는 것이라고 생각한다. 소수자들이 만들어 내는 이러한 미시코뮨은 사회를 풍부하게 할 것이다.

이 책에 실린 여러 소수자의 이야기를 들어 보자. 일단 소수자를 몇 가지 범주로 나누어 보았다. 물론 이 범주화는 편의를 위한 것일 뿐이다.

성노동자

성노동자와 관련한 두 개의 글 가운데 「스물여덟의 삶과 성노동 경험」은 명문대 여성의 성노동 경험을 다루고 있다. 소개만큼이나 암울한 현실이 잘 드러난다. 한국 사회에서 가족자원 없이 여성 혼자 살아간다는 건 이토록 존엄성을 깎아내려야만 하는 일이다.

가정폭력에 시달리다 집에서 탈출한 가희는 혼자 힘으로 대학을 다니며 휴학과 재학을 반복하고 온갖 아르바이트로 버티다가 막바지에는 지쳐버렸다. 한 학기 남기고 졸업을 포기하고 자퇴를 하였다. 자신의 삶이 더 이상 돌파구를 찾을 길 없는 막막한 상황에서 성서비스 일이 유일하게 열려 있는 길로 경험되었다. 가희는 구인광고를 통해 핸드플레이 업소인 데이트방에서 일하게 되었다. 가희의 성노동 경험 속에서 인권 침해와 혐오, '민간인'을 선호하는 성구매 남성들의 태도 등을 살펴볼 수 있다.

두 번째 글 김주희의 「금융화와 성매매」는 애초에 '학생이 벌 수 있는 돈치고는 많이 벌었죠'라는 부제를 달고 있었다. 실제 성매매 경험이 있는 여성과의 인터뷰와 이에 대한 분석으로 이루어진 이 글의 내용은 충격적이다. '강남의 유흥업소에 종사 중인 여성에게 지급한 대여금이 공식 금융권에서 담보 가치를 가질 수 있게 된 데는 유흥업소 여성이 미래에 만들어 낼 수입에 대한 예상(사회적 신뢰, 혹은 신용)이 중요한 계산으로 등장했기 때문이다'라는 문장의 의미를 곱씹어 보자. 금융화로 인해 변화된 우리의 일상과 경험은 젠더/섹슈얼리티와 무관하지 않은데, 젊은 성매매 여성의 예상 수입이 대출 가능액을 산정하는 신용이 될 수 있다는 사실은 우리 사회 금융자본이 어느 지경에 이르렀는지를 체감하게 한다. 여기에 실린 글에서 여성은 학자금 대출과 성매매의 연관을 보여주지만 그 속에서 학생으로서 동시에 성매매 여성으로서 자신의 생존전략을 찾아나간다.

이주자

이주자와 관련한 글로, 첫 번째로 농촌사회 연구자 정숙정의 글 「밥한 끼의 무게」는 애초에 '농촌 미등록 이주노동자와 중개인의 삶'이란 부제가 붙어 있었다. '2018년부터 2019년까지 참여관찰과 인터뷰한 것을 토대로 작성'한 것이다. 농촌사회를 이루고 있는 사람들은 한 편의 영화속 캐릭터들을 보는 듯하다. 농가에 중국인 인력을 대규모로 중개하는 '마름처럼 중간 관리를 하는 중개인' 쯔한, '소위 폭력배 조직의 중간 조직원'이자 '형님들이 운영하는 유흥업소에 여성 이주노동자를 파견하는 일을 해' 온 영준. 이들은 이주노동자들의 사생활, 연인 관계에 이르기까지 면밀하게 관찰, 관리하면서 그들을 조직적으로 체계적으로 통제한다.

이주민 중에서도 미등록 이주노동자는 가장 주변부에 속한다. 제대로 임금을 받지 못하고 사장이나 농장 주인이 폭력을 행사해도 항의할수도 없고 다른 곳으로 도망치는 방법밖에 없다. 미등록 이주노동자와 중개인이 함께 거주하고 있는 농촌사회의 탁한 공기와 어두운 그림자는 도시로 배송된다. 그러나 '아무도 그 육중한 밥 한 끼의 무게를 느끼지 못한다.' 이것은 영화 속의 현실이 아니라 실제 현실이다.

두 번째 최영일의 「재한줌머인들의 이주와 공동체 형성」은 방글라데시 치타공산악지대를 흐르고 있는 카르나풀리강 상류로 거슬러 올라가야 선명하게 보이기 시작하는 줌머 사람들, 댐 건설에 따른 수몰지구의 증가와 보상에 대한 계획도 없이 추진되었던 결과에 따른 그들의 이주와 정착 과정을 살펴본다. 난민인정투쟁을 거쳐 이주자공동체를 구성해 가는 그들의 노력을 보여준다.

장애인

장애인 관련 글 「오늘도 괜찮아」에서 이우주는 불안과 불면증에 시달리는 청년 남성과 섭식장애를 겪고 있는 청년 여성에 대해 이야기한다. 흔히 미미한 엄살로 치부되곤 하는 그 증상들이 앓는 이에게는 얼마나 고통과 상처가 되는 일인지를 절절히 읽을 수 있다. 너무나도 당연하다고 여겨지는 먹는 것과 자는 것이 어려운 상황, 그리고 그 사회적 연원까지도.

「조현정동정애와 함께한 10년」에서 백혜정은 조현병의 발병 과정과 증상에 대해 설명한다. 이후 폐쇄병동 생활을 거쳐 투약과 상담을 반복하며 자신을 되돌아보게 된다. 특히 장애인인권단체에서 동료 상담가라는 일을 하면서 자신감을 얻고 다양한 교육도 받으면서 '나=증상'이었던 관계가 '나〉증상'으로 변해가는 느낌을 받는다.

언론과 사회의 조현병 환자에 대한 시선을 비판하면서, '조현병 환자는 잠재적 살인자'라는 언론의 프레임의 결과로 조현병 환자들은 자신을 숨긴 채 살아야 하고, 언론에서 조현병 환자의 살인사건 등이 나올 때마다 취업길이 막혀서 사회적 약자로 남을 수밖에 없다고 주장한다. 자신도 전문가들의 인식에서 벗어나 동료 상담가가 되면서 정신병원에 입원해 있는 아버지와 다르게 관계 맺게 되었다. 결론적으로 '조현병은 고쳐야 할 질병이 아니라 그저 사람들이 가진 여러 성질 중 하나일 뿐'이라고 말한다.

성소수자

23-170-80-뚱은 「게이 라이프」에서 23살, 170센티, 80킬로 뚱보인 게이의 삶에 대한 솔직한 심정과 경험, 생각을 들려준다. 그는 아버

지의 압박 속에서 정체성을 찾아가며 고등학생을 지나 대학에 와서 데이팅앱이나 어플을 통한 만남시도에서 일어난 일들을 소개한다. 자신의 식성에 대해 기술하면서 일본에서 하게 된 첫 오랄 경험과 이후의 경험을 진솔하게 보여준다. 게이들은 만남과 연애에서 유연함을 지니고 있다고 하면서 친구이면서 사랑도 하는 궁극적 친구를 제시한다. 이어서 게이 세계에서 나타나는 끼순이 문화와 성노동에 대해 평하면서 자신의 쾌락을 추구해 나가는 게이 라이프를 보여준다.

박대엽은 「여장남자의 삶과 성활동」에서 여장남자의 세계를 보여준다. CD란 Crossdressing의 약자인데, 일반적으로 이성이 입는 것으로 인식되는 옷을 입는 사람을 가리킨다. CD 그 자체에는 특별한 성적 지향점이 없다. 동성애자, 양성애자, 이성애자 모두 CD가 될 수 있다. 이 글에서는 주로 성 만족감을 위해 여장을 하는 남성 CD(여장남자)를 다룬다. 그들은 남성성을 떠올리게 하는 신체의 모든 것을 혐오하고 여성성을 상징하는 모든 것을 갈망한다. 복장과 사진은 여장남자에게 대단히 중요한데 이는 자신의 제2의 자아를 드러내는 것이기도 하다. 그들의 일상생활은 평범하지만, CD로서의 생활은 은밀하다. 그들은 게이들과 마찬가지로 커밍아웃이나 아웃팅의 두려움을 갖고 있다. 때문에 주로 익명성이 보장되는 온라인에서 활동한다. 인터넷 커뮤니티뿐만 아니라 시디바와 같은 오프라인 공간도 만들어 그곳에서 교제한다. 대부분의 여장남자는 여장을 하고 남성이나 여성과 성관계를 맺는다. 자신의 성정체성이 여성이라면 남성과, 남성이라면 여성과 관계한다. 이와 달리 이성애자임에도 여장을 했을 때 여성으로 취급받음으로써 성 만족감을 느끼는 여장남자도 있다. 우리 사회가 소수자를 존중하는 방향으로 열려야 한다는 데 동의한다면 마땅히 읽어야 할 글이다.

용감한 사람들

이러한 범주 속에 끼워 넣기 힘든 소수자들을 '용감한 사람들'이라는 범주 속에 묶어 보았다. 실은 앞서 언급한 소수자들 또한 용감한 사람들이라 할 수 있다.

조재호는 「용감한 어린이들」에서 초등학교 공교육 현장에서 근무하는 교사의 삶을 교육현장의 목소리로 들려준다. 그는 2022년 교육현장에서 만난 수미, 수탁, 두꺼비, 게바라, 종이라는 용감한 어린이들에 관한 이야기를 들려준다. 마르크스는 "교육자 자신도 교육받아야 한다"고 말한 바 있는데, 그는 자신을 가장 확실하게 교육한 사람이 바로 이 용감한 어린이들이라고 고백한다.

십 대 미혼모의 이력과 고통, 심경에 대해 인터뷰한 김재현의 「십 대 미혼모의 삶」은 고등학생으로서 임신하여 출산하고 혼자 키우는 은지 이야기를 들려준다. 그녀는 임신과 양육이라는 인생의 거대한 전환점에서 지울 수 없는 트라우마를 안고 견디기 힘든 사회적 편견과 외면 속에서 청소년에서 한 아이의 엄마로 힘겹게 주체성의 전환을 경험하고 있었다. 그녀는 청소년과 엄마라는 불분명한 경계 위에 있는 불분명한 존재에 머물지 않고, 오롯이 자신의 결정으로 가족을 꾸리고 엄마의 역할을 하며 양육에 대한 강한 의지를 불태우는, 이 사회에서 누구보다도 용감한 사람이다.

상사화의 글 「'행복한' 레일라」는 모로코인 어머니와 한국인 아버지 사이에서 태어나 한국 땅에서 온갖 인종적 편견과 성폭력에 시달리면서 성장한 혼혈 여성 레일라의 인생 유전에 관한 우애 어린 관찰기이자 보고서이다. 부단한 배제와 성 착취에 직면하지 않을 수 없었던 그녀는 한국 사회에서 생존과 적응을 위했던 허영의 거짓말과 성적으로 자유분방한 여성으로서의 자기 이미지를 스스로의 진짜 얼굴로 여기며 살아왔던 이력에 관해 담담하게 묘사한다. 한국 사회에서 그녀에게 가해진 직간접적인 폭력의 역사는 믿을 수 없을 정도로 참혹하지만, 엄연히 존재하는 소수자의 이야기를 지극히 솔직하고 담백하게 술회하고 있어서 더욱 아이러니컬하게 읽힌다.

세진은 「BDSM 경험과 커뮤니티의 특성」에서 색다른 성형식을 추구하는 사람들과 커뮤니티에 대해 이야기해준다. 가학-피학, 사디즘-마조히즘이라고 알려져 왔던 것을 좀 더 확대하여 구속과 훈육, 지배와 복종, 가학과 피학 등을 포함하는 성활동으로서 BDSM에 대한 개인적 경험과 커뮤니티의 활동을 소개한다. 개인적 경험을 통해 다양한 디엣관계에서의 역할 경험을 소개하며, 온라인 오프라인에서 이루어지는 커뮤니티의 특성을 말해준다. 커뮤니티 안에서는 '공론화'라는 형태로 집단성과 헤게모니가 관철되며 자체 자정 능력을 키워가고 있다. 또한 BDSM 판에서의 섹스는 디테일한 합의 속에서 이루어지고 여성이 서브미시브라할지라도 관계를 오히려 주도하는 특성으로 볼 때 페미니즘적이기까지하다고 한다. 어쨌든 에세머들은 자신들의 커뮤니티를 통해 욕망을 실현해 감으로써 정상규범으로 환원되지 않는 욕망 형식들을 구현해 간다.

거지와 도둑의 변신을 다룬 조예은은 「사이버 거지와 사이버 도둑」에서 탈근대시대 거지와 도둑의 모습을 밝혀준다. 인터넷, 웹이 삶의 '보조 수단'인 시대는 이미 지나갔다. 그것은 이제 삶 그 자체가 된 것이다. 그렇다면 거지와 도둑 또한 사이버상에도 존재하지 않을 까닭이 없다. 조예은은 그러한 '현대의 거지'를 소개하고 진단한다. '다양한 수법을 사용하며 더 치밀하고 지능적인' 이 현대의 거지에 관해 더 알고 싶다면 일독을 권한다. 흥미로우면서도 당혹스러운 세계를 만나게 될 것이다.

약물 문제를 연구하는 연구모임 POP는 「약물과 함께하는 삶과 죽음」에서 약물 이슈를 제기하기 시작한 자신의 활동을 소개한다. 연구모임

POP는 약물 사용자에 대한 악마화, 치료가 아니라, 처벌과 감금을 기조로 하는 국가 정책 속에서 노동을 위한 각성제, 고통을 줄이기 위한 진통제가 아닌, 성 만족을 위해 약물을 사용하는 켐섹스를 게이 섹슈얼리티 문화의 일부라는 점을 인식하고, 그로부터 발생할 수 있는 해로운 영향을 줄이면서도 약물 사용자들을 커뮤니티 밖으로 배제하지 말고 이들의 생존과 인권을 돌보는 역할이 필요하다는 점을 주장한다.

연구모임POP는 약물 사용 경험이 있는 게이들의 목소리를 드러냄으로써 약물 사용자를 인간화하고 관계성의 단초를 마련하고자 하는 노력을 해 왔는데, 이 글에서는 약물 범죄화와 약물 사용자에 대한 낙인을 비판하는 것에서 한발 나아가기 위해 두 사람의 개인적인 경험을 이야기한다.

첫 번째 사람은 약물 사용을 중단한 이후에도 약물과 함께 살아가는 방식을 서술한다. 두 번째 사람은 단약의 이유와 목표를 질문하면서 이 질문이 온전히 삶의 맥락에서 자리 잡는 것이 중요하다는 점을 제기한다. 궁극적으로 약물 사용과 죽음의 굴레에서 벗어나 살아남아, 단약과 삶을 추구하는 과정에 이르고 싶다고 열망한다.

이 책에서 소개한 소수자들은 더 이상 인정받기 위해 노력하는 것이 아니라 스스로 주체적인 활동을 통해 표준적인 삶 형식을 바꿔가려 한다. 그러한 점에서 이들은 삶 형식을 풍부화할 뿐만 아니라 다양한 커뮤니티를 형성해 나가며, 나아가 기존의 사회관계를 바꾸어 가려는 용감한 사람들로 드러난다.

2025년 2월 5일
엮은이 윤수종

차례

성소수자

용감한 사람들

성노동자

스물여덟의 삶과 성노동 • 오김숙이
금융화와 성매매 • 김주희

스물여덟의 삶과 성노동 경험[1]

오김숙이[*]

가희는 어릴 때부터 알코올 중독자였던 아버지로 인해 심각한 가정폭력 속에서 살아왔다. 그녀는 공부를 꽤 잘하였고 남들이 소위 '명문대'라고 부르는 대학에 입학한 뒤 가출하여 고시원에서 살며 학교를 다녔다. 그녀는 가족과 인연을 끊은 채 돈을 벌며 학교에 다니느라 휴학과 복학을 반복해야 했다. 그녀는 과외, 학교 조교, 학원 강사 등 가능한 아르바이트를 계속해 나갔다. 그러다가 그녀는 한 학기를 남겨둔 스물여덟 살에 더 이상 그와 같은 생활을 버티지 못하고 자퇴하였다. 그로

---

* 여성문화이론연구소 연구원.

1 이 글은 김숙이(2015)의 박사 논문 「20~30대 '매춘 여성'의 생애이야기: 생존 전략과 경계 넘기의 행위성을 중심으로」(서울대학교 여성학협동과정)에서 연구참여자 최가희의 생애사를 중심으로 재구성한 것이다. 구술은 2014년에 두 차례에 걸쳐 이루어진 것이지만 현재형으로 서술하였다. 『문학들』 58호(2019년 겨울)에 실림.

인해 학원 강사도 그만두어야 했다. 그 뒤 그녀는 여러 알바를 전전하다 데이트방이라는 핸드플레이 업소에서 일하였다. 그녀는 이 일을 오래 하지는 못하였다. 그리고 꽤 오랜 시간이 지난 현재, 그녀는 안정된 직장에서 정규직으로 일하고 있다.

가족 관계

가희는 부모와 오빠가 하나 있다. 아버지는 회사원이었고 어머니는 전업주부였다. 아버지는 임금노동자로서 경제활동을 해서 가족의 생계를 부양하였다. 하층계급에 속하였지만 안정적인 생활을 영위하였다. 하지만 아버지로 인해 모든 가족이 불행하였다.

그녀의 아버지는 그녀가 아주 어릴 때부터 알코올 중독자였으며 가족들에게 상습적으로 폭력을 휘둘렀다. 가희도 어머니나 오빠와 마찬가지로 심각한 폭력에 노출되어 있었다. 그 때문에 그녀의 어머니는 몇 달씩 집을 나갔으며, 그때마다 남매는 '엄마가 집에 없는' 어린 시절을 보냈다.

가희는 부모가 학력 차이가 매우 컸는데 만남에서부터 문제가 있었다고 말한다. 그녀의 아버지는 서울에서 꽤 좋은 대학을 다녔으나 복잡한 가족사 때문에 젊은 시절부터 실의에 빠져 매일같이 술을 마셨다고 한다. 가희 어머니는 학력은 매우 낮았으며, 아버지가 자주 가던 술집에서 서빙 일을 하고 있었다. 그녀의 아버지와 어머니는 그곳에서 만나 결혼하게 되었다.

> 아버지는 아주 어렸을 때부터 알코올 중독자였기 때문에 그때 자기를 받아줄 수 있는 사람이 없다고 생각했대요. 그리고 엄마도 그렇

게 생각했대. '저 사람을 걷어줄 사람은 나밖에 없다'라고 생각했대(미소).

　　엄마랑 대화를, 안 했어요. 그니까 엄마가, 엄마도 되게 학대받은, 어린 시절을 학대받으면서 자랐는데, 학대받으면서 자랐으니까 우리 아버지 같은 사람을 만났겠지. 그러다 보니까 엄마두 되게, 너무 어두운 거야. 그래서 맨날 나한테 막, 자기가 어렸을 때 무슨 뭐, 담배밭에서 죽으려고 했던 거, 막 산에서 떨어져서 죽으려고 했던 거, 맨날 이런 걸 얘기를 해. 그리고 맨날 내 앞에서 "니네 아버지가 얼마나 죽일 놈인지" 막 이런 걸 얘기를 하고 있으니까, 대화를 할 수가 없어. 그냥 일방적으로 듣는 거지…….

　그녀의 어머니는 아버지의 폭력을 피해 자주 집을 나갔으며, 남편으로 인한 고통과 상처를 어린 딸에게 고스란히 전가하였다. 어머니가 딸에게 전하는 이야기는 어린 가희로서는 감당할 수 없는 내용들이었다. 그 같은 행위는 가희의 말처럼 '일방적인 듣기'였을 뿐 아니라 어린 딸에게는 엄청난 심리적 고통을 겪게 하는 정서적 학대로 경험되었다. 그녀는 그런 '엄마랑 대화를 안 했다.'고 했는데, 그것은 그 정서적 학대를 피하려는 방편이라고 짐작할 수 있다. 그녀는 어머니가 어린 시절 학대를 받고 자라서 '아버지 같은' 사람을 만나 결혼했다고 생각하고 있다.

　가희는 어릴 때부터 일상화된 아버지의 폭력과 그로 인해 몸이 부서지고 '깨진' 경험을 덤덤하게, 더러 웃음을 보이며 이야기하였다.

　　너무너무 폭력적이었어요. 진짜. 술을 마시든 안 마시든 폭력적인데, 술을 마시면 폭력성이 극대화되는 거죠. 그래서 막 되게 많이 맞고 맨날 갈비뼈 나가고(웃음) 막 머리 깨지고, 저는 삭발을 진짜 많이 해 봤어요. 머리가 너무 자주 깨져서(웃음). 막 뭐, 이는 지금 치아도 제 치아인 게 거의 없어요. 다 계속 다 부러져서. 그렇게 어린 시절을 그렇게 보냈는데, 단 하루라도 내가 평안하게 자 보는 게 소원이었거든요. 그냥 자 보는 게 소원이었어요(미소). 막 그랬고, 그래서 엄마, 엄마도 항상 목뼈 부러지고 막 그런 식으로 많이 다쳤는데, 엄마가 항상 집에 없는 시간이 너무 많은 거예요. 그니까 엄마가 도망을 가, 도망을 갔다가 몇 달 동안 우리끼리 지내는데 먹을 게 없어서…

저희 집에는 티브이가 없었던 게, 티브이가 한 대 있기는 있었지. 근데 아버지가 술을 마시고 맨날 브라운관을 깨는 거야. 그러면은 어디 뭐 고물상 같은 데 가서 중고 티브이를 하나 가져와요. 그럼 또 하루 만에 깨져. 이러니까. 우리 집에는 그릇도 다 플라스틱이었고, 티브이도 없었어. 응. 티브비가 없고 친구도 없으니까 책밖에 읽을 게 없지.

그녀의 가족에게 아버지의 폭력은 매일 치르는 일이었다. 그래서 "하루라도 평안하게 자 보는 게 소원"일 정도였다. 또 그 일상적 폭력은 매일 텔레비전 브라운관이 깨지고 다시 중고 텔레비전이 생기는 것으로, 또 집에는 플라스틱 그릇만 있게 된 이야기로 드러난다. 그녀는 그런 어린 시절을 보내며 친구도 텔레비전도 없었으며, 단지 책을 읽는 게 거의 유일한 위안이었다고 한다. 게다가 아버지는 퇴근길에 그녀에게 거의 매일 책을 사다 주었다. 그녀는 어렸을 때 세계 문학을 읽고 아버지의 폭력으로 인해 상흔을 간직한 조숙한 아이로 자랐다. 그녀의 아버지는 알코올 중독으로 매일 소주를 '궤짝으로' 먹었는데도 아침이면 회사에 '멀쩡하게' 출근하여 가족의 기본 생계를 부양했다. 그녀는 그런 아버지를, 대학을 나왔으나 할아버지의 실종 등 복잡한 가족사로 일찍이 '좌절한 인텔리'로 이해하고 있었다.

> 그냥 어릴 때부터 이제 소아 우울증이 있으니까, 저는 애기 때부터 자살 시도를 했어요, 꾸준하게(미소). (**어떻게요? 애기 때라는 건?**) 뭐 초등학교 때. 초등학교 저학년? 이럴 때. 뭐 손목도 많이 긋고 뭐, 저희 집이 사층이었는데 사층에서 계속 떨어져서 계속 막, 다리 골절 이런 건 계속되고, 팔다리 골절. (**의도적으로 떨어진 거예요?**) 응 응. 뭐 이제 목매다는 것도 몇 번 했는데, 항상 집에 딱 방이 두 개가 있으니까 안 들킬 수가 없는 거예요(미소). 그래서 한쪽 방에서 내가 목을 매달면 오빠가 뛰어와서 내리고 이런 식으로, 되게 어둡고 우울증이 되게 심했어요. 뭐 그러던 와중에 그렇게 어두우니까 친구를 못 사귀는 거야. 그래서 한 번도 초·중·고등학교를 다니면서 친구를 사귀어 본 적이 없어요. (웃음)허, 그래서 친구를 못 사귀니까 할 수 있는 게 공부밖에 없어요(크게 웃음).

그녀는 '공부 잘하는 아이'로 자랐지만, 매일 아버지의 폭력이 반복되던 어린 시절을 겪으며 '소아 우울증'을 앓게 되었고 여러 차례 자살을 시도하기도 했다. 그녀의 어머니 또한 남편이 매일같이 휘두르는 가정폭력의 최대 피해자였으며, 그 상황에서 어린 자녀들을 집에 놔둔 채 오랫동안 나가 있는가 하면 자신의 고통을 어린 딸에게 이야기하며 전가하는 등 자녀들을 돌보지 못하였다. 이런 환경에서, 가희는 아주 어둡고 우울증이 심해 한 번도 친구를 사귀어 본 적이 없었다. 그녀는 어린 시절 아버지에게 맞아 '머리가 자주 깨지는' 상황을 이야기할 때 거의 감정 변화를 드러내지 않았다. 도리어 그녀는 그 고통스런 이야기를 매우 조곤조곤하고 느리게 또는 웃거나 미소를 지으며 말하곤 했다. 이 같은 모습은 그녀가 그 상황과 거리 두기를 하기 위해 감정을 배제하는 오랜 노력의 결과로, 또 누군가에게 화를 내거나 분노하는 대신 체념하고 스스로를 책망하는 자조(自嘲)로 해석할 수 있다. 그래서 그녀의 방식으로 보자면, 그녀가 공부를 잘했던 것도 친구를 사귈 수 없어 공부밖에 할 게 없었기 때문이라고 할 수 있다.

가희의 아버지는 알코올 중독과 가정폭력으로 가족들의 삶을 위협했으며 가족 관계는 이미 위기에 빠져 있었다. 가희 오빠는 학교와 동네에서 말썽꾸러기로, 동급생을 때리는 문제아로 성장하였다. 그는 가희에게 폭력을 휘두르기도 했다.

집에서 탈출하다

그녀는 대학에 입학하자마자 가출하여 가족과 연락을 끊고 지냈다. 하지만 얼마 전부터 가족과 연락하고 가끔 만나며 지내고 있다. 그녀는 한 달에 한 번 부모님 집에 갈 때마다 엄마와 통화를 하는 게 참 힘들다고 말한다. 그녀는 몇 년 만에 다시 가족들과 연락을 이어가기로 하였지만, 가족을 만나는 일은 여전히 고통스럽기만 하다.

가희의 가출은 아버지와 오빠의 폭력, 엄마의 감정적 학대 등이 일상화된 가족이란 관계와 집이란 장소에서 탈출하는 것을 의미하였다. 가희는 고등학교를 졸업하고 대학에 입학하자마자 집을 나왔다. 그녀는 대학생이 되어 이제 돈을 벌 수 있는 조건이 되었다고 생각한 시점에 집을 나왔다. 그 과정에서, 가희는 "돈이 한 푼도 없어" 잘 곳과 먹을 것을 스스로 마련하고 걱정해야 하는 생활이었지만 그래도 "집에 있는 것보다 행복했다."고 말한다.

어둡게 자라다가 이제 고등학교를 딱 졸업하고, 저는 소위 이제 사회에서 말하는 좀 좋은 대학? 좋은 대학에 갔어요. 갔는데 뭐 아무리 공부를 잘해도 애가 정신적으로 너무 어두우니까 제대로 일상생활을 못 하는 거야, 학교도 못 다니고. 그래서 너무 막 힘들어서 이제 집을 나왔어요. 스무 살 때 집을 나왔는데, 돈이 한 푼도 없었지 (웃음). 돈이 한 푼도 없었고 그때 친구한테 삼십만 원을 빌려서 고시원을 딱 얻어 나왔는데, 그 삼십만 원 외에는 아무 돈이 없었어요, 정말 차비도. 그래서 옷가지 갈아입을 거 몇 개랑 해서 집을 나왔고, 그 이후로 부모님이랑 연락을 안 했어요. 안 했고, 음, 그때 생각했죠. 나는 밖에서 얼어 죽든 굶어 죽든 집으로 돌아가진 않겠다, 이렇게 생각해서. 근데 정말 고시원이 너무 열악해서(미소) 막 겨울에 담 오고(웃음), 막 배고파서 하루에 한 끼도 못 먹는 날도 많고 그랬는데, 그래도 그게 더 행복한 거예요, 집에 있는 것보다.

가희는 처음에 집을 나왔을 때 돈이 하나도 없었다. 그래서 간신히 친구에게 30만 원을 빌려 고시원에서 살 수 있었다. 하지만 하루에 한 끼도 못 먹는 날이 많았다. 다행히 그녀는 과외나 학교 조교, 학원 강사 같은 아르바이트를 구하게 되어 '밥 먹을 돈이 생기고' 생활이 조금씩 나아졌다. 그녀는 당시 생존이 절박했던 상황을 딸이 집을 나가 굶어 죽었을지 모른다고 걱정한 어머니의 이야기를 통해 전한다.

막 배고파 가지고 하루에 한 끼도 못 먹는 날도 많고 그랬는데, [중략] 그냥 그렇게 몇 년을 살았는데 아르바이트도 하고, 근데 다행히 뭐, 학교는 이름이 있는 학교였으니까 과외 같은 거 구해서 하고 그러면 조금 생활이 펴고, 학원 강사도 아르바이트로 짬짬이 하고 이러면 이제 밥 먹을 돈은 생기는 거죠. 밥 먹고 뭐 생활할 수는 있는데, 그렇게 지냈는데 음, 그러다가 한 몇 년 만에 부모님이랑 연락하게 됐어요. 하게 됐는데, 경찰에 신고를, 경찰에 실종 신고가 되어 있었던 거예요. (웃음) 엄마가 밖에서 앰뷸런스 지나가는 소리만 나면 막 맨발로 뛰어나갔다는 거예요. "아, 우리 가희가 죽었구나." (웃음) 이러면서. "드디어 이년이 죽었구나." 이러면서 막 맨발로 뛰어나왔다는 거예요. 그리고 이제 집에 있는 시계가, 제가 쓰던 시계가 있는데 그 시계가 건전지가 다 되면 "배고파." 이런 소리가 나요(웃음). (계속 웃으며) 근데 거기서 "배고파." 이 소리가 나는데 엄마가 밤에 자다가 일어나서 밥을 했다는 거예요. "우리 가희가 배가 고프구나." 이러면서(웃음). 아 그래서 몇 년 동안 부모님이랑 연락을 안 했는데 당연히 엄청나게 화를 낼 줄 알았는데, 막 "니가 살아 있으면 됐지." 이러면서 "나는 몇 년 동안 니가 죽었다고 생각하고 살았는데…."

대학생활

가희는 공부를 잘해서 '좋은 대학'에 진학해 학원 강사 일을 지속할 수 있었지만 그래도 대학을 다니기 위한 비용과 생계를 혼자 감당하기에는 너무나 벅찼다. 그래서 대학을 다니는 내내 휴학과 복학을 반복해야 했다. 결국, 그녀는 7년 동안 대학을 다니다가 졸업을 한 학기 남겨 둔 채 자퇴했다. 그녀는 그 오랜 시간 혼자 고생하며 대학을 다녔지만 더 이상 그 생활을 버티는 게 불가능할 정도로 지쳐 있었다. 그녀는 대학 자퇴와 함께 학원 강사도 그만두어야 했다. 그 뒤에 가희는 노점에서 며칠 가방을 팔아 보기도 하고 새로운 일자리를 구하기도 했지만, 모두 시급이 너무 낮고 체력적으로 오래 하기가 힘들었다. 한번은 돈이 없어 사채를 써 본 적도 있는데 빚 독촉을 받는 게 너무나 힘들었다.

가희에게 대학 교육은 공부의 경험보다는 대학을 다니기 위해 학비, 생활비를 감당해야 하는 경제적 압박이자 수많은 아르바이트 경험으로 대체되어 있다.

> 당장 경제적인 게 너무 컸던 거지요. 학교 다니면서 일하는 게 너무 힘들었고. [중략] 휴학을 한 네 번은 한 거 같아요. 제가 스물여덟이고 아직까지 졸업 못 한 상태로 그만뒀으니까. 휴학을 네 번? 다섯 번은 했지. 근데 이제 더 이상 휴학을 하는 게(미소), 뭔가 규정? 규정에도 아마 그랬을 거예요. 규정에도 아마 좀 뭔가 걸리는 게 있었던 거 같고, 그리고 그때는 휴학을 하고 다시 학교로 돌아갈 수 있다는 그런 생각을 잘 안 했던 거 같아요.

가희는 대학 경험을 이야기하면서 자신이 다른 학생들과 달라서 학교에 다니는 게 심리적으로도 힘들었다고 한다. 가희는 자신이 나고 자란 집은 대학을 다니기에는 적당한 곳이 아니었으며 자신은 '정신적으로 너무 어두워서' 대학에서 만난 친구들, 소위 명문대 학생들과 다르다고 느꼈다. 그녀의 가족이 어둠의 영역이라면 대학은 그와 대조되는 밝은 곳으로, 그 사이에서 이질감을 크게 경험하였다.

> 그냥, 저는 항상 그런 게 있어요. 그러니까 제 남자 친구도 ○○대를 나왔고, 저도 뭐 나름 이름 있는 학교를 나왔고, 제 친구들 보면

뭐 다 서울대, 연고대, 다 명문대 학생들이고 그래요. 근데 나는 항상 그 사람들하고 내가 다르다는 생각이 되게 강했거든요. 물론 그들의 삶도 평탄하다고 말할 수 있는 사람이 몇이나 되겠어요? 다 어렵고 힘들게 견디면서 살아가는 건데, 그렇기는 한데 좀 강박적으로 '나는 저 사람들하고 다르다.'는 그런 생각을 되게 많이 했고, '나는 저들하고 똑같이 명문대를 졸업해서 되게 좋은 직장에 들어가고 그냥 먹고 살 정도의 돈을 벌면서 살아갈 수 있다.'는 자신감이 별로 없었어요.

가희는 대학을 다니며 과외나 조교 일, 학원 강사처럼 대학생에게 열려 있던 아르바이트를 하였으나, 대학을 졸업하지 못한 채 자퇴를 하게 되면서 그동안 가능했던 아르바이트도 할 수 없게 되었다. 가희는 대학을 다니는 내내 여러 학원을 옮겨다니며 수년 동안 학원 강사로 일했고 평균 한 달에 150만 원 정도를 벌었다. 대학 자퇴와 함께 그것도 자격 없이 지속하기가 어려워 그만두었다. 학원 강사를 그만두고 4개월 정도 '백수'로 지내다가 닥치는 대로 아르바이트를 하게 되면서 거리에서 가방을 파는 일을 했는데, 일주일쯤 하다가 '돈이 되지 않아' 그만두었다.

대학교 재학이라는 학력 요인은 다른 일자리에 비해 상대적으로 조건이 나은 아르바이트를 하며 '버틸 수' 있는 요인으로 작용했다. 가희는 대학에 다닐 때 학원 강사로서 월급제의 계약직으로 일하기도 했다. 학원 강사 경험은 최저 시급의 단기 알바보다는 더 많은 소득이 보장되었다. 하지만 가희는 그 일의 경험을 말하며 별로 나을 게 없었다고 말한다. 대학교 '재학'이라는 학력은 그 직종 종사자들 가운데 낮은 학력에 속했다. 또 가희는 학원이라는 사교육 현장이 '학부모와 학생들 앞에서' 약을 파는 '약장수'와 크게 다르지 않은 '영업직'임을 절감했다.

(학원을) 거의 뭐 열 군데 정도 다닌 거 같아요(미소). 진짜 많이 옮겼어요. **(왜 그렇게 많이 옮겼어요?)** 한 두세 번 정도는 잘렸던 거 같고(웃음), 그게 이제 막, 뭐 학원 강사 중에는 진짜 뭐 명품으로만 쫙 걸치고 그 학부모들이랑 학생들 기선 제압하려고 일부러 명품으로만 막 걸치고, 굉장히 무슨 약장수처럼 약을 잘 팔아요. 정말 흉내도 못 낼 정도로, 정말 사기꾼이 있다면 저런 사람일 거야(웃음). 이런, 그런 사람들이 그쪽에 오래 있고 돈도 많이 벌어요. 그래서 저는 거의 학원 강사는 영업직이라고 생각해요. 어, 그냥, 어 영업하는 거랑 정말 하나도 안 다르다고 생각해요.

가희는 대학에 들어가 '아르바이트'로 생계를 이어 나가야 했으며, 대학을 졸업하지 못함으로써 괜찮은 직업 세계에 들어갈 수 있는 요건을 갖추지 못하였다. 그녀는 취업을 위한 학력이나 자격을 갖추지 못한 채 일용직이나 시급의 단기 아르바이트 등의 일자리를 전전했다.

자퇴와 막막한 삶

가희는 대학 재학 중일 때는 그나마 '이름이 있는' 대학이어서 과외나 학원 강사 일을 지속할 수 있었지만, 7년이란 시간 동안 일과 학업을 병행하며 대학을 다니는 게 너무 힘에 겨웠다.

한 학기 남기고 그냥 그만뒀고, 그만두고 나니까 이제는 학원 강사도 할 수가 없는 거예요. 그래서 정말 할 수 있는 일이 없었죠. 카페아르바이트 이런 거 해도, 시급이 오천 원인데. **(언제 그만뒀어요?)**

한 일 년도 안 됐어요. 한 일 년 됐나? 그래서 막 뭐 돈 내야 되고 내가 써야 되는 거는 이렇게 줄줄이 있지, 아버지 수술해야 되는데 당장 몇천만 원 필요한데 그것도 없지, 뭐 사채를 쓸 수도 없고. 사실 저는 사채도 한 번 써 봤어요(웃음). 한 번 써 봤는데, 그 빚 독촉이 너무 고통스러운 거예요. 그래서 더 이상 사채를 못 쓰겠어요. 그래서 뭐 사채도 못 쓰고, 그래서 찾다가 찾다가 그냥 그쪽으로 가게 된 거죠.

가희는 대학을 다니며 생계를 해결해야 하는 긴박한 상황에서 다양한 일자리를 전전하였다. 하지만 하루 벌어 하루 살 수 있을 뿐 어떤 여유도, 소득이나 조건 면에서 나아질 거라는 어떤 희망도 찾을 수 없었다. 그녀는 대학을 다니는 내내 생계를 해결하고 학비를 마련해야 하는 상황에서 언제나 막막함을 느껴야 했으며, 장시간 아르바이트 일을 하며 지쳐갔다. 가희는 결국 학업과 아르바이트를 병행하다 한 학기를 채우지 못하고 졸업을 포기했다. 가희는 대학 자퇴로 자신의 삶이 더 이상 돌파구를 찾을 길 없는 막막한 상황에 놓였다. 그녀는 그동안 사회적 인정을 받으며 또 받기 위해 지탱해온 자신의 삶이 막다른 골목에 이르렀으며, 그 골목에서 성서비스 일이 유일하게 열려 있는 길로 경험되었다. 그녀는 '네 번인가 다섯 번' 휴학해야 했으며, 결국 '스물여덟 살인데도 졸업하지 못한 채' 자퇴했다. 그녀 말대로 그동안 이미 휴학을 여러 번 했기 때문에 '학교 규정에 걸려' 휴학이 불가능했던 어쩔 수 없는 선택이기도 했지만, 설령 다시 휴학할 길이 있었다고 하더라도 그녀 말대로 7년간 "학교 다니면서 일하는 것은 너무 힘들었으며" 더 이상 지속할 힘이 없었다.

(학원 강사도) 요새는 검증이 철저해요. 그냥 졸업증명서 다 갖고

오라고 하고, [중략] 다른 일을 여러 가지 하긴 했었어요. [중략] 뭐
푼돈 정도는 벌었죠. 가방도 팔아 보고 피자 굽는 것도 해 보고, 뭐
이런 거 저런 거 했는데 돈이 절대 안 모여요.

가희는 대학을 자퇴한 후에는 학원 강사 일자리도 그만두어야 했다.
그리고 다른 일을 닥치는 대로 해 보았다. 그러나 돈을 모으기는 쉽지
않았다.

높은 시급, 데이트방

가희는 자퇴 후 여러 일을 전전하다가 시급 높은 아르바이트를 찾는
과정에서 성서비스 일을 접하게 되었다. 매춘을 포함해 다양한 형태의
성서비스 일이 인터넷 구직사이트를 통해 카페나 DVD방 아르바이트라
고 소개되고 있거나 유흥바 알바로 구직되고 있었다. 이런 일자리들은
다른 알바와 달리 시급이 4~5만 원으로 '시급이 이상하게 센' 알바로
올라와 있었다. 가희는 이런 구인광고를 본 후 면접을 거쳐 '핸드플레이
업소' 일종인 '데이트방'에서 일하게 되었다. 그녀는 알바 자리를 구하는
많은 여성이 대부분 시급이 센 이런 유형의 알바가 무엇을 의미하는지
짐작한다고 말한다.

사실 구인구직 사이트에 보면, 아르바이트인데 시급이 이상하게
센 데가 있어요. 시급이 막, 사만 원, 오만 원 이렇게 적혀 있어요.
그러면 예상하죠. 그런 곳이구나. 근데 뭐, 적혀 있는 거는 뭐 카페
다, 뭐 디브이디방이다, 거의 다 이런 식으로 되어 있는데 거의 다

알고 가죠 뭐.

가희는 인터넷 구인 사이트에서 '시급이 센' 구인 광고를 보고 '데이트 방'에 면접을 보러 갔다. 하지만 그녀는 면접을 다녀오고 나서도 '그 일을 못 하겠다' 싶어 며칠 동안 고민했다. 그러다가 그녀는 '마음이 돌아서서' 데이트방에서 일을 시작하게 되었다.

(구인광고를 일부러 찾은 거예요?) 아니오. 그런 건 아니고 제가 한 네 달간 백수로 지내고 있었으니까, 맨날 남자 친구한테 얻어먹고 엎혀서 지내니까 너무 미안해서 뭐라도 해야겠다, 처음에는 그냥 간단한 아르바이트 정도 하려고 했는데… 생각을 했죠. 아, 이게 뭘까? 아무래도 그런 쪽인 거 같애. 근데 너무 그 당시에는 자존심이 상하는 거예요. 남자 친구가 전화해서 "밥 먹었어?" 그러면 "안 먹었어" 이러면 돈 보내주고, 이게 너무 자존심이 상해서 그냥 해야겠다고 생각했죠. [중략] (데이트방 면접 후에) 엄청 고민했는데, 그냥 그때는 내가 돈이 없고 남자 친구한테 신세지고 있고 이런 게 되게 심리적인 압박감이 크니까, 그냥 '내가 뭘 가릴 처지가 아닌 거 같애' 이러면서 그냥……. **(하기로 결정했어요?)** 응 응. 그러고 나서 일하고 나서도 한 이틀인가 펑크를 냈어요. 전화도 안 받고. 막, 못 하겠는 거예요. 그래서 펑크를 냈는데, 한 이틀 만에 마음이 돌아섰죠.

처음에는 오히려 돈에 현혹이 돼서 좀, 의식이 명료하지 않았던 거 같아요, 판단력이. 그래서 나는 이게 불법이든 뭐든 정말, 그때는 도둑질하는 상상도 많이 했거든요. '어떻게 하면 은행을 털까?'(미소) '은행을 털고 내가 잘 빠져나올 수 있을까?', 막 '어떻게 하면 완전 범죄를….' 이러면서(웃음). 이런 생각을 워낙 많이 했기 때문에, 그냥 **(백수로 지내는 동안?)** 응. (웃음) 그래서, 이제 처음에는 '이게 뭐 아무리 나쁜 짓이어도 해야 돼' 이런 생각이 있었는데, 오히려 한 이삼 주 지나니까, 너무 힘든 거예요.

　그녀는 학원 강사를 그만두고 남자 친구한테 '얻어먹고 얹혀 지내며' '심리적 압박'을 느껴 인터넷에서 시급이 센 '데이트방' 광고를 보고 면접을 봤다. 그 뒤 그녀는 그 일을 할지를 두고 심각한 갈등 상황에 놓였다. 그녀는 면접 자리에서 다음 날 일하겠다고 말했지만, 하루가 더 지나 일을 시작할 수 있었다. 하지만 그녀는 하루 일하고 나서 이틀 동안 일하러 가지 못했다. 그녀는 면접 후에 그 일을 할지를 놓고 갈등하다가 하기로 한 과정에 대해 "'내가 뭘 가릴 처지가 아닌 거 같애' 이러면서 그냥……."이라며 말을 줄였다. 그녀가 그 일을 하기로 마음먹은 데는 돈을 벌어야 하는 절박한 자기의 '처지'에 대한 수용이 있다. 또 그 처지란 그녀가 돈이 없어 밥을 굶거나 남자 친구에게 신세를 지는 '자존심'이 상하는 상황이자 문제로 다가왔다. 그녀는 남자 친구가 돈을 보내주어 밥을 먹었던 사례를 얘기하며, 그렇게 "돈이 없고 남자 친구한테 신세지는 게 너무 자존심이 상하는" 일이라고 말했다. 최저 생계마저 해결할 수 없는 빈곤의 현실이 그녀가 가지고 있던 성규범과 도덕을 넘어서게 한 것이다.
　성서비스 여성들이 처음 성서비스를 하며 직면하는 사회적 죽음에 대한 공포는 그것이 금기의 행위라는 사실에서 비롯된다. 가희는 "보통 일해 본 경험이 없는" 대부분의 여성이 성서비스에 대해 "어떤 공포심을 갖고 있다"고 말한다. 그 공포 때문에, 여성들 대다수는 업소에 와서 "면접만 보고" 실제 일을 하지 않는다는 것이다. 여기서 말하는 공포는 금기의 행위를 했을 때 처하게 될 사회적 죽음에 대한 공포라고 할 수 있다. 하지만 이 공포는 성노동을 그만둔 뒤에도 지속된다. 성노동을 하다가 그만둔 여성들은 대부분 주변 사람들에게 그 사실이 알려지게 될까 봐 불안감을 느끼고 있다. 그 까닭은 우리 사회에 강력하게 존재하는 '매춘 여성'에 대한 낙인으로 만약 그 사실이 알려졌을 때 받게 될 부정적 인식과 혐오, 그로 인한 불이익 때문이다.

> 보통 일해 본 경험이 없는 여성들은 되게, 그 모종의 어떤 공포심 같은 게 있어서, 면접만 보고 안 하는 사람들이 거의 대다수예요. 일을 시작하고 나서도 일주일도 못 견디고 하루도, 하루 일해 보고 가버린 사람도 되게 많고, 그니까 우리가 면접을 보는 게 아니라, 우리가 구직하는 게 아니라 그분들이 어떻게든 우리를 붙잡으려고 해요.

가희는 두 번째 만남에서 대학에 재입학할 계획이라고 말했다. 그러기 위해서 '여름이 끝날 때까지' 몇 달 더 '데이트방'에서 일을 해 한 학기 등록금과 생활비가 될 몇백만 원을 모으려고 한다고 말했다. 그리고 다시 3개월 뒤에 그녀를 만났을 때 그녀는 그 돈을 모으지 못했고 재입학을 하지 못한 상태라고 말했다. 가희의 상황은 점점 높은 비용을 감당하며 대학을 다니는 게 '정상성'으로 간주되는 한국 사회에서 가족 자원이 없는 20대 여성들이 대학 학비를 벌기 위해 성서비스 일을 하는 상황의 일면과 겹쳐진다. 신자유주의시대 한국 사회의 대학 교육은 가족자원이 부재한 여대생이 매춘을 포함해 다양한 성서비스 일로 비싼 등록금을 마련하는 '여대생 성매매'의 이야기를 낳고 있다.

성노동 경험

많은 여성이 물리적인 성 접촉을 제공하는 성서비스 가운데에서도 성기 접촉의 성교를 제공하는 곳보다는 "신종"이나 "변종"으로 불리는 '핸드플레이' 업소에 좀 더 쉽게 접근하는 것으로 나타났다. 2004년 성매매방지법이 시행되고 집창촌처럼 가시적인 특성을 띠는 업소나 직접적인 성매매가 이루어지는 매춘 업소를 중심으로 단속이 집중되면서 '신종', '변종' 업소가 확대되었다. 성기 접촉 대신에 손이나 입으로 성서비스를 제공하는 '핸드플레이' 업소, '립카페', '데이트방' 등이 그러한 예다.

가희는 '데이트방'으로 불리는 '핸드플레이' 업소에서 하는 일을, '유사 성매매,' '손'을 사용한 '핸드플레이'로 설명하였다. 하지만 이 업소에서 고객들에게 제공한다고 표면화된 성서비스 외에도 여러 성서비스가 추가로 요구되고 이루어지기도 한다. 고객들 가운데 별도의 비용을 제시하며 업소에서 제공하는 핸드플레이 서비스 외에 성기 삽입 서비스를 요구하는 경우가 있으며, 일하는 여성들은 더 많은 소득을 벌 수 있으므로 업소 몰래 거래하기도 한다. 또 성서비스 여성이 고객의 요구에 부응하지 않으면 "손님들이 많이 떨어져 나가고 찾는 사람이 없게" 되어 돈을 벌기가 어려워지므로, 성노동을 하는 여성들은 그런 요구에 일정 정도 타협하게 된다.

> 저는 이제 유사 성매매라고 하는, 손으로 뭐, 핸드플레이라고 하죠. 핸드플레이 해주고. 사실은 뭐, 오럴 해주는 그, 노동자들? 언니들이 있어요. 있는데, 그거는 저는 못 하겠더라고요. 그래서 그거는 거부해요. 거부하면 손님들이 많이 떨어져 나가고, 저를 찾는 사람들이 없죠(웃음). 그래서, 그렇게 하고 아니면 손님들이 금액을 제시하

면, 이제 뭐 성관계를 하기도 하고……. [중략] (**밖으로는 간판이 뭐예요?**) 밖으로는 굉장히 이상한 이름이에요. '여대생 데이트방' 이런 거 있잖아요(웃음)? 막, 뭐 이런 식으로 되어 있는데 사실은 다 알고 오는 거죠, 손님들도.

그런데 해당 업소에서 공식적으로 허용하지 않는 성서비스 거래가 일어나는 경우 일하는 여성들 사이에 갈등의 요인이 되기도 한다. 그래서 업소에서는 일하는 여성과 고객 사이에 업소에서 정한 서비스 외에 다른 서비스나 거래를 하지 않도록 방침을 정해 놓기도 한다. 핸드플레이 업소에서 성기 접촉과 같은 서비스가 거래되는 것은 단속의 위험을 높일 뿐 아니라, 업소를 이용하는 다른 고객과 성서비스 여성 사이에 서비스의 수위를 놓고 갈등이 생길 수 있기 때문이다.

진상 손님, 인권 침해와 혐오

가희는 성구매 남성의 태도나 성서비스에 대한 요구에서 성구매자로서 지켜야 할 '매너'를 아예 기대조차 할 수 없다고 말한다.

손님들이 뭐 정말 예상 가능하게도 매너 있고 깔끔하고 위생까지 지켜주고 나의 몸까지 생각해주는(웃음) 손님이 없잖아요(웃음)?

성노동 과정에서 일상적인 인권 침해와 혐오 범죄는 성서비스 여성이 성서비스 일을 중단하거나 다른 유형의 일로 이동하게 하는 요인 중 하나이다. 인권 침해는 주로 '진상 고객'이라는 말로 상징화되는 성구매자에 의한 언어적, 물리적 폭력으로 나타난다. 성서비스 일을 하는 여성은 성구매자, 업소 사장, 동료 등 성서비스를 하는 과정에 관련된 사람들에 의해 인권 침해를 당하는 경우가 많다. 성서비스 여성이 업소를 그만두거나 옮기는 가장 흔한 이유는 서비스 가격과 내용에 대한 협의 사항을 깨뜨리는 '진상 고객'의 문제다. 성구매 남성의 태도에는 성서비스 여성의 '인권'에 대한 관념 자체가 없다.

가희는 데이트방에서 일한 뒤 이삼 주가 지나면서 '너무 힘든 일'임을 알게 되었다. 업소 사장은 면접에서 그 일이 "애인 사귀면 하는 마일드한 것들, 팔짱 껴주고 뽀뽀도 해주는 굉장히 소프트"한 일이라며, "수위가 중요한 게 아니라 손님들은 감정적인 걸 더 많이 원한다."고 했다. 하지만 그녀가 실제로 직면한 상황은 그와 달랐다. 그 일은 사장이 말했던 것과 달리 "높은 수위의" 스킨십과 성서비스였다. 하지만 그 일을 처음 하는 여성들에게 아무도 그것을 알려주지 않기 때문에 "다들 실전에 돌입해서" 알 수밖에 없다.

> 근데 처음에는 굉장히 소프트하게 얘기를 해요. 그니까 뭐, '남자친구 사귀어 보셨죠?' 이러면서, '약간의 스킨십 정도예요' 이러면서, '그냥 우리가 뭐 애인 사귀면 다 하는, 마일드한 것들? 같이 팔짱 껴주고 뽀뽀도 해주고.' 이런 식으로 얘기를 하는데, 실상 딱 들어가면 다르지. [중략] (웃음) 그냥 다들 실전에 돌입해서 알게 되는 거야. 근데 처음에는 아무도 알려주는 사람이 없으니까, 되게 높은 수위를 감당하게 돼요. [중략] 이제 손님들이 한 구십 프로는 개새끼라고 봐야죠(웃음). 그래서 그, 그냥 나가려는 손님이 없지, (작게) 사정 못하면. 그냥 붙잡고 늘어지면서 '아니, 내가 못 했는데, 너는 뭐 서비스하는 입장이고 나는 돈 내고 왔는데 이게 말이 되냐?' 이런 식으로

[중략]

가희는 핸드플레이 업소에서 일을 시작한 뒤 업소 사장의 요구가 면접 때와 달라지는 것을 경험했다. 업소 사장은 성서비스의 수위가 낮으면 다른 업소로 손님이 옮겨갈 수 있다며, 가희에게 성서비스의 "수위를 올려라."라고 요구했다. 또 사장은 그녀가 밥 먹을 시간도 비우지 않은 채 하루에 7~8시간 계속해서 손님을 받도록 했다. 가희는 이런 업소 사장의 행위에 대해 일하는 여성을 '사람이 아니라 감정도 싫은 것도 없는 기계'로 대하며 기본적 인권도 배려하지 않아 '폭력적'으로 느꼈다.

업주들도, 저희 사장님 같은 경우도 막 가끔은 수위를 올리라는 식으로 얘기를 하거든요. "이제 뭐 웬만큼 일도 했고 적응도 됐는데 너무 소프트하게 나가면 손님들이 옮겨갈 수 있어. 다른 사람들한테로." 이러면서 "수위를 올려라." 이런 얘기를 한다든지, 아니면은 밥도 못 먹고 한 일곱 시간, 여덟 시간 동안 풀(full)로 손님을 받을 때가 있거든요. 그냥 좀 비워주면 좋잖아, 시간을(웃음). 계속 넣어. 계속 넣으면서 "너도 벌 때 확 땡겨야지." (웃음) 이런 식으로 얘기를 해요. 그러면 '아, 이 사람은 내가 기계인 줄 알고 감정도 없고 싫은 것도 없다'고 보는구나 막 그런 생각이 들고, 되게 폭력적이란 생각이 들고.

'민간인' 대 '직업여성'

가희는 데이트방에서 일하는 동안 성구매 남성들이 '직업여성'과 '민간인'이라는 틀로 성서비스 여성들을 나누고 있다는 사실을 알고 매우 어이없어 한다. 성구매 남성들은 그 일을 해 본 적이 없는 여성들을 "민간인"이라고 부르고 그래서 업소에 와서 '직업여성'이 아닌 민간인이자 '뉴 페이스'를 찾는다고 말한다.

> 근데 이쪽 세계에서는 약간 좀, 제가 변태 같다고 생각하는 게 뭐냐면, '민간인'이라는 표현을 써요. 근데 우리가 무슨 국방 의무를 지고 있는 것도 아니고 다 민간인이잖아요. 사실(미소). 근데 그니까, "너는 되게 민간인처럼 생겼다." 손님들이 그래요(웃음)! 그니까 이쪽 일을 해오던 사람과 아닌 사람을 되게 철저하게 구분하고, 해 본 적이 없는 사람을 원해요. 손님들이 오면 엔에프(NF)라는 표현을 쓰거든요. 뉴페이스라고 그래서, 엔에프라고 하는데, "어, 엔에프 들어온 사람 있냐?" 이러면 사장이 "어, 오늘 엔에프 한 명 왔다."고 하면, 그 사람, 엔에프만 보고 가는 손님들이 있어요. 그 다음 날 와서 또 엔에프 들어왔냐고 물어보고, 그런 사람들이 되게 많아요.

가희의 이야기는 키스방이나 데이트방 같은 핸드플레이 업소를 찾는 성구매 남성들이 '신종'과 '변종'의 업소에서 '직업여성'이 아닌 여성을 만나기를 기대하고 있음을 보여준다. 핸드플레이 업소에서 만난 성구매 남성들은 '민간인'이라는 말로 '이쪽 일', 즉 기존에 성서비스 일을 하던 사람과 아닌 사람을 구분하며 그 일을 해 보지 않은 여성을 만나려는 기대감을 나타낸다. 그래서 어떤 성구매 남성은 가희에게 "너는 되게 민간인처럼 생겼다."고 말하기도 한다.

> 얘는 민간인이고, 얘는 민간인이 아니다(미소). 뭐 이런 데서 일

할 애들, (**민간인이 아닌 사람을 뭐라고 해요?**) 음, 그냥 웃긴 게, 이름이 없어요. 이름이 없고, 밖에 있는 여성들은 민간인이에요. (웃음) 근데 이 사람들도 어디에서 일할지 알 수가 없는데, 그런 인식적인 구분이 되게 심해요. 그니까 밖에 있는 여성들은 무슨 성 경험도 없고(웃음) 되게 순수하고 막, 되게 남성을 모르고 이렇다고, 이런 식으로 얘기를 하거든요.

가희가 일한 핸드플레이 업소의 사장은 이런 남성들의 욕구를 파악해 업소에서 일할 새로운 여성을 확보하기 위해 면접 보러 온 여성들에게 실제와 다르게 상황을 전달하기도 했다. 가희가 인터넷에서 핸드플레이 업소의 구직 광고를 보고 면접을 보러 갔을 때, 업소 사장인 여성은 자기 경험을 이야기하며 친근하게 대했다.

여기 지금 사장님이 여자거든요. 여자고, 예전에 이쪽 일을 하셨던 분이에요. 했는데 돈을 모아서 이제 가게를 차렸는데, 막 자기 경험을 얘기하면서 "처음에는 힘들 수 있다. 근데 사실 밖에 나가 봐라. 이 정도 돈을 모을 수 있는 곳은 없다. 돈이 당신을 견디게 해준다."고 하면서(웃음), 자기가 이 일을 4년을 했대요. "4년간 어떻게 견디었겠느냐? 돈이 그날그날 들어오는데 밤에 집에 가면서 그걸 보면 힘이 난다."고 하면서(웃음), 돈 얘길 하면서 그냥, 꼬시는 거지 뭐, 하라고. [중략] 근데 처음에는 굉장히 소프트하게 얘기를 해요. 그니까 뭐, "남자 친구 사귀어 보셨죠?" 이러면서, "약간의 스킨십 정도예요." 이러면서, "그냥 우리가 뭐 애인 사귀면 다 하는, 마일드한 것들? 같이 팔짱 껴주고 뽀뽀도 해주고." 이런 식으로 얘기를 하는데, 실상 딱 들어가면 다르지.

민간인이라는 말은 대체로 '군인'과 달리 국방 의무를 지지 않는 사람을 의미하지만, 성구매 남성들은 핸드플레이 업소에서 일하는 여성 가운데 매춘 경험을 갖지 않은 여성을 민간인으로 부르고 있다. 성구매 남성들이 성서비스 여성을 직업여성과 민간인(일반인), 두 가지로 분류하는 것은 두 가지 의도가 혼재되어 나타나는 것이라고 볼 수 있다. 하나는 '정숙한 여성'과 '정숙하지 않은 여성'이라는 여성에 대한 오래된 구분이자 낙인으로, 성경험을 가진 여성을 비난하는 창녀/성녀 이분법에 따른 것이다. 또 다른 하나는 그 여성이 성서비스 일을 전문적으로 하는 여성인가 아닌가 하는 '아마추어'와 '프로'에 대한 구분인데, 다른 영역과 달리 '프로'보다 '아마추어'에 더 많은 가치를 부여하고 있다.

성구매 남성의 이분법적 인식은 성서비스 여성의 인권을 배려하는 대신 폭력적으로 행동하는 것에 대해 정당성을 부여하는 구실로도 작용한다. 가희는 성구매 남성의 이분법적 인식으로 인해 업소 "밖에 나오면 우리도 민간인"인데 "그럼 우리는 무엇인가?"라는 정체성의 혼란을 느꼈다. 또 그녀는 남성 구매자들이 "니네는 민간인이 아니니까."라는 이유로 '기계'처럼 대하고 인권을 지키지 않은 채 폭력적으로 행동한다는 점을 인식한다. 그런 성구매 남성의 이분법적 인식은 성서비스 여성을 폭력적으로 대하는 태도를 정당화하는 구실로 작용하고 있음을 알 수 있다.

밖에 나오면 우리도 민간인이거든. 그럼 우리는 뭔가? 우리는 어디 있는 건가? 막 이런 정체성 혼란을 느끼면서 살아가고 있고, 우리도 막 진짜 누군가가 말하는 것처럼 누워서 돈 버는 게 아니고 막, 되게 사람에 치이고 있고, 하기 싫은 것을 감당하고 있고 이거를 아는 척을 해줬으면 좋겠는데, 모두가 그냥 "니네는 민간인이 아니니까,

니네는 뭐 기계잖아." 이런 식으로 대하는 거에 대해서, 문득문득 되게 좀 역겨워요.

막 그런 질문을 자주 해요, 손님들이. "너 남자 친구 있냐?" 보통은 그냥 없다고 하거든요. 귀찮으니까 없다고 하는데, "하긴, 있으면 안 되지!" 에이씨 그 얘기(웃음), [중략] 아 그니까 우린 민간인도 아닌데, 우리마저도 어느 정도의, 우리한테도 정절을 요구하는 거예요. 우리에게마저도. 그니까 여성들은 되게, 기본적으로 수절해야 되는 존재라는 그 기본 베이스가 있어요. 그니까, 그런, 좀 입 다물어 줬으면 좋겠어요(웃음). 우리한테 밖에 있는 여성들에 대한 그런 얘기를 하는데, "아, 쟤네들은 되게 순수해. 남자들이랑 자 본 적도 없어." 뭐 이런 식으로. 그런 게 저, 우리한테는 되게 폭력적인 거야.

성구매 남성들이 기존 성서비스 업소와 달리 애인 대행이나 핸드플레이 업소를 이용하며 '일반 여성' 또는 '진짜'를 찾으려는 욕구는 현대 사회에서 성구매 남성들의 욕구 변화와도 맞물린다. 그리고 성구매 남성들이 원하는 '진짜'(감정)에 대한 기대는 성서비스 여성의 입장에서는 '제한된 진정성' 형태의 추가적인 감정노동을 의미하게 된다.

사실상 이런 식으로 얘기를 해요. "수위가 중요한 게 아니라, 정말 이 사람들의 애인이 된 것처럼 해주면 손님들이 올 수밖에 없다. 감정적인 걸 더 많이 원한다." 이런 식으로.

업주들이 모든 ○○ 사이트를 다 모니터링을 해요. 그냥 뭐, 진짜 애인 같고 뭐, 되게 친절하고, 뭐 그리고 이런저런 얘기가 올라오면 반응이 되게 폭발적이죠. '이런 데서 일하는 아가씨 같지 않습니다.' 이런 게 올라오면 반응이 폭발적이에요. '아, 민간인 필이 납니다.'(웃음) 응, 뭐 막, '그냥 청바지에 흰 티 입고 대학 도서관에서 공부하고 있을 그런 느낌?' 같은 반응이 올라와요.

불안한 사다리

가희는 이 '실전'에서 성서비스 여성을 배려하는 손님은 기대할 수 없다고 한다. 그녀는 그곳에 오는 "손님들의 90%가 개새끼"라며 욕을 섞어 말하는데, 그녀는 그만큼 "매너 있고 (성서비스를 제공하는) 내 몸까지 생각해주는 손님은" 기대할 수 없는 힘든 현실에 대해 깊게 분노하고 있다. 이런 문제 때문에, 가희는 성서비스의 장 안에서 또다시 자존심의 문제에 직면하고 있다. 그녀는 너무 힘들어 이틀 동안 일을 나가지 않았지만 "첫날부터 이십만 원 이상을 벌었기" 때문에 마음이 '흔들려' 다시 일하게 됐다.

> 그래가지고 그게 되게 힘들어서 한 이틀 안 나가다가, 하루에 번 돈이 한 이십, 첫 날에, 첫날부터 이십만 원을 벌었는데, 이십만 원 이상 벌었는데, 그게 막, 흔들리는 거죠. 이런 식으로 몇 달만 일하면 다시 학교도 다닐 수 있고, 뭐 이런 식으로 흔들리는 거죠.

가희는 "학교를 그만둔 게 뒤늦게 너무 후회됐는데 다시 다니려면 한 학기 등록금 사백만 원 정도가 필요하다."며 돈을 모아 대학에 재입학할 계획을 얘기했다. 그래서 그녀는 학업을 마칠 수 있는 돈을 마련할 때까지만 '데이트방' 일을 계속할 계획이었다. 처음에 그녀는 한 학기 등록금만 모으고 일을 그만두려고 했다. 그녀는 그 돈을 두 달 만에 다 모을 수 있었다. 그러고 나서 그녀는 학교를 다니기 위해 필요한 생활비까지 모은 뒤 그 일을 그만두는 것으로 계획을 바꾸었다.

> 학교를 그만둔 게, 너무 뒤늦게 후회가 됐어요. 후회가 됐는데 다시 다니려면 한 학기 등록금이 한 사백만 원 정도가 필요해요. 그런 것도, 이 일을 하게 된 게, 그런 것도 있어요. [중략] 원래는 학교 마무리, 대학 마무리 지을, 학부 마무리 지을 등록금만 모으면 그만두려고 했었거든요. 근데 이미 거의 다 모았어(미소). 이미 학교 마칠 정도를, 지금 두 달 좀 넘었는데 벌써 다 모았거든요. [중략] 근데 예전에는 딱 이것만 모으면, 생활비는 어찌됐든 간에 그냥 그만하자 생각했는데, 안 그만두게 되더라구요(웃음). 그래서 그냥, 지금 저도 모르겠어요. 근데 그만두기가 쉽지가 않은 거 같아요. 막 가끔 이제 너무 피곤하면 오늘 쉬겠다고 말하고 쉬는데, 그 다음 날 딱 가게 나가면 언니들이 자기 매상에 대해서 막 자랑해요.

또 그녀는 그동안 다양한 아르바이트를 해왔지만 그 일들로는 생계를 해결할 뿐 돈을 모을 수가 없었다. 하지만 그녀는 데이트방에서 "일을 하면서 난생처음 돈을 모아 봤"다.

> 저는 이 일을 하면서 난생처음 돈을 모아 봤어요(웃음). 내가 생활하는 돈 말고. [중략] 뭐, 집에 있는 매트리스 바꿨지, 전자레인지 샀지 막, 별의별, 처음으로 태어나서 돈을 풍족하게 써 봤어요. 내가 쓴 돈이 이미 한 백, 백만 원은 훨씬 넘겠지, 한 이백은 되겠지. 그러

고 나서 사백을 모았으니까!

가희는 대학을 자퇴했지만 재입학해서 졸업한다면 활용 가능한 학력 자원을 가질 가능성이 있는 경우에 속한다. 그래서 그녀는 그런 계획을 세우고 있었다.

> 그냥 돈 좀 모아서 학교 재입학하고, 그래서 학교 마무리 짓고…
> 직업적인 면에서는 별로 꿈이 없어요. 그냥 뭐, 계속 공부하고 싶다
> 는 생각이 들어서.

가희 이야기는 성서비스 여성들이 성서비스 과정에서 고객에 의한 폭력과 인권 침해로 자존심의 문제를 겪으면서도 계속 그 일을 하는 까닭은 소득 등 일에 대한 보상과 조건 때문임을 잘 보여준다. 또 성노동을 하는 여성은 대부분 그 일이 다른 알바에 비해 시급이 높다는 점에서 미래를 준비하는 데 필요한 경제적, 시간적 조건을 마련하기 쉽다고 판단한다. 즉 성서비스를 생계를 유지하면서 동시에 다른 자원을 갖출 경제적 사다리로 이용하고자 한다. 가희도 성서비스로 목돈을 만들어 대학을 졸업해 학력 자원을 갖추겠다는 계획을 갖고 있었다. 이러한 계획을 실현하려면 우선 '생계의 해결'과 대학 졸업장과 같이 활용 가능한 학력 자원을 만드는 데 필요한 경제적 조건인 '돈 모으기'가 전제된다.

내부 갈등과 협상

가희는 몇 달 뒤에 데이트방을 그만두었으며 다른 일을 찾고 있다고

말했다. 그리고 남자 친구를 사귀게 됐다고 했다. 그녀는 데이트방에서 일하다가 고객으로 만난 사람과 교제를 시작했는데, 그는 그녀가 계속 그 일을 하는 것을 힘들어했고 그래서 그 일을 그만두었다는 것이다. 가희는 그 뒤에 사무직의 아르바이트 일자리를 구하였다. 하지만 그녀는 새로운 학기가 시작되고서도 재입학 하지는 못했다.

가희의 이야기는 기존의 '매춘 여성'에 대한 시각과 달리, 그녀가 성 서비스를 한다고 하지만 정체성의 측면에서 '매춘 여성'으로 고정되는 게 아니라 유동적이며 간헐적이거나 변화 가능한 정체성을 갖고 있음을 드러내준다. 하지만 그러면서도 성노동을 한 적이 있다는 사회적 낙인에서 여전히 자유로울 수 없다는 점도 드러난다. 또 가희의 성노동 이야기는 그 일을 하는 과정에서 기존에 갖고 있던 노동이나 도덕 관념과 내적으로 갈등하고 협상하지만, 성노동 또한 돈을 벌기 위한 행위라는 점에서 '일', '노동'이라고 보고 있음을 보여준다.

현재 많은 20~30대 여성들은 성노동을 범법 행위이자 일탈 행위로 규정해온 사회정책과 지배적 인식에도 불구하고 그 일을 해서 돈을 번다. 이들은 성의 상품화가 만연한 사회에서 성을 자원화하여 돈을 벌 수 있다는 점을 간파하고 수용하며 성서비스 일을 시작한다. 이들은 그 과정에서 '범법 행위'와 자신의 생계 활동 사이에서 불일치와 모순을 겪는다. 동시에 성서비스 노동을 선택하게 된 자신의 조건과 맥락을 갖고 있으므로, 적어도 내적으로는 자신이 그 일을 하는 것에 대한 정당성을 갖고 있다. 이들은 이 과정에서 성, 사랑, 도덕 등 그 일과 관련된 관념과 의미에 대해 내적인 갈등과 협상을 거쳐 부분적인 재구성에 이르는 것으로 보인다. 이 과정은 자신의 행위를 설명해줄 수 있는 인식의 틀, 언어 찾기의 과정이기도 하다.

금융화와 성매매[1]

김주희[*]

'금융화와 성매매'를 둘러싼 두 개의 키워드

'금융화와 성매매'에 관해서는 두 개의 키워드로 설명해 볼 수 있을 것 같다. 하나는 '일상생활의 금융화', 다른 하나는 '유흥업소 특화대출'. 일상생활의 금융화는 20세기 후반 금융이 투자와 대출 등을 통해 기업을 넘어 개인과 가계에 직접 연결되면서 개개인의 일상을 조직하고 자아를 구성하는 원리와 밀접하게 연동하고 있음을 설명하는 단어다. 한국에서는 본격적으로 IMF 이후 금융 투자로 이익을 거두거나 부채로 곤란을 겪는 개인 일상 변화를 목격할 수 있었다. 이러한 금융 투자 실

* 덕성여자대학교 차미리사교양대학 조교수. 『레이디 크레딧』 저자.
1 『문학들』 67호(2022년 봄)에 실림.

천은 성별 관계에 따른 성 역할과도 밀접한 연관을 맺는다. 투자로 그야말로 대박을 낸 남성이 유흥업소에서 고가의 술을 시키며 여성 종업원들과 축배를 드는 장면을 떠올릴 수 있을 것이다. 한류 스타 승리가 운영하던 클럽 버닝썬의 1억짜리 '만수르 세트' 등이 화제가 된 것도 '쉬운 돈(easy money)'이라는 화폐의 의미 변화와 밀접한 관련을 맺는다. 그 반대편에 있는, 가계대출로 어려움을 겪고 성매매 업소에 진입하게 되는 여성도 떠올릴 수 있다. 대출에서 연체가 발생했을 때 "몸을 팔아서라도 돈을 갚아라"라는 추심업자의 협박은 비단 영화 속에만 등장하는 것이 아니다. 모든 사회현상이 그러하듯 금융화로 변화된 개인의 일상과 경험은 젠더/섹슈얼리티와 무관하지 않다. 물론 여기에는 창업자금 대출을 받았으나 사업에 실패하여 가장의 역할을 수행하지 못한 채 곤란을 겪는 남성들도 포함된다.

유흥업소 특화대출은 보다 직접적으로 금융회사에서 성매매 업소를 표적으로 한 대출상품을 고안하고 대출을 실행하는 장면을 가리킨다. 이 대출상품은 강남에서 영업 중인 유흥업소에서 여성들에게 내어주는 (보통 '마이킹'이라고 불리는) 전차금의 차용증을 담보로 금융회사에서 업주에게 돈을 빌려주는 상품이다. 대표적으로 현재는 KB저축은행으로 인수된 제일저축은행이 2009년부터 2011년까지 강남 유흥업소의 업주 93명을 대상으로 1,546억 원의 대출금을 지급한 사건이 있었는데, 이 사건은 당시 '부실대출'의 프레임으로 문제시되었다. 그러나 이 사건에서 진짜 문제는 유흥업소에서 일하지 않는 주부나 학생 등의 차용증 서류를 업주가 아닌 사람들이 저축은행에 담보서류로 제출해도 유흥업소 특화대출이 실행되었다는 금융적 허술함이 아니라, 이와 같은 대출상품이 공식 금융 시스템 안에서 고안되고 상품화될 수 있었던 배경일 것이다. 강남의 유흥업소에 종사하는 여성에게 지급한 대여금이 공식 금융권에서 담보 가치를 가질 수 있게 된 데는 유흥업소 여성이 미래에 만들어낼 수입에 대한 예상(사회적 신뢰, 혹은 신용)이 중요한 계산으로 등장했기 때문이다.[2]

이제는 익숙해진 '여성 전용대출', '여자라서 좋은 안심대출', '유흥업소 아가씨 대출' 등 여성을 채무자로 견인하는 다양한 대출상품이 있는데, 이때의 여자가 '어떤 여자'인지의 문제는 개인 신용과 더욱 긴밀하게 관계를 맺는다. 이것은 다시금 금융화의 키워드와 연결된다. 개인 생활을 재무적으로 설계하는 일상에서 본인에게 유리한 위치가 무엇인지 판단해내는 선택이 필연적으로 포함되기 때문이다. 일상에서 대학생이기도 하고, 동네 주민이기도 하고, 편의점 아르바이트생이기도 하고, 유흥업소 아르바이트생이기도 한 여성이 있다면, 이 여성은 자신의 신용을 극대화하기 위해서 궁극적으로 유흥업소 여성이어야 할 것이다. 여성이 유흥업소라는 공간에 있어야 미래에 가장 많은 수익을 낼 수 있을 것이라 계산되기 때문이다. 이는 곧 금융화된 신자유주의 일상에서 빈곤한 여성은 '성매매 여성'일 때 가장 신뢰를 얻게 된다는 의미이기도 하다.

이처럼 금융화를 둘러싼 젠더/섹슈얼리티의 정치학과 관련하여 앞서 제시한 두 개의 키워드는 분리하기 어렵다. 하지만 이 글에서는 전자의 키워드에 조금 더 초점을 맞추어 스물다섯 살 김성아(가명) 씨의 삶을 들여다볼 것이다. 구체적으로 학자금 대출을 갚고 대학교를 졸업할 자금을 마련하기 위해 성매매 업소에 진입을 결심한 여성이 어떤 계획과 전략을 마련하는지 살펴본다.

결론부터 말하자면 "학생이 벌 수 있는 돈치곤 많이 벌었죠"라는 진

---

2 나는 이 문제에 대해 『레이디 크레딧』(2020)에서 깊이 다룬 바 있다.

술에서의 '돈'은 사실 김성아 씨가 학생으로서 번 것이 아니다. 다만 그녀는 학생으로서 자신에게 주어진 학자금 대출금을 유흥업소 종사자로서 자신의 수입과 신용을 동원하여 갚았다. 물론 두 개의 신분 모두 그녀 자신이기 때문에 위 진술이 틀린 말이 아니지만, 개인 신용이 확대된 현대 사회에서 여성은 '무엇'이 되어야 가장 수월하게 생존 가능한지에 대한 질문이 이어질 수 있을 것이다. 금융화 구조에서 '성매매 여성'이라는 정체성은 기층 여성이 자신의 삶을 기획하고 관리하는 '자기의 테크놀로지'로 채택되는 하나의 정체성이다. 그리고 이 글을 통해 신자유주의 금융화와 무관할 것 같았던 젠더/섹슈얼리티(여성과 성매매)의 관계, 나아가 여성의 성역할을 고정하는 방식으로 확대재생산되는 부채경제의 일면을 확인할 수 있을 것이다.

진입 : 정보 수집과 자기 객관화

스물다섯 김성아의 이야기이다. 그녀는 단기간에 목표 금액을 마련하고 성매매 업소를 떠난, 그야말로 '계획적으로 성매매를 시작하고 탈성매매한' 매우 예외적인 사례이다. 이를 통해 개인의 자기 규율과 계산의 전략을 통해, 혹은 우연에 의해, 이러한 예외 사례가 만들어진 방식을 살펴볼 수 있을 것이다.

김성아는 지방의 미술대학 3학년 재학 시절 '6개월에 1,000만 원'의 돈을 마련하겠다는 목표로 강남의 성매매 업소에 진입한다. 아버지의 실직으로 학자금 대출금이 쌓이기 시작했고 미래에도 그 돈을 갚기 어려울 것이라는 불안감에서 강남 업소에서의 일을 시작한 것이다. 넉넉하지 않은 가정형편의 지방대생-여대생-미대생으로서의 자기 인식과 미래에 대한 예측이 판단의 근거가 되었다.

　　아빠가 회사에 다니실 때는 회사에서 학자금 대출이 계속되었는데, 장학금으로 나왔었는데, 아버지가 명예퇴직이라고 하죠. 나이가 되셨다고 이제 회사에서 이렇게 쪼는 거죠. 은근 눈치 주면서. 그렇게 해서 해고를 당하시고. 가세가 엄청나게 기울었다기보다는 학자금에 대한 그런 부담이 있기 시작한 거죠. (학교는) 지방에서 다녔고. 아무튼 내가 하고 싶은데 돈이 없으니까 거기서부터 되게 우울해지고. 사람이, 좀 사회에 대한 막연한 불안감이랑 뭐 그런 게 있더라고요.

　　사실 여기 이제 이 일 시작할 때 굉장히 고민을 많이 했어요. 한 1년? 그니까 1년 동안 일단 학자금이 밀린 거죠. 한 학기 학자금이 470만 원이에요. 1년이면 천만 원이죠. 근데 요새 사립대학은 기본 그래요. ○○대학교는 780이에요, 아마. 그게 과마다 다른데 저는 미대를 다녔거든요. 미대는 더 비싸요. 그래서 대출을 받았는데 끝이 없는 거예요, 이게. 그때가 대학교 2학년이었고. 그럼 생각해 보세요. 450만 원을 대출받았어요. 그러면 이자가 아무리 낮아도 학생 대출은 6.5%예요, 연 금리가. 근데 처음이야 450만 원이지, 이게 점점 쌓이고 쌓이고. 그런데 450만 원만 대출받겠어요? 한 600만 원 대출받아야 될 거 아니에요. 용돈도 하고, 집에서 용돈 받는 게 안 되니까. 그 누구는 속 편하게 그냥 그러면 넌 공부를 열심히 해서 장학금을 받을 생각을 해야지 하는데. 장학금 그거 아무나 받나? 학과 인원이 40명인데 그중에 3명만 장학금을 줘요. 1, 2, 3등. 그 1년을 고민했어요, 아무튼. 근데 이제 학자금을 모을 수 있는, 가장 단기간에 할 수 있는 거는 이 일밖에는 없더라고요. 지방대생 받는 최저임금 가지고는 턱도 없어요. 졸업해도 비전은 없어요. 나이만 먹는 거예요. 그거는 너 최저임금으로 집, 아파트 한 채 마련해, 이거랑 똑같은 거예요. 아무튼 그래서 이 일을 시작하게 됐죠.

김성아는 아버지의 실직 이후 대학 등록금에 대한 부담감을 느끼기 시작했다. 대출을 받아 등록금을 내고 있었지만, 지방대생으로 졸업하는 것은 그저 나이만 먹는 일이 된다는 계산이 작동했다. 그녀는 한 살이라도 어리다는 점을 자원 삼아 단기간에 돈을 벌어 보겠다는 결심을 하게 되었다.

많은 여성이 업소에 진입할 당시의 계획과 달리 업소에서 일하는 기간이 길어지곤 하지만 김성아는 매우 예외적으로 '6개월에 1,000만 원'이라는 자신의 최초 목표를 달성하였다. 어떻게 계획했던 기간 안에 목표 금액을 모을 수 있었냐고 묻자 그녀는 "학생이 벌 수 있는 돈치곤 많이 벌었죠"라고 덤덤하게 말했다. 하지만 이 목표를 달성하기 위해 그녀는 '아가씨'로서 시간과 비용을 절약하는 일상의 루틴과 전략을 만들었다. 무엇보다 먼저 '아가씨가 되는 것'이 무엇인지에 대한 철저한 정보수집을 하였다.

(어떻게 찾았어요, 처음에?) 검색으로. 검색으로 찾았어요. 인터넷으로, 인터넷에 많이 뜨니까. 지금이야 네이버에서 제재를 걸었지 그때는 안 걸었으니까. 그게 2년 전, 3년 전 이야기일 거예요. 그래서 1년 동안 정보를 많이 봤어요. 카페 한 세 군데 이렇게 타다가, 지금 두 군데는 기억이 안 나요. 아, 한 군데는 '텐프로 이야기'였나? 어, 근데 내 주제에 텐프로 갈 수는 없고, 이제 그나마 ○오빠가 운영하는 카페가 커뮤니티가 활성화가 잘 되어 있었고, 팀장이라는 사

람도 되게 꾸준히 글 올리면서 자기 일기처럼 막 일 얘기도 되게 구체적으로 써놓고, 그러니까 아무래도 신뢰가 가죠. 1년 동안 커뮤니티에 계속 들어가니까. 어, 이 사람(카페 운영자)은 계속 있네? 해서 한번 면접 보러 가 볼까? 스트레스가 극에 달했을 때 면접 보러 갔는데, 그냥 뭐 그렇게 일을 시작하게 됐죠.

물론 집에는 비밀로 하고. 집에는 이제 아르바이트하러 간다고 그랬죠. 뭐 이제 외주, 그 당시 외주를 조금씩 받아서 용돈으로 쓰고 있었던 거라 서울에 디자인 회사에 외주가 나서 가는데 가끔 올라가서 뭐 이제 그 검열도 받아야 하고 응, 미팅도 해야 하고 해서 간다. 그렇게 간다고 해서 저녁때 나왔다가 다음 날 첫차 타고 들어가고. 그니까 그렇게 크게 의심을 안 하셨죠. 그렇게 해서 한 6개월 했어요. [중략] (면접을 보러 간 업소는) 소프트 풀. 하드 풀은 속옷만 걸치는 거, 언니들이. 그니까 템프로가 제일 예쁘고, 쩜오가 그다음, 그리고 그다음이 아, 클럽은 어딘지 모르겠다. 클럽은 가본 적이 없어서. 그래서 그다음이 풀살롱. 그다음이 하드코어 그리고 마지막이 하드코어 풀살롱. 많이, 진상들이 많이 가고, 벗고 놀고 일하기 힘들고. 소프트 풀은 물론 안에서 어느 정도의 터치는 되지만 옷은 다 갖추고 있잖아요. 그러니까 그래도 예쁜 언니들이 와야 하는 거고, 다만 2차를 나간다는 거?

(특별히 처음 시작할 때 테이블만 보는데 가야겠다, 이런 생각은 안 했는지?) 아 이제 1년 동안 눈팅을 한 결과, 그렇게 하면 돈이 안 된다는 거를 봤기 때문에. 그리고 그러면 술을 더 많이 먹어야 되잖아요. 난 (2차를) 차라리 하는 게 낫지. 근데 그것도 뭐 나름 운이 좋아서 몸이 안 아팠던 거지, 보니까 몸이 아팠던 언니들도 많더라고

요. **(이후 성매개 감염병에 대한 이야기 이어짐) (그렇게 2차까지 나가면)** 21만 원. 2차 안 나가면, 테이블만 보면 9만 원. 연장하면 얼마였지? 연장하면 30만 원 더 내야 하고. 간혹 연장하시는 분도 있어요. 개 중에 정말 분위기 좋다 그러면 "오빠 우리 나가기 싫은데 조금 더 있다 가." 이러면은 "뭐 그럴까?" 그렇게 시간 연장을 하는 경우도 있고요.

김성아는 업소에 진입하기 전 1년 동안 유흥업소 구인구직 관련 온라인 사이트와 온라인 카페에서 업소 운영과 수입 전반에 대한 정보를 습득하였다. 여성의 외모와 서비스, 운영 방식에 따라 위계화되고 등급화된 한국 유흥업소의 전반적 구조를 파악하였고 나아가 자신의 외모와 성향을 객관화하여 면접을 볼 만한 등급의 업소 '아가씨 팀장'에게 연락하였다.

그녀가 진입한 업소는 룸살롱 중에서도 '소프트 풀' 업소로 분류되는 곳이다. 보통 지하의 룸에서 남성 손님과 여성 종업원이 술을 마시는 1차 이후, 2차 성매매까지 '풀코스'로 제공되는 업소라는 의미이다. 성매매를 하지 않고, 다시 말해 2차 없이 테이블 접대만 하는 업소에 가려는 고민도 해 보았느냐는 질문에 그녀는 단기간에 목돈을 마련하는 것이 가장 큰 목표였기 때문에 그러한 경우는 고려하지 않았다고 하였다. 또한 2차, 성매매 영업에 집중하면 술을 덜 마실 수 있다는 것을 장점으로 꼽기도 했다. 이처럼 김성아는 업소에 진입하기 전에 이미 업소 운영과 수입에 대한 정보를 자세하게 파악하였기 때문에 자신의 판단과 결정의 근거가 무엇인지 분명하게 설명하였다.

전략(1) : '초이스' 우선주의

김성아는 업소에 진입하게 되면서 온라인에서의 정보 수집 단계보다 더욱 구체적으로 업소에서의 일상을 경험하고 관찰하게 된다. 특히 다른 여성들의 영업 방식과 전략을 관찰하면서 업소 생활에 대한 자신만의 기준을 만들어낸다. 김성아는 업소에서 잘 나가는 '에이스' 여성들을 관찰하면서 업소에서는 예쁜 외모가 가장 중요하지만, 그보다 중요한 다른 조건들이 있다는 것을 알게 된다. 대표적으로 업소의 영업진들과 잘 지내야 하고, 당장 많은 돈을 번다고 돈을 많이 쓰면 안 된다는 규칙 같은 것이다. 특히 번 돈을 쓰면서 업소에서 받은 스트레스를 푸는 것을 경계해야 한다고 말했다.

> 에이스로 저보다 두 살 어린 친구가 있었는데요. 그 친구는 하루에 평균 네 방씩 기본 보고 갔어요. 그러니까 일단 보면 예뻐요. 예쁘고. 아이, 그런 예쁜 게 아니라 어. 저는 이제 만나 보고 이야기하면은 뭐 매력 있다, 이럴 수 있겠지만 그 친구는 딱 보면 예뻤어요. 응. 어쨌든 보기 좋은 게 먹기도 좋다는데 딱 봤을 때 예쁘니까. 예쁘고, 어리고 그러니까 약간 이렇게 풋풋한 맛이 있죠. 어, 말하는 거나 이런 게 딱 어리니까. 그냥 앉아 있으면 초이스 되죠. 그리고 한 명은 지명이 정말 많은 언니가 있었는데, 그 언니는 아예 사업도 같이 하더라고요. 무슨 화장품. 아모레? 아모레였나? 설화수였나? 그런 화장품도 같이 하면서. 지명이 외국, 외국 손님, 일본인. 좀 회화가 되는. 얼굴도 되고, 몸매도 되고, 자기 특기 하나씩 가지고 있고.
> 근데 에이스는 딴 게 없어요. 에이스는 출근 잘하고, 지명도 높고. 지명도가 높은 게 결국엔 영업 상무진과의 친분인데 그만큼 오래

있으면서 트러블이 안 난. 근데 예쁜 건요 오래 못 가요. 예쁜데 성격 나쁘면 진짜 오래 못 가요. 그러면서 그 언니들은 가게 탓하면서 나가요. 그러면서 나이를 먹죠. 나이 먹으면 가치는 떨어지죠. 그러면서 이제 이렇게 얘기하는 거예요. "내가 왕년에는 어디 에이스였는데." 왕년에가 무슨 소용이에요. 누구나 다 왕년에는 있잖아요. 음… 이런 거죠. 일하러 와서 나가야지 생각하는 거. 언제든 그만둘 거야 하는 거. 회사 들어가서 사직서 품고 다니는 사람 치고 일 제대로 하는 사람 없잖아요. 내가 이 일만 안 하면. 근데 뭐해요. 내가 지금 이 일 하고 있는데. 이 일을 잘해야 어떻게든 이 상황에서 벗어날 수 있는 거잖아요. 그니까 그 언니들도 절실하던 때가 있었겠죠. 저보다 더 절실했을 거예요. 나는 그렇게 막, 남들처럼 정말 어려운 그런 건 아니었으니까. 뭐 빚이 있었던 것도 아니고. 뭐 빚이라고 하면 학자금도 빚이지만. 어쨌든. 근데 이제 그 상황이 오래되니까 사람이 현실에 적응하게 된다고 그러잖아요. 그게 일상이 돼버린 거예요. 거기에 주저앉는 거죠. 그렇게 돼서 예쁜데도 불구하고, 아니면 진짜 페이가 잘 나올 수 있는데도 불구하고 돈을 못 모으고. 그리고 어떻게든 그 스트레스를 풀어야 하니까 돈을 쓰고.

그니까 나는 일하면서 딱 느꼈어요. ○오빠, ○팀장이 일하려면 "네 몸뚱이 네 꺼 아니다"라고 생각하고 일하라고. 나랑 일 오래 하고 싶으면 그냥 너 쓰고 싶은 거 다 쓰고 그렇게 하라고. 그렇게 하다 보면 10년 가 있을 거라고. 진짜 그래요. 진짜 10년 아무것도 아니겠더라고요. 그렇게 쓰다가는. 하루에 돈이 40만 원, 50만 원 내 품에 들어오는데 명품 가방 좋아하면 안 사고 싶겠어요? 이틀 일하면 백만 원인데? 그거 생각하면 카드가 있잖아요. 어, 나 카드 있으면 카드 긁고, 다음 달 카드값? 어, 일, 이 일 며칠 하면 다 갚을 수 있는

데 뭐. 근데 이상하게 빚이 있으면 안 돼요. 그렇게 생각하고 다들 일수를 써요. 근데 일수를 쓰면 초이스가 안 돼요. 이상하죠? 왠지는 모르겠어요. 근데 그렇더라고.

그리고 언니들이 하는 착각 중에, 그리고 저는 그거에 대해서 동의를 못 하는 게 ○○빠랑 약간 다른 생각인데, 성형을 해서, 내 급을 올려서, 얼굴의 등급을 올려서 초이스를 많이 받겠다? 난 그걸 동의 못 하겠어요. 솔직히 나는 거기 가게 있으면서 정말 이 언니는 성형 아니면 답이 없다? 이런 사람은 한 명, 두 명? 못 봤거든요. 그 외에는? 굳이 성형 안 해도 될 거 같아요. 충분히 예뻐요. 근데 대부분의 언니들이 나는 얼굴이 여기가 안 되고, 저것만 고치면 될 거 같은데 라는 생각을 다 가지고 있어요. 물론 저도 그 생각을 왜 안 했겠어요. 나도 했죠. 아, 저 한 거 하나 있어요. 사각턱 보톡스는 맞아 봤어요. 그거 맞으니까 확실히 얼굴이 좀 갸름해지긴 하더라고요. 지금은 안 맞았어요. [중략]

그때는 얼굴에 저작근이 좀 많이 발달해 있었으니까. 맞으니까 확실히 진짜 계란형이 되더라고요. 근데 그거 외에는 뭐 굳이. 성형하면 최소 천만 원이에요. 언니들 뭐 쌍꺼풀이랑 코만 세우면 한 오백 되겠다. 근데 그 오백이, 말이 오백이지 일반 직장인들 한 5개월 바짝 모아, 모으면 오백 모을 수 있나? 서울에서는 못 모으지. 그리고 그것도 복불복이잖아요. 성형 부작용 나면? 장사 밑천이 얼굴인데, 얼굴 나가면? 그런데 내가 봤던 언니들은 다 예뻤는데, 그리고 몸매도 좋고. 응, 오히려 저렇게 예쁜데 왜 초이스가 안 되지? 근데 팀장은 굳이 저 보고 성형하라는 얘긴 안 했어요. 왜냐면 출퇴근하는 애니까. 몇 달 어디 박혀서 있을 수가 없잖아요. 얼굴이 똑같아지는 것도 싫었고. 성형한 언니들 많아요. 기본으로 다 코는 하는 거 같아

요. 다 코 하고, 뭐 쌍꺼풀 하고. 진짜 크게 한다? 그러면 양악[치아
교정을 위해 위아래 턱을 수술하는 것]. 근데 양악은 정말 너무… 거
의 한두 달 일을 못 하는 거니까.

업소 영업진들은 여성들에게 일상적으로 성형수술을 권한다. "등급
을 올려서 초이스를 많이 받으라"는 조언인 것이다. 하지만 성형수술
비용과 성형수술이 자리를 잡기까지 드는 생활비 등 비용은 고스란히
여성 종업원의 몫이고, 이를 위해 금융회사-성형외과-유흥업소 3자가
연계하는 '성형대출'까지 이루어지는 실상이다. 김성아가 언급한 업소
팀장도 성형수술 비용 지원이라는 명목으로 업소 '아가씨'들에게 성형대
출을 연계하고 있다. 하지만 업소 주변에 방을 얻어 거주하지 않고 지
방에서 강남 업소로 출퇴근하는 김성아를 보며 업소 팀장은 오래 업소
에서 일할 사람이 아니라고 생각해서인지 성형을 직접 권하지는 않았다
고 한다. 성매매 업소 영업진들은 여성들에게 돈을 저축해서 빨리 업소
생활을 접으라고 조언을 하는 것처럼 보이지만, 동시에 생활비 외에 여
성들이 업소에서 일해야 하는 필요조건을 계속 만들어내기도 한다. 그
중에서 성형수술은 여성들의 자발적 참여를 만들어내기 좋은 영역이다.
동시에 업소 영업진들은 종종 여성들을 무시하고 심지어 성폭력을 가하
기도 한다.

갔을 때 팀장이 제일 먼저 해준 거는 (영업진들에게) 인사 잘해라.
인사 잘해라. 뭐 인사 잘하는 거? 그냥 인사 잘하면 그래도 좀 아, 밉
지는 않죠. 근데 이렇게 왔는데 그냥 흥, 본척만척하고 그러면 같이
일하는데 보기 싫잖아요. 상무들도 보기에 앞에서야 아가씨, 아가씨
이러지. 뒤에서는 몸 파는 년, 더러운 년 이럴 거 아니에요. 남잔데,

지들도 남잔데. 근데 막 자존심 세우고, 인사 안 하고 그러면 지까짓 게 뭔데, 몸 파는 주제에. 참 콧대 세우고 다니냐. 그럼 이제 그때부터 안 좋은 거죠. 그리고 저 있을 때 딱 한 번 캠프라는 걸 했는데, 뭐 단합대회 약간 이런 식으로 가나 봐요. 몰랐어요. 나는 그런 게 있는지도. 근데 거기는 웨이터들도 다 가거든요. 영업 상무들 말고, 이제 잔 치워주고, 뭐 이렇게 심부름하고 재떨이 이렇게 갖다주는 팁 받는 웨이터 오빠들 있잖아요. 그런 데 가서 잔다고 하더라고요. 나는 몰랐는데 이제 듣기로는. 그니까 방이 여러 개 있으니까. 뭐 아무튼. 뭐 가서 술 좀 많이 먹이고, 좀 골뱅이 되면(많이 취하면) 초짜 언니들 데려다가 잔다고 하더라고요. 내가 너 잘 밀어줄게, 이러면서. 근데 이제 만약에 거기서 튕기면은 뭐, 쟤는 뭔데 튕기냐. 아예 안 가는 게 오히려 잘 된 거지. [중략]

쟤는 독한 지지배. 하루 두 시간 걸려서 왕복 네 시간 출퇴근하는 독한 기지배. 그냥 그래서 밀어주는. 좀 좋은 영업 상무들, 이 밀어주는 사람들이 있어서 저는 그나마 두 방씩 본 거고. 그니까 룸이 있고, 매직미러(아가씨들 대기실에서는 손님이 보이지 않고 손님들만 아가씨 대기실을 볼 수 있도록 특수처리된 유리방)가 있으면 여기에 언니들이 있고, 저기에 사람들이 서 있어요. 이제 손님들이 서 있으면 영업 상무들이 이렇게 옆에 딱 붙어서 이야기를 해요. 그래서 막 이렇게 쟤는 어때? 이러면은 아, 쟤는요, 형님 쟤는요, 쟤는 어떻고요. 그니까 그런 거랑 똑같아요. 예를 들면, 이렇게 뭐 액세서리점에 가서 뭐, 언니 요즘 뭐 어떤 스타일이 예뻐요? 이러면은 어, 언니한테는 이런 스타일이 잘 어울릴 거야. 언니 뭐 얼굴도 얄쌍하고 얼굴도 하야니까 뭐 골드도 괜찮고, 백금도 괜찮은데 언니는 화이트 골드가 진짜 예쁘겠다. 그러면 누가 그냥 골드 사겠어, 화이트 골드 사지. 어우, 나한테 잘 어울린다는데. 그렇게 맞춰 주는 거예요. 아니면 처음 오는 손님이 있으면 그 손님이 이제 딱 얘기를 하죠. 나는 가슴 큰 애가 좋더라. 그럼 가슴 큰 애는 얘, 얘, 얘, 얘 있는데요. 나는 자연산이 좋아. 이러면 아 그러면 쟤가 자연산이에요.

특정 업소에 출근하겠다고 결심한 이상 여성들은 업소 영업진들과 잘 지내는 일이 중요하다. 업소 영업진들이 특정 아가씨들에게 손님을 몰아주기 때문이다. 반대로 업소 영업진과 사이가 좋지 못하면 여성들은 '초이스' 경쟁에서 밀리게 된다. 영업진들에게 인사를 잘하라는 말은 그들에게 잘 보여야 업소 생활이 수월해진다는 조언이다. 이런 상황에서 업소 영업진에 의한 성폭력이 일어나기도 하고 그것이 심지어 단합대회라는 명목으로 정례화되어 있기도 하다. 위험 상황에서 여성들은 각종 핑계를 대면서 단합대회에 참석하지 않는 등 개인적 전략을 마련할 수밖에 없다. 업소 안에서 여성들은 남자 영업진, 남자 손님 등의 일상적 시선과 평가, 때로는 시스템화된 폭력을 경험하는데, 이 모든 것을 견디어야 마침내 일을 할 수 있다는 역설적 상황으로 인해 여성들은 오히려 이러한 경험을 자신의 영업 전략을 만들어내는 자원으로 활용하기도 한다.

(초이스는) 그냥 복불복이었어요. 그냥 막 거기서 엄청 뛰어나게 예쁜 것도 아니었고, 그렇다고 뭐 너무 못생긴 것도 아니었고. 그냥 중상? 그 ○오빠가 했던 말이, 처음 면접 볼 때 어우, 얼굴은 오밀조밀하게 예쁘게 생겼는데 살은 조금 뺐으면 좋겠다. 이러면서 "지금 네가 제일 부각시킬 수 있는 거는, 너 그거 가슴 자연산이지?" C컵이거든요. 이제 자연산 C컵은 그렇게 많지가 않으니까. 대부분 수술이

라서. "넌 그걸로 밀고 나가." 그니까 어떤 언니들은 언니들만의 요령이 있어서 여기다가 막 뽕을, 진짜 영혼까지 끌어모은다고. ○오빠가 너는 진짜 영혼까지 끌어모으면 한 점 남은 등에 있는 살까지 긁어모아야 돼. 만들어야 돼. 그렇게 해서 만들면 몰라요. 진짜 테이블 들어가기 전까진. 테이블 들어가면 너 가슴 이거 진짜 아니지? [중략]

일단은 초이스가 잘 되기 위해서 어쨌든 나의 매력을 최대한. 어쨌든 거기서 보여지는 거는 매직 룸미러니까 상품이잖아요, 내가. 그러면 진열을 잘해야죠. 진열을 잘하고, 잘 꾸며야 되는. 진짜 그래요. 흔히 공치고 간다 그러죠. 그런 언니들도 많죠, 그런 친구들도 많고. 운인 것도 있고, 소문이 도는 것도 있고. 쟤, 쟤 앉혀 봤는데 매너가 별로더라. 아니면 쟤 2차가 별로더라. 쟤 피부가 너무 거칠더라. 혹은 쟤 가슴이 민 자야. [중략]

그거랑 똑같아요. 내가 플리마켓이나 벼룩시장에서 내 물건을 팔때, 내 물건에 대한, 품질에 대한 자신감이 있어야 하고, 둘째는 눈에 띄어야 하고. 아니 그러니까, 첫째는 눈에 띄어야 하고, 둘째는 자신감, 장인정신이 있어야 하고, 셋째는 그거를 꼬실 만한 말재간이 돼야 하는 거죠. 그것도 똑같았던 거 같아요. 그 일을 할 때도 이제 초이스 잘 되려면 (○팀장에게) "너는 네 가슴을 부각시켜"라고 이야기 들었다고 그랬잖아요. 진짜 그렇게 했죠. 그래서 뽕을 두 개씩 넣었어요. 여기다가 두 개씩 넣어서 골을, 골을 최대한 많이. 그렇게 하고. "너 머리 짧으면 아줌마 같으니까 머리 길게 해." 그럼 머리 길게 했죠, 웨이브 넣고. 속눈썹 꼭 붙이고. 화장하고 안 하고의 차이가 굉장히 크니까. 그런 거가 일단 외적인 초이스? 그리고 옷을 입을 때도 일단 골은 당연히 파이고, 초이스가 잘 되는 옷이 있었어요. 하얀색 장미, 그니까 장미 문양… 레이스? 장미 레이스에 V자로 파인 거. 어, 짧은 치마. 그리고.

(**자기 옷이었어요?**) 샀어요. 그거랑 비슷한 걸 그 의상 이모한테 빌려서 입었었는데 반응이 좋았거든요. 그래서 비슷한 걸 찾아서 사서 입었어요. 그거랑 핑크색 바니걸 드레스가 있어요. 그니까 홀터넥인데, 진짜 거기다가 토끼 머리띠만 하면 바니걸이야. 핫핑크색. 눈에 확 띄는 거. 남들 잘 안 입는 거. 그래서 나중에 초이스 되고 나서 이야기했을 때, "오 핫핑크." 이러더라고요. 그 색을 좋아하는 손님은 그 색을 보고 초이스할 수도 있고. 그리고 두 번째는 내가 나에 대한 자신감이 있는 거죠. 내가 분위기 띄울 수 있고. 내가 이 오빠 정말, 내가 여기 가서 이 손님 정말 즐겁게 해줄 수 있다. 분위기 봐서. 아니면 이제 그거잖아요. 내가 물건을 팔러 나왔는데 기분이 거지 같아. 그래서 표정도 별로고, 담배만 뻐끔뻐끔 피우고 있으면 누가 그 물건을 사려고 그래요. 어, 인상 딱 보고서 어, 쟤 기분 안 좋은가 보다. 영업 상무진들이랑 팀장들도 딱 손님들 오면 "손님들 왔다. 그니까 자세 똑바로, 핸드폰 보지 말고, 고개 들고 웃어." 그거였죠. 웃는 거. 잘 웃고, 우울한 아가씨 좋아하는 손님 아무도 없어요. 난 거기 웃으러 가는 거니까. 재밌으려고 오는 거잖아요. 영, 어쨌든 일하는 거 스트레스 풀려고. 그러면 맞춰 줘야죠. 그 사람이 원하는 거, 좋아하는 거 뭔지 물어보고. 다른 사람들이 사적으로 신경 안 써주는 거 내가 조금 더 신경 써주고. 그렇게 하면 팁은 자동으로 들어왔던 거 같아요.

김성아는 업소에 진입한 이후 업소 단합대회 등을 명목으로 한 성폭력 위기의 상황을 지나거나 성형수술로 많은 돈을 지출하게 된 여성들을 보면서 자신만의 기준과 원칙을 만들어낸다. 얼굴이 예쁜 여성들도 초이스가 되지 않는 경우를 지켜보면서 '업소 아가씨'로서 중요한 것은 '눈에 띄는 것, 자신감, 말재주'라는 결론을 낸다. 그녀는 이것에 대해 "진열"이라고 설명한다. 어떻게 진열할 것인지 방법에 대해 김성아는 업소 영업진과 손님들의 안목, 평가에 전적으로 의존한다. 자신의 고유한 취향이나 개성보다는 업소 영업진의 조언과 이전 손님들의 반응에 주목하여 빠르게 '초이스'될 수 있는 방안을 모색하는 것이다. 자신의 외모에 대해서도 스스로를 객관화하는 것을 넘어 타인의 반응을 바탕으로 노출, 의상, 태도를 더하고, 장착하는 것이다. 눈에 띄기 위해서 핫 핑크 색의 바니걸 복장을 입는 것이 대표적이다. 일단 '초이스'가 되어야 하기 때문에 가슴을 강조하고 눈에 띄는 복장을 선택하였는데, 업소에 출근했다 하더라도 '초이스'가 되지 않으면 출근한 의미가 없으므로 이러한 '초이스' 전략을 빠르게 만들어낸 것은 그녀의 업소 생활의 총기간을 단축할 수 있는 비법이었다. 동시에 이곳에서 일하겠다고 결심한 이상 남성 구매자들은 어차피 스트레스 풀려고 온 사람이니 이들에게 최대한 맞춰주는 전략을 수용한다. 이때 웃는 것이 중요한 외적 태도로 채택되었다.

전략(2) : 비용 절약

김성아는 거주 비용을 절약하기 위해 업소에서 쪽잠을 자며 지방에서 서울, 강남으로 출퇴근하였다. 또한 의류 렌탈과 메이크업 등 출근 준비에 들어가는 비용을 절약하였고, 남자 손님의 요구를 적절히 받아주며 서비스를 높여주는 전략을 적극적으로 채택하였다. 하루에 남성 구매자를 만날 수 있는 시간이 제한적이다 보니, 남자 손님의 요구를 적극 수용하는 전략은 이러한 시간을 단축하는 효과를 만들어내기도 했다. 김성아는 이러한 전략을 통해 업소에서 일하는 기간을 줄일 수 있었다.

처음에는 저도 일단 큰돈이 들어오니까. 하나 좀 특이 케이스인 게 저는 출퇴근을 지방에서 했어요. 한 저녁나절, 다섯 시, 다섯 시? 다섯 시 정도에 (지방에서) 출발해서 일곱 시에 (업소에) 도착해서, 근데 퇴근하면 잘 데가 없잖아요. 그러면 이제 팀장한테 부탁해서 업소에서 잠깐 자고, 방이 있으니까. 손님이 새벽 네 시, 다섯 시면 끊겨요. 그러면 다섯 시까지 기다렸다가 다섯 시에 빈방에서 자고, 그리고 첫차 타고 다시 내려가고 그렇게. 그니까 뭐 5일 내내 출근은 못 했죠. 한 일주일에 3일? 근데 뭐 방 얻은 언니들도 그렇게 열심히 출근하진 않아요. 진짜 3일? 3일이 보통이었던 거 같아요. 그래서 보던 언니는 계속 보고. 근데 일단 돈을 모을 수 있었던 거는 미용실을 안 간 거. 미용실 안 가고, 내가 속눈썹 사서 매일 붙이고, 머리가 이제 그때는 어중간해서 가발을, 이렇게 똑딱이 가발을 썼어요. 그래서 똑딱이 가발을 내가 와서 붙이고.

처음에는 많이 헤맸는데, 몇 번 하니까 그냥. 왜 여자들은 화장하고 이런 거 익숙하잖아요. 그래서 조금씩 늘더라고요. 그리고 그렇게 하면, 일단 메이크업을 받는데 헤어랑, 지금은 가격이 얼만지 모르겠어요. (그때는) 헤어랑 메이크업 풀세팅하면 10만 원이에요. 그리고 옷… 그렇죠. 그리고 옷은 보증금이 있어요. 20만 원인 데도 있고, 10만 원인 데도 있는데 △△ 같은 경우에는 20만 원이었어요. 20만 원 보증금을 내고, (렌탈하면) 옷이 2만 원에서 3만 원. 렌탈 언니가 있어요. 이제 좀 큰 업소는 아예 렌탈 언니가 있어, 렌탈 이모가 있어서. 어, 그중에서 그 이모가 아예 스타일링을 해주는 경우도 있어요. 이 언니한테는 이 옷이 어울리겠다, 아니면 담당 팀장이 아, 이 언니는 하얀색이 어울리니까 화이트톤으로. 아니면 이 언니는 블랙. 아니면 이 언니는 약간 화려한 꽃무늬. 이렇게 하는 경우도 있고, 걔 중에는 그런, 왜 징크스 같은 게 있잖아요. 그 옷만 입으면 초이스가 잘 되더라. 그래서 그 옷만 주기적으로 빌리는 사람도 봤고.

근데 저도 처음에는 모르니까 빌렸다가 어, 생각해 보니까 제가 차비가 갈 때마다 왕복 기본 뭐 무궁화를 타고 오든, 이제 강남 고속 버스 터미널이니까, 이제 버스를 타고 오든 교통비만 3만 원이 들어요. 교통비 3만 원에. 미용실 가면 10만 원이죠, 13만 원에. 옷 빌리는 데 2만 원, 3만 원이면 15만 원이에요. 그럼 방 하나 초이스 되면, 애프터까지 가면 21만 원이거든요, 기본이. 그러면 내 수중에, 만약에 초이스 한 번밖에 못 됐다, 그러면 내 수중에 남는 돈은 없는 거예요. 거의 없는 거나 마찬가지죠. 밥 먹고, 그러면은 이제 끝이죠. 그 걸로 생활이 돼요? 안 되죠. 보통 언니들은 일수도 찍고, 방 일수도 하고 하는데… 안 돼요. 그러면 이제 줄여야죠, 내가 쓰는 거를. 근데 처음, 좀 빨랐어요. 그거를 깨닫는 게, 생각보다. 일주일, 딱 3일 일하고서 안 모이니까. 뭐가 문제인가 했는데. 그래서 그냥 아예 미용실 안 가고, 내가 했는데 되니까. 그냥 그대로 가기로 했어요. 그 래서 뭐 다른, 오히려 다른 팀장이나 상무들이 보기에는, 영업 사원들이 보기에는 얘가 일찍 나와서 헤어도 하고, 메이크업도 하고, 막 이렇게 와 갖고 막 분주하게, 제일 먼저 나가갖고 하고 있으니까, 제일 먼저 앉아 있으니까 오히려 그게 더 좋아 보였던 거 같아요. 그래서 어, 이 언니는 방에 들어가도 클레임도 안 나고 매일 일찍 와서, 오픈 타임에는 손님이 오면 받을 언니가 정말 부족해요. 제일 많이 나오는 시간이 10시거든요, 출근 시간이? 9시, 10시? 그때 되면은 이미 풀타임이지. 손님들도 많이 오지만 언니들도 이미 많으니까. 그래서 내가 인물이 딸리고, 몸매가 그렇게 뛰어나지 않아도 첫 타임은 일단 무조건 봐야되는 거예요. 그러면 일찍 나오는 거죠. 그렇게 해서 일단 좀 모았던 거 같고.

(학교 다니면서?) 네. 월요일, 이제 화, 목, 금. 아, 아니다. 화, 수, 목 수업이었어요. 근데 목요일 날 수업이 일찍 끝났어요. 그러니까 목요일 날 끝나고 일하러 가고. 이제 토요일, 일요일은 손님이 없으니깐 별로. 토요일, 일요일은 저도 쉬었어요. 몸이 안 돼요. 사이클이 안 돌아가요. 진짜 다섯 시에 일어나서 출근하고 일하고. 어쨌든 새벽 다섯 시까지는 깨어 있는 거예요. 새벽 다섯 시까지 깨어 있다가 쪽잠 자고. 한두 시간, 세 시간 쪽잠 자고, 다시 집에 돌아와서 그리고 또 자요. 또 자고 일어나면 한 네 시? 그렇게 반복되니까, 응. 별로 몸에 좋진 않죠. 술도, 원래 소주 한 3잔, 4잔 마시면 얼굴 빨개지고 그랬는데, 진짜 일하면서 술 그렇게 많이는 안 먹었지만, 눈치껏? 그냥 못 먹는다고 하면은 커버해주는 손님들도 많이 있었고. 응. 그니까 뭐 2차 나가는 룸이 그런 건 좋아요. 술을 굳이 먹지 않아도 되는 거.

(보통 하루에 몇 테이블 정도 봤어요?) 진짜 많이 봤을 때는 네 테이블까지 봤어요. 네 테이블 보고, 보통은 평균 두 방? 그럼 하루에 50만 원. 손에 남는 거는 한 40만 원, 35만 원 정도? 그래도 저도 쓸

거는 쓰긴 썼어요. 그래도 여관 생활하고, 뭐 뮤지컬도 보러 다니고 했으니까. 뭐 아예 안 쓴 건 아니고. 근데 다만 다른 언니들에 비해서 안 썼죠. 가방, 뭐 명품 이런 거 안 샀으니까. 그런 거 굳이 필요한지 모르겠고. 내가 뭐 템프로 나가는 것도 아니고. 손님들이 내 꺼 액세서리, 가방 보면서 우와 해줄 것도 아닌데. 나보다 훨씬 잘 사는 사람들이 뭐가 부족해서, 그 사람들이 사주면 몰라. 그냥 뭐, 나는 그냥 그대로 거기서만 보여지는 것뿐이니까. [중략]

　(손님에게 장점이) 없어도 만들어내죠. 이렇게 보면서 기분 좋게 띄워주려고. 기왕 일하는 거 좋게. 기분 좋아야 그 사람도 나한테 매너 있게 대하고 안 어려우니까. 응. "어우 오빠 오늘 입은 와이셔츠 색깔 되게 잘 받는다. 오빠 이 색 참 잘 어울리는 거 같아." 얼굴이 못생겼으면 그렇게라도 하지. "뭐 어우 오빠 나이 몇이에요? 오 그렇게 안 보이는데? 어우, 난 오빠 몇, 뭐 한 오빠 한 30대 후반인 줄 알았어." "오빠 콧날 되게 잘생겼다. 응, 콧날 잘생겼다." 이러면 아우, 그런 말 잘, 많이 듣는다고. 되게 우쭐해서. 그래서 이제 슬쩍 이야기하죠. 이제 "어우, 오빠 코가 크면 막 그렇다는데 오빠 진짜 그래." 약간 음담패설? 그럼 일부러 이제 일행들 있을 때 "오빠 우리 분위기 좋은데 우리 먼저 올라갈까?" 시간 타임이 짧아지잖아요. "어차피 술 많이 마실 거 아니면 그냥 올라가자. 애간장 태우지 말고 그냥 올라가자." 이렇게 해서 원래는 두 시간이에요. 정확히는 1시간 50분. 근데 그렇게 하면 한 시간 안에도 끝날 수 있죠. 들어가서 인사하고 얘기하다가 통한 거 같으니까 올라가자고. 그렇게 하면 한 타임에 두 타임을 끝낼 수 있잖아요. (룸 안의 사람들에게) 양해를 구하죠. "아, 우리 먼저 올라갈게요." 그러면 이제 보다가 만약에 이제 그 테이블은 더 좋죠. 다른 언니들도 더 좋죠, 그렇게 하면. 왜냐면 앉아 있는

거 싫거든. 술, 진짜 그날 막 내가 꼭 술을 먹어야겠다. 그런 언니들 아니면. 아니 다른 테이블 가서 꽁술(공짜 술) 먹으면 되지. 아니면 이제 분위기 타서 같이 아우, 그러면 우리도 빨리 올라가자. 이렇게 하면은 더 좋은 거잖아. 어쨌든 목적은 그거 아니야, 술 먹으러 온 게 아니라. 그쪽도 응, 목적 달성해서 좋고, 우리도 시간 빨리 끝나서 좋고. [중략]

아, 그런 경우 있었다. 다른 언니가 삐찌 먹어서 내가 들어간 적 있었다. 근데 제가 유하긴 유했나 봐요. 좀 많이 받아주는 타입이었나 봐. 손님이 언니 가슴을 많이 터치했대요. 만지작만지작 한 거지. 안에다가 손을 집어넣고, 쭈물거리고. 그래서 이제 그 언니가 삐찌를 놓고 나왔어요. 아이 씨발, 이러고. 그래서 이제 손님 빈정 상해서 막 가려고 하고 이러니까 이제 그 왜 상무가 형님, 형님 하면서 아이, 좋은 언니 붙여줄 테니까 잠깐만 기다려 달라고. 팀장이 클레임이 안 들어오는 언니니까, 내가. 아가씨니까. 미안한데 네가 한번 들어가 봐라. 거기 들어갔는데 의외로. 근데 그 손님도 삐찌 놓은 게, 이제 그렇게 한 게 미안했는지 그냥 물론 터치가 있긴 있었는데 이제 적당히. 그게 좋은 게 아니지만, 요령이 생기더라고요. "뭐 올라가서 우리 단둘이 있을 때 하자." 이 말도 안 먹히면 그거는 진짜 쓰레기인 거고.

다른 아가씨들도 있잖아요. 내가 그걸 받아주면 싫어하는, 대부분 다 싫어하는데. 룸 안에서 어쨌든 내 몸인데 남이 막 다, 다 보고 있는데 무슨 관음증 환자도 아니고, 그렇게 만지면 기분 나쁘잖아요. 다 옷 입고 있는데 나만 벗고 있다고 생각해 봐요. 기분 나쁘잖아요. 그니까 벗은 건 아니지만, 말하자면 그런 기분인 거죠. 그래서 내가 터치를 너무 많이 받아주면 아가씨는 이래도 된다는 개념이 생겨버리는 거예요. 그니까 어느 정도 커팅을 해줘야 서로서로 일하기 편한 거지. 만약에 내가 그걸 너무 받아주잖아요? 그러면 언니들 사이에서 안 좋게 보죠. 그러면 나도 힘들죠. 여자들이 그러면 더 무서워요.

저는 그냥 손님한테 그랬어요. 이야기하면서 "넌 그러면은 여기 방 안 얻은 거야?" 이렇게 물어보더라고. "너 어디 살아?" 이렇게 얘기하면 "아, 오빠 나 지방 살아요." 이러고. 그러면 "너 여기 출근은 어떻게 해?" "버스 타고 출근하지." "야, 너 힘들겠다." "뭐 응, 오빠 나 힘들어. 근데 오빠 일하는 게 더 힘들지, 내가 힘들겠어?" 그러면 이제 왠지 어, 좀 이렇게 더 잘해주고 싶은 마음이 생기겠죠? 그래서 이제 2차하고 나서 될 거 같은 사람한텐 이야기했어요. "오빠, 나 있잖아. 있다가 마감까지 하고 집에 가야 하는데 오빠 나 차비 좀 줘요." 그럼 이제 마음 좋은 손님들은 2만 원, 많게는 5만 원, 5만 원권 주기도 하고. 오빠 다음에 또 만날 때 나 부르라고, 내가 더 잘 해주겠다고. 그렇게? 그냥 말만이라도. 그럼 기분 좋잖아요. 그리고 그 모텔방 잡는 삼촌이, 방 관리해주는 삼촌이 하는 것도 없는데 문 열어주고, "저 여기 방 관리하는 동생인데요. 어, 저기 사장님 뭐, 저희 팁 좀 주세요." 이렇게 아예 대놓고 얘기를 해요. 그러면 기분 좀 안 좋잖아요. 그러면 뒤에 와서 막 뒷담화를 해요. 그러면 나도 같이 막 얘기하면서, "어우, 나도 저런 거 불편해 죽겠는데 왜 저러는지 모르겠다."고. 그래서 "저런 돈 있으면 오빠, 차라리 나를 주지." 막 이러고. 그러면 이제 그 모습이 귀엽다고 "뭐 너 안 줘서 삐졌냐." 이렇게 말하고 주는 사람도 있고. 그렇게?

김성아는 '초이스' 가능성을 높인 이후에는 자신의 거주, 꾸밈에 들어가는 비용을 최대한 절약하면서 남성 구매자의 요구를 최대한 수용하되 개별 할당 시간을 단축할 방안을 고안하였다. 최대한 많은 구매자를 하루에 만나기 위한 전략이었다. 또한 팁을 얻어내는 것도 자신에게 중요한 영업 전략이었다고 설명한다. 손님들과의 관계는 철저하게 돈 관계이다. 그렇다면 남성의 초이스 이후에는 정해진 비용을 넘어서는 많은 팁을 받는 것이 중요해진다. 또한 팁을 받아야 하는 처지에서 김성아의 사적 서사는 남성 손님에게 안타까운 이야기로 받아들여져야 했다. 김성아는 손님들의 기분을 최대한 맞춰주고 칭찬해주는 방식으로 팁을 얻었다고 설명한다. 다만 업소 내 다른 여성들이 일하기 힘들어지지 않을 정도의 한계를 정하고 남성 손님의 요구를 허용해주는 방식을 사용했다고 한다. 다른 여성들과의 관계는 업소 생활을 불편하게 만들 수 있는 요인이 될 수 있기 때문이다.

업소 이후: 자부심과 후유증

업소에 진입한 이후 6개월 동안 초이스 가능성에 목표를 두고 자신의 외모를 부각시키고, 나아가 손님들의 요구를 최대한 수용하는 방식으로 일한 결과 김성아는 목표 금액을 손에 쥘 수 있었다. 이 시기 마침 사귀던 남성과 결혼을 해야겠다는 결심이 들었다. 자신이 계획한 기간 안에 목표 금액을 손에 쥐고 일을 그만둘 수 있었던 것에 대해 김성아는 노력과 운으로 설명한다. 그리고 자신이 현명하게 일을 그만둘 수 있었다는 사실에 자부심을 보이기도 한다. 특히 업소 일을 짧게 하면서 지출 규모를 늘리지 않았다는 점이다. 이 때문에 어떠한 '흔적'도 남기지 않고 일을 그만두었다고 생각했는데, 일을 그만둔 지 한 달이 지난 후 정신적으로 어려움이 찾아왔다고 고백했다.

계기가 있죠. 그니까 (제가 지금은) 결혼했는데 음, 결혼해야겠
다, 이 사람이랑 결혼해야겠다는 마음이 들어서 그만둔 것도 있고.
그리고 목표치만큼 모을 만큼 모았고. 그리고 집안도 다행히 그때쯤
안정돼서 아빠도 새 직장을 얻으셨고. 그니까 내가 크게 앞으로 더
신경을 안 써도 되겠다는 생각이 딱 들면서 아다리가 맞는다[딱 들어
맞다] 그래야 되나? 아다리가 맞아서 그만두게 됐죠. [중략]

어… 얼마 전까지 학습지 교사를 했어요. 근데 지금 곧 때려치워
요. 아, 이게 멘탈이 튼튼하다고 생각했는데 좀 이상한, 이상한 엄마
두 명을 만나고 나니까. 아니 그나마 룸에 있을 때는 팀장이 커버라
도 쳐줬지, 이거는 본사에서도 커버를 안 쳐주더라고요. 내가 잘못
한 게 없는데. 그러니까 이제 어쨌든 중간에서 딱 커트를 해주는 그
런 게 없으니깐. 난 그걸 기대했는데. 그냥 관두겠다고 했죠. 핑계
를, 잡다한 핑계를 대고. 그냥 아르바이트를 해야죠. 돈 씀씀이가 원
래 크지 않았고, 일하면서 안 늘렸으니까. 지금도 뭐 남편 벌이가 크
지 않아도 어렵지 않아요. 근데 일했던 언니들은 다들 이 이야기하면
공감하겠지만, 돈 씀씀이 한번 커지면 못 줄여요. 진짜 못 줄여. 일
수를 써서라도 그 돈을 만들어서 써야 돼요. [중략]

천만 원(손에 쥐고 그만두었어요). 사실 일하면서 실질적으로 모
은 건 팔백? 근데 주식을 했어요. 주식을 해서. 주워듣는 것도 있고,
그러다 보니까 이제 그런 정보로 크게 욕심 안 부리고 수익분기점
20% 잡고, 손절선 10% 잡고 그렇게 하니까.

저야, 반년 짧게 하고 끝냈지만 적어도 1년, 진짜 길게는 20대 미
만에 들어와서, 그니까 민짜(미성년자)로 들어와서 지금 10년 넘게

일하는 사람들도 많이 봤어요. 주변에 다들 일할 때 만났던 사람들은, 업소 언니들은 대부분 기본 짧게 일한 언니가 3년이더라고. 1년 일했다가 한 3개월 쉬다가 다시 들어오고. 왜 그러냐면 돈이, 큰돈이 들어오잖아요. 큰돈이 들어오는 만큼 씀씀이가 커져요. 씀씀이가 커지면 그걸 돌이킬 수가 없는 거예요. 일반 직장 가서 어떻게 그 돈을 쓰고 살겠어요. 그거랑 똑같은 거죠. 아파트 25평 살다가 40평짜리 아파트로 옮기면 짐이 그만큼 늘어나잖아요. 나중에는 그 40평 아파트에서 살다가 25평으로 짐을 옮길 수가 없는 거죠. 그거랑 똑같은 이치예요. 그래서 다시 돌아가게 되는 거예요, 이전으로.

일단 저는 그냥 한마디로 요약하면 노력도 있었지만, 운이 좋은 거예요. 왜 그러냐면 욕심을 부리지 않았기 때문에 운이 좋은 걸지도 모르겠어요. '남편감이다.'라고 생각했을 때도 솔직히 이 사람 연봉 2천 안 됐죠. 2천 조금 넘는다고 하면 업소 언니들 중에 감당하고 결혼하겠다는 사람들 거의 없을걸요? 연봉 2천으로 뭐 먹고 살아? 이것부터 얘기할 거예요. 근데 나는 연봉 2천? 뭐 어때. 이렇게 시작했는데 알고 보니까 시댁이 굉장히 잘 사는 집인 거예요. 그니까 뭐 재벌 이런 게 아니라 농사를 지으시는데 좀 크게 하세요. 근데 나는 그걸 몰랐어요. 결혼 마음 딱 먹고 나니까 주변에서 이야기하더라고요. 그전에는 이야기 안 해주다가. 그래서 알고 보니까 되게 잘 사는 거예요. 그니까 알부자 집이죠. 집도 해주시고, 나중에 알고 보니까 남편 쪽으로 연금도 되게 많이 들어가 있어요. 연금 보험만 세 개 들어가 있더라고요. 그러니까 흔히 말하는 봉 잡은 거죠. 이런 말 하면 속물이라고 할지 모르겠지만 경제적인 것도 사랑에서 굉장히 중요한 요건이거든요. 돈이 없으면 사랑도 없어진다고. 지금 계획하기로는 일단 우리는 빚이 없으니까, 맘만 먹으면 돈을 모을 수 있을 거예요.

당분간은 연봉이 오르기 전까지 이렇게 생활하다가 연봉이 오르면 그때 돈을 차근차근 모아서. 연금도 있으니까 무리해서 모으지 말고. 같이 여행도 다니고, 그냥 쪼만쪼만한 취미 생활, 여가 생활 즐기면서 살다가 나중에 나이 들면 연금 받고. 그러면 될 거 같아요. 응. 뭐, 적금이니 금리니 막 이렇게 사람들이 많이 따지는데 뭐, 내가 막 호화롭게 살겠다는 욕심만 안 부리면 뭐 그렇게 걱정 안 해도 될 거 같고.

그게 음… 일 끝나고 나서 한 달 정도 후에 정신과엘 갔어요. 아… 뭐였지? 가면증후군? 약간 다중 인격적인 그런 거? 그니까 많은 사람을 만나고 그 사람 분위기에 맞춰주다 보니까 내가 지금 어떤 감정을 가지고 있고, 이게 정말 내 감정인지에 혼란이 오는 거예요. 되게 힘들더라고요. 그니까 제가 성격이 좀 다양해요. 시크한 사람 만나면 그 사람에 맞게 맞춰주고, 뭐 되게 발랄하게 약간 미친 듯이 노는 사람들 만나면 나도 정줄 놓고 노는 거고. 어, 되게 재밌죠. 사람들한테도 막 평판이 좋고. 근데 정작 나는 나중에 내 감정을 주체할 수가 없는 거예요. 내가, 내가 지금 여기서 막 웃고 있는데 내가 지금 정말 즐거워서 웃는 건가? 그니까 혼자 있을 때가 제일 힘들어요. 혼자 있을 때 우울한 것도 아니고, 슬픈 것도 아니고, 그렇다고 뭐 딱히 즐거운 것도 아닌데, 이런 게 뭐지? 내 감정이 내 감정인지 확신할 수가 없어요. 그러니까 뭐 연애할 때도 내가 이 사람을 정말 좋아서 만나는 건지 그게 막 혼돈이 오죠. 병원에 갔더니 약을 무조건 권해주더라고요. 세 번 상담가고서 안 갔어요. 안 가고, 한동안 책을 다 끊었어요. 개그 콘서트랑 티브이만 미친 듯이 보고. 그러니까 좀 나아지더라고요. 책을 너무 많이 읽어서 그런가? 생각이 너무 많아

지면. 요새는 좀 생각을 정리하는 거를… [중략]

　말을 못 한 게, 말을 못 한 게 큰가 봐요. 진짜. 쏟아낼 데가 없다는 게. 이거는 남자 친구한테도 얘기하지 못하고 부모님한테도 얘기하지 못하는 거잖아요. 근데 어쨌든 감정을 해소할 데는 필요하고. 근데 예전에는 그 감정 해소를 뭐 가게에서 했으면, 이제는 가게도 안 나가니까 감정 해소할 곳이 없잖아요. 나름대로 해소한다고 했는데 그게 잘 안됐던 거죠. 그래서 그때는 증상이 뭐, 어쨌든 부모님한테는 착한 딸이고 싶었으니까. 착한 딸 코스프레를 하다가 나는 아니고 싶은데 이제 그거랑 부딪히면서, 일했던 기억들이랑 부딪히면서 집에 있는, 반항심이 그때 왔나?

　집에 있는 음식은 아무것도 먹지 않았어요. 냉장고에 있는 것도. 그니까 내가 무언가를 먹었다는 걸 남에게 보여주는 게 싫었어요. 내가 뭔가 행위를 하고 있는 걸 남들이 보는 게 싫었어요. 그래서 진짜 집에선 물도 안 마셨던 거 같아. 밖에 나와서 조금조금 먹고. 한 달 만에 5kg이 빠졌어요. 그쯤 되니까 좀 심각해지기 시작했죠. 그리고 부모님들도 얘가 갑자기 말도 잘 안 하고, 화만 내고, 밥을 안 먹으니까. 걱정돼서 물어봐도 대답을 안 하고. 나는 그냥 내버려뒀으면 좋겠는데 계속 물어보고. "너는 할 수 있어." "대체 내가 뭘 할 수 있는데?" 뭐 엄마 아빠는 모르니까. 근데 내가 이야기할 수 있는 건 아니잖아요. 근데 그거에 대해서 부모님이 다그치기 시작하면서 오히려 더 큰 벽이 생긴 거예요. 아빠가 하루는 술 먹고 와서 저한테 막 이렇게 얘기를 하시더라고요. "너 대체 왜 그러냐? 네 정신 상태가 약해빠져서 그런 거다." 그래서 막 이야기하다가 울다가, 과호흡 때문에 숨을 못 쉬어서. 그거 보더니 아빠가 미안하다고 하시더라고요. 그래서 그 다음 날 병원에 갔죠. 내 발로. 아, 내가 병원에 가야겠다.

김성아는 업소 생활을 정리한 후 식이장애를 경험했으며 부모님과 갈등을 겪게 되었고, 결국 스스로 찾아간 병원에서 가면증후군 진단을 받았다. 가면증후군은 자신의 성취를 과대평가된 것으로 여기면서 스스로를 과소평가하는 증후군이다. 업소 안에서 엄청나게 적극적으로 자신만의 영업 전략을 만들어낸 그녀가 그저 "운이 좋았다."라고 말하는 것도 이와 관련이 있을지 모른다는 생각이 들었다. 다시 말해 자신의 업소에서의 경험과 일상을 때로 대수롭지 않은 것으로 취급했다는 점에서 "쏟아낼 데가 없었다."는 그녀 자신의 진단과 일치한다. 동시에 가면증후군을 많은 사람이 일반적으로 가질 수 있는 불안감 정도로 해석할 수도 있겠지만, 그녀는 병원에서의 진단명을 얻게 된 것을 하나의 위안으로 삼고 있었다. 아무도 모르게 업소에서 일하고 그곳을 떠났다고 생각했으나 자신에게 남겨진 흔적이 있다는 것을 알게 되고 그것에 이름을 붙이는 경험에 대해 그녀는 오랜 시간을 들여 성실하게 설명하고 있었다.

　김성아가 업소를 떠난 뒤 마주하게 된 가면증후군이라는 진단명은 업소 생활에서 분리할 수 없는 자부심과 후유증이 착종된 흔적의 이름일 것이다. '6개월에 1,000만 원'이라는 목표는 달성했지만, 그 이후에 해결되지 못한 무엇의 이름. 어쩌면 이러한 가면증후군은 단순히 김성아 개인에 부착된 진단명을 넘어 금융화된 사회에서 대학생으로 생존하기 위해서 '아가씨'가 되어야만 하는 '평범한' 이들 앞에 놓인 유일하게 빛나는 선택지의 다른 이름일지 모르겠다.

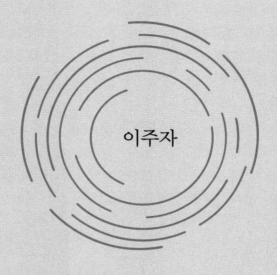

이주자

밥 한 끼의 무게[1]

정숙정*

중국인 이주노동자 중개인

중개인이 된 결혼이주여성

민이 엄마처럼 부지런한 사람이 있을까? 민이 엄마는 새벽부터 시장 어귀에 있는 분식점 문을 열어 놓았다. 아침 7시, 벌써 뜨끈뜨끈한 어묵 탕에서 김이 오르고 있다. 김밥도 한 쟁반 쌓아 올려놓았다. 겨울이면 민이 엄마의 두 볼은 빨갛게 부어오른다. 사계절 가게 문을 열어 놓고 지내야 하니 여름 더위에 익었던 볼이 겨울에는 얼어버리는 것이다. 볼

---

* 농촌사회 연구자.
1 이 글은 2018년부터 2019년까지 참여관찰과 인터뷰한 것을 토대로 작성하였음. 인터뷰 내용은 "계절적 미등록 이주노동자 유입 현황과 사회적 묵인: 감·곶감 주산지 사례를 중심으로"(「농촌사회」, 29(1), 2019)에서 인용한 부분과 중복됨. 「문학들」 60호(2020년 여름)에 실림.

이 빨간 민이 엄마는 차가운 바람이 몰아닥치는 시장 어귀에서도 늘 따스한 웃음을 지으며 손님을 맞이했다. 새벽 통근 버스를 타려고 정류장을 향하는 사람들은 민이 엄마가 속을 가득 채워 만든 김밥 한 줄로 한 끼를 해결하곤 했다.

민이 엄마는 외모로나 말씨로 보면 40대 한국 여성으로 보이지만 중국에서 태어나고 자란 중국인이다. 1998년 만석꾼인 남편과 결혼하면서 경북 상주에 있는 평안리로 이주하게 되었다. 아들 민이가 유치원에 가면서부터 읍내 시장 들머리에 분식점을 차렸다. 민이 엄마는 남보다 먼저 문을 열고 남보다 늦게 문을 닫았으며 명절을 제외하고는 쉬는 날이 없었다. 그런데 몇 년 전부터 민이네 분식점에서 민이 엄마의 모습이 보이지 않았다. 가게는 그대로인데 주인만 바뀐 듯했다.

2018년 늦가을이 되자 읍내에 이상한 소문이 들리기 시작했다. 감 깎는 일을 하려고 외국인 수천 명이 한꺼번에 들어왔다는 것이다. 어떤 사람은 중국인을 태운 관광버스 10대가 한꺼번에 들어오는 것을 보았다고 하고, 어떤 사람은 짐 가방을 끌고 줄지어 가는 베트남인 행렬을 보았다고 했다. 인구가 10만도 되지 않는 작은 지역에서 수천 명의 외국인이 한꺼번에 들어오는 것은 흔하지 않은 일이라 오고 가는 이야기 속에 중국인이라는 둥 베트남인이라는 둥 수군거리는 이야기가 들렸다.

늦가을에 입국한 이들은 곶감 농가로 흘러 들어갔다. 30동(30만 개) 정도 생산한다는 곶감 농가 작업장에는 중국인 인부 스무 명이 일하고 있었다. 작업장 밖에서는 남자들이 감을 따고 감 박스를 날랐다. 감 따는 일은 보통 힘이 드는 일이 아니다. 장대로 감을 털고 20킬로가 넘는 무거운 감 박스를 옮겨야 한다. 한 번 일해 본 사람은 다시는 하지 않으려고 한다. 감 따는 일을 하는 남자 일당은 여자 일당 7만 원보다 5만 원이나 더 높지만 일할 사람 구하기가 쉽지 않다.

작업장 안에는 여러 대의 기계가 돌아가고 있었다. 박피기 위로 환한 조명등이 켜져 있고, 앞치마를 두른 여성들이 박피기 앞에 앉아서 감을 깎았다. 기계 앞에 앉아 일하는 모습이 마치 70년대 의류공장의 시다처럼 보였다. 땡감을 끼우고 담아내는 노동자들의 손은 보이지 않을 정도로 빨랐다. 이전에는 동네 할머니들이 밭에 둘러앉아 수다를 떨면서 일했다. 손이 빠른 사람도 있고 조금 굼뜬 사람도 있었다. 자식 자랑도 하고 남편 흉도 보았다. 라디오를 듣기도 하고 노동요를 부르며 일하기도 했다. 그런데 기계가 들어오면서 풍경은 완전히 달라졌다. 이야기를 나눌 새도 없이 빠르게 기계가 돌아가기 때문이다. 한쪽에서는 깎은 감을 건조 시렁에 엮어 다느라고 감 타래에 올라가 일하는 노동자도 여럿 있었다. 사람들은 말 한마디 나누지 않고 능숙한 손놀림으로 일하는 데만 집중했다. 작업장 안에 음성은 들리지 않았고 기계 소리만 윙윙 울렸다.

이들은 중국의 후난성에서 온 사람들이다. 10월 말부터 약 한 달간 집중되는 인력난 때문에 농가에서는 해마다 일손을 구하느라 진땀을 뺐다. 미리 인력을 구해놓지 않으면 감을 따고 깎는 시기를 놓치기 십상이라 사람 구하는 일에 일찌감치 신경을 써야만 했다. 평소 지인들을 엮어 조를 짜두지 않으면 낭패를 보기 십상이었다. 농가 주인들은 행여 일손을 제공해주는 소중한 관계를 잃을까 봐 말 한마디도 조심하고 식사와 참도 많이 신경 썼다.

그런데 몇 년 전부터 인근 마을에 시집온 중국 출신의 결혼이주여성이 중국인 인력을 대규모로 확보해서 농가에 공급하기 시작했다. 감 철이 되면 병원에 입원해 있던 할머니들까지 불러 일을 거들게 할 정도로 인력난이 심하던 터에 곶감 농가는 걱정 없이 사람을 쓸 수 있게 되었다. 게다가 외국에서 온 노동자들이 일은 더 잘하는데 군말이 없어 부리기가 수월하니 농가에서는 대만족이었다. 인력난이 어느 정도 해결된다 싶으니 기계를 더 사들이고 작업장을 키우고 원료 감을 더 많이 구해서 생산 규모를 늘리는 농가가 생겨났다. 규모를 키울수록 생산비가 떨어져 마진율이 높기 때문이다. 이렇게 농가에 중국인 인력을 대규모로 중개하고 있는 이는 다름 아닌 민이 엄마다.

엄마, 아빠이자 대변인

제 이름은 쯔한(梓涵)이에요. 시장에서 하던 가게는 솔직히 외국 사람들을 위한 쉼터로 쓰고 있어요. 시장에 외국사람들이 오며 가며 잠깐 들어와서 쉬는 공간을 만들어주려고요. 나만 믿고 외국사람이 오면 내가 챙겨줘야 하니까요. 그 사람들이 한국에서 겪는 어려운 문제는 내가 다 해결해주지요.

쯔한은 스스로 중국인 이주노동자의 엄마이자 아빠이고 대변인이라고 생각한다. 딱한 사정이 있는 중국인 이주노동자를 자신의 집에까지 데리고 와서 먹여가며 보살폈다. 그런 쯔한을 보는 남편은 기가 찼다. "당신이 부처님이오? 아님 하느님이오? 못 본 척, 모른 척하면 될 텐데 어쩌자고 자꾸 사람들을 집으로 데리고 오는 것이오?" 이렇게 타박하는 남편이었지만 그 또한 아내의 고국에서 온 이들을 마냥 외면하지는 않았다.

쯔한의 남편은 마을 이장이기도 하고 수만 평 농사를 짓는 대농이다. 쯔한은 남편의 논에서 수확한 나락 100포대를 창고에 저장해놓았다. 또 백 명 이상이 동시에 머물 수 있는 임시 숙소를 지었다. 한국에 머무는 동안 고국의 가족들과 영상통화를 자유롭게 할 수 있도록 방마다 와이파이를 연결해 두었다. 중국에서 일거리를 찾아 들어오는 사람들을 먹이고 재울 준비를 마친 것이다.

난 원래 인력을 할 생각은 눈곱만치도 안 했어요. 시장에서 장사를 하다 보니까 첫째는 사기를 당해서 오는 외국인들이 많았어요. 내가 후난성에서 왔잖아요. 후난성에서 와가지고 돈 한 푼 없이 먹지도 못하고 가지도 못하고 그런 중국 사람들이 나를 찾아왔어요. 뭐 밥을 이틀씩 못 먹었다고 하는 사람도 찾아오고. 그러면 오만 데 연락해서 일거리를 찾아주고. 이렇게 하다 보니까 소문이 난 거야. 어디에 가면 도와주는 사람 누가 있다고. 그러니까 무조건 오는 거야. 무조건. 나는 굶은 사람이 오면 밥 먹여주고, 돈 못 받은 사람이 오면 돈 찾아주고. 내가 엄마이자 아빠이고, 그들의 대변인 역할을 하죠. 또 이제 뭐 여기 지인들이 "민이 엄마, 우리 일하는 데 도와줄 사람이 있어?" 하면 중국에서 온 사람을 보내주고. 그러다 보면 또 거취가 문제가 되는 거예요. 그러니 잘 곳을 마련해야 하고. 결국 그런 일로 바빠서 내 가게를 못 하게 된 거예요. 가게를 접고 전문으로 인력을 시작했죠. 사정은 그리되었어요.

고향을 위한 일

1998년, 20대 중반의 나이에 한국인 남성과 결혼해 한국의 농촌마을로 이주한 쯔한은 한국어를 유창하게 사용하며 한국생활에 잘 적응해 나갔다. 우연한 기회에 어려움에 처한 동포에게 일감을 소개한 일을 시작으로 조금씩 인력을 중개하는 규모가 커졌다. 지금은 동시에 수백 명의 인력을 파견하는 대형 중개업자가 되었다. 쯔한은 이 일이 자기 동포들과 한국의 농민들 모두를 위해 꼭 필요한 일이며, 자신은 고향을 위해 봉사하고 있다고 힘주어 말한다.

쯔한은 여자 인부 한 명을 기준으로 하루 만 원씩 중개수수료를 받는다. 남자 인건비에서는 2만 원에서 4만 원까지 수수료를 남긴다. 바쁜 시기에는 하루 400명씩 파견을 하니 하루에만 400만 원이 넘는 수수료를 받는다. 그런데 그 중개수수료가 오롯이 쯔한에게 남는 것은 아니다. 인부들의 아침, 저녁 식재료를 사는 비용과 숙소 관리비, 그리고 인부들을 출퇴근시키는 데 드는 차량운영비는 쯔한이 감당한다. 다치는 사람이 생기면 병원비를 대고 체불임금을 해결하는 것도 쯔한의 몫이다.

사람들은 내가 인력하면 돈 많이 버는 줄 아는데요. 오죽하면 우리 남편이 돈도 안 되는 것, 제발 좀 하지 말라고 하죠. 사정 모르는 사람들은 내가 돈 떼어먹는 줄 알고 "민이 엄마 돈 많이 벌었겠다." 그러죠. 여자 인건비 같으면, 농민들한테 7만 원을 받아서 6만 원은 일한 사람한테 줘요. 남는 만 원으로 이런저런 경비를 쓰거든요. 하다 보면 힘들어요. 진짜 힘들어요. 쌀이며 계란, 고기 이런 식재료는 내가 다 해줘요. 그럼 자기들끼리 만들어 먹고 하죠. 내가 할 일이 얼마나 많은지 슈퍼우먼 아니면 못 해요. 바쁠 때는 내가 하루에 3시간 밖에 못 자요. 누구한테 맡겨도 되는데 혹시 사고가 날까 봐. 항상 우리가 하니까요. 운전도 남한테 못 맡기고. 불안해요. 사고 나면 병원비도 내야 하고. 이런저런 경비 제하고 나면 한 사람에 3천 원 정도 남아요. 그건 내 품삯이라 생각하고 받죠.

이주노동자들의 점심은 대개 농가에서 제공한다. 쯔한은 농가로부터 점심 밥값을 받고 인부들의 들밥을 지어서 보내기도 한다. 농가에서는 외국인 노동자들의 입맛에 맞게 식사를 준비하는 데 따르는 어려움을 덜 수 있어 기꺼이 쯔한에게 점심값을 지불하고 식사를 주문한다. 점심한 끼라고 하지만 수십 명에서 수백 명 분량의 식사를 준비해야 하니 결코 만만찮은 일이다. 중국인 이주노동자들은 밭에서 일하고 부산물을 걷어와 쯔한에게 주기도 한다. 이주노동자들이 양파밭에서 일하면 양파를 얻어 오고 배추밭에서 일하면 배추를 얻어다 쯔한에게 준다. 그렇게 인부들과 농가의 도움으로 쯔한은 부식비 부담을 줄인다.

곶감 농가는 이주노동자들의 삼시 세끼와 잠자리를 모두 제공하는 편이다. 농가에서 스스로 빈집을 빌리거나 임시숙소를 마련하고 아침, 저녁 식사를 위한 식재료도 준비해준다. 점심은 농가에서 직접 마련해 제공한다. 중개인의 입장에서 보면 곶감 농가 중개가 훨씬 수월하고 수익도 많은 편이다. 하지만 과수 농가가 인건비를 일당으로 매일 계산해서 주는 것에 비해 곶감 농가는 감 깎는 일을 전부 다 끝내고 나서야 인건비를 목돈으로 계산해준다. 그런데 종종 "돈 없다. 배 째라."는 농가가 있다. 곶감이 말라 판매가 되기까지 한두 달이 더 걸려 자금 회전이 되지 않아 농가에서 당장 인건비를 주기 어려운 경우가 생기는 것이다. 열 집에 한 집은 인건비 지급을 늦추거나 아예 주지 않으려고 한다. 쯔한은 이역만리에서 온 사람들이 빈손으로 돌아가지 않도록 농가를 구슬리고 달래서 임금을 받아낸다.

삼중의 통제

농업 분야 이주노동자 고용 현황에 대한 정확한 통계는 없다. 시설이나 축산농가가 아닌 대부분의 농가에서는 일손이 집중적으로 필요한 계절에 한시적으로 미등록 이주노동자를 고용하기 때문이다. 중개인들은 농가 열 집 중 아홉 집은 이주노동자, 특히 미등록 이주노동자의 도움을 받는다고 보고 있다. 때가 되면 밀려들어 왔다가 빠지는 밀물과 썰물처럼 봄, 가을 농번기에 이주노동자들이 대거 들어왔다가 한두 달 일하고 빠져나간다.

　　내년 봄 같은 경우도 인근에만 400명 정도 예약을 잡아놨어요. 그 정도로 농촌에 사람이 부족하다는 얘기예요. 입국자들은 여행사 통해서 많이 오는데 개인으로 오는 사람도 있어요. 한번 왔던 사람이 또 오니까 그럴 때는 개인으로 오기도 해요.

　　한국말 못 하는 사람을 모집해요. 한국말 좀 할 줄 알면 오히려 모르는 것보다 못해요. 오해가 많아서. 아예 한국말 못 하는 사람을 불러서 일만 시키면 문제가 없죠. 혹시 무슨 일이 있을지 다 책임을 못 지니까 담보를 설정해요. 그러니 이탈이 없죠. 태국 업자들은 이탈해도 터치를 안 하잖아. 1년, 2년, 길게는 5년까지도 있다 보니까 태국 사람들 죽는 사건이 제일 많잖아요.[2] 태국 인력을 자꾸 잡는다고 단속 뜨니까 문 닫은 업자들도 많고요.

　　정부는 내국인 인력 충당도 못 하면서 외국인을 자꾸만 잡아간다고요. 우리 같은 경우는 솔직히 단속에 되게 예민해요. 누가 10분씩 차 대고 지켜보고 있고 그러면 되게 불안해서 일을 못 해요. 나는 괜찮은데 불법이라고 잡혀가는 사람은 다시는 못 들어오잖아. 그게 진짜, 평생 못 들어와요.

2　중국인 이주노동자들이 현지 여행사, 한국의 중개인과 계약을 통해 강한 통제를 받는 것에 비해 장기체류하는 태국인 이주노동자들은 중개인의 통제에 의해 움직이기보다는 자생적이고 유동적인 이주노동자 간 네트워크를 만들어 움직이는 것으로 보인다. 태국인 이주노동자 중에는 주로 합법적 경로로 입국한 후 사업장을 이탈해 불법 장기체류하며 미등록 이주노동자가 된 사람들이 많다. 이들은 목표하는 금액을 모을 때까지 한국에 머물기를 원하면 강제 추방되기 전까지 어떤 방식으로건 한국에서 살아가려고 애쓴다. 험한 일도 마다하지 않고, 일이 있는 곳이라면 아무리 멀어도 찾아간다. 험지에서 일하고, 불법 체류와 불법 고용 단속을 피해 숨거나 쫓기는 생활을 하므로 태국인 미등록 이주노동자의 인사사고가 잦은 편이다.

느끼는 불안감이 큰 만큼 쯔한은 이주노동자를 강하게 통제한다. 쯔한은 현지에서 입국자를 모집할 때 담보를 설정하는 것이 문제가 될 게 없다고 본다. 이탈을 막기 위해서는 반드시 필요한 조치라는 생각이다. 일하는 동안 여권을 맡기게 하는 등 안전장치도 필요하다고 생각한다. 현지 모집 시 한국말을 못 하는 사람만 모집하는데, 이는 모든 상황을 자기가 통제하고 입국자의 이탈을 막는 데도 도움이 된다. 농민들은 이주노동자와 대화가 되지 않기 때문에 손짓발짓 하면서 작업 지시를 하고 사소한 문제라도 생기면 쯔한을 통해 해결한다. 일을 게을리하는 사람이 있거나 작업량이 기대치 이하일 때 쯔한은 추가 수당 없이 초과근무를 하게 한다. 쯔한은 작업 시간에 노동자 간 대화를 엄격하게 금지하고 작업장 외의 사적 활동을 제한한다. 또 식사 후 마무리나 숙소 청소를 말끔하게 하고 있는지를 직접 감독하기도 한다. 인건비를 받아 나눠주는 것이 모두 쯔한의 통제 속에서 이루어지니 중국에서 온 노동자들은 쯔한의 말을 무시할 수 없다. 이주노동자는 현지 여행사의 통제, 말이 통하지 않는 한국인 농가 주인의 통제, 마름처럼 중간 관리를 하는 중개인의 통제를 받으며 마치 기계가 된 듯 말없이 일한다.

불법이라는 족쇄

쯔한은 일하면서도 언제 단속이 뜰지 몰라 늘 불안하기만 하다. 공단 지역에 비해 농촌에 대한 관심은 높지 않아 단속기관에서 일부러 단속을 나오지는 않는 편이지만, 누군가 신고를 하면 단속기관에서 움직이지 않을 수 없다.

농촌 주민들은 외국인 인력이 꼭 필요하다고 생각하고 있고 자신들도 사용자로서 책임을 져야 하니 아무도 신고하지 않는다. 혹시 어떤 주민이 신고했더라고 소문이 나면 내부 고발자로 낙인찍힌 주민은 더 이상 그 마을에서 살기 어려울 정도로 미움을 받을 게 뻔하다. 농촌에서는 불법 고용이라는 것을 누구나 알지만 서로 쉬쉬하면서 공공연하게 이주 노동자 인력을 쓴다. 농민회 사람이건 아니건 친환경농가이건 아니건 모두 사정이 같다. 그러다 보니 미등록 이주노동자 불법 고용으로 단속에 걸린 농가를 구제해 달라고 마을 주민들이 집단으로 진정을 낸 일도 있다. 심지어 외국인 인력은 경찰관이나 공무원 가족이 있는 농가에도 파견된다. 그런데도 이들이 단속 불안에 시달리는 것은 경쟁하는 중개업체가 자기 영역을 확보하기 위해 출입국 사무소나 시청, 경찰서에 외국인 인력을 사용하는 농가를 신고하기 때문이다.

쯔한은 농민들이 농사를 짓기 위해 정당한 대가를 지불하고 인력을 쓰는데 왜 불법이라는 것인지, 실업 상태에 놓인 중국 사람들이 일손이 부족한 지역에 와서 일을 해주는 것일 뿐인데 왜 불법이라는 것인지 이해할 수 없다.

> 꼭 풀어야 할 문제예요. 왜 풀어야 하냐면 농가도 그렇고 일하는 사람도 그렇고 조마조마하면 안 날 사고도 나요. 외국 인력이 없으면 농촌은 문을 닫게 돼요. 사람들이 다 알면서도 진짜 중요성을 몰라요. 그렇잖아요. 사람은 불법이 아니잖아요? 나는 인력 값을 안 올려요. 왜? 인건비, 거름비 제하면 농가도 이윤이 안 남아요. 우리도 농사를 지으니까 힘든 걸 알잖아. 시청에 가서 토론하든지 시장을 만나든지 할 거예요. 여기 온 지 나도 한 20년 다 된 시민이에요.

쯔한은 이 일은 어떻게든 공론화시켜서 정책적으로 해결해야 할 문제라며 팔을 걷어붙이고 나서겠단다. 농민들이 시장, 시의원과 머리를 맞대고 논의할 자리가 마련된다면 쯔한은 직접 나서서 농민이나 이주노동자에게 어떤 어려움이 있는지, 뭐가 문제인지를 밝히겠다는 생각이다.

단속

5월 논과 밭이 분주한 늦은 봄날이었다. 쯔한은 급히 과수농가 농민들, 새마을 협의회 회장과 농민회 간부, 시의원을 마을 찻집으로 불러냈다. 저녁 8시가 넘도록 밥도 먹지 못하고 일하다가 밭에서 바로 온 농민들이 땀내를 풍기며 모여 앉았다. 근심이 가득한 얼굴로 쯔한이 입을 열었다.

"지난 주 읍내 밭에서 일하던 베트남 사람들이 50명도 넘게 잡혀간 거는 다 들어서 아시죠? 그런데 어제 누군가가 시청에 우리를 신고했어요. 누군지는 모르겠지만 아마 다른 중개인일 거 같아요. 얼마 전부터 누군가 감시를 하고 가곤 했어요. 일단 단속을 피해서 중국 사람들은 다른 지역으로 대피시켰고, 당분간 거기서 일을 해야 할 거예요. 여기서 철수할 수밖에 없어요. 인력 필요한 건 알지만 너무 불안해서 더 이상 일을 줄 수가 없어요."

단속 바람에 제일 속이 타는 것은 농민들이었다. 쯔한에게 인력을 소개받아 운영하던 농가마다 비상이 걸렸다. 밭에서 일하던 이주노동자들이 모두 대피해서 농민들이 난리가 났다. 제때 해야 하는 일이 있는데 갑자기 인력을 철수시켜 농가 피해가 크다고 저마다 목소리를 높였다. "포도 순을 지금 따줘야만 하는데 아들, 며느리 다 불러서 일해도 감당을 못 해요." "가지치기를 해야 하는데 하루만 두어도 엉망이 됩니다." "인력만 믿고 자재를 잔뜩 샀는데 반품할 수도 없고 어떡하죠?" 농민마다 어려움이 컸다.

일손이 급한 농민들은 다른 인력중개인들에게 전화했다. 사정을 다

아는 다른 중개인들이 하루 사이에 인건비를 일당 만 원씩 더 올려서 부르며 배짱을 튕겼다. 농민들은 기가 찼다. 모종값, 농약값, 인건비를 제하고 나면 농사를 지어 남는 건 얼마 되지 않는다. 농사지어 크게 남는 게 없는 것을 뻔히 알면서도 악덕 중개인이 자기 배만 불리려고 한다고 생각하니 농민들은 약이 바짝 올랐다.

지역 행사에 다녀오는 길이라며 불쾌한 얼굴로 뒤늦게 문을 열고 나타난 지역구 시의원은 자리에 앉자마자 농민들에게 호통을 쳤다. "불법인 거 알았잖아? 나라에서 정한 불법을 저질러놓고 나한테 민원을 들고 오면 어쩌라고? 농민이 아니라 농민 할애비가 와도 불법은 불법이야. 방법이 없어."

큰소리치는 시의원에게 농민들은 어떻게든 단속을 막아 달라고 간곡히 하소연했다. 시의원은 잔소리만 늘어놓았다. 머리를 맞대고 모여 앉아도 이렇다 할 대답을 얻지 못하고 뾰족한 수를 찾을 길도 없었다. 고단하고 시장한 기색이 역력한 농민들은 말없이 하나둘 자리에서 일어나 짐차를 끌고 돌아갔다.

태국인 이주노동자 중개인

농촌의 장기체류 이주노동자

영준은 서른아홉 살 남성이다. 결혼해 가정을 꾸렸고 다섯 살 된 딸이 있다. 말쑥한 차림새를 하고 인사성이 바르며 차분한 목소리로 말하는 영준은 평범한 영업사원처럼 보인다. 그러나 그는 소위 폭력배 조직의 중간 조직원이다. 여름철이 되면 그는 완전히 달라 보인다. 온몸을 뒤덮은 문신 덕분이다. 영준의 몸에는 무슨 동물 문양이 그렇게 많다. 손등과 목까지 과감하게 올라온 동물의 깃털이나 발톱 따위의 문신이 화려하다. 영준은 어려서부터 폭력 조직에 가담했다. 형님들을 따라다니며 일을 배웠고 폭력 전과가 있다. 얼마 전에도 전치 1주의 상해를 입히고 기소되었는데 벌금이 천만 원이나 나왔다. 조직원 생활을 하며 누적된 폭력 전과 때문에 사소한 다툼에도 죄과가 크다. 그가 이주노동자를 만나기 시작한 것도 조직의 형들이 운영하는 사업을 도우면서부터다. 20년 전, 열아홉 살 나이에 그는 불법체류 노동자가 단속을 피해 달아날 때 또는 사업장을 이동할 때 운전을 해주는 기사 일을 했다.

> 제가 열아홉 살 때, 그때가 제가 어디 있었냐 하면 안산에서 기사를 탔어요.[3] 기사 타고 애들 관리하고 단속 뜨면 "나와! 나와!" 하고. 다른 일을 하다가 어렸을 때부터 이쪽 일을 배웠거든요.

영준은 조직의 형님들로부터 태국인 인력이 필요하다는 요청을 받았다. 그는 여러 차례 태국을 방문해 현지 모집책을 만들었다. 스스로 태국인을 모집하고 관리하기 위해 기초 회화가 가능할 정도로 태국어 실력을 키웠다. 태국에서 한국행을 원하는 사람을 모집해서 데리고 오기도 하지만, 그보다는 고용허가제[4] 등 합법적 경로로 한국에 들어온 후 이탈한 태국인 이주노동자를 국내에서 모집하는 편이다. 그는 주로 태국인 인력을 농업 노동에 파견하고 있다. 그는 태국인이 다른 민족에 비해 체질적으로나 문화적으로 농사일에 가장 적격이라고 생각한다.

> 건설 쪽에는 우즈베키스탄, 몽골 애들이 인기가 진짜 좋아요. 힘

---

3 '기사를 탔다'는 미등록 이주노동자의 이동을 돕는 운전기사로 일했다는 의미이다.

을 잘 써요. 그 사람들은 밭에 와서 일을 못해요. 신체 구조가 쪼그려 앉아서 일을 못 하게 되어 있어요. 사과랑 오미자가 같은 시기인데 오미자는 일당 7만 원 주고 농가에서 먹이고 재우고 해요. 사과는 그렇게 안 해요. 사과는 그리고 외국인을 잘 안 쓸라 해요. 왔다가 빠꾸 당하는 업체가 많습니다. 사과는 가치가 다른 과일보다 높습니다. 더 조심해서 다뤄야 하고 상품화가 좋아야 하고 기스도 나면 안 됩니다. 품평회 같은 데서 일등 해야 하고 쉽게 말하면 자기 상품을 만들죠. 사과는 웬만하면 중국 애들 중개하면 저희들이 욕 많이 먹습니다. 왜 일 못하는 중국 애들 델고 왔냐고.

우리 태국 애들은 일을 잘하거든요. 베트남 애들도 델고 오는데 사과 따는 거는 안 시킵니다. 베트남 애들은 풀을 잘 뽑습니다. 좀 난이도 있다 이러면 태국 애들이 일하는 게 낫고요. 태국 애들이 첫째로 또 더 부지런합니다. 그니까 몸을 안 사리고 열심히 하고, 애들이 또 착해요. 젊은 사람도 있고 스무 살부터 나이 많은 사람은 예순 넘은 사람도 있고. 한국에 온 지 벌써 오 년, 육 년 된 사람들이 있

---

4 고용허가제는 저숙련 노동력을 최저임금 수준으로 공급하는 데 목적을 둔 제도로 주로 중소제조업 분야에 활용된다. 고용허가제로 고용된 이주노동자는 4년 10개월까지 체류가 가능하며, 체류기간을 마친 후 성실재입국 제도를 활용해 3개월 이내 다시 입국할 수 있다. 고용허가제 하에 체류하는 이주노동자는 2018년 기준 약 30만 명이며, 매년 약 5만 명이 유입된다. 고용허가제는 분야별 쿼터제로 운영되고 있으며, 농업 분야에서는 축산, 시설재배 분야 수요가 높은 편이지만 충분한 인력이 할당되고 있지 않은 편이다. 한편 고용허가제는 사업주의 동의가 없으면 사업장을 변경할 수 없도록 하고 있어 열악한 노동 조건, 저임금 착취에도 노동자가 사업주에게 항의하기 어렵다. 또 노동자를 학대한 사업주에 대한 불이익 처분도 크지 않아 고용허가제는 이주노동자 인권 침해의 온상이 되고 있다. 농업 분야에서는 농어촌 지역 노동자를 근로시간과 휴식, 휴일 등에서 근로기준법의 보호를 받을 수 없는 예외조항으로 규정한 근로기준법 63조가 논란이 되고 있다. 근로기준법의 보호를 받지 못하기 때문에 고용허가제로 고용된 농업 분야 이주노동자에게 하루 16시간 일을 시키거나 하루 종일 휴게시간을 주지 않고 한 달 내내 휴일 없이 일을 시켜도 항의할 수 없다.

죠. 태국인들은 식당일은 안 해요. 밭일보다 식당에서 일하는 게 힘들다고 생각해요. 말도 잘 안 통하고 또 외국인인 거 표시 나니까.

그는 오랜 경력 덕분에 이쪽 분야 사정을 소상하게 알고 있다. 그는 이주노동자가 한국에서 합법으로 산다는 것은 거의 불가능한 일이라고 단언한다. 고용허가제 등의 폐단 때문이다. 취업비자를 받아 합법적으로 입국했던 많은 태국인이 불법체류자 신분으로 전락했다.

합법으로 될 수가 없어요. 기간은 둘째 치고 관광도 그렇지만 취업비자를 실질적으로 가지고 있어도 마찬가지예요. E9이라는 비전문종사취업비자가 있어요. 그거 같은 경우는 농업이면 농업, 공업이면 공업, 서비스업이면 서비스업 뭐 그런 게 정해져 있어요. 얘가 만약 E9 비자 농업만 가지고 있으면 농업 이외에 다른 일을 하면 불법이에요. 고용지원센터에 신고가 되어 있어서 농업이면 농업만 할 수 있어요. 그런데 사업장을 벗어나서 일한다면 이것도 불법이죠. 사업장을 바꾸려면 다른 데 가서 고용지원센터에 신고해야 하는데 사실상 불가능해요. 안 되는 거죠. 합법은 절대 없습니다.

제도적으로 불법을 양산하고 이를 단속하죠. 공업, 건설업 이쪽은 단속하고 있어요. 고용 이쪽으로 정부에서 집중적으로 단속하고 있거든요. 음성 같은 경우는 얼마 전에 200명, 창원 쪽으로도 뭐 많이 걸려요. 작년 여름에만 7천 몇 명이 전국적으로 잡혀갔고, 10월에 한 지역에서만 200명. 건설 쪽에서 단속을 많이 해요.

지금은 중국 사람이 많이 걸려요. 태국 애들은 지금 뭐 태국에서 출국할 때 벌써 100명이면 50명 정도가 걸러져요. 벌써 이 사람은 한국에 방문 목적이 관광이 아닌 거 같다 의심이 되면 걸러지고. 또

입국할 때 절반이 걸러져요. 입국 거부하면 바로 수갑 차고 바로. 지금 태국 애들은 한국 오기가 어려워요. 어느 정도 시간이 지나면 또 나중에 가면 베트남도 똑같이 되겠지요. 베트남도 시간 지나면 지금은 무비자로 오지만 관광으로 위장하고 일하러 잔뜩 들어올 겁니다. 오면 통계를 내겠지요. 베트남 불법체류자가 많아지면 단속을 하겠지요.

태국 애들한테 왜 단속이 심해졌냐면 태국 애들 불법체류자가 점점 많아져서 이제 2위예요. 불법체류자로. 원래 4위, 5위 이랬는데. 우리나라 불법체류자가 35만 명인데 그중 단연 1위가 중국인이고, 2위가 태국, 그 밑으로 베트남, 몽골, 우즈베키스탄, 스리랑카, 캄보디아 이런 순서인데 곧 베트남이 2위가 되겠지요. 태국은 계속 잡혀가고 있고 들어오는 거는 줄고.

몇 년 사이 공업 지역 미등록 이주노동자에 대한 단속이 심해졌다. 이주노동자들은 단속을 피해 농촌으로 숨어들었다. 인구밀도가 낮고 고령화가 심각한 농촌 지역은 이주노동자에 대한 단속이 뜸하다. 일손이 귀한 농촌에서는 이주노동자가 내국인 일자리를 잠식한다고 보는 곱지 않은 시선도 피할 수 있다. 단 농촌의 일은 꾸준한 수입을 기대하기 어려워 이주노동자 사이에서도 주변적인 일감이라는 인식이 존재한다. 수입은 적지만 그만큼 추방 위험도 적은 농촌의 일을 그들은 아르바이트라고 부른다.

조직관리

부모의 보살핌을 받지 못하던 영준을 받아주고 보살펴준 것은 폭력조직에 있는 형들이었다. 형들은 잘 곳과 먹을 것을 제공해주었고 살아가는 방법을 알려주었다. 형들은 필요할 때면 영준에게 위험한 일을 시키기도 했지만 영준이 교도소에서 출소할 때면 포장마차라도 마련해주며 뒤를 봐주었다. 의지할 곳이 없었던 영준에게 조직의 형들이 그랬던 것처럼 영준은 태국인 노동자들을 때로는 따스하게 보살피고 때로는 험지로 보내 극한 일을 하게 만든다. 또 추방과 착취의 위협에 노출된 태국인 노동자들이 도망쳐야 할 순간에 결정적인 도움을 제공한다. 영준은 어려서부터 경험해 터득한 조직관리 기술을 활용해 태국인 장기체류자 조직을 운영하고 있다.

평소에 관리를 잘해야 사업이 됩니다. 요 근처에서 인력업을 하던 상규라고 있는데, 작년 가을에 어떻게 했냐면 40명 넘는 애들 인건비를 하나도 안 줬습니다. 페이스북에 상규 얼굴이 다 올라오고 그래가지고 인제 그쪽은 사업 망한 거지요. 끝난 겁니다. 이제 이 업계에서는 태국애들은 모집을 할 수가 없어요. 블랙리스트가 되어버리니까. 불법체류하고 그런 태국애들 7만 명이 한 군데서 보는 게 다 있어요.

인력 일도 힘듭니다. 작년 같은 경우는 제가 집에 잘 못 들어갔어요. 인력을 제가 직접 공수해 오니까. 인력 주문이 오잖아요. 여자 40명, 남자 30명 해서 70명 주문이 와서 알았다고 하면 제가 다 데리고 갑니다. 평소에 연락하고 뭐 이래 하면 다시 되돌아오고. 어느 정도 관리를 하죠. 태워다주고 데리고 오고. 애들이 기차 탈 줄도 모르고 해서 어디 가려고 하면 25만 원, 30만 원 막 이래주고 갑니다. 그러면 제가 기름값만 받고 태워다주고. 저는 내일도 음성에 갑니다. 내일 일곱 명 중에 네 명은 태우러 오라 하더라고요. 합의가 되어서, 나쁜 마음 먹고 가는 게 아니고.

요런 식으로 세세한 거 그런 거 좀 해주고 중간중간 술 한 잔 같이 마셔주고, 그러면 좋아합니다. 그러면 애들이, 애들이 일단 저를 좋아하게 만들어야 합니다. 장난도 잘 쳐줘야 하고 과묵하게 하면 안 되고 애들한테 따뜻하게 장난도 많이 치고 어떨 때는 오빠처럼 어떨 때는 형처럼 어떨 때는 남동생처럼. 반 사기꾼이 되어야 해요. 저는 관리가 다 돼요. 술 먹고 애들하고 다 자고요. 애들 음식 빼고. 거의 같이 생활하죠. 귀신 됐죠. 이제. 공부를 했지요. 그냥 일만 시키는 게 아니고 일이 없더라도 어떻게 해야 애들 마음을 충족시킬 수 있는 지. 쉽게 말하면 외국인이라고 괄시하고 그러면 안 됩니다. 내 식구로 대해야지요.

영준은 태국인들에게 어떤 잣대를 들이대지 않는다. 태국에서 살아왔던 방식대로 한국에서 살 수 있도록 돕는다. 이주노동자들 간에 관계가 잘 형성이 되어야 전체 조직이 잘 굴러갈 수 있어 영준은 노동자들 간에 갈등이 생기지 않도록 중재하는 상담자 역할도 한다. 젊은 태국인들 사이에 연인으로 발전하는 커플이 생기고, 그러다 사이가 틀어지면 둘 다 태국으로 떠나거나 다른 지역으로 떠나 결국 조직이 약화될 수 있다. 영준은 태국인 노동자들의 사생활과 연인 관계까지 파악하고 있다. 감정 상태, 건강 상태는 어떤지 등에 대해서도 면밀하게 살피고 있다.

전국 주산지의 밭일

영준의 조직이 자리 잡은지도 5년이 넘었다. 그러다 보니 이 지역에 태국인 노동자들이 집단 기거한다는 것은 지역 사람들의 공공연한 비밀이다. 경찰 역시 태국인 관련 인사 사고가 나면 바로 영준에게 전화를 걸어 확인하곤 한다. 지난해 여름 냇가에서 낚시하던 태국인이 급류에 휘말려 사망했을 때도, 오토바이를 타고 고속도로에 들어간 태국인

이 사고가 났을 때도 경찰은 영준에게 전화해 영준이 데리고 있는 사람이 아닌지 확인했다.

영준과 태국인 이주노동자들은 사람이 드문 농촌 마을로 들어가 폐가와 빈집을 수리해서 산다. 그들은 부식비를 줄이기 위해 밭일을 돕고 거기서 나온 부산물을 가져다가 요리해 먹기도 하고 시냇가에서 고기를 잡아다 요리하기도 한다. 농민들은 그들이 일손을 덜어주니 고마우면서도 너무나 열악한 조건에서 살고 있어 늘 걱정스러운 눈으로 바라본다. 아무도 공론화하는 사람은 없지만 사실상 마을 사람들은 그들을 예의주시하고 있고 공무원이나 정치인을 만날 기회가 있으면 이들 문제를 거론한다.

마을에 본거지를 두고 있으나 이들은 일감을 따라 전국의 주산지를 돌며 일한다. 영준은 계절적으로 몰리는 주산지 지역의 일감을 받고 숙소를 알아보고 노동자를 이동시키는 일을 도맡아 한다. 일을 나가지 않는 사람들은 마을에 머문다. 장마철이나 겨울철에는 일이 많지 않아 평소보다 많은 이주노동자가 마을에 머문다.

일 년에 100명 이상 일을 나갈 수 있는 기간은 곶감 기간하고 또 사과 따는 기간하고 또 양파 심는 시기가 비슷합니다. 마 캐는 시기도 비슷한데 고 두 달. 10월, 11월. 그리고 6월에 약 20일, 7월 초까지. 20일 25일 정도 되고. 실질적으로 풀로 나가는 거는 1년에 한 3개월, 4개월 바짝. 거의 다 바쁠 때는 다 비슷해가지고요.

쉽게 말하면 인제 3월에는 감자 심어요. 감자 심고 전라도 무안 쪽으로 가면요. 무안 양파 유명하잖습니까. 무안 쪽으로 가면 3월 말이나 4월초 양파 조생종 있어요. 고거 인제 캐서 바로 팔아야 하는 거예요. 뭐 3월에 쉽게 말하면 이쪽 지역 같으면 3월에 감자 심고 그러고 나면 좀 주춤합니다. 4월 같으면 적과, 쉽게 말해 꽃 따는 거예요. 4월, 5월, 5월초 되면 배 적과, 사과랑 비슷합니다. 6월 되면 양파, 양파 캐는 거죠. 만생. 저온창고에 들어가는 거. 들어갔다가 시세 좋을 때 파는 거. 6월 10일쯤에 들어가면 한 25일쯤에 끝나요. 한 2주 보름이면 끝입니다. 그때 잠깐 한 20일 정도가 사람이 막 대거 필요한 거죠. 늦게 할 수도 없는 거죠. 비 오면 양파 썩거든요. 비 맞으면 안 되니까. 양파 한 10일쯤 되면 감자랑 맞물립니다. 감자 그게 또 양파랑 기간이 겹칩니다.

그거 끝나면 인제 뭐 밭에 가서 풀 뽑고 약 치고 뭐 또 어차피 장마 오고 하면 또 좀 주춤합니다. 여름 되면 여름사과. 괴산, 청송 쪽에 고추 따는 거, 고추나 아니면 저 음성이나 영주 쪽에 인삼. 원래 그게 한여름에 하는 거니까 담배밭하고 인삼하고.

한여름 밭일은 그야말로 극한 노동이다. 지난여름 괴산 고추밭에서 일하던 이주노동자가 열사병으로 사망했고, 점촌 태안강에서 일하던 노동자도 열사병으로 사망하는 일이 있었다.

밭에 나가면 죽습니다. 여름에 일을 어떻게 시키냐 하면 새벽에 3시, 4시 이럴 때 일 보내고 10시, 11시 이때 밥을 먹이고 오후 2시, 3시까지 쉬게 합니다. 최고 더울 때 쉬게 하고 저녁 일곱 시까지 일을 시켜요. 열사병이 있어서. 약한 사람들은 넘어지고, 일어나면 괜찮은데 응급실 데리고 가서 주사 맞고. 저희도 몇 명 넘어졌습니다. 그런데 못 일어났다, 그러면 일이 커지는 겁니다.

이들은 돈을 벌기 위해 모든 것을 다 걸고 왔기에 웬만한 불편함은 다 참는다. 그러나 병이 생기면 큰 문제가 된다. 병원 진료를 받게 되면 신분이 노출되고, 또 의료보험 적용이 되지 않아 병원비도 많이 나오기 때문이다. 영준은 이주노동자가 아플 때 진료받을 수 있는 시스템이 꼭 필요하다고 말한다. 이주노동자들이 민간요법으로 다스리며 참고 지내는 동안 병을 키우게 되는 경우가 많다.

겨울나기

영준은 조직관리를 하면서 많은 어려움을 겪었다. 한 번은 이주노동자 40명을 무안의 양파 밭으로 데리고 갔다. 작업하기로 농가와 약속이 되어 있었다. 그런데 작업을 마칠 때쯤 가보니 이주노동자들이 뿔뿔이 다 흩어져버리고 한 명도 남아 있지 않았다. 영준이 다른 밭을 관리하는 사이 농가주가 시세가 맞지 않는 양파밭을 엎어버리기로 결심했고, 이주노동자들에게 일감이 배분되지 않았다. 하루 벌어 하루 먹고 살아야 하는 이주노동자들은 다른 일거리를 찾아 재빠르게 흩어졌다. 영준은 "조직이 소멸되었다"고 했다.

일감이 없는 겨울철에는 조직 규모를 줄인다. 영준은 일부 이주노동자들을 공장, 식당, 유흥업소 등으로 내보낸다. 일부 여성은 영준이 운영하는 마사지 숍에서 일한다. 그 숍은 이미 지역에서 오래전부터 성매매를 하는 곳이라고 소문이 난 업소이다.

다 묵인하죠. 비용은 손님하고 알아서 정하고, 저는 마사지에 대해서만 챙기는 거지. 월급은 따로 주고. 그러면 손님하고 알아서. 지금 단가가 어떤지 몰라도. 안마는 15만 원에서 18만 원. 휴게텔은 12만 원, 8만 원 이랬거든요. 요새는 사장이 그런 거 갈취하면, 저거 사장 안 좋으면 바로 페이스북이나 이런 데 다 올립니다. 저는 모른 체 눈감아줍니다. 마사지는 저거들이 알아서 오토로 돌립니다.

영준이 속한 조직은 인력, 유흥업소, 오락실 등을 모두 연계해 운영하고 있다. 영준은 조직의 형님들이 운영하는 유흥업소에 여성 이주노동자를 파견하는 일을 해왔다. 영준은 조직에 속하지 않은 경쟁업소에는 인력을 보내지 않고 경쟁업소의 불법 고용 사실을 신고하는 등 조직적으로 영업을 방해한다. 또 지역 사정을 잘 모르는 타지 사람이 업소를 차리면 텃새를 부리기도 한다.

얼마 전에 러시아 여자들 여덟 명이 쫓겨났습니다. 가라오케가 두 군데가 생겨서. 러시아 애들은 저희가 (파견) 보낸 게 아니고요, 어느 지역을 가도 지역에 텃새가 있어요. 있는데, 가게 하나 먼저 있었고 다른 하나가 나중에 생긴 겁니다. 원래 있던 데는 저희가 단속을 막고, 다른 데는 탄을 놓은 거죠.[5] 탄을 놔서 본국 보내고. 한 군데는 막고. 그런데 보란 듯이 또 하는 거예요. 돈이 그만치 되니까. 한 달에 일억, 일억 오천만 원 정도는 들어오니까.

지난 가을 영준의 조직은 큰 고비를 맞게 되었다. 중국인 이주노동자 중개업체에서 인건비 단가를 내려 밀고 들어왔다. 영준은 단골 농가를 빼앗기게 되었고 조직 규모를 줄여야 했다. 관광비자로 입국하는 중국인 인력은 장기 체류하는 태국인 인력에 비해 관리 비용이 적게 든다. 농번기에 바짝 일해서 돈을 벌어 가기 때문에 겨울철 비수기를 견딜 필요도 없다. 인건비 부담이 큰 농가 입장에서는 이왕이면 인건비가 싼 쪽

---

5 '탄을 놓다'는 경찰, 출입국 사무소 등에 불법 고용을 신고해 단속하게 한다는 의미로 사용된 은어다.

을 선호하기 마련이다. 전에는 이주노동자 인건비와 내국인 인건비가 같았는데 중국인이 몰려오면서부터 이주노동자 인건비가 더 낮아지고 있다.

영준과 소통하는 전국의 중개업 조직은 광역 네트워크를 만들었다. 일감이 몰리는 철에는 다른 중개업체가 영준에게 1인당 5천 원씩 중개 수수료를 내고 들어와 일을 할 수 있다. 그 반대의 경우도 마찬가지다. 영준이 다른 지역에 일을 들어갈 때 중개수수료를 나눈다. 그러나 일감이 많지 않을 때는 영준은 다른 업체가 영준 조직의 관할 구역에 들어오지 못하게 한다. 뜻대로 되지 않으면 영준은 깡패들을 동원해 타 중개업체의 이주노동자를 위협하기도 한다. 이번에 단가를 내려서 인력을 공급한 중국인 중개인에 대해서 영준은 어떻게 대처할까 고민하고 있다. 영준은 일단은 농가에 중국인 인력을 쓰지 말라고 이야기하고 중국인 이주노동자 개인에게도 경고 신호를 보낼 생각이다.

일 없을 때 와서 일 따먹고 가고 이카는 거 저희가 막자 이래서 쉽게 말해서 창녕, 음성 이런 경우는 어떻게 되어 있냐 하면, 자기들한테 인당 얼마 안 주면은 자기들 밭에 못 들어옵니다. 안 그러면 밭에 가서 조져버립니다. 조지면 애들이 업체 가서 일하는 데 못 한다면서 일을 안 하려 하겠지요. 당연히. 대화로 안 되지요. 밭에 쫓아가야 돼요. 봉고차에 한 차 태워서. "잡아 전부 다." 마스크 다 쓰고 가서 쉽게 말하면 "다 잡아."하면 남자들 빼고 여자들만 잡아서, 쉽게 말하면 바로 출입국사무소로 뎀고 가는 거죠. 여기 중국 애들 쫓아내려고 하면 방법이 그거밖에, 농가에 직접 가서, 그거는 밭에서는 쉽게 말하면 조지기 좋은 조건이에요. 어느 지역이건 가면 체계를 잡아놓고 다 그렇게 하고 있거든요. 물이 흐려지면 안 되니까. 잡도리 한

번 하고 그러면 애들이 그 밭에 일을 안 하려 합니다. 일단 농가에 애
기하는 겁니다. 그러면 그런 상황까지도 만들 필요가 없고. 농가에
가서 중국 애들 쓰면 신고한다고. 그렇게 아시라고.

영준은 혹독한 겨울을 보냈다. 일거리가 줄어 영준은 백오십 명 되던
조직원 중 백 명을 내보내야 했다. 영준의 조직원들은 일이 있는 곳을
찾아 전국으로 흩어졌다. 영준이 돈이 되는 일을 만들어 다시 불러 모
을 때까지 그들은 이곳저곳을 전전할 것이다. 아마도 잡혀서 본국으로
추방될 때까지 그런 삶을 이어갈지도 모른다.

지난봄 중국인 이주노동자를 대규모로 조직해 중개하는 쯔한을 시청
에 신고한 사람이 영준인지 아닌지는 확실하지 않다. 밭에서 일하던 중
국인들이 한꺼번에 빠져나갔을 때 농민들은 영준에게 전화를 걸어 인
력을 보내달라고 했다. 그는 인건비를 올려주지 않으면 사람을 보낼 수
없다고 단호하게 말했다. "중국 사람 단가로는 못 보냅니다. 만 원씩 올
려도 최저임금도 안 됩니다. 외국서 온 애들도 먹고살아야지요." 영준
의 전화기로 농민의 한숨 소리가 들려온다. "자네 말도 맞아. 그런데 나
도 나를 뜯어 먹고 산다네."

먹거리와 밥 한 끼

지금이야 겉으로는 아무 문제가 없어 보이지. 다 숨어서 일하니
까. 그런데 비닐하우스 문을 열잖아. 그 안에는 외국인만 있다니까.
돈사, 계사도 마찬가지라. 오이, 버섯, 오미자, 딸기 뭐 모두 외국인
이 다 하지. 외국인 데려다 농사지어서 공판장에 내고 백화점에도 팔

고. 오이 하우스, 축사 그런 데는 고용허가제로 오는 외국인도 있지만, 밭일 하는 사람들은 거의 다 불법이잖아. 몇 년 안에 큰 문제가 터질 거라고. 누군지도 모르는 외국인들 데려와서 마구 부리다가 죽기라도 해 봐. 그럼 어떡하겠어? 그냥 못에다 갖다 던진대도 누가 알겠냐고. "이 밭에 일하던 외국인 어디 갔어요?" 하고 물으면 "응 일하다가 내뺐어." 그렇게 말하면 그만인 거라. 아마 못물 빼면 시체 몇 구 나올걸. 지금 문제가 아주 많다고.

지역 토박이인 농약상회 사장님의 말이다. 미등록 이주노동자가 거주하거나 드나드는 농촌마을에 어수선하고 불안한 기운이 감돈다. 농촌마을이 예전 같지 않은 것은 어제오늘 일이 아니다. 농촌은 이미 활기가 사그라진 지 오래되었다. 지난 30년 동안 농가인구는 거의 반의반으로 줄었다. 농가인구 열 명 중 여섯 명은 환갑이 넘었다. 사람이 없으니 품앗이도 사라지고 노인들이 서로 하루 5만 원씩 일당을 쳐주면서 품앗이의 흔적을 이어가기도 한다. 소득이 나오지 않는 농사를 꾸역꾸역 짓는 것을 보며 자식들은 타박을 한다.

좀 더 젊거나 자본을 투자해서 농사를 크게 짓는 이도 더러 있다. 특히 20년 사이 축사가 많이 늘었다. 소를 몇백 마리씩 키우는 농가가 많다. 이처럼 연중 할 일이 꾸준하게 있는 시설재배농가나 축산농가에는 고용허가제를 통해 이주노동자들이 들어와 일손을 보탤 수 있다. 그런데 파종이나 수확 시기 등 짧은 기간에 일손이 대거 필요한 경우는 연중 고용하는 고용허가제를 활용할 수가 없다. 이때는 중개인을 통해 단기간만 필요한 인력을 구한다.

쯔한처럼 결혼이주한 여성들이 취업이 금지된 단기방문비자로 친인척을 초청하고 일자리를 중개를 하는 경우가 많다. 소규모 중개이지만 전체 결혼이주여성 수가 많다 보니 이들을 통해 입국하는 단기 미등록 이주노동자의 규모가 만만치 않다. 또 농촌에서 발이 좀 넓다 하는 청년이나 주먹깨나 쓴다는 청년들이 중개업을 한다.

미등록 이주노동자는 이주민 사이에서도 주변적인 존재들이다. 고용허가제로 신분 보장이 되는 노동자에 비해 임금도 턱없이 낮다. 이들은 노동자 신분이 아니라 단속을 피해 쫓기는 자들일 뿐이다. 신분상 법적으로 보호받지 못하니 억울한 일을 당해도 어쩔 도리가 없다. 사장님이나 농장주가 때리고 욕해도 다른 작업장으로 도망치는 게 전부다. 임금체불이 생겨도 중개인이 책임지지 않을뿐더러 심지어 중개인이 임금을 모조리 떼어먹는 일도 있다. 영천의 한 중개업체는 이주노동자에게 임금을 주지 않고 자체 발행한 종이 쪼가리를 쿠폰이라고 지급한 사건도 있었다. 미등록 이주노동자들은 단속에 걸리면 일하던 자리에서 포승줄에 묶여 추방된다는 것을 안다. 한여름 땡볕에서 일하다가 다치거나 쓰러져도 눈 하나 깜빡하지 않는다는 것도 안다. 그런 설움을 받으면서도 고국으로 돌아가지 않고 일하려고 애를 쓴다.

쯔한이 중개해 단기 입국시키는 노동자들은 중국에서는 평범한 부류의 사람들이다. 중국이 상당한 경제성장을 이루고 있지만 부의 양극화가 심해 생활이 넉넉하지 않은 사람들이 많다. 쯔한은 실업률이 높은 농촌 지역에서 구직자들을 주로 모집한다. 한국에서 한 달 일하면 중개료를 제하고 약 170만 원에서 200만 원을 번다. 여행경비 등을 제하고 남는 돈으로도 몇 달 생활이 가능한 정도다. 봄, 가을철에 반복 고용될 경우 가계에 숨통이 트이는 것이다.

영준이 모집하는 태국인들은 고용허가제로 입국했다 이탈한 사람들이 많다. 이들은 돌아갈 길이 없는 사람들이다. 코리안 드림을 꿈꾸며 상당한 비용을 투자해 입국했고, 해외에서 본국의 가족으로 송출하는 돈으로 온 가족이 살아가는 경우가 많다. 한국에서는 쉬는 날, 아픈 날을 제하고 여자 120~130만 원, 남자 170~200만 원을 버는데 태국의 실질 임금은 40만 원 수준에 지나지 않는다. 당장 돌아가도 마땅하게 일할 자리가 없으니 작은 가게라도 차릴 수 있는 종자돈을 쥐기 전까지는 돌아갈 수 없는 처지인 것이다.

어떤 사람들은 이주노동자를 바라볼 때 돈 벌기 위해서는 무슨 일이든지 하는 돈벌레 보듯 한다. 그들이 돈만 벌려고 온 것일까? 돈만을 위해 '노예노동'과 성매매까지 감수하는 것일까? 그렇지 않다. 그들은 돈을 벌려고 온 것이 아니라 살기 위해서 온 것이다. 가족 중에서 가장 능력이 있는 사람이 가족을 대신해서 일자리를 찾아 떠날 수밖에 없는 것이 현재 그 나라의 사정이다. 일자리를 찾아 자기 나라를 나가는 것도 쉽지 않아 온갖 경로를 통해 대가를 지불하면서 여기까지 온 것이다.

많은 사람이 마치 이주노동자가 일자리와 돈을 빼앗으러 온 것처럼 적대적으로 대한다. 우리나라에서 번 돈을 본국으로 송출해 국부를 유출한다고도 한다. 그러나 그들의 노동력을 값싸게 이용해 생산하고 부를 남기는 것은 우리 쪽이다. 우리 사회는 가장 낮은 곳에 있는 빈자리조차 내어주지 못할 정도로 인색하다. 그러면서도 험한 일은 모두 이주노동자에 의지해 해결하고 있다. 공장이건 요양병원이건 농촌의 논밭이건 이주노동자가 없으면 안 된다고 하소연한다.

이주노동자들은 열악한 환경에서 천근만근의 노동으로 먹거리를 지어낸다. 강원도에서 제주까지 이주노동자 작업단은 계절에 따라 주산지를 돌며 일한다. 마스크도 쓰지 않고 농약을 치고, 한여름 뙤약볕 아래서 일하다 열사병으로 쓰러지기도 한다. 이주노동자의 고된 노동으로 생산된 먹거리는 공판장, 시장, 대형마트, 백화점으로 팔린다. 전국 주산지에서 생산하는 대파, 양파, 무, 배추, 감자 등이 모두 이주노동자의 손으로 수확되는 먹거리이다. 토마토, 오이, 참외, 복숭아 등 채소와 과일도 마찬가지이고 절임 배추, 단무지 등 농산물 가공품도 이주노동자의 손을 빌려 만든다. 이주노동자의 손을 거친 먹거리가 로컬푸드, 국내산 먹거리로 유통되어 도시 소비자의 밥상에 오르는 것이다.

소비자의 밥상이 싼값에 풍성하게 차려진다. 감자 20킬로가 단돈 만원에 배달되고, 상추 한 상자가 삼천 원에 거래되는 웃지 못할 일이 벌어지곤 한다. 농산물을 따고 옮기는 이주노동자들을 싼값에 부리지 않으면 불가능한 일이다. 먹거리가 넘쳐나는데도, 유령처럼 숨어서 노예처럼 일만 하는 이주노동자의 밥상은 언제나 빈약하다. 일하던 밭에서 난 것을 얻어먹거나 이삭을 주워 해먹기 일쑤다. 고국의 음식이 그리워도 외국인 전용 식자재 판매대가 있는 대형마트에 나가는 것은 쉬운 일이 아니다. 단속을 피해야 하고 농장주나 중개인의 허락과 도움을 받아야만 이동할 수 있다.

태국 남부 지역에서 온 미등록 이주노동자 미쟌은 밥상 앞에서 굴욕감마저 느낀다. 태국 남부는 무슬림 지역이고 돼지고기를 금기한다. 이런 사실을 아는지 모르는지 농장주는 선심을 쓴답시고 종종 돼지고기 부산물로 만든 음식을 들이밀곤 한다. 이주노동자는 먹고 싶은 것을 먹는 것이 아니라 주는 것을 먹는다. 미쟌은 불평하는 대신 끼니를 거르는 쪽을 선택할 수밖에 없다. 양껏 먹지 못하고 주린 채 그는 누군가의 밥상에 오를 먹거리 생산을 위해 죽도록 일한다. 이주노동자들의 '노예노동'으로 생산된 먹거리가 주방으로 배송된다. 썰고, 다지고, 굽고, 조미된 먹거리는 원래의 꼴과 맛을 잃고, 급식실, 식당, 편의점에서 달달한 끼니로 가볍게 소비된다. 누구도 단맛에 가려진 쓴맛의 정체를 모른다. 아무도 그 육중한 밥 한 끼의 무게를 느끼지 못한다.

재한줌머인들의 이주와 공동체 형성[1]

최영일*

줌머인들의 이주

카르나풀리강의 캅타이댐

줌머[2](JUMMA) 사람들은 방글라데시 치타공산악지대(Chittagong Hill Tracts in English : 이하 치타공)를 흐르고 있는 카르나풀리강 상류로 거슬러 올라가야 선명하게 보이기 시작하는 사람들이다. 차크마 수진의 난민 여정도 카르나풀리강[3]으로부터 시작되었다.

댐 건설에 따른 수몰지구의 증가와 보상에 대한 계획도 없이 추진되

---

* 김포시 외국인주민지원센터장.
1 이 글은 박사 논문 「줌머난민의 한국 사회 정착과정」(최영일, 인하대학교 다문화학과, 2019)의 내용을 재구성하였다. 등장인물은 대부분 가명을 사용하였다. 『문학들』 64호(2021년 여름)에 실림.
2 줌농법 즉 화전농업을 하는 사람들.

었던 결과는 그야말로 참혹했다. 줌머인들의 터전을 파괴해 만들어낸 해외난민과 산악지대 내부난민은 그 규모가 실로 막대했다. 치타공 거주 인구의 25퍼센트, 10만 명에 달하는 사람들이 정부 지원 없이 스스로 살 곳을 찾아야 했다. 댐을 막은 뒤 시간이 지날수록 수위가 높아지면서 수재민들이 추가로 발생하였다. 치타공 주민들은 수위가 어디까지 오를지 알 수 없었고 정부는 방치하였다. 어느 날 갑자기 거주 지역으로 밀고 들어오는 물 때문에 집을 버려두고 도망치듯 떠나야 하는 수재민들의 수는 증가하였다. 정부의 대책이 전혀 없는 상태에서 수재민 가족들은 절망과 불확실한 미래에 방치되었다. 1964년 한 해만 줌머인들 중 최소 3만 명의 차크마 민족 사람들이 고국을 떠나 인디아로 피신했고 미얀마로 1만 명이 이주했다. 그들 중 많은 가족은 같이 살지 못하고 뿔뿔이 흩어졌다. 그밖에 수만 명의 줌머인은 내부난민이 되어 유랑의 길을 떠나게 되었다.

> 고노풀리(카르나풀리강)[4] 알지요. 캅타이댐. 물에 잠겨가지고 할아버지도, 우리 아빠도 여기도 못 가고 저기도 못 가고, 우리도 몰라요. 우리 아빠의 인생이에요. 어디로 갈지도 모르고 여기 그냥 걸어가는 길 있어요. 그냥 걸어가는 길 그대로 갔어요. 그냥 고대로 갔어요. 반다르반 지역에 우리 아빠 친척 있어(서) 갔던 것도 아니고 (생면부지의 땅에), 길 닿는 대로, 옛날에 우리 아빠 성격, 내가 좋은 데

---

3 CHT 특별 지위 박탈을 위한 헌법개정기간(1962~1964) 동안 파키스탄 정부는 영향평가 및 수몰 지역 선주민들의 이주에 대한 구체적인 계획도 없이 카르나풀리강을 막아 캅타이댐을 건설한다. 1962년 시작된 댐 공사로 인해 CHT 주민들의 가장 비옥한 농지, 전 농지의 40퍼센트에 해당하는 54,000에이커(219㎢)로 한국 김포시 면적(276.6㎢)에 비할 만한 토지가 침수되었다. 랑가마티 지역 내 총 125개 하부구역(Mauza)에 거주하던 인구의 주택 18,000가구가 수몰되었다
4 ( )의 기능은 보충, 교정, 설명 등이다.

로 가면 다른 사람 (마을 주민들) 데려갈까. 이렇게 따라가서 거기 반

다르반 루마지역에 그때부터 차크마(민족이) 살고 있어요.

인디아로부터 독립한 파키스탄 정부는 보상이나 이주대책도 없이 강
을 막고 주변의 땅과 집들을 수장시켰다. 카르나풀리 강변에서 비옥한 토
지를 일구며 살던 줌머 선주민들을 사지로 내몰았다. 상류 지역의 줌머인
들은 갑자기 불어난 캅타이댐의 물이 집 앞마당에까지 차오르던 저녁 난
민 신세가 되기도 했다. 이렇듯 조상 대대로 뿌리내리며 살던 선주민들은
파키스탄 정부의 시민이나 존중받을 만한 거주민으로 인정받지 못했다.

캅타이댐의 건설은 파키스탄 정부의 개발주의 입장에 근거하고 있
다. 줌머 민족의 화전 농업방식(줌)에 대한 환경파괴 인식, 줌머 민족의
줌방식의 토지활용과 선주민의 토지에 대한 권리인정이 아닌 탐욕에서
비롯되었다. 수력 발전소를 만들고 이를 통해 생산된 전력을 사용하여
치타공의 풍부한 목재와 대나무를 활용한 펄프산업 및 각종 산업의 개
발을 도모하려는 의도였다. 나아가 파키스탄 정부는 선주민의 삶을 원
시화하고 치타공의 풍부한 자연자원을 활용한 관광산업과 소수 선주민
족의 삶과 선주민 자체를 전시용 관광 상품으로 활용하고자 했다. 파키
스탄 정부의 개발된 미래의 국가 안에 줌머 민족의 권리나 삶의 공간은
존재하지 않았다. 결국 선주민이 아닌 치타공의 땅만을 원한다고 했던
벵골 고위직들의 욕망과 다르지 않았다. 캅타이댐의 비극은 파키스탄
정부의 '사람 없는 사람을 위한 개발' 정책에서부터 비롯되었다.

차크마 수진은 이렇게 차크마 민족들이 다수 거주하는 랑가마티 지
역의 경계를 넘어 아버지와 마을 주민들이 함께 이주한 반다르반 지역
에서 나고 자랐다. 언어와 문화가 다른 마르마 민족이 다수자인 땅 반
다르반에 정착한 차크마인들은 소수자들로 살았다. 이후 차크마 수진은

방글라데시에서 대학을 졸업하고 지인에게 소개받은 페이스북 연인이 국내에서 난민 인정을 받게 되자 2015년 가족 결합으로 입국했다. 그의 남편 역시 어린 시절 다른 많은 줌머인 남성들과 같이 부모님의 강권으로 생존을 위한 행자스님이 되어 치타공에서 다카로, 다카에서 인디아 첸나이를 거쳐 스리랑카 불교학교에 입학했었다. 일종의 승복을 입고 감행한 탈출이었다. 결국 고향으로 돌아가지 못하고 스리랑카[5]에서 태국을 경유하여 2011년에 한국에 입국했다. 어디에 있으나 이미 난민이었던 이들이 전혀 다른 경로를 지나 이곳에서 흔들리지 않는 정착의 꿈을 일구고 있다.

벵골 민족주의와 줌머 민족 정체성

삶을 빼앗긴 줌머인들은 차크마 수진의 가족처럼 내부난민이 되어 치타공 안에서 더 깊은 밀림으로 들어가거나 혹은 가까운 인디아의 난민 캠프나 미얀마로 떠났다. 이렇게 시작된 유랑의 삶은 지속되었다. 1971년 동파키스탄이 독립하여 방글라데시 정부를 수립하자 줌머인들은 자신들의 잃어버린 삶을 되찾을 수 있을지도 모른다는 희미한 희망을 품었다. 영국 통치 시기에 누렸던 자치권의 회복을 기대했다.

그러나 1971년 말 파키스탄으로부터 독립하여 치타공을 새롭게 통치하게 된 방글라데시 정부는 1972년 54개 소수선주민족들의 정체성을 인정하지 않고 헌법을 개정하여 벵골민족국가를 수립하고자 했다. 이에 줌머 민족 대표자들은 총리와의 면담을 요청하여 치타공의 자치권을 요

---

5 국내 줌머인 남성들의 상당수가 좀 더 이동이 용이한 행자스님이 되어 스리랑카 불교중고등학교에 유학하여 지내며 귀환을 기다렸으나, 귀환하지 못하고 성인이 되어 한국 등 해외로 이주하여 난민을 신청했다.

구하였다. 그 자리에서 총리는 줌머인들을 분열주의자들이라 비난하였다. 이어서 벵골 민족 이주를 통해 줌머인들을 치타공 안에서 소수민족으로 만들어버리겠다는 협박도 서슴지 않았다.

결국 줌머인들은 기나긴 투쟁의 길에 나서고 총리가 언급한 벵골인 이주정책은 치타공에 대한 인구공학[6] 정책으로 추진되었다. 이에 각 민족들의 정체성과 분리할 수 없는 선주민의 토지권과 자신들의 삶을 지키기 원했던 줌머인들은 무장투쟁을 전개한다. 이 시기에 치타공 안에 차크마, 마르마, 통천가, 트리푸라 등 11개의 언어와 문화가 다른 민족들은 인민연대당(PCJSS)[7]의 지지 하에 벵골민족주의의 국가폭력에 맞서 줌머 민족이라고 하는 범민족정체성을 고안해낸다. 이 같은 치타공 선주민들의 조직적인 저항에 맞서 방글라데시 정부는 치타공의 군사화와 치타공산악지대로의 벵골인 이주정책을 더욱 공격적으로 추진한다. 치타공 자치권을 부여했던 영국 강점기와 달리 인도로부터 독립한 파키스탄 통치 시기 이후 점진적으로 추진되었던 토지소유권 관련 법 개정을 통한 토지 약탈은 방글라데시 정부에서도 지속되었다. 약탈한 토지에 군부대 설치, 벵골이주민 정착 지원[8], 방화, 강간, 사찰 파괴, 집단학살[9], 기존 줌머인들을 거주지에서 뿌리 뽑기와 흩어버리기 전략은 더

---

6 demograhpic engineering. 종족이나 민족 간 분쟁이나 갈등을 조절하기 위해서 행하는 국가 주도의 인구 이주 등의 전략.
7 줌머인들의 정당인 '인민연대당'이다. PCJSS(Parbatya Chattagram Jana Samhati Samity, Chittagong Hill Tracts People's Solidarity Association : 이하 PCJSS).
8 1980년~1985년 3차에 걸쳐 벵골 정착민 35만~45만 명의 CHT 내로 이주하였고 줌머인들 60,000여 명이 고국을 떠나 인디아로 피신했다. 또한 한국, 일본, 스리랑카, 태국 및 유럽, 호주, 미국 등 타국으로의 대규모 이동이 발생했다.
9 1981년 한 해에만 약 1만 명의 선주민들이 학살을 당하는 결과를 초래하였다. 또한 1989년 5월 랑가마티 지역의 랑가두 학살과 1,200여 명이 희생되었던 1992년 4월 10일 카그라차리 지역 로강 학살을 포함하여 적어도 선주민들을 대상으로 하는 11번의 대학살 사건이 발생하였다.

욱 노골화되었다. 이는 결국 줌머인들의 난민화를 가속화시켰다. 줌머인들은 칸타이댐 건설로 이미 고향을 잃고 나서 타향에서 자리를 잡기도 전에 다시 뿌리 뽑혔다.

한국에 최초로 입국했던 줌머인 차크마 반테 씨의 유랑 역시 그의 조부와 함께 카르나폴리강에서 시작되며 이어지는 벵골민족주의로 인해 다시 비자발적인 이주의 운명을 피할 수 없었다. 3대째 유랑하는 삶을 시작한다.

> 원래 우리 할아버지는 마을 대표였어요. 우리 고향 원래 랑가마티인데 우리 땅 다 물에 들어가서 칸다이댐, 우리 칸타이댐하고 랑가마티 시내 사이에 있었어요. 거기 다 칸다이 물속에 들어가서 우리 디그인할라로 갔어요. 디그인할라에 살았어요. 1972년에 우리 라르마(M. N. Larma)가 인민연대당을 시작했잖아요. 우리는 어린이잖아요. 68년생이니까 5살 6살 7살? 조금 기억나요. 군인 나오고, 이슬람(이주한 벵골정착민) 나오고, 밤에 5시, 6시 되면 다 산에 가요. 왜 가요? 우리는 몰라요. 군인들이, 이슬람들이 나오니까(쳐들어오니까) 마을 사람 다 같이, 총각 몇 명 나무 위에, 마을에 있고 아파트 경비처럼 나무 위에 (망보며), 그래서 그 사람(들)이 갔어요(라는 뜻으로) 새소리, 돼지 소리 내면 그때 우리는 (마을로 돌아)갔어요. 그렇게 우리 학교도 안 가고 저녁이 되면 산에 갔다가 공부도 못 하고, 우리 초등학교에 다 군인들이 (캠프) 만들어요. 학교 선생님 방에 군인들이 딱. 학교 문 닫고 군인들이 캠프 만들어요. 학교 못 다니게.

선주민들을 조상들의 터전으로부터 동떨어진 더 깊은 산속으로 몰아넣거나 정처 없이 부유하는 존재들마냥 내부난민으로 만들었다. 국경을 넘어 정착지를 찾아 나선 이들은 인디아와 미얀마를 비롯한 인근 국가들과 역외 국가들을 떠도는 디아스포라들이 되었다. 이렇듯 방글라데시 정부는 벵골민족주의를 천명하면서 시민이자 선주민이었던 이들을 벵골민족국가의 경계 밖으로 가차 없이 밀어냈다.

인디아의 지원을 은밀하게 받으며 진행된 무장투쟁조직 '산티바히니'를 통한 게릴라 투쟁은 치타공 안의 줌머인들의 지지를 얻어 한동안 치타공 지역을 장악하기도 했다.

이렇게 시작된 피비린내 나는 민족분쟁 혹은 소수선주민 말살정책은 1997년 평화협정 시점까지 25년 동안 지속되었다. 줌머인들은 캅타이댐의 트라우마를 잊을 새도 없이 이해받고 인정받을 줄 알았던 방글라데시 정부에 의해 이전보다 더 처참하게 땅과 목숨을 빼앗겼다. 또한 방글라데시 보안군들은 선주민 여성들을 대상으로 굴욕감을 유발시키고 동시에 줌머사회 안의 도덕적 훼손을 목적으로 조직적인 강간을 저지르고 유기했다.

혹시 고향으로 돌아갈 기회가 있을까, 빼앗긴 삶을 되찾을 수 있을까 하여 기다리던 내부난민들과 인디아와 미얀마의 난민들은 더 이상 기대할 수 없는 귀환에 대한 절망으로 인근 국가 및 역외국으로 정착지 탐색을 시작한다. 인디아와 미얀마, 스리랑카, 태국은 그나마 가까운 선택지였지만 그들을 시민으로 맞아주는 곳은 인디아 트리푸라의 난민캠프, 미조람주 차크마 자치지구(CADC)[10]를 비롯한 일부 지역을 제외하고는 없었다. 어디서나 불안한 시선을 가진 비시민으로서 견디고 버텨내면서

---

10 CADC(Chakma Autonomous District Council : 이하 CADC)는 미조람주의 차크마 자치지구로서 교육과 행정 등이 민족의 자치로 이루어지며, 차크마어를 공교육에서 가르치고 있고 미얀마 차크마 민족과도 교류 중이다.

탈진한 영혼에 안정감을 주는 민족사찰을 비롯해 불교학교, 불교정체성 거점들을 중심으로 이동했다.

그렇게 이동하고 기다리면서 안정된 삶을 얻게 될 정착지 탐색을 이어갔다. 줌머인은 단 한 번도 스스로 선택하지 않았지만 이미 유랑하는 삶을 살았다. 벵골민족주의자들의 탐욕으로 조건지어진 삶, 그래서 지속가능한 삶을 일구어 갈 수 없는 불확실한 하루하루를 보냈다. 가장 많은 줌머인들이 유랑하는 인디아에서도 주마다 정책이 달랐지만 비시민으로서 단속이나 신고의 대상이 되기 일수였다. 그래서 칸타이맴으로 인해 트리푸라 등지의 난민캠프에 수용되었던 이들처럼 초기 입국자 이외에는 상주국[11]일 뿐 정착국이 되지는 못했다. 결국 브로커를 통해 위조한 여권을 가슴에 품고 인디아의 미조람주, 웨스트벵골주 콜카타, 트리푸라주, 아루나촐주, 아삼주 등지를 전전하다 기회가 오면 미얀마의 라카인, 태국, 스리랑카, 아메리카, 호주, 유럽, 일본, 한국 등지로 떠났다. 마지막 종착지라는 생각보다는 일단 떠나 보는 초대받지 못한 길이었다.

미등록 체류자 차크마 반테

2002년 재한줌머인연대(이하 줌머인연대)를 조직했던 다수의 줌머인들은 고향을 떠나 인디아 콜카타에서 거주하다 다시 태국으로 이주 후 한국으로 입국한 이들이었다. 이들과 달리 차크마 반테 씨는 방글라데시에서 바로 태국으로 이주하여 수년을 상주하다 한국으로 입국하였다.

치타공에서 도망가고 인민연합민주전선(UPDF. United People's

---

11 난민법 제1장 제2조 1. 대한민국에 입국하기 전에 거주한 국가(이하 "상주국"이라 한다).

Democratic Front) 활동하다가 치타공 디스트릭트(현)[12], 바루아 민족이 사는 라우잔 하위–디스트릭트에 있는 바루아 동네에 도망가서 대학교 공부하고. 그러다 거기 있으면 너무 위험해서 태국으로 도망 갔어요. 대학교 3학년 20살 정도, 91년이나 92년, 거기 전공, 원래 불교철학이잖아요. 태국에서 안 돼요. 말도, 돈도, 없으니까, 불교 철학, 태국어 공부하다가 거기도 공부하려면 돈이 없어서 힘들어요. 공부하다가 친구들이 미국이나 일본 가면 할 수 있다. 나는 거기 안 가요. 나는 중학교 때 역사지리 공부했어요. 어떤 사람들에게 가면 우리 산악지대 사람 도와달라고 얘기할 수 있을까? 친구들이 일본 에 가요. 일본에 안 가요. 왜냐하면 일본이 코리아 잡았잖아요. 그래 서 고생한 사람들에게 가면 좋겠어요. 그래서 우리가 가면 우리한테 도와줄 수 있어요. 아픈 사람이 아픈 사람 마음 알아요. 그렇게 생각 하다가 한국에도 줌머 사람이 없잖아요. 나중에 잘 되면 많이 도와줄 수 있어요. 그래서 공부 안 하고 끝나서 1994년 2월 23일에.

결국 챠크마 반테는 방글라데시의 불교인들인 바루아 승려들의 도움 으로 태국에서 지내다 추운 겨울날 바루아인 두 명과 국내에 입국했다.

그때는 3개월 비자, Visit Korea(한국 방문의 해). 공항에(서) 알 았어요. 김포공항에, 거기 비지트 코리아. 여기서 한 달 지나면 부처 님 오신 날이었어요. 그래서 다시 안 가(려)면 방법 아는 사람 잡아요

---

12 방글라데시는 전국이 8개의 구(division)로 나뉘고 이는 64개의 현(zila, district), 우파질라(upazila, sub–district), union 순으로 나뉜다. 예로 치타공은 반다르반 질라, 랑가마티 질라, 카그라차리 질라로 나뉜다.

(찾아야 해요). 없어요.

1994년 2월 당시 그가 공항에서 보았던 '한국 방문의 해'는 세계화 정책을 적극 추진하고 있던 한국 상황을 보여주고 있다.

그래서 일본에 전화했어요. 여기 한국에 아는 사람 있어요? 없어요? 차크마 사람, 차크마 사람, 몰라요? 바루아 사람 한 명 잡았어요 (찾았어요). 아는 사람 한 명, 방글라 사람, 아는 사람 있어요? 3일이나 5일이나 있다가, 어! 한 명 있어요. 수원에 한 명 있었어요. 힌두교 사람, 비자 없는 사람, 조금 조금밖에 없어요. 그래서 전화해 봤어요. 밤 11시나 10시, 일 끝나고. 아! 저는 지금 도와줄 수 없고 일요일 날까지 아침부터 들어가서 밤까지 일해야 하니까 일요일 날 나와요.

아! 진짜 그래서 일요일 날 사장님 불러요. 나왔는데, (시험적으로) 일해 보다가 한 명(동행 바루아인), (나중에) 미국 가는 사람 (일) 안 했고, (저는) 사무실에 갔어요. (사무실에) 영어하는 사람이 있어요. (반테 씨는) 비자 3개월밖에 없고(없는데), (부장님이), 일할 수 있어요? 네, 55만 원, 야간 주간.

그는 그렇게 간신히 찾은 방글라데시 힌두교인 미등록 체류자를 따라 불법 취업을 시작했다.

밤에 일하면 (오디오 테이프 만드는 그 공장에 같이 일하는) 학생들(이) 있어요(있었어요). 우리 신발 새 것 샀잖아요. (한국 학생들이) 이거(새 신발) 달라(고) 그래요. 맨날 (신발) 바꿔. 바꿔. 머리 아

파. 식당 아줌마가 우리 밥 먹으라고, 아줌마가 다 준비해(주시)고 이것, 이거 먹어. 아줌마가 많이 도와줬어요. 아줌마가 준비해주고 가면 학생들이 다 먹고 가요. 말도 못 하고 우리는 우유하고 라면 먹고 일했어요. 그렇게 일하고 있(었)어요. (어느 날) 친구(가) (학생들에게) 신발 안 주니까 (물건 만드는) 재료 있어요. 재료 그 위에 칼이 있으니까 (학생이 친구에게) 칼을 탁 던졌어요. 친구가 (칼에 찔려서) 정신이 없었어요. 빨리 빨리 사람 불러서 119 나와서 병원에 데려갔어요. 한 달 입원했어요. 친구가 퇴원해서 도망가고, (다른) 한 명(도) 나가고(출국).

홀로 남겨진 반테 씨는 돌아갈 곳이 없었다. 바루아족들과 달리 그는 이미 방글라데시에서 쫓기던 사람이었다. 어차피 또다시 유랑의 삶 외에는 길이 없었기에 불확실하지만 한국에서의 삶을 시작하였다.

친구한테 얘기해서 (소개받았어요) 여기 대벽리(김포시 대곶면 대벽리)에 몇 사람 있어요. 힌두(교), 불교도 있고 2명인가, 3명 있었어요. 방글라데시 사람 있어요. 거기 회사에 말 못 했어요. 월급도 못 받고 (일하고 있던) 사장님한테 말하면 안 돼요. 무서웠어요. 무서워서, 학생들이 알면 때려서 우리 말할 수 없어요. (관리자들이) 안 믿을 수도 있으니까. 회사에서 가방 밖에 던져놓고 나가서 바지는 (가방에) 안 들어가니까. 세 개, 옷 네 개 (입고 도망갔어요), 사람들이 이상하게 생각해요. 어? 세 개 입어서 땀 많이 났어요. 버스에서 더워서, (그래도) 할 수 없어요.

이 사건을 계기로 국내 첫 입국자 반테 씨는 김포로 이주하게 된다.

당시 이 행보가 장차 김포에서 재한줌머인들의 마을로 이어질 것이라고
는 아무도 상상하지 못했을 것이다. 그는 방글라데시 사람 중에서도 불
교도인 바루아 사람과 힌두교도인 방글라데시 사람을 수소문하였다.

> 그래서 어디(어떻게) 가요. 거기서 가르쳐줬어요. 수원에서 영등
> 포, 영등포에서 버스 몰라서 택시 나와서 그래서 (김포에서) 그 사람
> 들 만났어요. 그래서 지금 있는 (현재까지도 일하고 있는) 회사에서
> 만났어요. 그 회사 지금까지 있는 회사. 그 회사예요. 저는 그런 아
> 이디어(트라우마)가 있으니까 어디 안 갔어요. 아직까지 기억에가,
> 고생 들어가서 마음이 힘들었으니까 어디 안 가요(회사 옮기지 않았
> 어요). 이 스트레스(트라우마), 아직(도 있어요)… 친구가 (당하는 것
> 을) 봤으니까. 친구 같이 있었잖아요. 봤으니까. 어, 그래서 우리 한
> 달도 안 됐는데, 나라에서 방글라데시에서(도) 방글라데시하고 줌머
> 하고 싸웠는데. 그래서 그렇게 도망도 나오고 그래서 이쪽으로(까지
> 이주했는데) 어떻게 해.
> 그렇게 스트레스(트라우마)가 생겨서. 다른 데(공장) 마음이 하나
> 도 안 나가요. 안 나가요. 점점 없어요. 그래서 (월급이) 올라도 안
> 올라도, 8개월 동안 월급도 안 받고 그래도 (다른 공장으로) 안 나갔
> 어요. (월급 못 받아도) 8개월 동안 열 한 번 안 받았고, 밥만, 미역
> 국하고 밥. 마음에 아직 무서운 거가 있으니까. 아 진짜 아직도 그
> 생각하면 스트레스가 나와요.

그는 1994년 봄 수원의 첫 일자리에서 맞닥뜨려야 했던 트라우마에
갇혀 김포에서 처음 취업한 사업장을 2021년 봄에도 떠나지 않고 있다.
그 트라우마는 모국에서 뱅골인 정착민들과 군대, 그리고 국가의 폭력

가운데서 경험했던 트라우마의 또 다른 재현이자, 정착국에서의 잠재적 불안감이었다. 하지만 그의 트라우마는 그를 김포에 가두었고 2년 뒤 입국한 그의 동생과 추후 결혼을 통해 입국한 아내, 아내의 오빠와 동생(처남)의 가족연결망을 통해 초기 김포 지역 줌머인 근거지를 형성하였다. 그는 김포에 정착한 뒤 생사를 모르던 삼촌의 아들을 국내에서 만났다.

동생이 한국에 들어왔는데 동생도 모르고 저도 몰라요. 왜냐하면 우리 디그인할라 살았어요. 삼촌 결혼식 때 우리 갔는데 우리 디그인 할라에서 많이 싸웠어요(게릴라전). 우리 랑가마티(로) 다시 왔어요. 거기 우리(는) 군인들 때문에 힘들어요. 매일 저녁 이 시간에 산에 가야 하고, 다 산에 가서 정글에(서) 살아요. 이렇게 언제까지 살아요. 우리 인도 갈라고, 트리푸라 갈라고 했는데, 우리 게릴라들이 안 된다고. 지금 인도 정부가 안 받아요. 그래서 가면 힘들어요. 또다시 (돌아)왔어요. 왔는데 어떤 사람들이(은) 비밀로(비밀스럽게) 미조람 갔고, 어떤 사람들은 비밀로 랑가마티 나오고, 어떤 사람들은 카크라 차리 나오고, 우리는 랑가마티 다시 왔어요.

그래서 저는 한국에 (와서) 나중에 이거(삼촌 가족 사정) 몰라요. 지금 삼촌이 어떻게 살아요? 아기 낳어요 안 낳어요? 우리 몰라요. 편지도 못 하고, 가는 거도 힘들고. 군인들 때문에, 몇 명 가족 있는데 몰라요. 한국에 나와서 우리는 김포, 동생은 의정부 들어갔었는데, 우리 전화하고 만나서 물어봤어요. 집 어디? 누구? 어 우리 동생인데, 뭐야 삼촌 결혼식 때, 그때 배 속에서 안 나왔었잖아요. 어 그래? 어 집 어디? 할아버지 이름 뭐야? 어 할아버지 이름 같은데, 똑같은데, 어 그래서 우리 진짜 할아버지, 다 전화하고, 이거 맞아요.

한국(에서) 그렇게 만났어요. 다 한국에서 만났어요.

(삼촌)결혼식 때 우리(도) 있고 아들 이만큼 된 거 생각도 안 하고 (못하고), 와 그래서 물어봤어요. 어떻게 살았어요. 트리푸라 가서 거기 난민으로 가고 난민여권 받았어요? 우리는 랑가마티, 어떻게 살았어요? 우리 히스토리 물어봤는데 그래서 아! 눈물 나요. (사촌 동생은 인디아의 트리푸라에서 콜카타로 이주하였고 이후 한국으로 입국하였다).

진짜 우리 삼촌 결혼식에서 (밥) 먹었는데, 우리 삼촌 아들이 이만큼 되었는데, 우리 생각도 안 나오고(못 하고) 진짜 로또요 로또, 로또. 히스토리가 진짜 우리 가족(을) 몰라요. 학교 가는데 그때는 전쟁 있었어요. (어떤 사람은) 다른 데 가고, (어떤 사람은) 저쪽으로, 사람 같이 가는데 가고, 몰라요. 어디로 가는지. 가족들이 6개월, 7개월, 8개월, 1년 뒤에 만났어요. 그래서 우리 동생 만난 것은 진짜 다행이에요. 생각도 안 했어요. 꿈에도 생각 안 했어요. 지금 우리 지금 마음이 로또 맞은 거예요. 이거는 그렇게(그러기) 힘들어요.

타국에서 유랑민이 되어 만난 친척 동생이 합류하여 2002년 11명이 줌머인연대를 결성할 당시 회원으로 가입하지 않은 사람까지 포함하면 그의 친척 구성원이 5명이었다. 그는 줌머인연대 초대 회장으로 활동하였다.

당시 산업연수생 시절의 한국 노동시장은 인권 침해와 임금체불이 만연하던 시기였다. 난민에 대한 이해가 부족하였고 외국인은 거의 미등록 이주노동자로 여겨졌던 시기였다. 반테 씨는 다른 줌머인들과 함께 한국 정부로부터 도움을 받을 만한 법을 찾기 위해 다방면으로 노력했다.

1996년 우리는 그때 캐톨릭(가톨릭) 센터에 갔어요. 95, 96년 때 서울 남대문, 인사동 거기 있어요. 많이 들었어요. 우리 법 찾을려고 94, 95년, 우리 94년 들어왔잖아요. 우리 미얀마 사람 만나도, 힌두교 만나도, 불교 만나도 우리 법을 찾아요.

　이주노동자로 불교 정체성을 가지고 불교 행사 등에 참석하면서 바루아 사람들, 미얀마 노동자들을 접촉하고 있던 줌머인들은 국내에 입국해서 활동하는 줌머 민족 스님들과도 지속적으로 접촉하였다. 그러던 중 1997년 공장지대인 김포시 대곶면에서 10여 명의 줌머인들이 모여, 줌머인연대의 뿌리라 할 수 있는 '한국방글라데시 선주민불교인연합(Bangladesh indigenous Buddhist Association in Korea : 이하 BIBAK)'을 조직했다. 이 단체 명칭의 선주민(indigenous)이라는 제한 조건으로 인해 벵골민족주의를 받아들여 벵골 민족 불교인이라고 자칭하던 바루아 불교인들은 합류할 수 없었다.

　그러던 중 1997년 12월 말 방글라데시 정부와 줌머 민족정당인 민족연대당 사이에 평화협정이 체결되자, 국내 줌머인들도 고향 땅 치타공에 정착할 수 있다는 희망을 품고 귀국했다. 그러나 방글라데시 정부의 부정적인 행보와 줌머 민족 지도자들의 내부갈등으로 인해 협정의 이행은 미진했다. 줌머 사회 안의 정치적 계파 갈등이 무력 충돌로 이어지고, 정부는 평화, 개발, 보호 등의 다양한 명분을 앞세워 줌머인들을 억압하였고, 방글라데시 군대는 더욱 폭력적으로 변했다. 줌머인들은 다시 비공식적인 게릴라전 지대로 돌아가거나 해외 망명을 선택할 수밖에 없는 상황이 되었고, 귀국했던 몇 명의 줌머인들은 2000년 상반기부터 다시 한국으로 되돌아왔다.

　줌머인들은 2000년 이후에서야 난민성을 인정받을 수 있는 한국 정부의 난민 관련 법을 인지하게 되는데, 1994년 그때까지만 해도 한국에 아직 유엔난민기구 지부가 설립되기 전이었고 단지 1992년 12월 3일 '난민의 지위에 관한 의정서'의 효력이 발생함에 따라 1994년에 정부는 개정된 출입국관리법에 근거해서 난민 신청을 받기 시작했을 뿐이었다. 그때까지 단 한 명의 난민 인정자도 없었다. 난민성의 자각 및 관련 국내 심사제도에 대한 인지 시점은 2001년 국내 첫 난민 인정자에 대한 이야기를 듣고 난 이후였다.

> 거기 아프리카 그런 사람들 나오잖아요. 에디오피아 사람 이야기
> 들었어요. 우리 회사 과장님이 어느 나라 사람 축구, 축구 잘하는 사
> 람 한국 국적 받았는데 몰라? 너 방글라데시 사람이니까 찾아 봐. 과
> 장님 알아요? 몰라 목사님한테 가서 알아 봐. 우리 비자 없으니까 출
> 입국사무소에 직접 가서 못 물어봐요.

2001년 에디오피아인이 국내 최초로 난민 인정을 받았던 사건이 줌머인들에게는 새로운 난민성 자각 및 관련 법과 제도 탐색의 계기가 되었다. 그들은 또한 불교 정체성을 가지고 부천 석왕사 등의 불교 행사에 참석하면서 바루아 사람들과 난민 신청 중이었던 민주주의민족동맹[13](National League for Democracy-Liberated Area, NLDLA) 소속 미얀마 노동자들과도 접촉하였다. 한국의 국제적인 위상 변화와 2001년 4월 12일 서울 주재 유엔난민기구 대표사무실 개소를 통해 한국은 국제 난민 레짐의 영향권 내로 한 단계 더 진입하게 되었다. 민간단체

---

13 2000년 5월 17일 민주주의민족동맹(NLD) 한국지부(1999년 2월 창립)소속 20여명이 난민 신청을 하였다.

들이 '세계 난민의 날'로 공식적인 기념행사를 개최했던 2001년 11월 26일 국민의 정부는 인권국가로서의 위상 제고를 위해 '국가인권위원회법'을 공포하고, 국가인권위원회를 출범하게 된다. 국가인권위원회까지 난민인권 개선을 위한 시민사회연대의 활동에 관심을 가짐에 따라 국내 난민지원 인프라는 더욱 강화되었다.

난민인정투쟁[14]

재한줌머인연대

줌머인들은 2002년 4월 14일 보이사비 날, 일요일 김포시 대곶면 상마리 60번지, 쉼터 겸 사무실에서 보이사비 행사를 하고 줌머인연대를 만들고 난민인정투쟁의 첫걸음을 내딛는다. 줌머인들은 줌머인연대를 인정투쟁의 주체로 내세워 2002년 가을에 적극적인 활동에 나서는데, 프레스센터와 접촉하여 조금씩 난민인권 공감지대인 시민사회로 나아갔다. 프레스센터의 소개로 국제민주연대 등과 접촉하게 되었고, 줌머민족의 상황을 알리고 연대를 요청하기에 이르며, 유엔난민기구까지 접촉하면서 협약 난민인정제도에 대해 이해하게 되고, 국내 시민사회단체들로부터 다양한 협력과 지원을 받게 되었다.

줌머인연대를 조직한 지 1년도 지나지 않은 2002년 10월 재한줌머인 7명이 집단 난민인정신청을 하기에 이른다. 각종 언론보도가 이어지고 줌머인연대의 실체가 드러남과 동시에 줌머인들의 알리기는 시민사회

---

14 줌머인들의 난민인정투쟁은 난민 지위 획득 및 차별 없는 시민권 확장, 정체성 인정을 위한 투쟁의 의미를 내포하며 정부와 시민사회의 이해와 인정을 기반으로 실현된다.

의 공감을 얻게 되며, 줌머인들의 땅인 치타공에 대한 시민사회의 관심도 증가하게 되었다.

'알리기' 전략 : 국내외 연대 활용

이후 줌머인연대는 더욱 구체적이고 실질적인 알리기, 즉 '치타공 현지 실태 알리기'를 시작하였다. 이는 결국 줌머인연대를 지원하는 국내외 단체들과의 연대를 필요로 하였다. 가장 직접적으로 국내 난민지원단체인 '피난처'가 나서게 된다. 이와 함께 법률지원 단체들, 민변, 다양한 시민사회단체와 종교를 배경으로 한 단체 및 이주민단체 그리고 언론들과 연대하게 되었다.

이에 줌머인연대는 본격적인 알리기를 실천하기 위한 전략의 일환으로 중요한 프로젝트를 기획하였다. 그 첫 번째 전략으로 해외에서 이미 현지 실태를 고발해 놓은 책자를 번역하여 출간하는 프로젝트였다. 이 프로젝트는 국내는 물론 초국적 연대의 도움까지 받았다. 줌머인연대를 만나게 된 난민지원단체 '피난처'는 줌머인들의 말에 따르면, "적극적으로" 나서게 되는데, 난민실무협의회에서 줌머인 3명(로넬, 비카시, 폴라스)의 집단 인터뷰가 있었던 2003년 12월 드디어 첫 번째 프로젝트인 『줌머인들의 빼앗긴 삶』이 번역되고 발간되어 시민사회에 줌머인들의 인권실태를 구체적으로 알리게 되었다. 다음 해 2004년 1월 『줌머인들의 빼앗긴 삶』을 법무부에 제출하였고, 법무부는 '피난처'에 공문을 발송하여 추가 자료가 있으면 제출해줄 것을 요청하였다.

이에 대해 줌머인연대는 두 번째 '알리기' 프로젝트를 기획하고 준비하며 진행하였다. 즉 시민사회활동가를 현지에 파견하여 실태조사를 하는 프로젝트였다. 이 프로젝트는 재정이 필요했고 현지의 도움이 절실했다. 같은 해 4월에 마침내 '치타공 방문 현지 인권실태조사' 프로젝트

¹⁵가 진행되었다. 줌머인연대의 요청과 재정적인 지원 속에 방글라데시 현지에 '피난처' 대표와 SBS가 동행 취재를 떠났다.

현지 조사는 국내 시민사회단체들만으로는 불가능했다. 귀환이 불가능하고 초국적 자원의 동원과 이동이 용이하지 않은 난민 공동체로서는 현지 네트워크의 실질적인 도움이 필수적이었다. 인민연합민주전선(UPDF, 민주전선)이 국내 줌머난민들의 인정투쟁을 위한 지원을 아끼지 않고 지지하고 도왔다. 민주전선은 국내 줌머인들 대부분이 몸담고 있었던 민족정당인 인민연대당에 비해 더욱 급진적이고 완전한 자치를 주장하는 정당이었다. 실태조사팀을 안내하고 지원하였던 치타공 내 인민전선이 아니었다면 소기의 성과를 얻을 수 없었을 것이다. 이어서 2009년에도 현지 연대단체들 도움 속에 실태조사가 성공적으로 이루어졌고, 2015년경에도 세 번째 팀이 현지를 방문했지만 당시 인민전선 주요 인사들이 암살당하는 등, 세력이 약화되어 지원할 수 없는 상황에서 치타공 안으로 진입하지 못해 현지조사를 하지 못했다. 외부인들의 현지 실태조사는 안전의 위협, 현지 정부의 정보 차단, 이동경로의 제한 등으로 인해 철저하게 현지에 근거를 둔 국제기구 내지 민족단체들의 지원에 의존할 수밖에 없었다.

조사팀은 치타공을 방문하고 돌아온 '피난처'와 함께 보고서를 발간하게 되었고, 이는 난민 인정에 결정적인 역할을 하였다. 치타공 실태조사를 마치고 온 조사팀은 2014년 5월에 치타공 방문보고서 『아직도 계속되는 줌머인의 박해에 관한 보고서』를 법무부에 제출하였고, 6월 13일에는 을지로입구역에서, 10월 16일에는 낙성대역에서 사진전을 개최하여 알리기에 노력하였다.

---

15 '피난처' 대표와 SBS가 4월 9일~14일까지 현지 실태조사를 실시했다.

두 달 있다가 신문하고 인디아 수바 씨[16] 알아요? 수바 씨가 우리
한테 물어봐요. BBC뉴스에 동남아시아 소수민족 (난민) 인정받은
것 우리 줌머 사람이야? (그래서 우리가) 피난처에 전화했어요. 잉글
랜드 비비시 동남아시아에서 소수민족 12명 난민 인정받았어요? 수
바 씨가 전화한 거야. 브라더 리(피난처 대표)에게도 전화해 물어봤
어요. 어! 잘 몰라요. 기다려 봐요 했어요. 나중에 브라더 리, 이호택
씨, 피난처 브라더라고 하잖아. 그래서 연락이 왔어요. 나중에 브라
더 리가 우리한테 축하해요. 일요일 10시에 우리 사무실(에) 다 와.
부끄러워하지 마. 우리가 축하해줄게.

줌머인연대의 '알리기' 전략을 중심으로 펼친 난민인정투쟁과 초국
적 정치는 결국 줌머 민족이 처한 현실을 한국 정부 당국과 내국인들과
시민사회단체에 알리는 계기가 되었고, 2004년 13명 신청자 중 12명
이 난민인정을 받기에 이른다. 이를 기반으로 줌머인연대는 한국 사회
에서 뿌리를 내리고 더 지속가능한 기반 위에서 투쟁할 수 있는 길을 열
었다. 또한 난민인정에 소극적이던 정부로 하여금 지속적인 줌머인들의
난민인정을 용이하게 했고, 2021년 오늘에 이르기까지 한국 사회에 안
정적으로 정착하고 시민권 확장을 위한 투쟁을 지속할 수 있는 사회적
기반을 형성하였다.

---

16 인디아에 거점을 두고 CHT 연구조사, 보고서 발간 등 광범위한 인권운동을 활발하게 하는 아시
아인권센터 대표는 줌머인이다.

이주민공동체 형성

마을 형성과 정착

결국 난민인정자들의 증가와 더불어 가족결합의 촉진, 자녀들의 국내 출생, 나아가 줌머 민족의 지속적인 연쇄이주로 새로운 투쟁의 국면을 맞이하게 된다. 국내 유입 통계를 살펴보면, 2007년 줌머인이 10명 이상 입국하였고, 특히 2008년 방글라데시인의 무사증 입국 프로그램이 종료되기 전 24명의 줌머인이 입국하였다. 2016년까지 인도적 체류 허가 1명 외 총 95명이 난민 인정을 받았다.

정착의 가속화 : 마을 형성

이 같은 가족결합의 증가는 자녀수의 증가, 가족 단위의 정착에 필요한 자본의 축적과 경제적 수요의 증가, 돌봄노동 수요의 증가, 가족 단위 주거에 대한 수요의 증가, 자녀들의 교육 수요 증가로 이어진다. 이에 따라 자녀 양육과 가족 부양이라는 안정적 정착을 위한 생존권투쟁에 몰입하게 된다. 이와 같이 난민의 정착과 투쟁의 양상은 시계열적으로 변화한다.

2009년부터 자녀 출생이 증가하게 되자, 자녀 양육과 교육에 적절한 주거지 수요가 늘어나고, 어린이집, 병원, 학교, 마트, 그리고 각종 소비 공간이 가까운 양곡으로 모이게 되면서 줌머 민족 마을을 형성하기 시작했다. 2000년 초기 입국자들이자 줌머인연대의 초기 회원 구성은 대부분이 남성들이었고, 이들은 부양할 가족이 국내에 없었던 시기에는 주로 자신들의 난민인정투쟁에 힘썼고 동시에 고통받는 민족을 위한 초국적 정치를 실천하는 데 몰두하였다. 난민 인정을 받고 나서도 역시 신규 입국자들의 난민 인정을 위한 투쟁에 몰두하였다.

그러나 가족결합과 자녀 출생 이후부터는 가족 단위 주거 마련 및 자녀교육을 위한 자원 동원 등 생존을 위한 정착 노력과 경제적 활동에 몰두하게 된다. 그동안 연대 활동에 많은 시간을 투자하던 이들도 자연스럽게 가정과 자녀들을 위한 삶에 시간과 힘을 쏟을 수밖에 없게 된다. 소수 활동가의 헌신과 희생이 수반되어야만 하는 상황이었다. 그래서 자주 모이던, 시위 모임도 멈추지는 않았지만, 사안이 생길 때마다 대응하게 되면서, 그 횟수나 강도에 있어서 현저하게 줄어들게 되었다. 여전히 연대회원들이 협력하고 있었지만 공동으로 준비하던 행사들을 기획하고 네트워크를 형성하고 연대체를 섭외하는 것은 주로 활동가로 나선 이나니 씨의 일이 되었다. 그는 10년 이상 국내에서 컨테이너 업종 기술을 습득해 일당이 적지 않은 기술자로 일하던 중 2007년부터 줌머인연대 전담 활동가로 나섰다.

이러한 내외 변화 가운데 줌머인연대는 서울 중앙 단위의 난민지원 단체들과의 연대 활동에서 거주 지역사회를 중심으로 하는 지역 정착과 지역사회 단체로서의 정체성을 탐색하게 된다.[17] "김포 지역을 중심으로 하는 활동은 부정적으로 여겨지는 문제점들이 있었지만 반면에 긍정적인 면도 많았다. 어떤 부분에서는 잘 됐지만 어떤 부분에서는 뒤떨어진 경우도 있다."는 것이 임원들의 평가다. 활동 무대를 옮겨 중앙 NGO들이 아닌 지역에서 활동하는 이주민 NGO들과 교류하고 일부 주민들과 협력하면서 차츰 김포 거주민으로서의 줌머인 그리고 줌머인연대에 대해 고민하게 된다. 점진적으로 줌머인연대는 다양한 필요에 이끌려 김포시민사회와의 연대, 나아가 지역사회를 통한 자원 동원에 대해 모색

---

17 줌머인연대는 2008년 4월 21일 처음으로 무대 위의 보이사비 축제를 김포에서 열게 되며 양곡 일대에서 공연과 행진을 진행한다.

하기 시작한다.

축제의 활용 : 보이사비

이후 줌머인연대는 2008년 봄에 줌머 민족의 설날 축제 '보이사비'를 서울과 김포에서 두 번 개최하였고, 이후 2010년을 제외하고는 매년 김포에서 개최하였다. 보이사비는 줌머인들이 지난해를 용서와 화해로 닫고 새해를 희망과 평화로 여는 날이라 할 수 있을 만큼 줌머 민족에게는 가장 중요한 절기 중 하나다. 보이사비는 그 이름의 형성 방식과 내포한 의미를 고려할 때 줌머 민족 정체성을 가장 잘 드러내는 것이다. 또한 보이사비 축제는 줌머 민족 정체성 형성에 있어 가장 중요한 계기이며 난민인정투쟁과 정체성투쟁의 장으로서 다양한 기능을 수행하고 있다.

> 보이사비라는 단어를 현지에서는 (잘) 사용하지 않아요. 우리 차크마는 여기서는 써야 하고 써요. 보이숙, 상그라이, 비주, 우리(차크마민족)는 비주라고만 썼어요. 마르마(민족)는 상그라이, 트리푸라 (민족)는 보이숙, 합해서 보이사비로 해요. 여기서는.

보이사비는 국내에서는 하루에 치러지는 행사로 무대 위에 올려진 민족정체성이라 할 수 있다. 보이사비 축제의 기능은 민족정체성의 확인과 전달, 줌머 민족과 한국 시민사회 간 상호교류, 줌머 민족 인권 실상의 전파, 초국적 정치, 초국적 디아스포라 연대의 실천, 시민사회 네트워크 확장과 자원 동원의 활성화, 민족 간 혹은 구성원 간 통합 및 분화 방지, 그리고 가장 중요한 줌머 민족 정체성의 지속적인 형성 등이다. 2008년부터는 줌머인연대의 난민인정투쟁과 무대 위의 보이사비 축제와 가정 중심의 가족보이사비가 실천되는 장이 서울이 아니라 줌머인들

의 생활공간인 소위 줌머마을[18]이 되었다. 줌머인연대의 과제인 민족정
체성 투쟁을 기반으로 한 난민인정투쟁과 초국적 정치의 기획과 실행은
바로 이 마을 중심에 있는 줌머인연대 사무실과 마을에서 이루어졌다.

마을 형성 전략의 이점과 한계

이 같은 마을 형성 전략은 가족결합의 증가와 자녀들의 증가에 따른
정착의 가속화로 전개되었으며 줌머인연대의 활동을 위한 실질적인 동기
와 과제 그리고 당위성과 자원을 더해줘 난민인정투쟁에 있어 상승효과
를 가져왔다. 주변화된 열악한 주거지임에도 재영토화된 줌머마을 공간
이 주는 위로와 향수의 해소, 민족정체성의 형성을 꾀할 수 있게 되었다.

또한 공동체 활동을 위한 용이한 접근성 및 다양한 정보의 교류와 소
규모 민족경제 형성, 구인구직의 효율화를 꾀하고 있었다. 마을을 이루
면서 민족 간 구인구직이 활발해서 일자리 없이 사는 줌머인은 없다는
말이 나올 정도로 일자리 연계가 활발하게 이루어지고 있다. 마을이 형
성될 시점에 줌머인들의 주요 직업군들[19]이 생겨나기 시작했다. 초기 입
국자들이 취업하여 또 다른 줌머인을 소개하고 동시에 해당 업종의 기
술을 습득하여 독립하는 단계를 밟는다. 해당 분야에서 경력이 쌓이고
기술과 인맥을 얻어 새로 입국하는 줌머 난민에게 일자리를 소개하거나
고용하면서 구인구직을 해결하고 있다. 상당수의 줌머인들이 축적된 기
술력과 네트워크를 가지고 독립된 사업자 혹은 회사 내 도급 형태로 사
업을 시작하고 있다. 줌머 도급사업자들은 제품 주문이 많아져 추가 인

---

18 김포시 양촌읍 구도심 청암상가 일대에 1인 가구까지 합하여 줌머인들 50여 가구가 입주해 살고
있어 필자가 잠정적으로 붙인 이름이다.
19 컨테이너 제작, 대형 천막 건축, FRP 관련 사업들이 종사자 규모가 가장 큰 업종들이다.

력이 필요할 때 동일업종 줌머 민족 도급업자와 상호 협력하고 동시에 신규 입국자들의 노동력을 활용하여 자리를 잡아가고 있다.

나아가 마을 형성 전략으로 친인척 연결망의 부재에 따른 돌봄 노동의 수요와 절박함에 대응하는 상호부조와 정착을 위해 집단적 대응을 할 수 있었다.

> 얘기 키울 때 가장 힘든 거, 애 아플 때 일할 때 애 아프잖아요. 그때는 도와주는 사람 없어요. 애기 아플 때 병원에 데려다 주세요, 밥 먹여주세요 이렇게 얘기할 데 있으면 좋겠어요. 저한테 도와주는 사람 없었는데 그 때는 오 이모가 (도와줬어요). (그 전에) 제가 (이모) 아들딸 도와줬어요. 그 때는 일 안할 때까지 도와줬어요. 이제는 없어요. 애들 (줌머사람들) (다) 일하고 있는데 오(이모) 마음 진~짜 알아요. 이렇게 생각해요. 제가 다 막 얘기하잖아요. 제가 막 얘기해요. 같이 모여서 좋아요.

초기 난민 인정자들의 출산과 육아환경에 비교하면 신규 입국자들은 이미 갖추어진 줌머마을에서 아이를 출산하고 양육할 수 있게 되었다는 점에서 시계열적으로 이주한 시점에 따라 정착의 속도와 삶의 질에 큰 차이가 발생한다. 다양한 사회적 돌봄이 마을 형성을 통해 해결되고 향수의 달램 역시 가능하기 때문이다. 삶을 절약하는 이주는 이후에 오는 사람들의 이점이라 할 수 있다.

> 그 뒤에 온 (입국한) 사람들은 그냥 지금은 그냥 우리나라의 한 지역에서 다른 지역에 가는 것 같아요. 지금은 거의 다 줌머 사람들이 와서 자리 잡았잖아요. 이거 저것 집도 자기 집도 (사고) 자기 집 아

니라도 전세나 월세나 다 살고 있잖아요. 옛날에는 공장밖에, 기숙사
밖에 없었잖아요.

이외에도 마을 인근에서 줌머인들끼리 주말농장을 운영하면서 민족
야채들을 재배하고 있다. 줌머인들의 일상과 한 가정의 삶을 다룬 다큐
영화 〈숨〉의 연기자로 출연했던 묵다 씨는 그 영화에서 그 농장과 자기
민족 야채들을 많이 소개해주고 싶었다고 했다. 이나니 씨는 그러한 주
말농장 자체가 주는 것은 단지 야채가 아니라 향수의 달램, 치타공에서
의 줌농사의 재현의 기능이라고 했다.

또한 이 같은 줌머마을이 알려지기 시작하면서 마을 만들기 단체 등
다양한 지역사회 단체들과의 만남이 활발해지고 있다. 그리고 마을을 이
루고 사는 까닭에 바로 그 동네에 있는 NGO들과 협력하여 자녀들의 방
과후 프로그램, 부모 및 자녀를 위한 지원 프로그램들을 수행하고 있다.
이처럼 줌머인들의 마을 형성 전략은 줌머인연대의 다양한 목적의 투쟁
에 있어 시민들과의 연대, 인적물적 자원동원, 마을 만들기, 지역축제 참
여, 〈숨〉과 같은 미디어제작 등 중요한 플랫폼으로 자리 잡아가고 있다.

그러나 마을 형성 전략의 한계 역시 발견된다. 거주자들의 한국어 습
득의 지연 현상, 알코올, 도박, 가십문화, 모어 전달이나 자녀들의 민족
이름 유지 등 전통적 민족정체성 유지에 대한 공동체적 압력들이 보인
다. 또한 주거환경의 열악함, 동네 주변의 개발로 모여 사는 마을의 해
체 가능성 역시 가시화되고 있다. 마지막으로 민족마을 안에 거주하려
는 지향과 자녀 출생으로 열악한 주거환경 탈피와 안정적 정착생활을
위한 주택 구입 문제도 있다.

차세대 교육과 민족정체성 전달의 어려움

또한 줌머인들의 온전한 정착을 의미하면서 동시에 희망인 차세대 교육에 있어 어려움에 직면하고 있다. 부모세대의 희망이자 꿈인 자녀들의 한국 사회에의 진학 및 진로 탐색의 어려움을 토로한다. 즉 부모들은 교육정책과 같은 사회적 맥락을 파악하기 어려워 막막해하고 불안해하며, 알림장, 숙제 준비물, 사교육비 등의 문제로 어려움을 겪고 있다. 그럼에도 나름대로 대안을 모색하고 있다. 한국 내 강도 높은 자녀 교육 경쟁의 대안으로 민족공동체가 잘 형성되어 있는 인디아, 유럽, 호주, 미국, 캐나다 등으로 유학을 모색하는 등, 초국적 교육자원의 활용을 고려하기도 한다. 그러나 대학에 입학한 난민인정자 자녀는 국내 한국장학재단 학자금 대출 제도에서 배제되어 상대적으로 고급교육을 받는 데 어려움을 겪고 있다. 아직까지 국민과 동등한 대우를 받아야 한다는 난민법상의 조항이 현실화되려면 '국민'으로 규정된 조항들이 난민을 품을 때까지 긴 시간이 필요할 것으로 보인다.

또한 민족정체성 전달의 핵심이라 할 수 있는 모어 교육 역시 치타공의 줌머 민족들의 모어와 방글라데시 국어의 분리, 공교육의 부재로 인한 1세대 부모들의 모어 문맹 등의 요인이 영향을 미치고 있다. 이뿐 아니라 이른 이주에 따라 상주국 언어로 살아온 아동 청소년기의 영향 등 난민가족들의 이주 경로에서 영향을 미친 언어생태계의 다양성과 복잡성, 한 가정 내 상호 익숙하지 않은 다중언어 사용에 따른 의사소통의 질 저하, 다양한 보충어 사용과 복잡한 언어 사용 실태를 발견할 수 있다. 보육 및 교육기관 진입과 동시에 자녀들은 언어정체성 경합, 한국어 우선 사용 압력 등을 통해 빠른 한국어 동화현상을 보인다. 그래서 1세대 줌머인들은 초국적 모국어 자원의 활용, 어린이집이나 유치원 등원의 지연, 가정에서 모어 외부에서 한국어 사용 원칙 지향, 인디아로

부터 모국어 강사 초청 강의 등의 전략을 사용하고 있다. 차크마 수진
의 전략도 다르지 않다.

　　자식들 세대에 줌머정체성이 유지될지는 부모들이 어떻게 하느냐
　　그것이 중요해요. 저는 한국 국적은 없으니 한국인 정체성은 없어요.
　　집에서 차크마어만 써요. 우리 집 원칙이에요.

　그럼에도 모어정체성 전달은 어려워 보이며 한국어 사용을 강조하는
유치원과 외부 교육현장의 분위기, 교육자료의 부족, 비즈니스 언어로
서의 경쟁력 부족, 강한 한국어 동화 압력 등으로 인해 잠정적으로 실
패에 직면하고 있는 것처럼 보인다. 이는 전통적인 줌머 민족정체성 혹
은 아민족 정체성 전달과 초국적 친족관계의 유지 등을 원하는 1세대들
의 마음을 조급하게 한다. 모어정체성 전달의 어려움은 1세대들에게 민
족정체성 전달의 위기를 절감하게 하는 요인이기도 하다.

　　자녀들은 부모에게 달렸어요. 작은 강물이 큰 강물로 흘러들면 작
　　은 강물은 어디서 왔는지 알 수 없게 되잖아요. 그럴 수도 있어요.
　　우리 세대까지라도.
　　한국에서는 중요해요. 줌머라는 다음 세대는 없어질 수도 있겠구
　　나! 그런 생각을 해요. 20년 정도 지나면. 줌머가 사라질 수도 있겠
　　다는 생각이 들어요. 너무 현지가(치타공이) 어려워서.
　　세컨 제너레이션(차세대)이 줌머정체성 따라할 수 있도록 뭔가 해
　　야 해요. 안 되면 줌머정체성 없어져버리면 그때는 인디아(에는) 줌
　　머정체성 없어요(차크마정체성만 있어요). 인디아에 가서 차크마정
　　체성이라도 따라가고 따라가고 하면 되니까.

동시에 이곳 정착국에서도 줌머인들을 향한 시민권 차별은 진행 중이다. 국적을 취득해도 충만한 시민권은 여전히 자신들의 것이 아니라는 사실을 뒤늦게 깨닫게 된다. 이주노동자로 인식되던 난민신청자 시절부터 노동시장과 출입국관리사무소 등 그들 일상의 삶에 상존했던 차별과 배제는 여전히 그들을 외국인으로 고정시키거나 난민으로 낙인찍고 민족적 위계에 따라 계층화된 시민권에 순응하도록 강요한다.

> 한국어 좀 잘한다고 자랑하고, 국적을 땄다고 어깨에 힘주지만 국적을 따도 직장에 가면 외국인이에요. 다.

그래서 줌머인들은 한국 사회에서도 여전히 공존하는 같은 민족을 통해 위로를 받는다.

> 미워도 같은 민족이니까 얼굴을 보면 힘이 나요.

정착 : 이미 그러나 아직

선주민으로서의 줌머 디아스포라들은 4세대에 걸쳐 인디아, 스리랑카, 태국 등지로 유랑하다 한국으로 입국하여 불확실한 정착 과정을 거치고 있다. 현재의 문제가 아니라 차세대들의 입장에서 보면 증조부 때부터 계속해서 이어지는 정체성이다.

그러나 줌머인들은 정착 초기 자녀들의 이름이 한국화되는 현상에 대한 본질주의적인 논쟁을 했지만 정체성에 있어 게토화되거나 고립되지 않고 지역사회에서 조화롭게 정착하고 있다. 그들은 정착 지역인 김포시 양촌읍에서 혐오의 대상도 아니며 고립적인 자의식을 갖는 것도 아니고 도리어 개방적이고 주민들과 지역 유지들을 보이사비 축제와 다양한 연대활동 안으로 끌어들여 함께하고 있다. 과도한 노동과 자녀 양육 그리고 초국적 연대를 병행하며 고단한 삶을 살고 있지만 읍면동 단위의 사회에서 상대적으로 통합적이고 지역사회에 참여하는 모습을 보인다.

단적으로 보이사비 축제에서 드러나듯이 정착국의 시민사회와 끊임없이 연대하고 그 축제의 형식이나 내용 역시 한국의 전통춤, 사물놀이, 자녀들의 K-POP 공연, 정착국 국민이자 지역 거주민들과 시민사회단체 관계자들, 학자들, 불교정체성의 경계를 적극적으로 넘어서는 다양한 종교계 후원자들의 지지와 참석을 통해 확인할 수 있다. 이러한 수단을 통해 정착국의 문화와 적극적으로 융합해 가고 통합을 모색한다.

이렇듯 재한줌머인의 난민정체성은 4세대를 걸쳐 이어져 왔지만 줌머인들은 정착국 시민사회의 저항을 최소화하고 지지를 이끌어내는 통합전략 접근을 통해 자원 동원 및 시민권 확장을 꾀하고 있다. 또한 이를 통해 유랑의 연쇄를 끊어내려는 투쟁을 지속하고 있다.

줌머 민족은 카르나폴리강의 캅타이댐과 벵골민족주의의 트라우마와 싸우며 이미와 아직 사이에서 흔들리지 않는 정착을 위한 몸부림을 지속하고 있다. 치타공과 한국 두 세계를 동시에 살고 있는 디아스포라들로서 더 이상 인정받지 못하는 정체성이 아니라 이해받고 인정받기 위한 정체성 투쟁을 멈추지 않고 있다.

또한 줌머인들은 이곳에서 난민 인정을 받고 정착하는 과정에서 알리기와 정체성 투쟁, 초국적 정치 등을 통해 매우 강인하며 주체적이고 전략적이며 역동적인 행위자들로 드러난다.

동시에 50여 가구가 옹기종기 모여 사는 동네에서 오늘까지 줌머 민족정체성을 형성하고 획득해가면서 자신들의 이름과 삶을 찾고 집을 찾아 줌머마을을 형성해가고 있다.

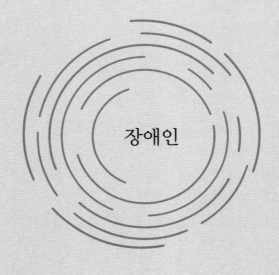

장애인

오늘도 괜찮아 • 이우주
조현정동장애와 함께한 10년 • 백혜정

오늘도 괜찮아[1]

이우주*

잠 못 드는 남자

들어가며

"군대 다녀왔지?" 내가 가장 두려워하는 질문이다. 나는 '공익'[2]이기 때문이다. 그것도 가장 인식이 안 좋은 정신과 공익. 스물다섯 정도의 '정상적인' 남성은 당연히 군대를 다녀왔을 것이라는 전제를 깔고 하는 질문에 나는 언제나 '비정상'이 된 기분을 느낀다. 새로운 사람을 만나

---

* 전남대 자율전공학부
1 『문학들』 75호(2024년 봄)에 실림.
2 '공익근무요원'의 약어. 2014년부로 변경된 정식 명칭은 '사회복무요원'이다. 하지만 여전히 일상에서는 '공익근무요원'이라는 명칭이 더 많이 쓰이고 '정신과 사유 사회복무요원'은 흔히 '정신과 공익' 혹은 '정공' 등의 이름으로 불리므로 이 글에서는 일상에서 자주 사용되는 '정신과 공익'이라는 표현과 정식 명칭인 '사회복무요원'이라는 명칭을 혼용하여 사용할 것이다.

오늘도 괜찮아 • 이우주 137

거나 새로운 집단에 속할 때마다 이런 경험은 반복된다.

그나마 공익이라는 사실만 밝혔을 때는 양반이다. "아, 자식 꿀 빨았네?" 정도의 반응이지만 내가 정신과 사유 공익이라는 것을 밝히면 대부분 당황하거나 눈빛이 미묘하게 바뀐다. 개중에는 "진짜요, 형? 상상도 못 했어요. 저는 정신과 공익은 진짜 엄청 이상한 사람들인 줄 알았는데 편견이었나 봐요." 하며 우호적인 반응을 보여주는 일도 있긴 있다. 하지만 이런 우호적인 이들조차 정신과 공익에 대해 어떻게 생각하고 있었는지 물어보면 이렇게 답한다.

> 어… 저는 군대 다녀왔는데 이상한 애들 진짜 많거든요. 상종도 못 하겠다고 생각했던? 그니까 소위 "폐급"이라고 부르는 애들 있잖아요. 군대 안에 있을 때도 저희끼리 저런 병신 같은 애들은 정신과 공익이나 가야지 왜 여기 와서 피해 주냐는 식으로 이야기한 적 많았거든요….

다시 말하지만, 이는 매우 우호적인 편에 속하는 반응이다. 심한 이들은 보는 앞에서 표정이 일그러지거나 눈살을 찌푸리는 경우마저 있다. 그래서 나는 언제나 다른 사람들에게 내가 정신과 공익이라는 사실을 숨긴다. 다행이라고 해야 할지 불행이라고 해야 할지 모르겠으나 21살에 허리디스크가 터져 다른 사람들에게 핑곗거리가 생겼다. 공익임을 밝혔을 때, 대뜸 사유를 물어보는 무례한 이들에게 나는 언제나 '허리디스크 공익'이라고 거짓말을 한다.

피차 공익인 것은 마찬가지지만 나를 정신과 공익이라고 밝혔을 때와 허리디스크 공익이라고 밝혔을 때 상대의 눈빛이 항상 달랐기 때문이다.

책방 집 막내아들

나는 책 대여점을 운영하는 부모님 밑에서 나고 자랐다. 요즘은 거의 사라져 그 모습을 찾기 어렵지만 내가 어릴 때까지만 하더라도 동네마다 책 대여점이 하나씩은 있었다. 그런 집안의 막내아들로 태어난 덕에 나는 어려서부터 책을 달고 살았는데, 그러다 초등학교 1~2학년쯤 책방 창고 구석에 꽂혀 있던 죽음에 관한 책을 읽게 되었다. 죽음이 두려웠던 어떤 과학자가 뇌를 다른 몸으로 옮기는 실험을 하기 위해 다른 사람의 뇌를 절제하여 인조인간을 만드는 내용의 책이었다. 흥미로운 책이었지만 여섯 살짜리 꼬맹이가 읽기에는 퍽 기괴하고 심오한 내용이었다. 죽음의 공포에 대항하기 위해 몸부림치는 작품 속 그 과학자의 감정이 이해되는 순간 어린 내게도 죽음의 공포가 다가왔다. 그때부터 나는 '죽음'이 무서웠다.

그런데도 어디다 이런 고민을 털어놓을 수 없었는데, 부모님이나 어른에게 이러한 걱정을 털어놓으면 어린 녀석이 별걱정을 다 한다며 대수롭지 않게 여기셨기 때문이었다. 그렇다고 학교에 가서 또래에게 이런 이야기를 하자니 친구들이 싫어해서 친구들과 선생님에게 별난 아이로 찍혀야 했다. 물론 8살짜리 꼬맹이가 죽음이 어떻다는 둥 이야기하면 좀 별나 보이긴 했을 것이다. 그런데도 마음 한구석에 '나였다면 진지하게 들어줬을 텐데…' 하는 심술이 남아 있어 과거의 그들에게 야속함이 느껴지기도 한다.

그 시기에 우리 집안은 절에 다니게 되었다. 그때는 종교가 나의 고민에 나름대로 해답이 되어주었다. 불교의 교리나 내세관이 어떤 것인지도 모르면서 "죽으면 극락 갈 수 있다."라는 부모님과 스님의 말을 듣고 나의 불안감은 사그라들었던 것 같다. 물론 조금 머리가 커 중학생쯤 되자 불교의 교리나 내세관이 어떤 것인지 알게 되었고 나의 불안은 다시 시작되었다.

겁에 질린 철학 소년

결국 나는 불안을 해소하고 '죽음'이라는 주제에 대한 해답을 찾고자 철학에 관심을 가지게 되었다. 나의 고민은 점차 '죽으면 다 끝일까?' '신은 있을까?' '나는 어디서 와 어디로 가는 걸까?' '인조인간의 몸에 나의 뇌를 옮기면 그건 나일까?' '나라는 건 뭘까?'와 같은 철학적 물음으로 확장되어 나갔다. 그러다 실존주의 철학을 접하게 되었는데 나에겐 신선한 충격이었다. 아무도 내 고민을 들어주지 않고 '죽음'이라는 주제에 관심을 두지 않았는데, 사르트르의 '인간은 자유를 선고받았다.'는 한 문장에 나의 고민이 모두 이해받는 기분이었다. 물론 그의 철학은 내게 인간의 실존적 고통을 다시 한번 확인해주는 것에 불과했지만, 적어도 나와 같은 고민을 하는 사람이 세상에 많다는 사실이 너무 반가웠다. 친구들은 이런 나를 "철학 소년"이라고 불렀는데 꽤 마음에 들었다.

철학은 이렇듯 죽음의 공포에 떨던 내게 많은 위로와 안정을 가져다주었다. 하지만 형이상학적 문제가 대개 그렇듯 결국 '정답'을 얻을 수 있었던 건 아니기에 나는 중학생쯤 되고부터 약간 강박적인 완벽주의적 성격을 갖게 되었다. 뭐든 완벽하게 해내지 못하면 안 될 것 같았다. 죽으면 다 끝일지 모르고 삶에 아무런 의미가 없을지도 모른다고 생각하니 뭐든 의미 있는 삶을 살기 위해서는 완벽해야 한다고 생각했다. 이런 나의 성향은 고등학교 2학년, 충동적으로 입소했던 기숙사에서 일어난 일련의 일들로 인해 병이라 부를 만큼 심각해졌다.[3]

---

3 돌이켜 생각해 보면 예민하고 완벽주의적인 성격의 내가 싫어 이를 집보다 거칠고 통제된 환경(기숙사)에서의 생활을 통해 고쳐 보고자 충동적으로 내린 결정이었던 것 같다.

불면의 밤 - 조롱과 잔꾀

고등학교 2학년 2학기에 시작된 나의 늦깎이 기숙사 생활은 꽤 즐거웠다. 내가 배정받은 호실에 살고 있던 기존 친구들은 뒤늦게 들어온 나를 반갑게 맞아주었다. 다른 호실의 학생들 역시 "신병 왔다."고 하며 장난을 치면서도 잘 대해주었다. 그들과 함께 공부하고 단체로 샤워하며 와자지껄 떠들기도 했던 경험은 소중한 추억으로 남아 있다. 그러나 그런 즐거움은 잠시였다.

당시 내가 재학하던 고등학교는 시험 기간에 24시간 자습을 허락해주었는데 그동안은 호실에 대한 통제도 느슨해졌다. 그런 탓에 나의 룸메이트 중 한 명이 다른 방 친구를 불러와 떠드는 일이 있었다. 평소 같았으면 별 신경 쓰지 않았겠지만, 다음 날은 컨디션 관리가 중요한 수학과 국어 시험이 있어서 나는 새벽 1시경 취침을 위해 호실에 내려온 상황이었다.

친구들의 말소리를 무시하고 잠을 청하려 했지만 속삭이는 소리에 신경이 쓰이기 시작했다. 결국 나는 룸메이트와 다른 방 친구에게 "이야기를 나가서 해 달라."고 정중히 부탁했다. 하지만 녀석들은 "나가서 떠들면 사감 선생님에게 혼나니 금방 마무리하고 나가겠다."고 말했다. 나는 약간 화가 났지만, 괜히 얼굴을 붉히고 싶지 않아 "알겠으니 빨리 마무리하라."고 한 다음 침대에 누웠다. 그런데 금방 끝내겠다던 대화가 10분이 넘도록 계속되었다.

다음 날을 위해 충분히 자야만 하는데 녀석들 때문에 잠을 못 자 컨디션 관리에 실패하여 시험을 망칠 수 있겠다는 생각에 짜증이 확 올라왔다. 속에서는 '천불'이 나는 기분이었지만 당시 싫은 소리를 못 했던 나는 바보같이 화는 내지 못하고 다시 한번 친구들에게 정중하게 부탁했다. 그런데도 녀석들은 "잠시만, 미안해." "진짜 이 말만 하고 갈게."

라며 계속 대화를 이어 나갔다. 결국, 새벽 2시가 넘고야 말았고 내가 약간 신경질적으로 굴고 나서야 그들의 대화는 끝났다.

나는 화가 나 잠을 잘 수가 없었다. 녀석들에게도 화가 났지만, 처음부터 단호하게 말하지 못한 내게도 화가 났다. 무엇보다 나의 계획이 망쳐졌다는 생각에 속이 뒤집히는 기분이 들었다. 녀석들과 나에 대한 분노, 계획을 망쳤다는 짜증 그리고 그 분노와 짜증 때문에 잠을 못 자고 있다는 것에 대한 짜증이 마구 날뛰는 기분이었다. 그리고 그 감정이 다시 또 잠을 깨우는 방식으로 서로 꼬리를 물며 반복되었다. 도저히 다시 잠을 잘 수가 없었고 결국 한참을 속상한 마음으로 뒤척이다 4시가 훌쩍 넘어서야 간신히 잠들 수 있었다.

결국 다음 날 좋지 않은 컨디션에 공부에 집중하기가 어려웠다. 그러자 문득 불안함이 올라왔다. 잠을 자지 못하면 다음 날 컨디션에 문제가 생기고 그렇게 되면 나의 계획이 틀어질 수 있다는 생각에 잠을 꼭 해내야 하는 '과업'처럼 느끼기 시작했다. 마치 수능을 앞두고 불안하듯 잠을 자야 할 때 불안해지기 시작한 것이었다. 그날부터 나의 불면증이 시작되었다.

항상 시험장에 입장하는 기분으로 침대에 누워야 했고 당연하게도 잔뜩 긴장한 상태로 눈을 감으니 잠이 들기도 쉽지 않았다. 결국 나는 어떻게든 잠을 자기 위해 기행을 펼치기 시작했다. 모두가 잠든 취침 시간에 몰래 방을 빠져 나와 차가운 기숙사 계단에서 팔굽혀펴기를 하기도 했고 자습실을 뛰어다니기도 했다. 혹 큰 소리에 친구들에게 방해가 될까 싶어 발 앞쪽으로만 뛰었는데도 시끄러웠는지 한 10여 분쯤 지나자 자습실 옆 호실을 사용하는 친구가 "안 자고 대체 뭐 하는 거냐?"고 물었다. 나는 멋쩍게 "잠이 안 와 그랬다, 미안하다."라고 말하며 방으로 돌아와야 했다. 당연히 잠은 오지 않았고 나는 불 꺼진 좁은 기숙사

방에서 숨죽여 팔굽혀펴기를 했다.

　이런 기행 덕에 얼마 가지 않아 기숙사생들 사이에서 나는 유명인사가 되었다. "달밤에 체조하는 놈" 정도의 별명이었던 것으로 기억한다. 친한 이들은 진심 어린 걱정을 해주었고 그렇지 않은 이들도 '그런가 보다'하는 식으로 크게 신경 쓰지 않았다. 그러나 별로 친하지도 않던 한 녀석이 던진 장난 섞인 조롱은 나를 정말 힘들게 했다.

　　　아니, 너 잠을 못 자고 밤에 뛰어다녀? 근데 너 저번에 보니까 자습시간에 책상에 엎드러서는 잘 자던데? 뭐냐, 선택적 분노조절장애 그런 것처럼 선택적 불면증이냐? 하하. (별생각 없어 보이는 옆 친구를 툭툭 건드리며) 야야, 안 그러냐? "잠이 안 와요, 흑흑." 이러더니 책상에 엎드러서는 존나게 잘 자는 거 너도 봤지? 아, 존나 웃기네 진짜.

　장난을 빙자한 조롱과 비아냥이 섞인 무례한 언사였지만 나는 이상한 사람처럼 보이고 싶지 않았다. 평소 교우관계도 원만했고 성적도 나쁘지 않았으며 다양한 활동도 활발히 했었기에 남들에게 쉽게 이해되지 않는 어떤 증상이 있다는 것을 숨기고 싶었다. 그래서 나는 애써 쿨한 척 말했다.

　　　모르겠다, 하하. 그냥 침대에 누우면 잠이 잘 안 오네? 그래도 너무 그렇게 말하지 말아주라. 나도 나름 힘든데 상처받는다, 인마.

　이 대답이 정신 문제를 겪는 사람으로서 내가 나 자신을 숨긴 최초의 일이었다. 결국 나는 더 이상 기숙사 생활을 견딜 수 없었고 입소 석 달

만에 퇴소했다.

그 과정에는 이런 일도 있었다. 외박을 나왔던 나는 기숙사로 복귀하는 것이 너무 걱정되었다. 복귀하지 않고 집에서 잘 수 있다면 다른 사람이 혹시 시끄럽게 할까 봐 신경 쓰지 않아도 되고 취침시간과 기상시간 역시 어느 정도 여유가 생길 것으로 생각했다. 그래서 나는 당시 호랑이 선생님으로 유명했던 사감 선생님에게 전화를 걸었다.

"…선생님 저 못 들어갈 것 같습니다."

"왜, 어디 아프냐?"

머릿속으로 어떻게 말할지 수십 번도 더 되뇌고 건 전화였지만 막상 선생님의 목소리를 듣자 머리가 새하얘지는 기분이었다. 몸이 아픈 것도 아니고 급한 사정이 생긴 것도 아닌데 어디서부터 뭘 어떻게 설명해야 할지 눈앞이 캄캄했다. 결국 나는 떨리는 목소리로 말을 이었다.

"그게 제가 요즘 막 잠을 잘 못 자서요… 선생님. 기숙사 안에 있으면 아무래도 좀 통제되고 소음 같은 것들도 신경 쓰이고 해서…."

내 말이 끝나기도 전에 선생님의 불호령이 떨어졌다.

"그게 갑자기 무슨 소리냐? 기숙사가 그런 이유로 네 맘대로 그렇게 안 들어오고 그래도 되는 곳이야? 말도 안 되는 소리 하지 말고 들어와."

선생님 입장에서도 황당했으리라는 건 이해하지만 불호령에 심장이 '쿵'하고 떨어지는 기분이었다. 소심한 내 성격에 평소 같았다면 백기를 들고 기숙사에 들어갔겠지만, 선생님의 그 완강한 태도가 통제된 환경에 대한 거부감을 키웠고 그 덕에 오히려 발악하듯 용기가 났다. 나는 못 들어가겠다며 몇 번이고 맞섰고 끝끝내 기숙사에 복귀하지 않을 수 있었다.

돌이켜 생각해 보면 불면증과 불안장애로 인해 힘들었던 것만큼이나 타인의 이런 태도와 시선이 힘들었던 것 같다. 내가 만일 몸이 아팠다면 사감 선생님이 이렇게 화를 내셨을까? 확신할 순 없지만, 화를 내시기는커녕 흔쾌히 허락해주셨을 것으로 생각한다. 나의 증상은 어떤 친구에게 '조롱 대상'이었고 사감 선생님에겐 복귀가 싫어서 부리는 말도 안 되는 '잔꾀'였다.

정신과에 가다

기숙사를 퇴소했지만 기대와 달리 한 번 발생한 불면증은 이후에도 나를 집요하게 괴롭혔다. 기숙사만큼 통제된 환경은 아니었기에 조금은 숨통이 트이는 기분이었지만 그런데도 하루하루가 고역이었다. 아주 작은 소리에도 예민하게 반응해 귀마개 없이는 잠을 잘 수 없었고 깨어 있는 시간 동안의 불안은 극에 달했다. 이런 날이 쌓이고 쌓이며 나는 강박적인 증세마저 가지게 되었다. 어떤 음식을 먹은 날 잠을 잘 자지 못했다면 그 음식을 무조건 피하려 했다. 비슷하게 어떤 행동이나 생각을 했을 때 잠을 잘 자고 못 잤는지 등등을 모두 강박적으로 확인하려 들었다.

종일 '이 행동은 하지 말아야 하고, 이 행동은 꼭 해야만 하고…'하는 강박, 어떤 행동을 하거나 하지 못했을 때 일을 그르쳤다는 좌절감, 결국 또 잠을 자지 못할지 모른다는 불안감이 나의 하루를 온통 지배했다. 고등학교 3학년이 된 해, 60kg이 조금 넘던 나는 50kg 초반까지 살이 빠졌다.

결국 나는 처음으로 정신과를 방문했다. 썩 내키지 않았지만, 부모님께서도 원하시고 나 자신도 지푸라기라도 잡고 싶은 심정이었다. 그러나 처음 방문한 한 대학병원에서 내가 의사에게 받을 수 있었던 건 정해진 임상적 기준에 따른 5분여의 무미건조한 진찰과 수면제 처방뿐이었다. 수면제의 효과는 확실했지만 얼마 지나지 않아 그마저 내게 강박과 불안이 되었다. 내성이 생겨 효과가 떨어지는 것이 두려웠고 약을 먹는 시간은 물론 그날의 식사시간이나 음식의 종류마저 더욱 강박적으로 확인하려 들었다. '오늘은 수면제를 먹었으니 잘 잘 수 있을 거야.' '어제는 수면제를 먹고도 이런 불안으로 잠이 드는 게 어려웠는데 오늘 또 그러면 어떡하지?' '이러다 내성이 생기면 그건 또 어쩌지?'

결국 정신과 진료에도 불구하고 나의 증상은 계속되었다. 심지어 이즈음부터 본격적으로 평소 내가 가지고 있던 철학적 생각과 이런 상황들이 맞물려 나를 더욱 공포로 몰아넣기 시작했다. 인간은 실존적으로 세상에 내던져져 있고 죽으면 끝이며 어쩌면 인생엔 아무런 의미가 없을지 모른다고 생각하고 있던 나는, 내 인생이 이렇게 아무런 의미도 없이 정신질환으로 망가질지 모른다는 사실이 너무 두려웠다. 차라리 신을 믿고 싶었다.

하지만 종교가 없던 내게 갑자기 믿음이 생길 리가 없었고 결국 나는 이 두려움을 어떻게든 극복하고자 내 삶의 모든 부분을 내 힘으로 완벽히 통제해야겠다고 생각했다. 그래서 내 생각과 행동을 하나하나 기록하기 시작했다. 어떤 생각이나 행동을 했을 때, 잠을 잘 잤고 불안하지 않았는지 아니면 그 반대였는지 모두 정리 하려 했다. 그런 다음 긍정적인 결과를 가져다주었다고 생각되는 행동만 하려하고 그렇지 않았던 건 멀리하려 했다. 당연히 이런 행동은 증상을 낮게 하기는커녕 나의 강박을 점점 더 악화시킬 뿐이었다.

결국 나는 반쯤 탈진상태에 이르러 동네의 작은 정신병원을 찾았다. 정말 다행히도 그 병원에서 진료를 보는 방식은 나에게 도움이 되었다. 의사 선생님은 약만 기계적으로 처방해주는 사람이 아니었다. 증상과 고민을 충분히 들어주고 자신의 생각을 말한 다음, 다시 내 의견을 묻고 나서 내가 어떤 방법을 시도해 보면 좋을지 조언해주었다. 약 또한 왜 그것이 필요한지 어떤 부작용이 있는지 상세히 설명해주고 나서 처방해주었다. 그리고 불안한 마음이 들 때마다 그것을 강박적으로 통제하려 하지 말고 그 불안한 마음을 마음속 상자에 담아 그냥 저 멀리 바다에 흘려보낸다고 생각하라는 마음훈련 방법 또한 알려주셨다. 효과가 있을까 싶었지만, 아무것도 아닌 것처럼 보이는 이 방법이 나를 점차 불안장애에서 벗어나게 해주었다.

하지만 아쉽게도 불면증은 쉽사리 개선되지 않았다. 그래도 불안장애가 거의 없어지니 전처럼 패닉 상태에 빠지는 일은 없었다. 그렇게 나는 어찌어찌 고등학교를 졸업하고 성인이 되었다.

저는 정신과 공익입니다

성인이 된 나는 6개월 이상 정신과를 다닌 기록으로 신체검사에서 4급을 받았다. '정신과 공익'이라는 말이 나를 꼬리표처럼 따라다니게 될 것으로 생각하지 못했던 당시에는 그저 군대에 가지 않아도 된다는 안도감이 컸던 것 같다. 이후 대학생이 되었고 신입생 생활은 정말 즐거웠다. 학과 학생회에 가입하여 새로운 친구도 사귀고, 각종 모임에 참여하며 정신없는 시간을 보냈다. 너무 즐거워 이때는 불면증도 전보다 많이 좋아졌다. 꿈에 그리던 연애도 했다. 그러나 이렇게 잘 지내면서도 군대 이야기가 나오면 나는 마치 죄인이라도 된 기분을 느껴야 했다.

선배가 "우주는 군대 언제 가냐?"하고 묻거나 동기들이 "이번에 같이 의경 지원하자."는 식의 제안을 건네면 얼버무리며 말을 피해야 했다. 술자리에서도 선배들의 군대 이야기가 나오곤 했는데 이런 말을 들으면 참 기분이 묘했다.

하… 나 군대에 있을 때, 그런 폐급이 있었다니까? 정신병자 같은 새끼들이 군대에 와서 존나 피해준다니까. 그 새끼들 다 공익 받고 동사무소 같은 데서나 일해야 하는데. 그것도 아닌가? 하긴 공무원 들은 또 뭔 죄가 있다고. 그런 새끼들 때문에 멀쩡한 부대원들 피해 본 것 생각하면 어휴, 씨발 진짜.

술에 취해 있고 분위기가 과격하게 달아올라 있던 술자리였기에 다소 과격한 표현을 사용한 것이라는 점은 이해하고 있었다. 그런데도 당시 내가 표정 관리를 못 했는지 선배가 의아한 얼굴로 물었다.

> 우주야, 표정이 왜 그래! 군대 가서 "그런 애"들 만날까 걱정돼? 너무 걱정하지 마, 그런 "병신"들 흔한 것도 아니고 너 정도면 군대 가서 그런 애들 만나도 너 할 일 척척 잘할걸?

나의 어깨에 친근하게 팔을 올리며 그렇게 말하는 선배의 말에 나는 웃어야 할지 울어야 할지 알 수 없었다. 분명 나를 향한 칭찬이었지만 동시에 그가 말하는 "그런 애"이자 "병신"이 바로 나였으니까.

지금도 내가 정신과 공익이라는 것을 아는 사람은 몇 명 되지 않는다. 죽마고우 같은 친구 몇과 여자친구, 대학 동기 한 명 정도가 다다. 나는 소수자 문제를 다루는 대학의 한 수업에서조차 정신장애인 문제를 맡아 발제를 진행하면서도 내가 정신과 공익이라는 사실을 밝히지 못했다. 왜 정신장애인 주제를 택했냐는 질문에 있지도 않은 동생이 불면증과 불안장애를 앓고 있고 정신과 공익이라 다뤄 보고 싶었다고 둘러댔다. 발표하는 나를 바라보는 수십 개의 눈동자 앞에서 기꺼이 "그런 애"나 "병신"이 될 용기는 내게 없었기 때문이다.

다시 시작된 불면

그래도 이렇게 군대 이야기가 나올 때가 아니면 학교생활에서 별다른 문제는 없었다. 그러나 1학년이 끝난 겨울방학, 한 친구로 인해 나의 불면증이 다시 심해지고 말았다. 당시 그 친구는 별다른 생각 없이 상대방이 상할 만한 말을 툭툭 던지곤 하는 친구였다. 그래도 다 같이 어울려 놀 때는 꽤 재밌는 친구여서 자주 어울려 놀곤 했다. 그 친구를 포함한 친구 몇 명과 보드게임을 하러 갔던 어느 날이었다. 기분이 좋지 않아 보였던 그 친구는 평소보다 말을 더 함부로 했고 나뿐만 아니라 다른 몇몇 친구 역시 기분이 상한 채로 집에 돌아오게 된 일이 있었다.

한두 번 있는 일도 아니었기에 그러려니 하려고 침대에 누웠는데 순간 기분이 좋지 않아 잠이 달아나는 기분이 들었다. 그때부터 다시 잠을 못 자기 시작했다.[4] 다행히 전처럼 심각한 불안장애를 동반하지는 않았지만 잠들기 전 여러 가지 강박 행동이 다시 시작됐다. 강박적인 루틴이 만족스러울 만큼 충족되지 않으면 잠들기 어려웠다. 그래도 괜찮았다. 약간의 불안과 강박은 있을지언정 지독한 불안장애가 나타나지는 않았기 때문이었다.

병상에 눕다

그러던 내게 2019년, 불행히도 허리디스크가 찾아왔다. 초기에는 심하지 않았었다. 그저 무리하지 않고 잘 누워 쉬어주면 되는 정도였다. 그러나 강박적인 불면증으로 인해 취침시간 외에 침대에 절대 눕지 않던 나는 스스로 병을 키웠다. 나는 쉬는 대신 더 혹독하게 나를 몰아붙이며 학교에 다녔다. 6개월이나 1년 정도 쉰다고 큰일이 나는 것도 아

---

4 내가 생각해도 '아니, 이런 이유로 갑자기 다시 불면증이 재발한다고?' 싶어 헛웃음이 터진다.

닌데 남들보다 뒤처지는 것이 싫었던 것 같다. 그렇게 버티기를 1년 나는 공부를 위해 의자에 앉다가 다치고 말았다. 평소 푹신한 쿠션이 있는 의자를 사용하는데 그날따라 나무의자로 바꿔놓고 그것을 깜빡하여 몸을 내던지듯 그곳에 주저앉아버렸다. '찌릿'한 통증과 함께 무엇인가 잘못되었다는 느낌이 들었다. 결국 억지로 버티던 몸 상태는 그 일을 계기로 심각하게 악화하였고 2020년 여름 휴학하고야 말았다.

억지로 버티며 생활했던 탓인지 종합세트처럼 목디스크까지 찾아왔다. 또 허리마저 허리디스크뿐만 아니라 '인대 손상'이거나 '강직척추염'이라는 질환까지 함께 있을 수 있다는 진단을 받았다. 정말 몸도 마음도 매우 아팠다. 양치 이후에 고개를 숙여 거품을 뱉을 수조차 없을 정도로 통증이 심했다. 몸이 뻣뻣해져 계단조차 오르내리지 못했다. 약 6개월간 거의 모든 행동이 제한되었고 내가 할 수 있는 것이라곤 오로지 가만히 누워 핸드폰을 보거나 아버지의 도움을 받아 병원에 방문하여 재활치료를 받고 주사를 맞는 것뿐이었다.

통증이 심하던 어느 날 새벽, 통증만으로도 힘든데 어김없이 찾아온 불면증에 잠들지 못하던 일이 기억난다. 휴대폰을 보다가 침대 밑으로 떨어뜨렸는데 통증으로 인해 내 힘으로 그것을 주울 엄두가 나지 않았다. 그렇다고 가족을 깨우기에는 너무 늦은 시간이었고 결국 나는 약 2시간을 멍하니 천장만 바라보았다. 그러다 한참을 숨죽여 울었다. 정말, 정말 많이 울었다. '내가 뭘 잘못했다고 이 젊은 나이에 이렇게 아파야 하지?' 가방을 메고 학교에 다니며 미래를 위해 공부하는 친구들이 세상에서 제일 부러웠다.

사회복무요원이 되다
상태가 심각했던 첫 6개월이 지나자 그래도 몸이 조금씩 회복되기 시작했다. 1년 정도쯤 되니 계단을 오르내릴 수 있게 되었고 바닥에 있는 물건도 주울 수 있게 되었다. 불행인지 다행인지 딱 그때쯤 사회복무요원으로 소집되었다.

물론 당시에도 불면증은 여전했고 몸 상태 또한 과연 내가 9시부터 6시까지의 근무시간을 감당할 수 있을까 의심스러울 정도로 좋지 않았기에 수없이 고민했지만, 힘들더라도 규칙적인 생활로 불면증에 도움을 받을 수 있지 않을까 싶어 복무를 결정하였다. 무엇보다 성인이 된 이후로 나를 지긋지긋하게 따라다닌 '사회복무요원 복무대상자'라는 딱지를 떼고 싶었다. 그렇게 나는 2021년 하반기 사회복무요원이 되었다.

아버지의 차를 타고 어떻게든 출근을 해낸 복무 첫날, 신상명세서를 작성하게 되었다. 그곳에 질환과 관련한 내용이나 신체 불편사항 등을 적는 부분이 있었는데 정신적 문제가 있다는 것을 사실대로 쓰기가 꺼려졌다. 처음 시작하는 곳에서 처음 만나는 사람에게 곧바로 '그런 애'나 '병신'으로 보이고 싶지 않았기 때문이었다. 그래서 나는 허리디스크를 아주 크게 기재한 다음 불면증과 불안장애에 대해서는 이를 명시적으로 기재하는 대신 가끔 잠을 자지 못하고 정서적으로 불안함을 느끼는 증상이 있다는 뉘앙스로만 써넣었다.

이후 내가 배치받은 부서의 담당자 선생님은 나의 불면증과 불안장애를 모르셨던 것인지 아니면 나를 배려해주셨던 것인지 알 수 없지만, 복무가 끝날 때까지도 그에 관한 질문은 단 한 번도 하지 않았다.

이에 더해 직원분들이 나를 배려해 힘쓰는 일은 시키지 않아 주셨고 내가 자리에서 일어나 잠시 복도를 걷다 오는 것 역시 이해해 주셨기에 버틸 수 있었던 것 같다. 그래도 되도록 맡은 일에 최선을 다하려 했고 그런 끝에 결국 1년 9개월간의 복무를 성공적으로 마칠 수 있었다.

다시 서기

나는 다시 대학생이 되었다. 3년 만의 복학이다. 모든 것이 혼란스럽고 걱정스럽다. 사회복무요원 생활을 포함한 약 3년간의 무기력한 생활 동안 자기 효능감을 잃어버린 기분이다. 내가 뭔가를 해낼 수 있을지 잘 모르겠다. 나는 내 몸 하나 추스르기도 벅찬데 이미 취업에 성공한 고등학교 동창 녀석들이나 공무원 혹은 전문직 시험에 합격하는 여자 동기들을 보면 조급함까지 밀려온다. 또 3년의 공백기간 동안 공부하는 감각이나 보고서를 작성하는 노하우도 다 까먹었는지 암기도 쉽지 않고 글을 쓰는 속도도 현저히 느려졌다.

그리고 사회복무를 끝마친 지금도 여전히 군대에 관한 질문에 시달리기는 매한가지다. 군필 여부를 물어보는 사람들 앞에 나는 비정상적으로 보이는 것이 두려워 정신적으로는 아무 문제 없는 척 '정상적인' 사람을 연기하고 있다. 이 글을 쓰기 직전에도 팀 프로젝트를 하고 왔는데 팀원들과 식사자리에서 으레 나온 "군대 갔다 오셨죠?"라는 질문에 나는 "아, 예. 뭐. 하하"하고 얼버무리고 왔다. 한국 사회에서 남성으로 태어나 정신과를 다녔고 그로 인해 공익이 된 나는 아마 평생토록 이런 난감함에 시달리게 될 것 같다.

아무튼 지금은 몸과 마음이 많이 나았냐고 하면 딱히 그런 건 아니다. 불면증으로 인해 이 글을 쓰고 있는 오늘도 4시간을 겨우 잤다. 피로에 눈이 뻑뻑하고 글자가 두 개로 보이는 지경이다. 오전 수업을 마치고 학생회관에 마련된 소파에 누워 1시간 정도 쉬고 나서야 간신히 글을 쓸 수 있을 정도로 기력을 찾았다. 커피를 마시고 싶지만, 카페인에 대한 두려움 때문에 커피 대신 바나나 우유를 홀짝이고 있다. 강박증 역시 계속되고 있다. 자기 전에 방문은 잘 닫혀있는지, 전기코드는 뽑았는지 몇 번이고 확인한다. 혹시라도 핸드폰 알림음에 잠이 깰까 무음모드로 설정되었는지도 몇 번씩 확인한다. 그러느라 보내는 시간도 상당하다.

허리나 몸 역시 다 낫지 않았다. 여전히 바닥에는 앉을 수 없어 좌식 식당에서는 약속을 잡지 못한다. 오래 앉아있기도 힘들어 수업을 연달아 듣지도 못하고 당연히 피로와 통증에 오랜 시간 공부를 할 수도 없기에 12학점을 겨우 듣고 있다.

남들이 보기에 이런 나는 과연 어떤 모습일까? 정신과 공익이라는 사실만으로도 "그런 애"이거나 "병신" 혹은 "국가공인장애인" 같은 우스갯소리를 듣는데, 그것도 모자라 몸까지 아픈 나는 누군가에겐 나약한 사람처럼 보일지도 모르겠다. 그리고 실제로 내게 그런 시선을 보내는 사람들을 겪고 있기도 하다. 그들의 시선이 두려워 언제나 나를 감추고 '정상적인' 사람을 연기하고 있다는 것도 사실이다. 그래도 이런 어려움 속에 나는 꿋꿋이 살아보려 한다. 내가 남들보다 더 불행하다거나 특별하다고 생각하지 않는다. 그냥 여기저기 좀 아픈 평범한 대학생이라고 생각한다.

토해야 사는 여자

들어가며

내가 섭식장애에 대해 알게 된 것은 사촌동생 은하와의 술자리에서였다. 내 고민을 들어주며 술잔을 기울이던 그녀는 한참을 머뭇거리다 조심스럽게 말을 꺼냈다.

"오빠, 나 사실 섭식장애라는 걸 앓고 있어."

오랜 기간 불면증과 불안장애를 앓았기에 정신질환에 대해 나름 잘 알고 있다고 생각한 내게도 이름조차 생소한 병이었다. 평소 허물없이 지내온 사촌오빠에게도 말을 꺼내기가 힘들었는지 그녀는 자신의 치부가 모두 드러난 사람이라도 된 듯 난감한 표정을 짓고 있었다. 섭식장애에 대해 잘 알지는 못했지만, 그 표정을 본 순간 그녀가 모진 시간을 견디고 있다는 것쯤은 짐작할 수 있었다. 조용히 술잔을 채워주며 건넨 "힘들었겠네" 한마디에 그녀는 펑펑 울었다.

섭식장애

'프로아나'라는 말이 있다. 찬성을 뜻하는 프로(pro)와 거식증(신경성 식욕부진증)을 뜻하는 아노렉시아(anorexia)의 합성어로서 극단적인 마른 몸을 추구하는 사람을 의미한다. 이런 사람들이 많을까 싶지만, 이들이 모여 서로 정보를 공유하는 커뮤니티까지 형성되어 있다. 당장 인터넷만 검색해 봐도 수십 개의 뉴스기사와 영상들이 쏟아져 나온다.

우리 사회에는 이렇듯 나의 사촌동생처럼 다양한 형태의 섭식장애를 앓고 있는 사람들이 존재한다. 다양한 연구결과나 통계를 확인해보면 이러한 섭식장애를 앓고 있는 이들의 수가 매년 증가하고 있음을 알 수 있다. 또 상당수의 10~20대 여성들이 섭식장애 위험군에 속해 있다는 것도 확인할 수 있다.

그러나 섭식장애에 대한 우리 사회의 인식과 대책은 바닥이다. 이들이 겪고 있는 어려움은 쉽사리 '나약한 정신력'의 문제로 환원된다. 건강한 다이어트를 하기 싫은, 뚱뚱한 사람들의 변명처럼 여기는 것이다. 실제로 섭식장애를 앓고 있는 사람은 가족이나 연인들에게서마저 섭식장애를 병으로 인정받지 못하는 경우가 많다. 대신 그들은 섭식장애 환자를 이해할 수 없다는 식으로 "대체 뭐가 문제냐?"며 화를 내거나 나약하다며 비판하기까지 한다. 그리고 이런 주변의 반응은 섭식장애를 앓고 있는 환자의 해진 마음을 다시 병들게 하고 있다.

하지만 섭식장애는 분명 '병'이다. 그것도 다양한 합병증을 발생시킬 수 있는 매우 위험한 병이다.

은하와의 대화

나는 소수자에 대한 관심을 갖게 되면서 그녀의 이야기를 심도 있게 들어보고 싶었다. 이야기를 나누기 위해 약속을 잡고자 전화를 걸었는데 전화를 받는 그녀의 목소리가 좀 이상했다. 의아해진 내가 감기에 걸렸는지 묻자 그녀는 한참을 머뭇거리더니 울고 있었다고 답했다. 다른 사람에게 나의 병에 관한 이야기를 하려니 좀 어색하다며 애써 웃는 그녀의 목소리에 나 역시 마음이 좋지 않았다. 침울해지려는 분위기를 환기하기 위해 나는 짐짓 밝은 목소리로 "왜 울었는데?"하고 물었다. 그녀는 통화를 하기 직전까지도 음식을 조절하지 못하고 몇 번이나 먹고 토하는 과정을 반복하다 스스로에게 혐오를 느껴 울고 있었다고 했다. 괜히 나 때문에 힘든 기억을 상기시키는 게 아니냐며 미안하다고 말하는 내게 그녀는 그럴 필요 없다고, 오히려 누군가 관심 가져주어서 고마운 마음이라고 말했다. 평소 티격태격하던 사이에 분위기가 훈훈해지자 서로 좀 어색했다. 고맙고 미안하면서도 뭔가 모르게 오그라드는 내 기분과 비슷한 감정을 그녀도 느꼈는지, 고맙게도 그녀가 먼저 "으악! 내가 방금 뭐라고 한 거지, 퉤퉤" 하며 분위기를 풀어주었다. 평소처럼 잠시 티격태격하며 잡담을 나누던 나는 시간 약속을 잡고 다음 날 그녀를 만났다.

카페에서 그녀와 만난 나는 음료를 시키고 자리에 앉았다. 휘핑크림이 잔뜩 올라간 나의 음료를 바라보는 그녀의 눈빛에 나는 '아차'하는 기분을 느꼈다. 나의 그런 기색을 눈치챘는지 그녀는 장난스러운 목소리로 "나도 휘핑크림 좋아하는데… 칼로리가 걱정돼서…"하며 불쌍한 표정을 지었다. 내가 당황해하자 그녀는 곧 장난스럽게 웃으며 농담이었다고, 편하게 마시라며 나의 음료에 빨대를 꽂아주었다. 짓궂은 장난에 나도 멋쩍게 웃었다. 그러면서도 그녀가 원하는 음료도 마음껏 마실 수 없어 스트레스일 텐데 애써 쾌활하게 구는 것 같아 씁쓸함이 느껴졌다.

잠깐 일상적인 대화를 나누던 우리는 본격적인 이야기에 들어갔다. 나는 가장 먼저 그녀에게 혹시 섭식장애의 원인이 무엇인 것 같은지 물었다. 잠시 생각하던 그녀는 "존중받고 싶어서인 것 같다"고 답했다. 그게 무슨 뜻이냐는 나의 질문에 그녀는 자신의 학창시절의 이야기를 시작했다.

긁지 않은 복권

은하는 학창시절 몸무게가 정상체중보다 조금 더 나가는 통통한 체형이었다. 그런 은하를 남학생들은 "긁지 않은 복권"이라고 부르며 그녀가 살만 빠지면 그녀와 결혼할 거라는 식의 이야기를 했다. 또 은하의 친구들은 은하를 귀여워했는데 그럴 때마다 빠짐없이 살에 관한 이야기를 했다고 한다.

예를 들면 친구가 나를 "돼지야!"하고 부르면 주변에서 "은하는 꽃돼지지!"라고 하기도 했어.

은하는 처음에는 주변의 이런 말이나 별명이 싫지 않았다. 애정 어린 표현인 경우가 많았고 "긁지 않은 복권"이라는 말은 칭찬처럼 들리기까지 했기 때문이었다. 그러나 은하는 어느 순간부터 그런 말이 점점 지겨워지고 거북해지기 시작했다. 언제나 살과 관련하여 원치 않는 평가를 받는 느낌이 들기 때문이었다. 은하는 자신이 살만 빼면 더 이상 살과 관련지어지지 않고 은하 자체로 존중받으며 더욱 사랑받고 귀염받을 수 있겠다고 생각했다. 그래서 은하는 다이어트를 시작했다. 당시에는 바람직한 다이어트에 대한 지식이나 개념이 없었기에 그녀는 가장 빠르게 효과를 얻을 수 있는, 그러나 잘못된 방법을 택하고 말았다. 매일 흰밥에 김치만 먹으며 1,000kcal를 넘지 않는 극단적인 식이제한을 시작한 것이다. 결과적으로 은하는 8kg 정도를 감량할 수 있었다. 그러나 극단적인 식이제한으로 인한 스트레스가 계속되고 있는 상황에서 엎친데 덮친 격으로 학년이 올라가며 학업에 대한 스트레스까지 가중되자 문제가 터졌다.

> 그런 와중에 공부에 대한 압박까지 시작되니까 너무 힘들더라고. 극단적인 다이어트를 하고 있는데 공부까지 잘해야 하는 상황이 너무 힘든 거야. 그 스트레스를 지금까지 참아왔던 음식으로라도 풀어볼 수 있지 않을까 하는 생각에 막 먹었어. 그런데 뭐랄까…. 맛도 안 느껴지는데 목이 막혀 콜록거리면서도 먹게 되더라고.

그러면서 은하는 자신의 일기장을 보여주었다. 은하의 이야기를 자세하게 듣는 것은 처음이었지만 은하의 일기장을 훑어보는 것만으로도 그녀가 얼마나 많은 스트레스를 버티며 살아왔는지 알 수 있었다. 주변의 태도로 인해 시작된 말라야 한다는 생각 그리고 본인의 학업에 대한 스트레스는 은하에게 점차 해내야만 한다는 강박이 되어있었다.

은하는 살도 찌지 말아야 하고 공부도 잘 해내야 했다. 그런 스트레스는 은하를 점점 힘들게 만들었다. 결국 재수생이 되었을 때 학업으로 인한 적은 활동량과 극단적인 식이제한, 반작용처럼 따라오는 폭식 등으로 인해 그녀는 100kg을 넘기고 말았다. 그런데 아이러니하게 당시의 그녀는 괜찮았다고 한다. 어차피 누군가를 만날 필요 없는 재수생이어서 주변의 시선을 신경 쓸 필요가 없었기 때문이었다.

이후, 입시가 끝난 어느 날, 그녀가 큰 충격을 받는 일이 생겼다. 100kg이 넘는 체중에 재수 동안 나빠진 체력이 은하의 상상 이상이었고, 집 앞 문구점을 다녀오는 것만으로 숨이 가빴고 발바닥에는 물집이 잡혔다. 그때 은하는 건강에 문제가 생길 수도 있겠다고 하는 경각심에 운동을 시작하였다. 이때의 운동은 즐거웠다. 남들의 시선을 의식해서 시작한 것이 아니었기 때문이었다. 그렇게 은하는 30kg이 넘는 살을 빼고 70kg이 되었다.

다시 시작된 긁지 않은 복권

그러나 대학에 입학하여 사람들과 어울리는 생활이 시작되자 살에 대한 주변의 평가는 다시 시작되었다. 특히 남학생들의 놀림이 그녀에게 큰 스트레스였다. 친한 사이이기에 던지는 농담이라는 걸 알았지만 그들이 던지는 그 장난에 은하는 혼자 아파야 했다. 특히 그녀가 호감을 갖고 있던 남학생이 마른 여자를 좋아한다는 것을 알았을 때 그녀의 자존감은 무너져 내렸다. 그때 은하는 '100kg이 넘을 때보다 지금이 왜 더 안 행복하지?'하고 생각했다. 은하는 지금 하는 다이어트를 계속해 마침내 성공하여 마른 몸이 된다면 원하는 사랑을 받을 수 있을 것으로 생각했다. 그렇게 은하는 매일 같이 운동하고 식단을 관리하며 절제하여 다시 10kg이 넘는 살을 뺐다. 그러다 외국에 가게 되는 일이 있었는데 그곳에서 탄산수인 줄 알고 장기간 마신 음료가 사이다였다는 것을 알게 되었다. 그 순간 그녀는 패닉에 빠졌다. 울며 자리를 박차고 일어나 그 자리에서 어떻게든 칼로리를 소모해야겠다는 생각에 스쿼트를 수십 개씩 했다. 그렇게 행동하고도 그녀는 자기 몸에 칼로리가 있는 음식물이 들어갔다는 사실을 견딜 수가 없었다. 그녀는 결국 그날 처음으로 토를 했다.

토의 유혹

이후 한국에 돌아온 그녀는 학창시절 그랬던 것처럼 또다시 몸무게와 학업에 대한 강박에 시달리며 스트레스로 인한 폭식을 계속했다. 15kg이 넘는 살이 폭발적으로 찌고 말았고 결국 다시 몸무게를 빼고자 극단적인 단식을 시도했다. 힘겨운 단식 끝에 은하는 3kg을 뺐다. 그러나 어쩔 수 없이 나가게 된 친구들과의 모임에서 음식을 조금 먹어버린 그날, 단식을 통한 고통의 시간이 무색하게도 그녀의 몸무게는 다시 2kg이 오르고 말았다. 그녀 역시 머리로는 음식을 먹었기에 일시적으로 오른 무게라는 것을 알고 있었다. 그러나 그렇게 고생하여 뺀 몸무게가 곧바로 올라버렸다는 생각 자체만으로 은하는 아무것도 할 수 없을 만큼 패닉상태에 빠졌다.

그 순간 은하는 자기 자신이 한심하게 느껴졌다. 그 패닉 순간에 자신이 무의식적으로 달콤한 음식을 찾고 있다는 것을 발견했기 때문이었다. 순간 올라오는 역겨움에 은하는 화장실로 달려가 구역질을 했다. 음식을 다 게워내고 신물 밖에 나오지 않을 정도가 되어도 은하는 자신의 모든 것을 토해내듯 구역질을 계속했다. 아무런 음식도 나오지 않았지만, 스스로에 대한 역겨움은 아무리 토를 해도 토해내지지 않았다. 한참을 울며 그렇게 토를 하던 그녀는 지쳐 쓰러질 것 같은 지경이 되어서야 토를 멈출 수 있었다. 그런 지친 몸으로도 은하는 홀린 듯 체중계에 올랐다.

체중계의 숫자가 올라가는 것이 너무 무서워서 물도 못 마시겠다. 물은 살이 찌지 않는다며 새벽에 물을 마셨더니 살이 쪘던 경험이 있기 때문이다. 솔직히 먹은 게 별로 없기도 하고 먹은 지 너무 오랜 시간이 지나 토할 것도 없다는 걸 알지만 막상 이렇게 체중이 올라가니 정말 토가 하고 싶다. 아주 간절하게. 차라리 토했을 때 나올 만한 게 있기라도 했으면 덜 불안했을 것 같다. 나도 안다. 이런 나의 상태는 정상이 아니다. 살이 쪘다는 생각이 드는 순간부터 사고회로가 정지되고 집중력이 떨어진다. 살 말고는 아무것도 집중할 수가 없다. 공부해야 하는데 공부가 손에 안 잡힌다. 배달 어플로 푸른 주스, 변비약 등을 찾고 있는 나 자신이 무섭다. 그러면서도 어떻게든 내 안의 음식물을 빼서 체중계 숫자를 줄이고 싶다는 생각뿐이다. 이렇게 다음 학기를 살다가는 정말 내가 망가질지도 모른다. 내 몸이 몸서리치도록 싫다. 역겹고 더럽게 느껴진다. 내가 좋지만 내가 싫다. 내가 좋아하는 나는 이상적인 나의 모습이다. 미래의 내 모습. 그 괴리감이 못 견디도록 싫다. 그러나 뭔가를 하고 싶지는 않다. 지쳤고 그냥 쉬고 싶고 아무런 열정도 남아 있지 않다. 나도 내가 왜 이러는지 모르겠다. 고장이 난 것 같다.(2021년 6월 2일 일기)

먹토의 굴레

그런데 토를 하고 체중계에 올랐을 때 정말 거짓말처럼 2kg이 넘는 몸무게가 빠져 있었다. 그것을 확인한 순간 마음속에서 환희가 몰려왔다. 머리로는 올바른 방법이 아니라는 것을 알고 있었지만, '토'만 해버리면 먹고 싶은 걸 마음대로 먹을 수 있겠다는 생각이 들었다. 그렇게 은하는 홀린 듯 먹고 토하는 '먹토'에 빠져들기 시작하였다.

물론 이 일을 계기로 은하가 곧바로 먹토를 시작한 것은 아니다. 은하 자신도 토를 하는 것이 건강에 좋지 않을 것 같다는 생각에 인터넷에서 먹토에 대해 검색해 봤다. 인터넷에는 섭식장애를 앓고 있는 사람들이 써 놓은 글들이 여럿 있었다. 그들은 하나 같이 먹토를 말리고 있었다. 한번 먹토를 시작하면 돌이킬 수 없으며 건강만 망치게 될 뿐이라고 섬뜩한 경고를 하고 있었다. 그러나 당시의 은하는 그런 경고가 무섭게 느껴지지 않았다. 그렇게 말하는 그들의 모습이 모두 자신보다 많이 말라 보였기 때문이다.

은하는 이 이야기를 털어놓으며 제정신이 아니었던 것 같다고 회고했다. 결국 은하는 이른바 '먹뱉'과 '먹토'를 시작했다. 처음에는 토보다는 씹다 뱉는 먹뱉으로 시작했다. 그러나 먹뱉은 뱉은 음식이 더럽게 느껴지기도 하고 만족감을 얻기도 힘들었다. 그래서 은하는 어느 날, 절반 정도의 떡볶이를 먹고 뱉다가 충동적으로 나머지를 전부 먹어버리고는 물을 리터 단위로 마신 다음 화장실에 가서 전부 토해버렸다. 본인이 먹은 음식물에 대한 혐오감, 그것이 위에서 소화되고 있다는 두려움, 본인의 의지박약에 대한 역겨움 그 모든 것을 담아 은하는 토를 했다. 본격적인 먹토의 시작이었다. 그때부터 이런 행동이 점점 잦아졌다. 일주일에 두 번이었다가 세 번이 되고 그러다 매일 하게 됐다.

그때까지만 해도 은하는 자신의 증상이 병일 수 있다고 생각하지 못했다. 그러던 어느 날 스터디카페에서 공부하던 중 심각성을 인지하게 되는 일이 생겼다. 은하가 다니는 스터디카페는 간식을 굉장히 잘 주었다. 각종 과자부터 빵과 초코바 등을 제공하였는데, 공부하던 은하는 순간 스트레스를 못 참고 그것들을 먹어버리고 말았다. 당연히 예정에 없던 음식물을 섭취하게 된 은하는 순간 패닉에 빠졌다. 당장에라도 화장실에 가서 토를 하고 싶었다. 그 와중에도 공공장소에서 토를 하는 폐를 끼치고 싶지 않다고 생각한 그녀는 집으로 달려가기 시작했다. 그러던 중 순간 '어차피 토할 텐데 먹고 싶은 걸 좀만 더 먹을까?' 하는 유혹이 그녀의 발걸음을 멈춰 세웠다.

지금 이 시간대에 먹으면 살찐다는 것을 아니까 차라리 먹은 게 군것질이 아니라 음식이었으면 좋았을 텐데 하는 생각이 들었다. 왜냐고? 군것질은 당이라 흡수가 빠르니까. 설탕이 녹으면 내 몸에 바로 흡수가 되는 기분이었다. 그러면 지금 당장에라도 살이 찔 것 같았다. 그런 기분이 드는 순간 오늘만이라는 생각과 함께 토를 하러 빠른 걸음으로 집으로 갔다. 어차피 토할 거니까 먹고 싶었던 마카롱과 초콜릿 쿠키도 사서 집으로 가자마자 몸무게를 쟀다. 욕이 나왔다. 내가 오늘 뭘 그렇게 먹었다고 이틀 만에 2kg이 쪄? 미친 거 아니야? 앉아서 분이 안 풀려 허겁지겁 가져온 것들을 먹었다. 무슨 맛이었는지 기억도 안 난다. 우걱우걱 삼켜서 목으로 다 넘기는 순간, 화장실로 뛰어갔다. 차분히 하지만 조급하게 손을 씻고 목구멍에 손을 집어넣었다. 먹토를 하다 심장마비로 죽은 사람이 있다는 인터넷 댓글이 자꾸 생각났다. 암에 걸릴 위험이 높아진다는 것도. 그러나 지금 당장 토하는 것을 멈출 수가 없었다. 내일 당장 살이 찔 게 너무 두려웠다. 더 이상 나오지 않을 때까지 토를 하고 밖으로 나와 물을 벌컥벌컥 마셨다. 그리고 다시 토를 했다. 물을 마시면 토가 더 잘 나온다는 것을 알기 때문에. 아주 조금은 토를 더 하고 나서 다시 체중을 쟀다. 만족스럽진 않지만, 내일 아침엔 더 빠지겠지. 그리고 누워서 한 시간을 쉬다가 좀 지났으니까 더 빠졌을까? 라는 생각으로 일어나 몸무게를 다시 쟀다. 체중이 다시 올라 있었다. 욕이 나왔다. 왜 살이 찐 건지 이해가 안 갔다. 내가 먹은 건 아무것도 없는데 왜?

그 몇 백 그램 차이가 나를 미치게 했다.(2021년 어느 날의 일기)

이 일을 계기로 은하는 자신의 먹토가 병일 수 있다는 것을 인지했다. 그런데도 은하는 단식, 폭식, 토의 굴레에서 벗어날 수 없었다. 그녀는 혼자서 피자를 2판을 시켜 전부 먹토하거나 라면 3봉지를 동시에 끓어 욱여넣듯 먹은 뒤 토하기도 했다. 그런가 하면 하루에 먹은 것이 라곤 비타민, 철분제, 변비약이 전부인 날도 있었다. 극단적인 단식과 폭식, 먹고 토하는 '먹토의 굴레'는 그녀를 점점 옭아맸다.

예쁘다는 말을 들어도 더 이상 행복하지 않아

이러한 극단적인 단식과 폭식, 구토를 반복하자 은하는 급속히 살이 빠지기 시작했다. 쇠약해진 것이라는 표현이 더 적합할지도 모르겠다. 그런데 살이 빠지자 그 이유 하나만으로 주변의 태도가 달라졌다. 예쁘다고 하는 사람들이 많이 생기고, 그때 '아, 지금 내가 이렇게 가장 예쁘고 빛나 보일 나이인데 살로 나를 감추고 있었구나' 라고 생각했다.

은하는 그때부터 살찌는 것이 더 두려워져, 먹토가 자신의 건강을 해치고 있다는 것을 알았음에도 멈출 수 없었다. 그녀는 예뻐야 한다는 생각에 친구들과 약속을 잡아 맛있는 음식을 먹으러 가는 것도, 여행을 가 음식조절을 할 수 없는 상황이 생기는 것도 피하려 했다. 토하는 것은 그녀의 일상으로 자리 잡았다. 이때까지도 은하는 그녀 스스로 언제든 토를 멈출 수 있을 것으로 생각했다. 그러나 은하의 이러한 먹토는 3년이 넘는 지금까지도 계속되고 있다. 어느덧 40kg 후반에서 50kg대를 오갈 만큼 날씬해졌음에도 불구하고 그녀는 지금도 매일 2번씩 토를 하고, 하루에도 몇 번씩 체중계에 오른다. 거울 속 그녀의 모습은 그녀가 처음 토를 했던 그날, 인터넷에 먹토를 검색했을 때 토를 말렸던 사람들의 바로 그 모습이다.

근데 기쁘지 않아. 원하는 옷을 입을 수 있고 그런 건 좋은데. 뭐랄까. 이건 병들어가는 거잖아. 산송장이 된 기분이야. 주변에서 예뻐졌다고 작업 거는 남자들도 생기고 여자애들은 다이어트 비법이 뭐냐고, 미모가 물올랐다고 칭찬해주는데 기분이 이상해. 나는… 나는 병 들어가는데… 근데 이걸 멈출 수가 없어. 멈추고 싶어, 그러고 싶은데… 그만하고 싶은데….

그래도 희망을 놓고 싶지 않아

이런 고민 끝에 결국 그녀는 병원을 찾았다. 다른 섭식장애 환자와 비교하면 병원방문이 매우 빠른 편이었다. 그렇기에 은하는 금방 완치될 수 있을 줄 알았다. 그러나 치료는 쉽지 않았다. 그녀의 증상에 도움을 주기 위해 처방된 약들은 부작용이 심했다. 어떤 약은 설사를 동반했고 어떤 약은 온종일 그녀를 멍하게 만들었다. 의사 선생님과의 상담도 상담을 나눌 때뿐, 그녀에게 큰 도움이 되지 않았다. 결국 그녀는 자신이 나을 수 없을지 모른다는 생각에 불안해지기 시작했다.

너무 불안하고 힘든 거야. 어떤 날은 그 스트레스에 못 이겨 막 숨도 못 쉬듯 음식을 먹고 토를 하러 갔는데 토가 잘 안 나오는 거야. 하도 울면서 먹은 탓에 숨은 잘 안 쉬어지고 배는 빵빵하게 가득 차서 토하는 자세를 잡기도 쉽지 않고 아무리 웩웩거려도 토는 안 나오고. 미칠 노릇이었지. 그렇다고 토를 포기하고 잠이나 자버리자니 몸안에 그 음식물이 소화되어 흡수될까 봐 너무 두렵고. 이러지도 저러지도 못하는 그 상황이 나를 미치게 만들어서, 정말 다 포기하고 죽고 싶은 기분이었어.

　그녀는 지금 완치는 바라지도 않는다고 말한다. 그저 평생 관리하며 살아가야 하더라도 지금과 같은 '불안'만 느껴지지 않으면 좋겠다고, 그러면서 조금씩 괜찮아질 수 있으면 좋겠다고 말했다. 내가 불안장애를 앓을 때, 나의 증상이나 상황을 객관적으로 파악하고 이 병이 내 삶에 어떤 의미인지 생각해보는 것이 도움이 되었던 기억이 있어서, 지금의 그녀에게 섭식장애가 어떤 의미인지 물었다. 그녀는 섭식장애가 지금의 자신을 '괴롭히는 것'이라고 답했다. 그러면서도 동시에 자신이 원하는 삶을 살기 위해 '이겨내야 할 것'이라 말했다.

　　이제까지 내가 나를 너무 몰아붙이기만 했던 것 같아. 이 섭식장
　　애도 그래서 걸리게 된 것 같고. 항상 뭐든 잘해야 했고, 그러다 보
　　니 스트레스받고… 조금씩 조금씩 노력해보려고. 잘 될지는 모르겠
　　지만….

　어찌 됐든 이후 그녀는 다시 병원을 찾았다. 아쉽게도 이번에 처방받은 약 역시 효과가 좋지 않았다. 안타까워하는 내게 그녀는 오히려 밝은 목소리로 괜찮다고 말했다. 그녀는 언젠가 자신이 괜찮아질 것이라고, 희망의 끈을 놓지 않을 것이라고 의연하게 웃었다.

곁에 있지만 없는 우리

잘하고 싶은 마음

나는 은하의 이야기를 자세히 듣는 과정에서 그녀의 섭식장애 역시 '~해야만 한다'는 마음 때문에 생긴 것 같다는 생각이 들었다. 죽음에 대한 공포가 내게 '완벽해야 한다'는 완벽주의를 안겨주고 이 완벽주의가 다시 내게 불면증과 불안장애를 안겨주었듯, 주변의 태도와 시선이 은하에게 '예뻐야만 한다'는 강박을 안겨주고 이 강박이 다시 그녀에게 섭식장애를 안겨 주었다. 어쩌면 우리가 앓는 정신과적 증상들의 원인은 형태만 다를 뿐 모두 '잘하고 싶은 마음'으로 똑같았을지도 모르겠다.

물론 우리가 아니더라도 세상을 살아가는 누구든 모두 잘하고 싶을 것이다. 죽음, 경쟁 사회, 아름다움에 대한 기준 등은 나와 사촌 동생에게만 적용되는 것은 아니기 때문이다. 그렇기에 누군가는 우리에게 나약하다고 손가락질할 것이다. 맞는 말일지도 모른다. 그래도 우리는 나약한 핑계를 대기 위해서나 현실로부터 도망가기 위해서 정신질환의 뒤로 숨는 것이 아니다. 모두가 감당하며 살아가는 '잘하고 싶은 마음'이 조금 컸고 그것을 따라가지 못하는 나의 현실에 마음이 조금 아픈 것뿐이다.

먹는 것과 자는 것. 인간에게 너무도 당연한 것이다. 사람은 자연스럽게 음식을 먹을 수 있고 잠들 수 있다. 그러나 세상에는 그런 당연한 것을 하기 어려운 나와 나의 사촌동생 같은 사람들이 있다. 나는 잠들기가 어렵고 사촌 동생은 무엇인가를 먹는 것이 어렵다. 이 글을 쓰고 있는 지금은 오전 6시 2분이다. 불면증인 내가 일찍 자고 일어났을 리는 없으니 짐작했겠지만, 당연히 날을 샌 셈이다. 그리고 나의 사촌동생은 오늘도 어김없이 토를 했다. 하지만 자취방에서 날을 지새운 나는 누군가에게 날을 샜음을 말하지 않는다. 사촌동생 역시 오늘도 화장실에서 숨죽여 토를 했다는 것을 누군가에게 굳이 알리지 않는다. 우리에겐 매일 같이 반복되는 일상일 뿐이라서 그렇기도 하지만, '자는 것'과 '먹는 것' 그 당연한 것을 못 하는 우리를 이해해 주는 사람은 많지 않기 때문이다.

오늘도 괜찮은 나와 은하

다행히 가족마저 우리를 이해하지 못 하는 것은 아니다. 내 가족은 나의 불면증을 이해하고 나를 배려해준다. 사촌동생의 가족 역시 마찬가지다. 하지만 불면증에 비해 더욱 생소한 병이어서인지 그녀의 가족은 그녀를 이해하기까지 더 많은 시간이 걸렸다. 그녀의 아버지는 그녀에게 "핑계 대지 말고 운동이나 해라"며 핀잔을 주었다. 꽤 많은 시간이 흐르도록 그녀가 계속해서 힘들어하는 모습을 보이고서야 그녀의 아버지는 병을 인정하셨다. 그리고 그녀의 외할머니는 지금도 자기 손녀가 '섭식장애'를 앓는다는 것을, 나아가 그런 병이 있다는 것 자체를 인정조차 하지 않고 싶어 하신다. "아이고, 세상에 그런 병이 어딨노. 팍팍 좀 먹어라." 그녀는 그럴 때마다 그저 씁쓸하게 웃는다. "아니에요, 할머니, 너무 걱정하지 마세요. 제가 잘 챙겨 먹을게요." 내가 주변 이들을 걱정시키기 싫어서 혹은 더는 이상한 사람처럼 보이기 싫어서, 요즘 잠은 잘 자냐는 질문에 "괜찮아"라고 답하듯 그녀는 주변 이들에게 "잘 먹을게요, 괜찮아요"라고 말한다.

조현정동장애와 함께한 10년[1]

백혜정*

1.

대학교 2학년, 첫 남자 친구가 생겼다. 카투사가 떨어지면 군대를 안 갈 거라는 말을 하며 나를 안심시켰던 그 친구는 카투사의 합격과 동시에 갑작스레 돌변해버렸다. 나를 좋아한 적 없다며 일방적인 이별통보를 던져놓고는 입대해버린 그 친구에게, '잘 기다리고 있을게, 2년 뒤에 만나'라는 문자를 보내고 나만의 일방적인 기다림을 시작하게 됐다. 지금 생각하면 뭘 믿고 그랬을까 싶지만 그때는 뭐가 그리도 간절했는

---

* 정신장애와 인권 파도손, 동료지원가.
** 동료지원가는 상담(상담만 하는 사람은 동료상담가라 함)은 물론 주거, 고용 등의 서비스도 연계
　 해주는 더 포괄적인 업무를 하는 사람이다.
1 문학들 62호(2020년 겨울)에 실림.

지 그렇게 나는 기다림을 시작했고 그 친구가 제대한 뒤에도 같이 학교를 다닐 수 있을 방법을 모색했다. 그리고 내가 떠올린 방법은 교환학생 프로그램을 1년간 다녀오는 것이었다. 한 학기 수업을 꽉 채워 듣고, 다음 학기엔 교환학생을 준비하려 토플학원을 다녔다. 1년간 미친 듯이 열심히 산 덕분이었는지, 교환학생 프로그램에 합격했고 나는 이별한지 1년 뒤 미국으로 교환학생을 갔다.

내가 교환학생을 간 지역은 매우 추운 동네였다. 겨울에는 영하 30도까지 내려가는 게 다반사였다. 겨울이 되자 차가 없던 나는 밖에 나가는 게 불가능해졌다. 그렇게 겨울을 맞이하던 나는 정확히 11월 11일, 군대에 입대했던 그 친구의 미니홈피에서 '나에겐 백혜정이라는 스토커가 있다'는 내용의 장문의 글을 읽게 됐다. 이런 글을 쓴 정확한 이유는 알 수 없지만, 내가 짐작하기로는 당시 동기들과 만들었던 싸이월드 클럽에 내가 올린 글을 보고 오해했던 게 아닌가 싶다. 아무튼 아무런 예고도 없이 내 마음은 무너져 내려 버렸고 매일 같이 울다가 어느 날 부턴가 잠을 자지 못했고 이상한 증상들이 나타났다.

당시 거울을 보고 내 몸을 움직여보면 마치 내 팔들이 스스로 판단하여 – 마치 팔에도 뇌가 있는 것처럼 – 움직이는 것처럼 느껴졌다. 그리고 하루 종일 성경을 읽곤 했는데 그러다 내가 예수인 걸까 하는 생각도 들었다. 당시 나는 적을 두었던 한인교회에 새벽기도를 가곤 했었는데, 예배가 끝나고 찬송가를 들으며 개인 기도를 하는 시간동안 마귀들이 나에게 접근해 나의 피를 빨아 먹으려 한다는 느낌을 받기도 했다. 그리고 기숙사 방 열쇠에 마귀가 깃든 느낌도 받아 열쇠를 버리기도 했다. 또한 성경 구절 중 나의 우물에서만 물을 떠야한다는 비유를 읽고 사람들이 서로 의지하면 안 된다는 말로 이상하게 해석하고는, 사람들에게 친절을 베풀면 안 되는 것이라 생각하여 생일 축하해주는 미국 친구의 페이스북 메시지에 욕으로 답장을 하기도 했다. 미국엘 간다고 비싼 디지털 카메라를 사주신 작은 고모의 페이스북에도 같은 이유로 '주신 카메라를 버렸다'고 – 실은 친구가 실수로 콜라를 엎는 바람에 카메라가 망가지게 되었었다. – 거짓말도 했다. 거기다 더해 엄마의 경제적 지원을 받으면 안 된다는 생각에 무작정 기숙사 내 음식점에 가서 아르바이트를 하겠다고 말하고, 지원서를 내고 가라는 대답을 듣고도 음식점 앞에서 하루 종일 기다리면 아르바이트를 시켜줄 것이라는 망상에 하루 종일 문 앞에 서있기도 했다. 성경 구절 중 남의 눈에 보이지 않는 곳에서 기도하라는 구절을 보고는 화장실에서 기도하라는 말이라 생각하고 화장실에서 몰래 기도도 하곤 했다. 또 한국에 계신 엄마는 내 친엄마가 아니고 한인교회에서 만난 권사님이 나의 친엄마라는 생각도 했다. 그 분이 내게 주신 양말을 소중히 캐리어 안에 담아두었는데 그 양말이 사라져서 룸메이트 책상위에 I want you to do right thing(니가 올바른 일을 하길 바란다)라는 메모를 남기기도 했다. 그러다 결정적으로 매섭게 추웠던 한겨울의 어느 날 나는 맨발로 기숙사 앞 성당에 다녀왔고 그 모습을 보고 놀란 수녀님이 경찰에 전화를 했다.

이윽고 남자경찰 2명과 여자경찰 1명이 기숙사로 왔다. 그 때 나는 화장실에서 문을 잠그고 기도를 하고 있었다. 문을 열지 않으면 문을 따고 들어오겠다는 경찰의 말에 화장실 문을 열고 밖으로 나왔다. 경찰이 나의 이름을 묻자 나는 당신의 이름을 먼저 말하라고 고집을 부렸고 그 중 여자경찰은 친절히도 자신을 먼저 소개해주었다. 나도 나의 이름을 말해주었다. 왜 한겨울에 맨발로 밖에서 걸었냐는 경찰의 질문에 나는 "내가 살던 한국의 서울이란 곳에서는 굉장히 바쁘고 힘든 생활을 해야 했는데 이곳은 너무나 편안해서 고난을 이겨내는 나의 힘이 약해지는 것 같다. 인생을 살다보면 얼마나 힘든 일이 찾아올지 모른다. 그런 상황을 대비하기 위해 나는 너무나 편안한 이곳에서 좀 더 힘든 일을 하기 위해 맨발로 밖을 걸어야겠다는 생각을 했다"고 말했다. 경찰은 내가 마약을 했을지도 모른다고 판단하여 같이 가자고 하였고 나는 경찰차와 함께 온 구급차를 타고 병원으로 가게 되었다. 여자경찰은 내가 병실에 가게 될 때까지 함께 있어주었고 폐쇄병동 간호사에게 인계된 후 나는 간호사에게 그동안의 일을 말했다. 교환학생으로 이곳에 오게 되었으며 2년간 기다린 남자 친구로부터 너무나 큰 충격을 받고 이별하게 되었고, 그 때부터 잠을 자지 못했다고…. 그렇게 나의 첫 폐쇄병동 생활이 시작되었다.

내가 묵게 된 병실은 2인실이었다. 창문은 열 수 없었고 거울은 유리가 아닌 스테인리스로 되어있었다. 룸메이트는 우울증이 심해서 입원하게 된 친구였고, 나는 그 친구에게 나의 남자 친구 얘기를 해주었다. 이튿날 아침 회진하러 온 의사에게 나는 우울증 약을 먹어보겠다고 했고 약 복용을 시작했다. 그런데 약 복용을 시작하고 이상한 감정이 올라왔다. 내 앞에서 밥을 먹는 다른 환자를 포크로 찍으려는 폭력적인 마음이 갑작스레 느껴졌다. 나는 바로 간호사에게 알렸고 약 복용을 그만두었다. 짧은 영어 탓에 의사와 깊은 상담을 할 수 없었고 얼마 안 있어 한국에 있는 오빠가 나를 데리러 미국에 왔다. 오빠 덕분에 나는 한국으로 돌아올 수 있었고, 한국에 돌아와 집에 하루 묵은 뒤 다시 폐쇄병동에 입원하게 되었다.

그때까지도 잠을 한숨도 못자는 날들이 계속되었는데, 한국 병원에 입원한 첫날 어떤 주사를 맞았다.(지금에서야 그 주사가 "코끼리 주사"로 불리는 것임을 알게 되었다.) 그 주사 덕분이었는지 나는 몇 개월 만에 처음으로 푹 잘 수 있었다. 덕분에 나는 편안함을 느끼며 폐쇄병동 생활을 시작하게 되었다. 말 수도 없고 표정도 없던 나에게 내 담당의

사는 우울증 약을 처방해주었다. 미국에서처럼 공격적인 마음이 생기진 않았지만 어린애가 놀 때처럼 나는 너무나도 신나했다. 병동 친구 중 태권도를 하는 친구가 있었는데 그 친구의 발차기 연습을 간호사는 금지시켰다. 하지만 나는 약 때문이었는지 반항심이 느껴졌고 그 친구와 함께 더욱 열심히 발차기 연습을 했다. 그렇게 약간의 조증을 보이는 나의 모습에 의사는 조울증 약으로 처방을 바꾸어 주었다. 당시 의사의 권유로 나는 일기를 쓰기 시작했는데, 일기 내용으로 나는 고아가 되었다는 글을 썼다. 의사와의 상담에서 한국의 엄마는 나의 친 엄마가 아닌 것 같고 미국에서 만난 권사님이 나의 친엄마인 것 같다고 말했다. 의사는 나와의 상담과 더불어 내가 내 미니홈피에 남겼던 이해하기 힘든 글들을 바탕으로 나에게 조현병 약도 처방해주었고 나는 약 3개월 뒤에 퇴원하게 되었다.

퇴원한 이후 "심리 상담을 받은 환자가 예후가 좋다"는 의사의 말에 어머니께선 내가 상담을 받을 수 있도록 지원해주셨다. 처음엔 상담을 하면서 나를 고치려는 듯한 상담가의 유도에 상처를 받기도 했다. '내가 저 사람보다 뭐가 못났을까? 난 더 힘든 일을 견뎌냈는데 내 눈엔 나보다 약해 보이는 저 사람이 나에게 무슨 도움을 줄 수 있을까?' 라는 생각을 했다. 더불어 내가 가족들과의 갈등 상황에 대한 이야기를 꺼낼 때마다 나의 아픔엔 공감해주지 않고 "그 얘기에 집중해봅시다" 라고 말하는 상담가의 반응에 상처 받기도 했다. 처음엔 갈등 상황을 파고들며 갈등 상황 당시 내가 무슨 말을 어떤 억양으로 했는지에만 집중하는 상담가를 이해할 수 없었지만, 그렇게 약 1년 정도가 지나면서 나는 상담가의 의도를 알아차리기 시작했다.

상담가는 공감을 해줄 줄 몰라서 안 해준 것이 아니었다. 그보다 내가 갈등상황을 복기하고 나중에 있을 갈등상황에서 다르게 대처하여 더 큰 갈등으로 몰고 가지 않도록 도와주기 위해 나로 하여금 나를 바라보게 했던 것이었다. 더불어 갈등상황에서 느꼈던 격한 감정들을 표현하는 연습을 하면서 자연스레 나는 평상시에도 내 감정을 읽어내는 훈련을 하게 되었다. 그 습관은 지금도 남아있다. 감정을 풍부하게 느끼게 된 이후부터 나의 공감능력은 크게 향상되었다. 다른 이와의 대화가 즐거워졌고 타인에게 줄 수 있는 따뜻함이 많아져서 나를 좋아해주는 사람도 늘어나게 되었다. 상담을 하고 3년 정도가 지나자 나의 상태는 여느 일반인에 비해서 훨씬 더 차분해졌고 나의 인상도 바뀌기 시작했다. 교환학생을 가기 전 교회를 다닐 때부터 고린도전서 사랑 절의 내용 중 '사랑은 온유하며'라는 구절에 꽂혀 늘 온유한 감정을 가지려고 노력하면서 나의 인상은 이미 바뀌기 시작했었지만, 상담을 하면서 나의 표정은 더욱 맑아졌다. 일주일에 두 번 상담을 갈 때마다 상담선생님은 나의 얼굴을 보고 지난 2~3일 동안 내가 어떻게 지냈는지를 알아차리시곤 하셨다. 너무나도 싫어했던 집안일을 조금씩 시작하면서, 2~3일간 집안일을 많이 하고 상담엘 가면 나의 표정은 너무나도 맑아져 있었다. 그런 상태에서의 나의 마음은 티 없이 맑은 1급수 물처럼 느껴졌다. 상담선생님께선 집안일 같은 손을 쓰는 소소한 일을 꾸준히 하게 되면 마음의 힘이 생겨서 우울증을 피할 수 있다고 말씀하셨다.

상담선생님으로부터 마음에 울림을 주었던 말을 듣기도 했다. 그 중 가장 기억에 남는 것은 "모든 경험은 다 가치가 있어요, 버릴 게 하나도 없어요."라는 말이었다. 비록 남자 친구와의 이별로 나는 망가졌고 무너졌지만 그 감정들로부터 벗어나기 위해 나는 감사기도를 시작했다. 그 남자 친구 덕분에 상담을 할 수 있게 되었다며 습관적으로 감사기도를 할 수 있었다. 또한 나를 힘들게 했던 가족들과의 갈등이라는 경험도 나에겐 강한 감정을 느끼게 하는 기회였고, 그 순간의 나를 바라보며 갈등상황에서 내가 생각하는 방식을 성찰할 수 있었다. 상담선생님 말처럼 내 인생에서 버릴 경험은 하나도 없었다.

상담에서 또 많은 시간을 투자한 것이 꿈 분석이었다. 아침에 일어나자마자 꿈에 대한 기억이 휘발되어 사라지기 전에 최대한 구체적으로 적어서 상담할 때 가져갔다. 꿈에 벌레가 사과를 갈아먹고 있었고 그걸 보는 나의 감정은 매우 불쾌했다는 꿈 이야기를 하면, 상담선생님은 현재 나의 지혜가 어떤 것으로 인해 좀 먹히고 있다는 뜻이라고 풀이해주셨고 당시 나의 상황과 맞아떨어져서 참 신기했던 기억이 있다. (사과는 뉴턴에게 깨달음을 준 과일로, 무의식에서 지혜를 상징한다고 하셨다.) 남자가 많이 나왔던 꿈은 내가 너무 많은 에너지를 쓰려 하고 있다는 의미라고 말씀해주셨다. 이런 식으로 꿈에 나오는 것들에 대한 나의 감정, 기분과 그것들의 상징적 의미를 더해 상담선생님께선 나의 무의식을 읽어주셨고, 거기서 나는 현 상황에서 어떻게 해야 할지 갈피를 잡을 수 있었다.

상담에서 이러한 과정을 거치면서 나의 영적 발달이 시작될 수 있었던 것 같다. 내가 느끼는 감정들을 더 세세하게 느끼고 구체적으로 표현하고 내 생각을 정리하는 시간을 가졌다. 일기를 쓰기 시작했고 심리학 도서들을 포함하여 여러 책들을 읽기 시작했다. 그 중 나에게 가장 큰 영향을 준 책은 헤르만 헤세의 『데미안』이었다. 『데미안』을 읽으며 너무나 정확한 언어로 감정과 상황을 표현한 것을 보며 나도 그렇게 정확한 표현을 하고 싶다는 생각을 했다. 그 때부터 일기를 쓸 때 내가 하고 싶은 말을 좀 더 정확하고 읽기 쉽게 쓰려고 노력하기 시작했다. 그렇게 상담, 독서, 일기의 삼위일체가 나의 내면을 더욱 넓게 만들어주었다. 생각을 많이 그리고 점점 더 깊게 하기 시작했고 인간의 심리에 대한 이해의 폭을 넓혀갔다.

2.

 2013년에 나는 대학을 졸업하기 위해 남은 한 학기를 마저 다녔다. 학교를 다니며 기 치료라는 한의원 치료를 받았는데 너무나 멀쩡해 보이는 나를 보고 한의사가 약을 안 먹어도 되겠다고 말해서 나는 주치의와 상의 없이 약 복용을 중단했다. 처음 이틀간은 아무 문제가 없었지만 3일째부터 한숨도 자지 못하고 아무것도 소화시키지 못하게 되었다. 5일 동안 잠을 한숨도 못자면서 뇌가 부서질 것만 같은 경험을 하고 나는 다시 주치의를 만났다. 당시 내가 복용하던 약 중 '리튬'도 있었는데 당시 어머니께선 리튬의 독성에 대해 매우 걱정하시던 상태였다. 의사는 나의 어머니의 의견을 수용해주었고 '인베가 서스티나'라는 주사약으로 처방을 바꾸어 주었다. (주사라는 단어의 어감이 뭔가 굉장히 독하고 강한 약일 것 같은 느낌을 주지만, 이 주사의 여러 용량 중 내가 맞는 용량은 임신 상태에서도 맞을 수 있을 만큼 안전하다고 한다.) 그렇게 약을 바꾸면서 주로 멍하게 있던 나의 평상시 상태가 머리가 잘 돌아가는 상태로 바뀌게 되었다.
 화학공학과를 졸업했고 엔지니어링 회사에 입사하여 플랜트 건설 업무를 하는 게 꿈이었지만, 정신 장애인에게 불규칙적인 수면은 재발의 요인이 되기에 자주 해외출장을 가는 엔지니어링 회사에 입사하는 것은 나에게 무리였다. 발병한 이후 의류 브랜드 아르바이트와 초중고 학생의 영어 과외 교사를 하긴 했었지만, 의류 브랜드 아르바이트에선 상사의 매서운 말이, 영어과외교사 일에선 전공자가 아닌 것에서 오는 한계 때문에 일을 지속하지 못했다.
 그 무렵 나는 또 다른 일을 시작했는데, 불교단체인 정토회에서 하는 불교대학의 경전반 수업을 듣게 된 것이었다. 평소 법륜스님의 즉문즉설을 참 재밌게 봤었기에 법륜스님이 만든 정토회에 관심이 갔다. 불교대학은 평소 즐겨 보던 즉문즉설보다는 몇 배는 더 큰 깨달음을 주었다. 즉문즉설이 대인관계에서의 팁이라면 불교대학은 인간의 심리에 대한 심도 있는 접근을 통해 나 자신을 거듭나게 하는 것이었다.

불교대학 과정의 내용은 내가 다루기엔 너무나 깊었지만 중간중간 들었던 법문에 대해 정리해보고 싶다. 먼저 출가열반절에 들은 법문을 얘기해보겠다. 한국에서는 출가절과 열반절을 같은 날에 기념한다. 부처님이 출가하신 날과 열반하신 날을 기념하는 날인 출가열반절에 하는 철야정진에 참여해 정진을 시작하기 전 법문을 들었다. 법문 내용은 가출과 출가에 대한 것이었다. 가출과 출가는 어떻게 다를까? 가출은 더 이상 이렇게는 못살겠다, 라는 마음으로 더 잘살기 위해 집을 나가는 것을 의미한다. 그러나 더 잘살려고 나가게 돼도 또 다른 어려움에 봉착하기 마련이고 그렇게 어려움-가출의 고리를 윤회하게 된다고 한다. 이와는 반대로 출가는 집을 불질러 버리는 것이라고 한다. 오고감이 없어진다는 뜻인데 오고감이 없다는 건 마음의 불안이 사라진다는 것을 의미한다. 가출에서 '가'는 집이란 뜻인데, 집은 두 가지 모순적인 의미를 상징한다고 한다. 보호받는 보금자리임과 동시에 나를 가둬놓는 굴레인 것이다. 최고의 보금자리인 궁궐이 최대의 굴레가 되는 것이 바로 가장 적절한 예이다. 그렇다고 해서 모든 사람이 자신을 가둬놓는 굴레로부터 벗어나야 한다는 말은 아니다. 이 모순적인 사실을 아는 것과 모르는 것의 차이는 크기 때문에 이를 알고 선택하라는 말이다. 굴레로부터 벗어나고 싶다면 보금자리도 버려야 하고, 보금자리로부터 보호받고 싶다면 굴레가 있더라도 받아들여야 한다. 나는 차마 나의 보금자리를 버릴 수가 없기에 굴레를 감사하게 받아들이기로 마음먹었다. 물론 이를 실행하는 것은 쉽지 않다.

그리고 법륜스님이 중요하게 생각하시는 것 중 다른 하나는 우리가 살고 있는 자연을 보전하는 일이다. 우리가 행복하려면 좋은 마음가짐도 필요하지만 우리의 주변 환경 즉, 우리가 마시고 먹는 공기, 물, 음식 그리고 적절한 기후가 반드시 필요하다. 그런데 과거부터 인간은 자연을 정복의 대상으로 보면서 자연을 파괴하기 시작했다. 그러다 지금에 와서는 자연이 너무 많이 파괴되어 많은 사람이 이를 멈춰야한다는 생각은 하게 되었지만 삶의 태도, 행동은 예전 그대로 머물러 있다. 자연파괴를 멈춰야겠다는 생각은 의식의 작용이지만, 내게 편한 예전의 행동을 그대로 하고 싶다는 마음은 무의식의 작용이라서 이를 일치시키기가 어렵다. 무의식에서 나오는 행동을 멈추려면 정신적으로 안정이 된 후에야 가능하므로 수행이 필요하다고 하셨다.

불교대학 과정에선 2주간 매일 아침 5시에 일어나 108배와 10분간의 명상을 해보는 수행맛보기 시간이 있었다. 중간중간 빠트리기 일쑤였지만 그래도 내 마음을 들여다보는 시간을 자주 가진 덕에 전엔 보지 못했던 나의 마음작용을 볼 수 있게 되었다. 나는 '나 자신이 옳다, 나 자신은 특별하다, 나는 착하고 난 기준이 되는 사람이다'라는 생각을 몹시 강하게 가지고 있었다. 이를 알게 되는 것만으로도 나는 변해야겠다는 생각을 할 수 있었고 조금씩 자유로운 마음을 가지게 되었다.

불교대학 과정을 하면서 나는 소소한 깨달음의 경험도 하였다. 2016년 새해 첫날에 새해맞이로 3,000배 프로그램에 참여한 적이 있었다. 3,000배를 채우진 못했지만 1,000배 넘게 절하면서 무릎이 너무 아파왔다. 하지만 아파도 계속 절을 해야 했다. 처음엔 아픈 걸 참으려고도 해보았다가, 나중엔 아픈 건 아픈 것일 뿐이구나, 아프고 힘들어서 괴로운 게 아니라 아프고 힘든 걸 싫어하는 나 자신의 마음 때문에 괴로운 것이구나 라는 걸 알게 되었다.

불교대학에선 두 번째 남자 친구를 만나게 되었다. 무던한 성격이 좋았던 것 같다. 남자 친구는 아프지 않은 일반인이었는데 나는 연애를 시작할 적에 내가 조현정동장애를 앓고 있다는 얘기까지는 차마 하지 못하고 조울증이 있고 약을 먹고 있다고만 얘기했다. 점차 관계가 깊어지면서 서로 결혼 이야기도 하며 안정적인 관계를 만들어나갔다. 그 무렵 의사선생님께서는 연애를 하며 안정적이 되어가는 나의 모습에 약을 조금씩 줄여주시기 시작했다. 그러나 약을 처음 줄여보는 것이었기에 하한선을 알 수 없어서 너무 많이 줄인 탓에 나는 재발하게 되었고 또다시 겨울철에 맨발로 밖에서 걸었다. 그런 나의 모습을 본 남자 친구는 이별을 선고했다.

재발한 뒤 나는 부천에 있는 한 작은 정신병원의 폐쇄병동에 3개월간 입원했다 퇴원한 후 서울대 병원의 낮 병원에 들어가게 되었다. 낮 병원은 명칭만 입원일 뿐 학교 다니듯 집에서 잠을 자고 일주일에 며칠을 병원에서 프로그램에 참여하는 시스템으로 되어 있었다. 약 3개월간 미술, 운동, 마음챙김 요가, 음악, 독서 등이 포함된 프로그램에 참여했고 순한 약들로 약물을 조정했다.

퇴원할 즈음 병원의 사회복지사로부터 집 근처의 정신건강센터를 소개받았고 약 2년간 센터를 이용했다. 센터에서는 매일 아침 여러 가지 운동을 했고 영화보기, 노래방, 신문읽기, 보드게임 등의 활동을 했다. 처음엔 모든 활동이 다 재밌었고 활기차게 임했지만 점차 무언가 비어 있다는 느낌을 강하게 받았다. 졸업우등상을 받고 졸업할 만큼 나는 내가 맡은 일에 최선을 다하는 매우 생산적인 사람이었는데, 센터에서의 활동은 여가를 즐기는 활동뿐이라는 느낌을 받았고 공부하고 일하는 것에 대한 갈증이 느껴졌다. 사회복지사 선생님과 상의 후 공무원 시험 준비를 해보기로 결심하고 센터를 쉬게 되었다.

공무원 시험공부를 시작하기 위해 학원을 알아보았다. 내가 따라갈 수 있는 반이 있을 것이라 생각했지만, 모두 살인적인 스케줄로 이루어져 있어서 학원을 다니기엔 무리였다. 결국 인강(인터넷강의)을 들으며 집에서 혼자 공부하기로 마음먹고 공부를 시작했다. 그러나 혼자 하는 공부는 오랫동안 지속하기가 몹시 어려웠다. 단단히 마음을 먹고 공부를 시작했다가도 얼마 안가 흐트러지게 되었고 그런 생활이 반복되며 스트레스가 점점 심해졌다. 공부를 해야 한다는 강박증이 생기고 점차 잠을 못 자게 되어, 공무원 시험공부를 쉬고 아침저녁으로 명상을 하기 시작했다. 명상을 하면서 잠은 잘 자게 되었지만 공부도 쉬고 센터도 쉬게 되자 일상이 너무나 무료해졌다. 생산적으로 사는 것을 좋아하지만 집안일을 제외하곤 내가 할 수 있는 일이 떠오르지 않았고 싫어했던 집안일은 겨우겨우 할 수 있었다. 남는 시간에 TV를 보거나 누워있는 시간이 많아졌는데 그 무료함이 한계치에 다다르게 되었을 즈음, 센터 사회복지사 선생님께 취업을 도와달라고 말씀드렸고 지금의 직장, 정신장애인 인권단체에 취직하게 되었다.

정신장애인 인권단체에서 하게 된 일은 동료상담가라는 일이었다. 처음에는 공무원 인강 수업을 들을 돈을 마련하고 하루의 리듬을 만들어 공부와 병행할 생각으로 시작했다. 하지만 생각보다 일이 너무나도 재미있었다. 상담을 6년간 받은 터라 공감능력, 경청하는 습관이 좋은 편이었고 잠시 꾸었던 꿈인 정신분석 상담가와 비슷한 업무라 자신이 있었다. 상담가 일을 하면서 처음에는 정신분석 상담가처럼 '당사자 동료'(내담자라는 말 속에는 도움을 일방적으로 받는다는 의미가 있기에 우리는 내담자가 아닌 "당사자 동료"라고 부른다)와 깊은 얘기를 하며 당사자 동료가 조금 힘들어하더라도 내면을 바꾸는 길로 인도하고 싶었다. 그러나 10회기로 끝나는 동료상담으론 내면을 바꾸기에는 시간이 부족했다. 그래도 타인의 말을 들어주고 공감해주고 그 사람이 웃게 되는 것을 보는 건 정말 뿌듯한 일이었다.

3.

동료상담가로 활동하기 위해 나는 약 2개월 동안 상담에 대한 교육과 당사자주의에 대한 교육을 치열하게 받았다. 그 과정에서 나는 중앙대에서 오신 석·박사 선생님들로부터 집단 이야기 치료 강의를 들었다.

집단 이야기 치료 강의를 들으며 가장 먼저 한 작업은 증상 외재화 작업이었다. 나를 포함한 대부분의 정신 장애인은 자신의 증상이 자신의 전부라고 여기게 되는데, 이것으로부터 벗어나기 위해 이 작업에서 우리는 증상을 객관화시켰다. 증상을 그림으로 그리고 이름을 붙여 나의 '바깥'에 '두는' 외재화 활동을 했다. 내 경우엔 나의 망상이 모호하게 느껴져서 망상에 망상구름이라는 이름을 붙였고 흰색 클레이(점토)로 구름 모양을 만들어 종이에 붙였다. 나의 망상은 다른 사람들이 내 핸드폰을 통해 나를 지켜보고 있을 것 같다는 망상이었다. 선생님은 나의 망상구름이 내게 어떤 영향을 미치려고 온 것 같으냐고 물으셨고, 나는 곰곰이 생각해 본 후 내가 주변인들에게 나의 일상에 대해 말하지 않아도 그들이 이미 알고 있을 것이라는 망상 때문에 다른 이에게 나의 일상을 말하지 않게 되고 사람들과 멀어지게 되는 것 같다고 말했다. 간단히 말해서 나의 망상구름이 나를 외롭게 만들고 있는 것 같다고 말했다.

두 번째 시간에 한 작업은 나의 증상을 관리하는 나만의 비법을 설명하는 활동이었다. 내 경우엔 긴장을 하게 되면 눈이 올라가고, 자려고 해도 눈이 잘 안감기고 불안함을 느끼게 되는 약 부작용 증상이 있다. 여러 경험을 통해 눈이 올라갈 때에는 명상을 오랫동안 하는 게 가장 효과적이라는 걸 알게 되었고 이를 발표를 통해 사람들과 나누었다.

세 번째 시간에 한 작업은 나와 나의 증상의 관계를 과거, 현재, 미래로 나누어, 내 증상이 어떻게 변화해 왔고 앞으로 어떻게 변화했으면 하는지에 대해 이야기하는 것이었다. 나는 나의 증상 중 방금 전에 말한 눈이 올라가는 증상을 선택했는데 이 증상엔 "뾰족이"라는 이름을 붙였다. 뾰족이라고 이름 붙인 이유는 눈이 뾰족하게 위로 올라가는 느낌이었기 때문이다. 뾰족이와 나의 관계에 대한 질문에 나는 처음 병이 발병했을 때부터 뾰족이와 관계를 맺었고 뾰족이는 늘 나를 바라보며 이따금씩 나에게 붙으려고 해왔다고 말했다. 현재는 명상이라는 방법을 통해 뾰족이와 안전한 거리를 유지하고 있고 미래에는 뾰족이가 아주 작아져서 내 맘 구석에 있으면 좋겠다고 말했다.

네 번째 시간에는 내가 잘하고 즐거워하는 것에 대해 이야기를 나눴다. 나는 초등학교 시절부터 장기자랑 시간에 빠지지 않고 나가 춤을 췄다. 춤을 출 때면 내가 머릿속으로 그리는 모습대로 몸이 움직여주는 것에 희열을 느끼곤 했다. 대학시절 친구들과 멀어지면서 그런 춤을 추지 않게 되어서 다시 춤을 춘다면 끊어졌던 나의 역사가 다시 살아날 것 같다고 말했다. (역사라고 말할 만큼 춤은 나의 가장 큰 일부분이었다.) 춤을 잘 추려면 관찰력이 좋아야 하고 춤이 내 몸에 익어서 노래만 나오면 저절로 춤이 나올 수 있을 만큼 연습을 해야 하기에 그만한 집요함도 필요하다고 설명했다. 그리고 춤을 통해 가지게 된 관찰력과 집요함으로 공부도 잘 할 수 있었던 것 같다는 말도 덧붙였다.

그 다음 시간에는 나에게 힘이 된 다양한 존재들에 대해 이야기했다. 무형이건 유형이건 나에게 지지가 되어준 존재들을 "나의 인생클럽 회원"이라 부르며 어떤 회원들이 있는지에 대한 이야기를 나누었다. 나의 인생클럽 회원에는 결혼을 약속한 남자 친구, 자주 부딪히지만 그래도 소중한 나의 가족, 직장동료들, 법륜스님, 책 데미안, 춤, 상담선생님의 주옥같았던 말들, 은은한 조명에 재즈를 틀어놓고 따뜻한 커피를 마시는 여유로운 시간, 명상, 캔들, 대학시절 나의 별명이었던 홍돈이와 대학 때의 추억들 등이 있었다. 이 중에서 지금 내가 가장 자주 이용하는 인생클럽 회원은 바로 명상이다. 바쁜 일상에 치여 피곤함이 쌓여갈 때, 푹 쉬고 싶을 때마다 나는 장소를 불문하고 명상을 한다. 이를 통해 다른 많은 활동을 다시 시작할 수 있게 된다.

여섯 번째 시간에는 내가 인생에서 중시하는 가치들에 대해 이야기했다. 나의 일상에서 가장 중요한 건 행복함과 편안함이다. 그리고 내게 행복함과 편안함을 주는 건 바로 관계이기에, 나는 남을 존중하려고 노력하고 남이 나를 존중해줄 때 참 고마운 마음이 든다. 그래서인지 나는 좋은 관계를 만들기 위해 부단히 노력하고 나 자신을 성찰하는 시간을 자주 가지곤 한다. 내가 생각하는 좋은 관계는 애정과 믿음을 바탕으로 배려하는 관계이다. 물론 모든 관계에서 이를 이룰 순 없다. 하지만 내게 부정적인 피드백을 주는 사람에게도 애정을 가지고 대하려 노력하다보니 많은 사람들로부터 좋은 피드백을 받게 되는 것 같다.

이야기 치료 시간을 통해 나는 한결 거듭난 기분을 느낄 수 있었다. '나=증상'이었던 관계가 '나〉증상'으로 변한 것 같은 기분이었다. 그리고 뒤죽박죽이었던 나의 인생 스토리를 다양한 방면에서 정리할 수 있었고, 부정적인 경험들만 가득 차 있는 줄 알았던 나의 내면에 여전히 소중한 것들이 있음을 알게 되었다. 상담을 나가기 전 나의 이야기를 정리해봄으로써 나와 상담하게 될 당사자 동료의 이야기도 더욱 깊이 들을 수 있게 되었던 것 같다.

이야기 치료 강의가 끝나고 나서 여러 강사님들의 강의를 듣거나 다같이 책을 읽고 소감문을 발표하는 시간을 가졌다. 그 중 기억에 남는 몇 가지를 소개해 보겠다.

먼저 서초열린세상(정신장애인복지시설) 소장님의 〈정신장애에서의 회복과 동료지원가의 역할〉이라는 강의가 인상 깊었다. 정신장애인에게 회복은 전인적 회복을 말하는데, 전인적 회복의 핵심은 희망과 자기 결정의 토대 위에서 긍정적 정체성을 형성하며 충만하고 의미 있는 삶을 사는 것이다. 질환이 있더라도 내가 원하는 삶을 살아가자는 말이다. 약을 통해 증상을 관리하는 것은 내가 원하는 삶을 살기 위한 도구이자 수단이 될 뿐이지 목표가 되어선 안 된다. 오늘 회복한 상태에서 살았다면 그것이 바로 정신장애에서의 회복이다.

그 다음으로 기억나는 강의는 앞서 말한 서초열린세상 소장님의 또 다른 강의였던 〈회복의 핵심열쇠 6가지〉였다. 회복의 핵심요소들로는 총 여섯 가지가 있다. 관계 맺기, 희망과 긍정적 태도, 건강한 정체성 찾기, 삶의 의미와 목적 수립, 임파워먼트, 위험을 감수하고 도전하는 것이 포함된다. 나는 나의 경험을 통해 회복은 관계 맺기로부터 시작된다는 것을 뼈저리게 느꼈다. 내가 좀 더 회복할 수 있게 된 데에는 취업을 한 뒤 인정을 받으며 나 스스로 자율적으로 일을 하고, 직장에서 내가 가치 있는 존재임을 느끼고, 동료들 그리고 남자 친구와의 관계를 통해 나의 영혼에 물을 주었기 때문이었다.

이 강의에서 다음으로 언급하고 싶은 것은 건강한 정체성을 가지는 것이다. 대부분의 정신 장애인들은 약을 먹기 시작하면서 자신을 정신질환자로 인식하게 되고 정신질환자로서만 사람들을 만나게 되기 쉽다. 그리고 이것이 지속되면서 점점 정신질환자라는 이름이 당사자의 모든 것이 되어간다. 그러나 나는 정신질환자는 당사자의 여러 특성 중 하나

일 뿐이라고 생각한다. 불교의 가르침 중 나라고 할 정해진 무언가가 없다는 가르침이 있다. 이 말은, 내가 정신질환자로서 사람을 만나기도 하고 딸로서 동생으로서 조카로서 이모로서 존재하기도 하며 동료지원가라는 이름으로 활동할 때도 있고 친구로서 존재할 때도 있다. 나라고 대표할 무언가가 없기에 나랄 게 없고 상황마다 나는 다르게 존재한다. 무(無) 속에 여러 가지 이름의 내가 존재한다는 말이다. 이는 낙인감으로부터 자유로워지는 데도 도움이 된다.

희망과 긍정적 태도 또한 회복의 열쇠 중 하나이다. 회복의 여정에는 아주 많은 에너지가 필요하다. 그런 에너지를 가지려면 희망을 가지고 낙관적인 태도와 긍정성을 가질 필요가 있다. 소장님이 덧붙이신 말씀이 참 기억에 남는데, 자신은 병으로 인해 게을러지는 음성증상[2]을 잘 이겨낸 당사자에겐 "내가 오랫동안 사회복지사로 활동하면서 보니까, 당신처럼 음성증상을 잘 이겨낸 사람이 결국 잘 회복하더라"라고 말하고, 약을 빠트리지 않고 잘 먹는 당사자에겐 "당신처럼 약을 빠트리지 않고 잘 먹는 사람이 결국 잘 살더라"라고 말씀하신다고 한다. 이 말을 듣고 조금은 뭉클하기도 했는데, 내가 만약 저 말을 들은 당사자였다면 무척이나 힘이 됐을 것 같기 때문이다. 실제로 소장님으로부터 저 말씀을 들은 당사자들은 그 이후로 정말 열심히 노력해서 잘 회복하고 잘 살고 있다는 말씀도 하셨다.

삶의 의미와 목적을 가지는 것도 회복에서 중요한 부분이다. '내가 현재 경험하는 것은 무엇인가?', '내 경험을 가지고 살아가는 내 삶은 어

---

2 조현병 환자에게 나타나는 결핍 증상의 하나로 의욕과 수행 기능의 감퇴로 인한 무기력증이다. 환경과의 상호 작용의 손상, 사고의 빈곤, 사회와의 단절, 무딘 정동 등이 그 증상이다. 그러나 나는 음성증상이 관계의 단절 등으로부터 오는 부정적인 영향에서 생기는 것이라고 생각한다.

떤 의미가 있는 것인가?' 등의 질문을 스스로에게 던져보아야 한다. 내
경우에 내게 온 '정신질환'이라는 것은 남을 이해할 수 있고 같이 슬퍼
할 수 있게 만들어 준 신의 선물이었다. 그리고 나의 이런 경험은 마음
이 뿔뿔이 흩어져 있던 우리 가족을 다시 연결시켰고 나처럼 마음 아픈
이들의 이야기에 공감할 수 있게 해주었다.

강사님은 강의 초반부에 이런 말씀을 하셨다. 치료자가 되려하지 말
고 친구가 되어주라고. 나는 현재 나와 상담하는 당사자 동료를 만나면
서 이 말의 의미를 느끼고 있다. 내가 만나는 당사자 동료는 정신질환
자가 아닌 나와 같은 사람이다. 좋아하는 것과 싫어하는 것이 있고 자
신에 대한 이야기를 들려주고 싶어 하는 나와 같은 사람 말이다. 나와
같은 어려움을 가지고 있는 사람이기에, 오히려 나의 문제를 더 잘 이
해해주기도 하고 나에게도 친구가 되어주어 그 상담시간이 난 너무나
즐겁기만 하다.

그리고 5개월간 일하면서 배운 강의와 읽은 책들을 통틀어서 나를 가
장 많이 변화시켰던 것이 있다. 바로 주디 챔벌린의 『On Our Own(우
리들 스스로)』라는 책이다. 주디 챔벌린은 미국의 정신장애인 당사자
로 자신의 경험에 대한 통찰을 이 책으로 엮어냈다. 먼저 이 책을 읽기
전에는 '파도손'(정신장애인단체) 대표님이 정신장애인의 인권만 후퇴
하고 있다고 하신 말씀이 이해가 안 갔다. 그러나 이 책을 읽고 진화했
다고 일컬어지는 새롭게 생긴 복지센터들에도 직원-회원의 위계질서
가 존재하고 그것이 정신 장애인을 감금하는 원래의 정신병원들과 다름
없는 억압의 다른 모습이라는 걸 알게 되었다. 마음이 약한 정신장애인
당사자에게는 위계질서 자체가 억압이 될 수 있음을 알게 되자 그동안
보지 못했던 다른 면들을 볼 수 있게 되었다.

내가 몸담았던 정신건강센터는 참 좋은 곳이었다. 하지만 이 곳 역시

보이지 않는 위계질서가 존재했다. 사회복지사님들은 모두 회원들에게 신경을 많이 써주시지만 알게 모르게 당사자는 도움을 받아야 하고 신경을 써줘야 하는 존재로 남을 수 밖에 없었던 것 같다. 그리고 아쉬운 점 하나는, 이곳에선 회원들의 자기결정능력을 키우기 위해 당사자가 직접 진행하는 행복특강이라는 프로그램 시간이 있지만, 이것 또한 사회복지사에게 체크 받은 후 진행된다는 점이었다. 물론 프로그램을 듣는 다른 회원들이 좀 더 알찬 시간을 보낼 수 있게 하기 위함이겠지만, 자신이 만든 프로그램을 처음부터 끝까지 자신이 직접 진행하도록 내버려 둔다면 더할 나위 없이 좋은 경험이 되지 않을까 하는 생각이 든다.

위에서 말한 책은 정신장애인 대안 서비스로 분리주의 모델을 제시한다. 분리주의 모델에 해당하는 커뮤니티들에서는 당사자가 원할 때 들어가고 원할 때 나올 수 있으며, 사회복지사가 당사자를 돕는 게 아니라 당사자와 당사자가 서로 도움을 주고, 사소하든 중대하든 모든 사안을 당사자들이 직접 투표를 통해 정하게 된다. 나는 분리주의 모델에 대한 부분을 읽으며 경탄이 나올 만큼 감탄스러웠다. 그저 정신병원이나 중간집(정신장애인 사회복귀 중간거주시설)처럼 원할 때 나올 수 없는 것만 해결돼도 숨통이 트이는데, 당사자가 중심이 되어 모든 일을 당사자들이 직접 결정한다는 것에서 큰 전율을 느꼈다. 분리주의 모델까지는 아니었지만, 나는 서울대 낮 병원에서 꽤 편안함을 느낄 수 있었다. 이 책을 읽고 그 이유를 알 수 있었는데, 서울대 낮 병원에서는 간호사가 간호사와 환자를 구분 짓지 않았기 때문이 아니었나 싶다. 프로그램을 진행하는 강사는 그러지 못했지만 적어도 간호사들은 당사자에게 조언을 구하기도 했고 그저 직장동료처럼 같이 밥 먹고 수다떠는 분위기에서 간호사가 나를 부족한 사람으로 보지 않음을 느낄 수 있었다.

4.

뉴스에서 조현병 환자의 범죄 이야기가 나올 때마다 나는 움츠리게 되고 나의 병을 지인들에게 숨겨야만 한다는 생각이 강해지곤 한다. 우리나라의 조현병 환자에 대한 언론이 만든 일반적인 시선 때문에 나는 여전히 친한 친구들에게 "나는 조현병과 조울증의 합작인 조현정동장애를 앓고 있어" 라고 말하지 못한다. 그저 조울증을 앓고 있다는 정도까지만 말하곤 한다. 물론 나를 직접 경험해본 사람들은 나에게 "넌 병이 없는 거 같아"라는 말을 하곤 하지만 나 같은 평범해 보이는 - 그리고 실제로도 평범한 - 정신장애인은 무척이나 많다.

언론에서 흘러나오는 조현병 환자의 잔인한 사건들은 조현병 때문이 아니라 반사회적 인격 장애 때문인 경우가 대부분이다. 2017년도 대검찰청 분석에 따르면 일반인의 범죄율은 3.93%, 정신장애인의 범죄율은 0.136%로 정신장애인의 범죄율은 일반인의 범죄율의 1/28밖에 되지 않는다고 한다. 물론 조현병 환자들의 이해되지 않는 언행은 조현병에 대해 모르는 사람에겐 두려움으로 인지되는 것이 당연하다. 그러나 '조현병 환자는 잠재적 살인자'라는 언론의 프레임의 결과로 조현병 환자들은 자신을 숨긴 채 살아야 하고, 언론에서 조현병 환자의 살인사건 등이 나올 때마다 취업길이 막혀서 사회적 약자로 남을 수 밖에 없게 된다. 나는 언론이 역할을 바꾸어야 한다고 생각한다. 조현병 환자에 대한 객관적인 사실을 보도하고 잘못된 기사에 대해선 적극적으로 정정기사를 내보내야 한다. 그렇게 점차 조현병 환자에 대한 인식이 개선되면 조현병 환자에게 들어가는 복지비용도 줄어들 수 있을 것이다.

나에게는 내가 4살 때부터 지금까지 병원에 입원해계신 아버지가 있다. 나는 22살 대학생이 될 때까지 아빠를 볼 수도 소식을 들을 수도 없었다. 어릴 적 한번 엄마에게 아빠얘기를 꺼냈다가 우시는 걸 보고 아빠 얘긴 꺼내지 말아야겠다고 생각했고, 무슨 이유에선지 엄마도 우리에게 아빠 얘길 해주시지 않으셨다. 아빠를 다시 보게 된 시점은 글 첫머리에 얘기한 첫 남자 친구와의 이별 후였다. 그 때가 돼서야 연락이 완전히 끊겨 있을 거라 생각했던 아빠의 이야기를 엄마로부터 들을 수 있었다. 내가 4살 때 헤어졌던 아버지는 당시 정신병원에 입원하시게 되셨고 병마와 힘들게 싸우시며 우리와 만나 대화를 할 수 있는 상태가 아니셨다고…. 나는 그 말을 듣고 엄마에게 아빠를 보고 싶다고 말씀드렸다. 그 다음 달 나는 엄마와 단둘이 아빠를 보러갔다. 아빠가 차 문을 열어주며 "공주님 차 타세요"라고 말씀하시는 걸 듣고 나는 2주간 누가 말만 걸어도 울음이 쏟아져 나왔다.

그때부터 매달 아빠를 보러 엄마와 차를 끌고 병원으로 갔다. 오빠가 제대한 후부턴 오빠까지 포함해 한 달에 한번 아빠와의 점심시간을 가졌다. 직장에서 당사자주의를 접하기 전까지 나는 아빠가 좀 더 활기차게 살지 못하는 걸 답답하게 여겼다. 『On Our Own』이라는 책을 읽기 전까지 나는 정신장애인은 관리를 통해 바뀌어야 한다고 생각하는 전문가들과 입장을 같이 했다. 그러나 이 책을 읽고 정신장애인을 대상화하는 생각을 그만 두게 되었다. 그들을 "정신장애인", "정신장애 당사자", "내담자", "이용자" 등으로 부르는 많은 용어가 그들과 우리를 구분하여 그들을 대상화하는 것이었다. 그들을 지칭하는 데 가장 좋은 용어는 바로 동료임을 알게 되었다.

동료상담가가 가져야 할 가치관을 확립하고부터 나는 아버지와의 대화를 즐기게 되었다. 아버지에게는 바뀌어야 할 부분이 없었다. 아버지는 그저 아버지일 뿐이었다. 어떤 부분이 나아져야 한다거나 어떤 증상을 줄여야 한다거나 하는 접근이 전혀 필요치 않았다. 조현병은 고쳐야 할 질병이 아닌 그저 사람들이 가진 여러 성질 중 하나일 뿐이었다. 이렇게 생각을 하게 되자 아버지와의 관계에서 모든 것이 변하기 시작했다. 아버지가 하루 종일 하는 일 없이 침대에 누워만 계셨다고 해도 그건 문제가 될게 없었다. 그걸 게으르다고 평가할 필요가 없었다. 피곤하셨나 봐요, 라고 이해하려는 노력도 할 필요가 없었다. 그건 단지 그냥 누워 계셨던 것이기 때문이다. 그 외에도 아버지의 모든 부분을 수용할 수 있게 되면서 그제서야 나는 애교쟁이 딸이 될 수 있었다.

정신장애인 인권단체에서 동료상담가로 활동하며 나는 한 멋진 남자분과 인연이 닿아 결혼까지 약속하게 되었다. 현재 우리는 일도 사랑도 열심히 하며 예쁘게 만나고 있다. 10년간의 백수생활을 끝낸 것뿐만 아니라 내가 사랑할 수 있는 일을 하게 된 것, 나의 못난 부분까지 사랑해주는 남자 친구와 결혼까지 약속하게 된 것 모두가 나에게는 너무나 감사하고 감사한 일이다. 개인적인 소회지만 10년 동안 방황할 때 내가 이렇게 남들처럼 살 수 있는 날이 올 거라고 생각조차 할 수 없었다. 덕분에 이렇게 감사한 일들이 밀려와도 들뜨지 않고 겸손을 유지하려 노력할 수 있게 된 것 같다. 상담선생님이 말씀해주셨던 것처럼 어떤 경험도 버릴 게 없음을 다시금 느낀다.

요즘은 매일 아침 5시에 잠깐 깨서 작은 기도를 드린다. 나의 아버지도 언젠간 병원에서 나오셔서 우리가족과 함께 사실 수 있기를…. 언젠간 그런 날이 올 거라고 믿으며 나는 매주 토요일 아빠에게 안부 전화를 드리고 있다. 코로나 때문에 한 달에 한 번 하던 아빠 면회를 지금은 하지 못하고 있지만, 그래도 매주 토요일 전화통화를 하며 아빠와의 끈을 유지하고 있다. 코로나가 하루빨리 해결되기를, 그래서 다시 예전처럼 아빠와 마주보고 점심을 같이 먹으며 얘기를 나눌 수 있는 날이 오기를 기도한다.

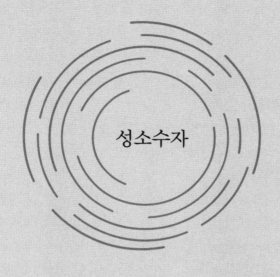

성소수자

게이 라이프 • 23–170–80–똥
여장남자의 삶과 성활동 • 박대엽·윤수종

게이 라이프[1]

23-170-80-뚱

어린 시절

난 어렸을 때부터 조금 여성스러운 편이었다. 여자들이 화장하는 거나 여자애들이 예쁜 옷을 입고 다니는 게 부러웠다. 난 맨날 단순한 윗옷이랑 바지만 입고 다니는데 유치원에 가면 여자애들은 예쁜 드레스도 입고 호피무늬 옷 같은 것도 입고 예쁘게 꾸미고 다니는 게 마냥 부러웠다. 남자아이들이 흔히 좋아한다는 로봇이나 자동차 같은 것에는 크게 관심이 없었다. 아빠는 어렸을 때 나의 이러한 점을 알고서 걱정을 많이 했다고 하셨다. 그냥 농담 삼아 여자가 됐으면 좋겠다고 말했다가 아빠한테 흠뻑 두들겨 맞은 적도 있었다. 어렸던 나는 도대체 왜 이게

---

1 『문학들』 76호(2024년 여름)에 실림.

맞을 일인지, 뭘 잘못했는지 이해할 수 없었다. 좀 더 크고 나서 초등학교 고학년이 될 즈음, 친구들이 여자에 관심을 가질 때 나는 남자 쪽에 관심이 있다는 걸 깨닫긴 했지만, 이게 뭔지는 몰랐다.

중학교에 가서야 게이라는 말을 처음 들어 봤고 남자가 남자를 좋아할 수도 있다는 걸 깨닫게 되었으며, 그게 어쩌면 나한테 적합한 단어일지도 모르겠다는 생각이 들었다. 중학교 때 좋아하던 남자애도 있었지만 나의 게이 정체성을 부정했다. 아무래도 우리 집이 기독교 집안이다 보니까 게이에 대한 인식이 너무 안 좋았고 지금도 솔직히 난 죽어서 지옥에 떨어지는 게 아닌가 하는 불안감을 가지고 있다.

내가 중학생이 되어서 아빠는 나의 정체성을 조금씩 눈치채기 시작했는데, 이 때문에 몇 번 두들겨 맞기도 했다. 아빠는 나에게 성경을 같이 읽자고 하기도 하고 정신상담을 받아 봐야 한다고도 했다. 엄마는 그냥 성장하는 남학생이 겪는 일종의 방황 같은 것이라고 생각했지만, 예민했던 아빠의 동물적 감각에는 정확히 캐치되고 말았던 것이다. 물론 지금은 아빠가 저세상에 가고 없으니까 더 이상 그런 걱정은 하지 않아도 되지만, 나에게 아빠는 너무나도 무서운 존재였다. 존재한다는 사실 자체로 날 숨 막히게 하고 죽고 싶게 만들었다.

아빠 때문에 난 초등학생 때부터 종종 아파트에서 뛰어내려 죽고 싶다는 생각을 할 정도로 극심한 스트레스를 받았다. 아빠를 죽여야겠다는 생각을 할 정도였다. 아빠는 나에게 너무나도 끔찍한 존재였기 때문에, 땅속 어딘가에 한 줌의 흙이 된 지금도 나는 아빠를 싫어한다. 아빠한테 게이인 걸(정확히 따지면 바이이긴 함. 비율상 남자를 더 좋아할 뿐, 여자를 좋아하지 않는 건 아님) 어느 정도 들켰을 때 받은 스트레스는 아주 심했다. 존나 두들겨 맞고 그랬으니까. 아빠의 그 눈빛은 아직도 기억난다. 분노 속에 좌절과 두려움으로 가득 찬 눈. 우리 아들이!

우리 아들이……! 그런 눈빛이었고 '제발 나한테 게이가 아니라고 말해 줘'라고 애원하는 눈초리로 바라보던 그 순간이 아직도 기억난다. 만약 그 순간에 게이라고 했으면 아빠는 어떤 반응을 보였을까. 그땐 너무 두려운 나머지 아니라고, 단순히 호기심일 뿐이라고 했지만….

우리 집은 아빠가 집에서 나를 케어하고 엄마가 밖에서 일하는, 그러니까 전형적으로 남편(남자)과 아내(여자)의 역할이 바뀐 그런 집이었다. 엄마가 일해서 돈을 벌어 오셨기 때문에 엄마가 가장이셨고 그래서 엄마와 보낸 시간이 그리 많지 않았다. 엄마는 오후 6시에 퇴근해 집에 들어오셨고 또 젊었을 때 잠도 많아서 9시면 자는 사람이었다. 엄마랑 하루 중에 볼 시간이 3시간밖에 안 됐다.

엄마가 뭔 생각을 했는지는 모르겠는데 좀 무던한 편이었고, 실제로 특별한 반응을 보인 게 없었다. 엄마는 "너는 남들과 크게 다를 바가 없다." "너 정도면 아주 평범하다"고 그러신다. 물론 내가 친구들이랑 어울릴 때면 좀 독특하지만, 그에 비해 엄마와 있을 때는 그렇게 색다르지는 않은 것 같다. 지금도 엄마가 나의 소수자 정체성을 알고 있는지 어떤지 모르겠고, 그런 얘기 자체를 하지 않는다. 그러니 엄마한테 특별히 커밍아웃을 하지는 않았다.

정체성 인식

친구들은 나의 말투나 행동으로 다들 한 번쯤 동성애자가 아닌가 의심은 하지만 내가 말을 하지 않기 때문에 알 수 없는 상태일 것이다. 물론 이에 대해 내가 제대로 물어본 적은 없다.

아빠는 내가 고등학교 때 돌아가셨고 그때부터 나는 나를 자유롭게 인정할 수 있게 되었다. 내가 남자를 좋아하는 건 사실이고 바꿀 수도 없는 사실인 걸 어떡해. 이왕이면 인정하고 즐기며 사는 편이 훨씬 낫다고 생각하게 되었다. 그렇지만 내가 이 세계[게이] 활동을 시작한 건 정말 그리 오래된 일이 아니다. 고딩 시절에는 스마트폰이 없어서 이 세계 활동을 할 엄두도 못 냈고, 대학생 시절에는 코로나로 인해 좋아하는 남자뿐만 아니라 대학 친구도 제대로 사귀어 보지 못했다.

고등학교 친구 중에 이쪽 친구가 몇 명 있었는데 이쪽 애들이라고는 걔네들 말고는 잘 몰랐다. 걔네들을 보면 이미 고등학교 때 남자 맛을 한 번쯤은 봤다. 학교에서 선배랑 오랄을 하기도 하고 밖에서 이쪽 사람들을 만나서 섹스를 하고 다니는 애들도 있었다. 모두가 다 고등학생 때 관계를 시작하는 건 아니겠지만 적어도 스무 살이 되면 남자를 만나고 다니는 것 같기는 하다.

게이들이 흔히 한다는 어플은 대학생이 되기 전부터 있다는 것은 알고 있었지만 솔직히 무섭기도 해서 한두 번 깔아 보기만 했을 뿐 제대로 하지는 않았다. 그리고 무엇보다 내가 고등학교 때 살이 엄청 찐 나머지(25kg는 쪘다) 외모에 자신감이 너무 없어서 이대로 만났다가는 두들겨 맞겠다는 생각이 들었다. 그래서 지금도 계속해서 살을 빼는 중이다. 한 번 찐 다음에 빼는 거라 그런지 얼굴 살은 쉽게 빠지지 않아도 몸의 살은 조금씩 빠지고 있다. 1년 반 전에 비해선 15kg을 뺐고 지금도 계속 빼고 있다. 그래서 2023년 들어서야 처음으로 어플을 진지하게 써 봤다. 그게 꼭 나한테 좋은 추억으로만 남아 있지는 않지만 몇 사람을 만나 볼 수 있게 되었다. 나는 평생 연애도 못 해보고 죽을 줄 알았지만 덕분에 지금의 남친도 만나게 되었다(뭐, 근데 솔직히 말하면 난 남친을 썩 좋아하지는 않는다. 그냥 친구 정도로 생각하고 있다. 걔가 날 좋아하는 거라…. 난 솔직히 커다란 감흥이 있지는 않았고 처음에 거절하지 못한 것이 여기까지 오게 된 것이다).

나도 게이 세계를 그리 잘 아는 건 아니다. 왜냐면 어떻게 보면 난 은 둔 게이이고 데뷔한 게이는 아니기 때문이다. 난 게이 오프라인 세계에 나가 본 적이 없다. 나도 들은 것이 전부다. 나에게 있는 게이 친구라고 해 봤자 고등학교 때부터 서로 이쪽인 거 눈치채고 지내고 있는 친구 정도밖에 없다. 그런데 솔직히 지금의 나를 인정하고 이렇게 살아가는 삶 자체가 행복하다. 일반 애들과도 어울려 놀면서 남자들이랑 관계도 가지는 그런 삶이 좋은 것 같다. 게이 생활에만 기울지 않고 일반인과의 관계도 잘 꾸려 가는 지금의 삶이 이상적이고 행복한 삶이 아닌가 하는 생각이 든다. 다만 아직 우리나라는 외국처럼 그렇게 열려 있지 않아서 굳이 티내고 살 필요는 없기 때문에, 밖에서는 일반인처럼 살면서 개인적으로는 남자랑 섹스하고 다니며 살고 있다.

커밍아웃과 관련하여 공개적인 장소에서 확인하는 것은 맘에 내키지 않는다. 내가 아는 사람들이 아는 건 상관없지만 내가 알지도 못하는 사람들이 아는 건 원하지 않는다. 이해해 줄 수 있는 사람들이 있는 공간에서는 좀 더 냅다 까라 식으로 자연스럽게 나의 행동을 드러낸다. 굳이 티를 내지 않으려고 애쓰지 않는다는 것이다. 그냥 편하게 가장 나다운 자세로 있지 않나 싶다. 물론 내가 보여 준 것도 완전 100%의 나 자신을 표현한 건 아니지만, 어쩌다 보니 '걸커'(걸어다니는 커밍아웃)가 되어 버렸다. 나는 아무래도 항상 나를 숨겨야 한다는 생각이 있다.

나는 행동거지나 목소리가 일단 뭐랄까, 하여튼 끼까지는 아닌데 애교가 많다. 약간 편한 자리에서는 그런 것을 자연스럽게 표현하기도 하지만, 경우에 따라서는 일부러 남성적인 목소리를 내기도 한다. 2024년 4월에 입대하였는데, 군대 안에서 선임들에게 대답할 때는 남성적인 목소리로 말한다. 전화할 때 편하게 수다 떨다가 갑자기 선임이 지나가면 남성적인 목소리로 변조해서 말하기도 하였다. 물론 학교와 같은 공적인 장소에서는 좀 더 교양을 차린 목소리로 말한다. 하지만 진짜 편한 사람이랑 있으면 약간 끼에 가까울 정도로 말하고 애교를 부린다. 이렇게 상황에 따라 목소리와 행동이 달라지곤 하는데, 이 변조된 모습도 나라고 생각한다. 나는 당연히 다양한 페르소나를 가지고 있다. 한 가지 모습에 익숙한 사람에게는 이런 다른 모습이 잘 보이지 않을 수도 있다.

게이 라이프

데이팅앱/어플을 통한 만남

우리는 숫자로 서로를 표현하고 서로의 체형을 거리낌 없이 이야기할 수 있는 그런 세계에 살고 있다. 23-170-80-뚱. 이것은 나를 표현한 것인데, 나이 23살, 키 170센티미터, 몸무게 80킬로그램, 체형 뚱뚱한 편이라는 의미이다. 25-175-60-슬림이라고 하면 나이 25살, 키 170센티미터, 몸무게 60킬로그램, 마른 체형이라는 의미이다. 게이 데이팅 앱에서 자신을 소개할 때 이런 식으로 표현하며, 얼굴 사진이나 특정 부위의 사진을 올리기도 한다. 이렇게 자신을 간단하게 소개하고 다른 사람의 그런 소개를 살펴보며 서로 상대를 찾는다.

난 내 외모에 자신이 없기도 하고 겁이 많은 편이라 성인이 되고 나서도 남자를 만나고 다니지를 못했다. 스무 살 때는 아예 시도할 생각을 못해 봤고 스물한 살 때 쯤 어플을 처음 깔아봤던 것 같다. 실은 내가 워낙 은둔이다 보니까 그 때는 어플이 뭐가 있는지도 잘 몰랐다. 친구한테 그런 거 물어보기는 창피했고 나 혼자 인터넷에서 찾아보고 깔았었다. 우리나라에는 크게 T, J, B 세 개의 어플이 있었는데 다 깔아보기는 했다. 그렇지만 나는 사진도, 소개도 올려놓지 않은 유령 계정으로 놔두기만 하고 주위 사람들을 둘러보기만 했다. 그 때까지는 이 사람들과 직접 만난다는 게 나에게는 너무나도 큰 도전이었다. 종종 연락이 오기도 했다. 정보가 아무것도 적힌 게 없는 은둔 계정이다 보니 관심이 생긴 사람들도 있었다. 보통 '무슨 관계 찾으세요?' '안녕하세요, 소개해주실 수 있을까요?' '178 62 22입니다.' 이런 식으로 연락이 오곤한다. 특히 '무슨 관계 찾으세요?'는 거의 '안녕하세요?' 대신해서 쓰이는 정도인데 게이 커뮤니티는 그만큼 목적 지향적인 커뮤니티이다.

물론 나는 이 부분에서는 살짝 단점이 있는 사람이기에 (보통 슬림, 슬근, 많이 쳐줘도 베어까지를 좋아하지 나처럼 통통한 사람을 좋아하지는 않기 때문에) 그런 분위기를 썩 좋아하지는 않지만, 나도 살을 계속 빼간다면 그런 분위기를 즐길 것 같기는 하다. 오히려 내 성격이나 이런 거 상관없이 단순히 그런 숫자만으로도 사람을 끌리게 할 수 있다는 건 확실히 간편한 거니까(그렇지만 처음에 사진이나 몸으로 모든 게 결정되는 온라인 연애가 나한테는 살짝 안 맞는 것 같았다).

게이 데이팅 앱과 그 사용에서 비롯된 게이들의 우울감 등을 중점적으로 이야기하는 글을 보았다.[2] 그리고 그 내용이 상당히 공감 가는 편이었다. 물론 나는 어플을 그렇게 자주 사용한 편이 아니어서 내가 느끼는 감정은 어플을 많이 사용하는 게이가 느끼는 감정과 다를 수도 있다. 나에게 어플은 상당히 스트레스였던 것 같다. 지웠다 깔았다를 반복했다. 끊임없이 나 자신을 홍보해야 했고 남들보다 경쟁력이 있는 상품이 되기 위해 애써야 했다. 어플 속에서 내가 끊임없이 상품화되는

---

2 박해민, 「감정과 정동의 게이정치 : 게이 친밀성·사랑 경험을 중심으로」, 연세대학교 석사논문, 2017.

것에 대한 회의감도 생겼던 것 같다. 자유로운 성관계를 맺으려 하는 것이지만, 그 과정에는 팔리려고 열정적으로 노력하는 수많은 게이의 비애가 담겨있다. 프로필 사진을 끊임없이 바꿔 줘야지 같은 사진을 계속 놔두면 뒤처지는 것이다. 철저한 자기관리와 어필을 통해서 살아남아야 한다. 가끔 팔리기 위해서 노력하고 있는 나를 보면 솔직히 말해서 한심할 때가 있기도 하다. 'ㅋㅋㅋ. ㅅㅂ 남자 만나려고 별 ㅈㄹ을 다 하고 있네'라는 생각이 들 때가 있다.

어플에는 예의 없는 사람도 많고, 어플은 끊임없이 나에게 감정 소모를 요구한다. 모르는 사람과 계속 연락을 취하고 서로 조율해 나가야 한다는 게 스트레스이기도 하다. 그리고 볼 듯 말 듯 애매하게 말하면서 질질 끌고 가기만 하는 상대도 있고 별의별 사람이 다 있다. 나는 온라인 속의 상대방과 줄타기하고 있다. 상대는 이것저것 재면서 나를 저울 위에 올려 보고 있는 것 같은 느낌이랄까? 그런 느낌 속에서 무능력해지는 내 자신이 싫다. 오히려 처음부터 "아 제 취향 아닌 거 같아요, 죄송합니다" 하고 가주면 고마운데, 이것저것 하나하나 따져 본 다음 거절하면 더 좌절하고 시간이 아깝기도 하다. 속으로 '내가 너랑 연애하자고 했냐? 시발 잠 한 번 자자는데 존나 까다롭게 구네….' 이런 생각이 들게 하는 사람이 종종 있다. 사귈 것도 아닌데 네면 네고 아니면 아니지 왜 볼 듯 말 듯 하는데? 짜증나게 시간도 없구만.

그냥 단순히 서로 연락을 주고받는데 냅다 반말을 박는 사람도 있고 이상한 걸 요구하는 사람도 있다. 가장 기억에 남는 사람은 자기가 사실은 바이이고 여자가 입은 팬티를 좋아한다면서 나한테 빨래바구니에서 엄마가 입던 팬티를 하나 가져올 수 있겠냐고 물어본 사람이었다 (??? 씨발 진짜 개또라이년인가?) 그런가 하면 나를 가지고 농락(?)하는 약간 이해하기 힘든 사람도 있었다. 그 사람과 가상세계에서 계속

이야기하였는데 답장하는 텀이 최소 15분은 넘어갔고 자기가 무슨 일을 하느라 바쁘다면서 죄송하다고 했다. 어렸던 나는 아… 바빠서 답장하기가 힘든가 보구나 하고 이해하고 넘어갔고, 그렇게 오랜 시간이 지난 후에 결국 보기로 했다. 그런데 이 사람이 보자고 해 놓고서 정확한 장소와 시간을 정하지 않고 대답을 피하는 것이었다. 자꾸 독촉해서 대충 시간을 정했다. 약속시간이 다가오자 나는 어디서 볼 것인지 물어봤는데, 이 또한 한참 동안 연락이 안 되더니 시간이 꽤 지나서야 자기가 급히 해야 할 일이 있다면서 시간을 조금만 늦춰도 되냐고 물어봤다. 나는 이때까지도 내가 놀아나는 줄도 모르고 그러자고 원래 약속했던 시간보다 두 시간쯤 뒤에 보자고 약속을 잡았다. 자기가 차를 가지고 나갈 테니 자기 차에서 보자며 대략적인 약속 장소를 알려 줬는데 이 장소가 솔직히 좀 애매모호했다. 예를 들어 XX공원 이런 데서 보기로 한 건데, 공원이 무슨 코딱지만 한 것도 아니고 정확한 위치를 알려 주지 않으면 서로 만날 수가 없지 않나? 우리가 일반인들처럼 막 대놓고 만날 수 있는 것도 아니고? 그래서 공원 정확히 어디서 볼 거냐고 물어봤더니 역시나 답장은 오지 않았다. 그러더니 약속시간이 되자 이 사람은 차단을 박고 도망갔다. ㅋㅋㅋㅋㅋ 얼탱이가 없었다. 아직도 그 사람은 대체 무슨 심리였는지 알 수가 없다. ㅋㅋㅋㅋㅋ 그 사람한테 소요한 시간만 해도 한나절은 되지 않을까 싶다. 정말 세상에 병신이 참 많다고 깨닫게 된 순간이었다.

의외로 질척거리는 타입도 힘들다. 한 번 만난 후에 내가 어떻게든 핑계를 대서 거절하더라도 계속 들이미는 사람이 있다. 그리고 내가 거절한 이유는 대부분 그 사람의 매너에 문제가 있었기 때문이다. 우리 또 언제 보면 안 되냐면서 다시 한번 빨아 달라고, 바빠서 그런다고 하면 "내가 직접 갈 테니까 한 번 하면 안 되냐?"고 질척거리는 사람이 있

는데, 이런 사람도 은근 피곤하다. 나는 차단 박는 걸 좋아하는 스타일
도 아니라서 조용히 이런저런 말로 둘러대는 편인데, 이런 사람은 '열
번 찍어 안 넘어가는 나무 없다.'는 속담이 기본적으로 탑재되어 있는지
넘어갈 때까지 찍어 본다. 그래도 내 스킬이 맘에 들긴 했나 보지?

ㅎ. 아무튼 이렇게 정말 여러 가지 요소가 나의 감정을 갉아먹는다.
이런 과정에서 어플에 대한 짜증과 스트레스, 그리고 우울감 등이 솟아
오른다. 그래서 프로필 그냥 쫙 내리고 지우거나 오랫동안 안 들어가기
도 하는데, 오랜만에 다시 들어가 보면 사람들이 프로필도 없고 아무런
소개도 없는데 새로운 사람인가 보다! 하고 우르르 와서 쪽지 거는 꼴을
보고 있으면 다시 짜증나서 그냥 닫아 버릴 때도 있다.

식성

게이들은 자신이 좋아하는 스타일을 '식성'이라고 한다. 꽤 구체적인
취향으로, 식성에 맞지 않는 사람은 관계를 맺지 않는 것이 일반적이
다. 나의 경우 식성을 말하자면, 가로로 긴 눈, 사슴 같은 눈, 무쌍 내지
속쌍을 좋아한다. 쌍꺼풀 진한 거는 싫어…… 얇지만 가로로 긴 입술에
청순함, 소년미, 귀여움을 장착한 사람을 좋아한다.

그런데 실제로는 얼굴 많이 안 보고, 잘생긴 사람보다 귀여운 사람을
좋아한다. 세련되게 귀여운? 몸매를 많이 보며 마른 사람을 좋아한다.
아예 마른 사람보다 적당히 마른 사람. 그리고 가슴을 많이 보며, 뼈가
굵은 사람보다 적당히 굵은 사람을 좋아한다.

나는 생각보다 낭만성[로맨스]을 추구하며 분위기를 많이 본다. 또
한 탐닉당하는 것 같아서 키스를 아주 좋아한다. 기억에 남는 키스 장
면은, 술집 화장실에서 사람들 못 들어오게 문을 가로막고 하던 키스와
밤에 어느 가정집 대문 앞에서 하던 키스다. 그리고 이런 것에 대한 로

망이 있다.

이렇게 식성은 세밀하게 규정되지만, 성취향은 탑이나 바텀 아니면 올(탑과 바텀 역할을 모두 함)로 나뉜다. 나는 실은 탑과 바텀 역할을 둘 다 할 수 있는데 더 선호하는 것은 바텀 역할이다. 비치[암캐]가 되어서 사람들을 자유롭게 접촉하는 판타지를 갖고 있는데, 그런 판타지가 또 가끔 현실에서 이루어지는 경우가 있다. 애무의 경우 나는 더 받고 싶지만 항상 기브앤테이크이다. 받기 위해서 충족시켜 주는 거지 애무해 주는 것 자체를 엄청 즐기는 건 아니다. 나는 기본적으로 내가 애무받는 것을 더 좋아한다.

이런 취향은 평소 사람들을 만나기 전에도 대충은 알고 있었다. 약간 신체적인 것보다 정신적으로 취향을 짐작할 수 있는 부분이 있었기 때문이다. 그러니까 나는 기본적으로 나 자신을 남자에 가깝기보다 항상 여자의 정서에 더 가깝다고 생각하기 때문에, 상대방이 안아 주고 애무해 주는 것을 더 좋아했다. 그리고 애당초 그게 그렇게 중요한 건 아닌데, 나는 기본적으로 어떤 마인드냐 하면 '한 번씩 서로 해보면 되지'라고 생각한다. 근데 더 좋아하는 건 있긴 하다.

그리고 바텀 역할과 관련하여 상대가 "아파서 받을 수 없어요"라고 하면, 대부분 "한번 해 보면 그다음부터는 괜찮다"고 한다. 물론 처음에 조금 그러긴 했는데 하다 보면 익숙해지는 게 맞다. 그리고 나는 그다지 아프진 않았다.

첫 경험 그리고

내가 처음으로 남자를 만나봐야겠다고 결심한 건 일본에 갔을 때였다. 나이가 점점 들고 친구들은 남자들과 놀아나는 걸 보면서 살짝 외로움을 느꼈던 것 같다. 언제까지나 이런 식으로 회피할 수는 없겠다는 생각이 들었다. 그만큼 남자가 고프기도 했다. 나이가 찰수록 몸은 점점 달아오르는 데 용기가 없어서 나가지 못하는 내가 원망스러웠다. 이런 식으로 살다간 평생 연애도 못 해보고 남자 손도 못 잡아본 채 죽는 게 아닌가 하는 생각이 들었다. 그러다 일본에 놀러 갔다가 갑자기 무슨 객기가 생겨난 것이다. 일본 남자를 좋아하기도 하고 차라리 외국인이면 말이 안 통하니 다행일지도 모르겠다는 생각이 들었다. 경험이 없다 보니 상대방이 처음 해보냐고 묻거나 너무 못한다고 할까 봐 두렵기도 했기 때문에, 아예 서로 대화가 통하지 않는 일본에서 처음 시작하는 편이 좋겠다는 생각이 들었다.

그래서 어플을 깔고 사람을 탐색하기 시작했다. 확실히 내가 뉴페이스다 보니 연락은 이곳저곳에서 많이 오는 편이었다. 그렇지만 내가 여행자의 신분이다 보니 멀리 가기는 어려워서 매너 괜찮고 가까이에 있는 사람을 찾았다. 일단 처음이다 보니 끝까지는 하지 않고 근처에 있는 역 화장실에서 오랄만 하기로 했다. 그 사람을 만나러 역 앞으로 나가는데 처음이라 심장이 너무 두근댔다. 역으로 걸어가는 데 '지금이라도 도망갈까? 혹시라도 나를 보고 맘에 안 들어서 간다고 하면 어떡하지?'라며 별의별 생각이 다 들었다. 그래서 역 앞에서 상대를 마주쳤을 때 눈도 제대로 바라보지 못하였다.

그런데 그는 정말 매너 있는 사람이었다. 내가 일본어가 되지 않아서 소통이 거의 안 됨에도 불구하고 계속 번역기로 나와 대화를 시도하며 이야기를 이어 나가려 하였다. 얘기를 좀 하다가 같이 화장실에 들어가게 되었는데 갑자기 나한테 먼저 들어가 있으라면서 자기는 좀 있다 들어오겠다고 했다. 그 순간 나는 차인 게 분명하다고 생각했다. 서로 번개하러 왔다가 맘에 안 들면 버리고 간다고도 하던데 그 비극의 주인공이 내가 될 줄이야! 역시 천 리 길은 알아도 사람 속은 모른다더니 나를 버리고 가려고 저렇게 친절하게 대해줬구나. 나 혼자 화장실에서 기다리는데 실망감이 온몸을 감싸고 식은땀이 나고 심장이 쿵쿵 뛰기 시작했다. 일본까지 와서 난 버려지는구나. 그런데 얼마 지나니 그 남자애가 들어왔다. 솔직히 버려진 게 분명하다고 생각했는데 들어오니 놀랍기도 했고 도대체 왜 먼저 들어가라고 했는지 이해가 되지 않았다. 그 이유는 나중에 알게 되었다.

오랄을 하러 온 거기 때문에 곧바로 상대의 바지를 벗겼다. 나도 처음으로 남의 자지를 보게 되는 거라 너무 흥분했고 생각할 겨를도 없이 바로 바지를 벗겼던 것 같다. 벗겨보니 아직은 커지지 않은 상태였고 털은 한 번 밀었다가 다시 자라고 있는 상태였다. 무성한 털이 아니라 아쉽다고 생각했지만 그래도 그렇게 민 털이 그의 늘씬한 몸매를 더 두드러지게 해주는 것 같아 괜찮아 보였다. 남의 자지를 보고 있는 그 자체가 너무 신기했다. 아직은 작은 상태의 귀여운 자지를 입에 넣고 오물오물거리자 점점 커지기 시작했다. 그런데 왠지 모르겠는데 나는 분명 거기를 빨고 있는데 사탕의 달콤한 맛이 느껴지기 시작했다. 그때서야 왜 잠깐 먼저 들어가 있으라고 했는지 알게 되었다. 그 사람이 들어올 때 막대 사탕을 물고 왔는데 혹시라도 거기에서 냄새가 날까 봐 옆칸에서 사탕을 묻히고 왔던 것이다. 귀엽다고 생각하며 좀 더 빠니 내 입속에서 점점 단단해지는 게 느껴졌다.

그 사람 자지는 그렇게 큰 편은 아니었다. 좀 작은 편이었지만 휘어지지 않고 곧은 편이고 귀두도 예쁘장하니 예쁜 자지였다. 그리고 작은 편이어서 다행이라는 생각이 들었다. 처음 해보는 것이다 보니 오히려 너무 크면 제대로 빨지 못할 거라는 생각이 들었다. 실은 오랄 하러 오기 전에 오랄 잘하는 법을 막 찾아봤는데 제일 중요한 건 이빨이 닿지 않는 거라고 했다. 그래서 최대한 입을 오므리고 귀두와 기둥을 빨았다. 귀두를 혀로 간질이기도 하고 요도 구멍만을 혀로 집중적으로 자극하니 상대가 신음소리를 내기 시작했다.

그러다 이왕 오랄 하게 된 김에 딥쓰롯을 시도해보기로 했다. 상대가 별로 크지 않기 때문에 딥쓰롯이 별로 어렵지 않겠다는 생각이 들었다. 그래서 입에 침을 늘려가며 좀 더 깊이 빨아들이기 시작했는데 뿌리까지 입속에 넣는 게 그렇게 어렵지 않았다. 지금까지 읽거나 찾아본 바로는 딥쓰롯을 힘들어하는 여자들도 많던 데 생각보다 너무 쉽게 뿌리까지 들어가서 놀랄 정도였다. 상대도 딥쓰롯을 상당히 즐기는 게 표정과 신음소리로 느껴졌다. 나는 빨면서도 좀 더 끼를 부려보고자 어떻게 빨아야 더 야하게 보일지를 고민했다. 이 남자를 완전히 나에게서 헤어 나오지 못하게 만들고 싶다고 생각했다. 무릎을 꿇고 있었는데 빨면서 종종 반쯤 풀린 눈을 하고서 상대를 올려다봤다. 그냥 올려다보는 게 아니라 진짜 자지에 심취한 사람처럼, 자지 없으면 살지 못할 사람처럼, 숨도 살짝 거칠게 쉬면서 쳐다봤다. (지금 만나는 사람도 내가 눈빛이 정말 야한 편이라고 한다.)

하다 보니 그 사람의 몸 전체가 궁금해서 입고 있는 셔츠의 단추를 하나하나 풀어제꼈다. 풀어보니 말랐어도 굉장히 탄탄한 내 이상형의 몸매를 가지고 있었다. 뼈대가 굵은 편도 아니고 얇은 편이라 더 좋았다. 난 얇쌍한 몸매 선에 슬근을 좋아하는 편인데 딱 그런 몸매였다. 그 사람 가슴도 핥아보고 겨드랑이도 핥으며 몸 구석구석을 탐닉했다. 어떤 사람은 그렇게 오랄 해주고 애무만 해주는 게 뭐가 좋냐고 할지도 모르겠다. 나한테 직접 느껴지는 건 없으니까. 그렇지만 이건 내 첫경험이었고 단순히 내가 남자 것을 빨고 있다는 그 자체가 나에게는 너무 야하고 흥분되는 일이었다. 분위기 자체가 너무 야했고 나를 흥분시키기에 충분했다. 그 사람도 그냥 얌전히 빨리기만 한 건 아니고 액션을 취하며 그 분위기를 같이 만들어 나갔다. 그 사람도 내가 야하게 빨고 있으니 흥분이 됐는지 내 머리를 두 손으로 잡고서 허리를 움직여 내 입에 박기 시작했다.

실은 그 화장실은 굉장히 사람이 많이 다니는 곳이라 상대가 허리를 움직이지 않아도 단순히 내가 빨면서 쪽쪽 거리는 소리도 밖에 들리는 그런 곳이었다. 허리를 써서 박기 시작하니 거기가 내 목 깊숙한 곳까지 닿아서 컥컥댈 수 밖에 없었다. 분명 밖에 볼일을 보러 온 사람들에게도 다 들렸을 것이다. 그렇지만 난 그런 거 따위는 신경 쓰지 않기로 했다. 그냥 지금 이 상황을 최대한 즐기기로 마음먹었다. 밖에 있는 사람들이 들을까 봐 염려하여 지금 이 순간을 망치고 싶지 않았다. 그가 허리를 마음껏 흔들며 내 목 깊숙이 박는 그 순간을 즐겼다. 그가 날 마음껏 욕정하며 나로 인해 본인의 욕구를 마음껏 채우는 그 상황이 나에게는 너무 야할 뿐이었다. 남들이 밖에서 무슨 생각을 하던, 그런 건 나에게 전혀 중요하지 않았다. 나는 지금 이 순간 그 사람 앞에 자지에 잔뜩 굶주린 한 마리의 암캐이자 걸레로 보이고 싶을 뿐이었다.

한 20분 정도 빨았더니 그 사람도 슬슬 사정감이 몰려오는 듯 내 입에서 황급히 빼고서는 사정감을 조절하였다. 그는 내 침으로 범벅이 된 자지를 손으로 위아래로 흔들며 내 얼굴에 치고 비벼댔다. 다른 사람들은 얼굴에 침이 묻는다고 더럽다고 짜증낼지도 모르지만, 나에겐 그 사람이 나를 잔뜩 욕정해 주는 것 같아 좋았고 그 분위기가 너무 야하게 느껴졌다. 얼마 지나지 않아 그는 사정할 것 같다고 했고 내 입에 그대로 싸버렸다. 정액 양 자체는 많지 않았고 묽은 편이었다. 아마 평소에도 혼자 자주 하는 편인 것 같았다. 조금 실망스럽기는 했지만 난 정액을 좋아하기 때문에 천천히 음미하며 그의 정액을 삼켰다. 아무래도 묽은 정액이다 보니 조금 짠 맛이 났다. 정액은 크게 비린 맛, 짠맛, 쓴맛으로 이루어져 있다. 진득한 정액일수록 비린 맛이 강하고 밤꽃 냄새라고 부르는 정액 특유의 향이 강한 편이다. 묽은 정액일수록 짠맛이 강해지고 가끔은 굉장히 쓴맛이 나기도 한다. 그의 정액은 상당히 묽은 편이었지만 쓴맛은 나지 않고 짠 편이었다.

한 번만 하고 돌아갈 줄 알았는데 그는 마음에 들었는지 한 번 더 하자고 했다. 그의 자지는 한 번 한 상태라 다시 작아져 있었고 다시 세우고자 입에 넣고 오물거리기 시작했다. 잔뜩 서 있는 상태의 자지는 굉장히 딱딱하지만 작아져 있는 자지는 말랑말랑거리고 식감 좋은 젤리 같은 느낌이다. 그걸 입에 넣고 오물거리다 보면 입속에서 점점 커지는 걸 느낄 수 있다. 두 번째라 그런지 완전히 세우는 데는 확실히 처음보단 오래 걸렸다.

그런데 두 번째는 내가 조금 체력적으로 힘들었다. 아무래도 화장실이다 보니 장소가 좁고 자세도 편하지 못했다. 무릎을 꿇었다가 쪼그려 앉았다가 하면서 계속 자세를 바꾸는 수밖에 없었다. 그리고 상대가 계속 내 목에 사정없이 박아댔기 때문에 내 목도 아프기 시작했고, 이빨이 닿지 않게 입술을 잔뜩 오므리고 있었기 때문에 입도 슬슬 아프기 시작했다. 그리고 때는 뜨거운 한여름이었다. 한여름 속의 화장실은 정말 정말 덥다. 빨고 있는 나도 너무 더워서 땀이 줄줄줄 났고 내 앞머리는 다 젖어 있었다. 상대는 허리까지 움직이며 내 목에 박고 있었으니 나보다 땀이 더 나고 있었다. 내가 상대의 옷을 완전히 벗겨버렸기 때문에 난 그의 엉덩이와 등을 만지며 빨고 있었는데(정말 탄탄한 애플힙의 엉덩이었다. 만지는 맛이 정말 좋았다. 다시 만지고 싶다…), 점점 축축해지는 게 느껴지더니 완전히 땀으로 흥건해져서 제대로 잡히지 않고 미끌거리기 시작했다. 그도 내가 힘들어하는 게 느껴졌는지 자세가 불편하지 않냐고 물어보며 나를 챙겨주기 시작했다. (아무리 생각해봐도 매너 좋은 사람이었다. 그 이후 누구도 단 한 번도 그런 걸 물어본 적이 없었다. 다 자기 좆 박기 바빴지 나의 입장을 생각해 준 적이 없었다. 나중에 여행 가면 다시 연락해봐야겠다. 한 번쯤 다시 보고 싶은 사람이다.)

그렇지만 내가 힘들다고 도중에 끝낼 수는 없는 법이기에 나는 힘든 걸 참아내고 빨기 시작했다. 그래도 힘든 건 사실이기 때문에 솔직히 두 번째 한 건 그렇게까지 즐겁지는 않았다. 하지만 덜 즐거웠을 뿐 내 밑은 첫 번째에 그랬던 것처럼 서 있었다. 나중에 숙소에 가서 확인한 건데 볼일을 보려고 팬티를 내렸더니 팬티가 쿠퍼액으로 범벅이 돼서 쿠퍼액이 쭈욱 늘어났다. 이 이후 오랄을 하면서 이 정도로 흥분했던 적이 없었던 것 같은데, 아무래도 이게 나의 첫 경험이다 보니 나도 많이 흥분했던 것 같다.

그리고 두 번째 할 때는 그의 불알도 핥아보았다. 불알 한 짝을 조준하고 쭉 빨면 계란 노른자만 분리해내듯 입속으로 쏙 들어오는데 입에 들어온 불알을 느끼며 핥으면 된다. 그는 불알을 핥아주는 걸 꽤 좋아하는지 상당히 느끼는 편이었다. 한 짝을 넣어보니 입에 공간이 남아 두 짝 다 빨 수 있을 것 같아 반대쪽도 쏙 빨았더니 둘 다 입에 들어왔다. 불알을 빠는 느낌은 마치 입속에서 구슬 두 개를 넣고 핥는 그런 느낌이었다. 그는 두 번째도 내 입에 쌌고 우리는 옷을 입고 헤어졌다.

변기칸 밖으로 나오니 사람들이 굉장히 혐오스럽다는 표정으로 쳐다봤다. 아무래도 소리가 다 들렸던 듯싶다. 그래도 난 좋은 경험을 했기 때문에 그들이 나를 어떤 표정과 감정을 가지고 바라보든 상관없었다. 밖에 나오니 선선한 여름 바람이 나를 맞이했다. 선선한 여름 바람이 마치 나에게 수고했다고 땀을 식혀주는 것 같았다. 시간을 확인해보니 1시간이나 지나 있었다. 숙소에 돌아가니 그 사람에게서 다시 연락이 왔는데 오늘 너무 좋았다며 혹시 내일도 여기에 있냐고 물어봤다. 다음 날 다른 지역에 가야 하는 일정이었기 때문에 없을 거라고 했더니 그 사람은 굉장히 아쉬워했다. 그래도 처음이긴 하지만 리콜이 오는 걸 보니 나쁘지 않게 한 것 같아 굉장히 뿌듯했다.

일본에서 성공적으로 오랄섹스를 마친 이후에 자신감이 생겨 한국에서도 어플을 깔고 오랄을 할 상대를 찾기 시작했다. 끝까지 해보고 싶다는 생각이 들기도 했지만 아직은 자신이 없었다. 실은 집에서 혼자 몇 번 뒤에 넣는 연습을 해봤지만 잘 들어가지도 않고 상당히 아파서 끝까지 넣는 게 나한테는 너무나 도전적인 일이었다. 꿩 대신 닭이라고, 대신 오랄을 조금 더 해보며 스킬을 늘려보고자 했다.

그렇지만 두 번째로 만난 상대는 실망스러운 부분이 좀 있었다. 정확히는 나랑 잘 맞지 않던 것 같다. 그 사람은 부모님이랑 같이 사는지 장소가 없어서 자기가 사는 주상복합의 상가 화장실에서 만나 하기로 했다. 외모 자체는 마음에 드는 편이었다. 얼굴을 다 보여주기는 창피했는지 마스크를 쓰고 왔는데 키가 크고 마른 편이었다. 그리고 얼굴이 다 보이지 않아도 꽤 앳돼 보였다. 그는 털을 밀지는 않았지만 기본적으로 적은 편이었다. 하얗고 마른 몸에 털은 딱 거기에만 있는 그런 느낌의 몸을 가지고 있었고, 몸이나 털은 딱 내 마음에 들었다.

그런데 자지가 좀 실망스러웠다. 일단 그 사람은 까지지 않는 자지를 가지고 있었다. 전혀 까지지 않는 자지를 본 건 처음이었다. 난 귀두 모양을 좋아하는데 표피로 완전히 덮여 있는 그의 자지는 일단 성적으로 그렇게 끌리지 않았다. 그리고 하나의 커다란 문제가 있었으니 까지지 않는 자지라 그런지 좀 냄새가 났다. 엄청나게 심각할 정도의 냄새는 아니고 정확히 무슨 냄새라 형용할 수 없는 요상한 냄새가 났다. 오줌 냄새 같은 지린내도 아니고 좆밥 냄새도 아니었다. 그런데 빠는 내

내 불쾌하고 퀴퀴한 냄새가 나서 기분이 썩 좋지 않았다. 그리고 귀두가 까지지 않는 자지라 어떻게 해야 느끼는지도 알기가 어려웠다.

또 굉장히 예민한 자지를 가지고 있었는데 좀만 힘을 주어 빨면 아프다고 했다. 불알 빠는 것도 별로 좋아하지 않았는데 불알도 아프다며 빠는 걸 싫어했다. 어찌저찌 하긴 했지만 상대는 별로 맘에 들어 하지 않았고 나도 빨면서 냄새로 조금 고생한 썩 좋지는 않은 경험이었다. 그리고 그 사람은 내가 별로였는지 바로 어플에 차단을 박았다.

만남과 연애

게이들은 '가벼운 만남'을 선호한다고 한다. 근데 이건 솔직히 어쩔 수 없는 것이라고 생각한다. 게이들에게는 결혼이라는 제도가 없으니까. 생각보다 결혼이라는 제도가 주는 힘이 크다. 일반 부부의 경우에 싸움하다가도 '그래, 우리 결혼했으니까'라는 마음으로 참기도 하는데, 게이들은 그게 없다 보니까 사소한 다툼에도 바로 헤어지는 경향이 있다. 뭐랄까 굳이 참을 이유가 없는 것이다. 일반 부부들은 결혼하고 애까지 낳으면 자식에 대한 책임 때문에 참고 같이 살아가지만, 게이들은 그런 게 없다 보니까 싫어지면 헤어지는 것이다. 이런 제도적인 부분이 게이들의 만남을 어느 정도 가볍게 만든다. 솔직히 나도 내 남자 친구를 절대 나와 평생 같이할 존재라고 생각하지 않는다. '너도 언제 때가 되면 가겠지', 이런 생각으로 만나고 있는 게 사실이다. 본인은 이걸 알게 되면 굉장히 슬퍼하겠지만 어쩔 수 없는 사실이다. 우리에겐 평생이라는 건 절대 존재할 수 없는 것이라고 나는 생각한다.

그리고 한 사람과 '연애'를 하고 있는데 앱을 사용하여 다른 사람들을 만나는, 즉 애인이랑 보험을 들어 두고 살짝 사고를 치는 사람들도 있다. 어떻게 보면 나의 이야기이기도 하다. 나도 남자 친구가 있긴 하지만 또 다른 남자가 있기도 하다. 내 남자 친구는 절대 모르는 일이겠지만, 나름 정당화하자면 남친은 군대에 가 있는데 사지 멀쩡한 내가 (군대 가기 전에) 혈혈단신으로 외롭게 있어야 하는 것은 아니지 않나? ㅋㅋㅋㅋㅋ 너무 쓰레기 같은 발언이기는 한데 어쩌다 보니까 그렇게 되어 버렸다. 뭐 그런다고 그 사람이랑 사귀는 건 아니다. 친구다. 평소에 같이 먹으러 다니고 카페도 다니고 그 사람 자취방에서 놀기도 하는 친구 같은 사이이다. 다만 볼 때마다 섹스하는 것 같긴 하지만.

솔직히 말하면 난 좋아한다. 남친보다 더 ㅋㅋㅋㅋㅋ. 근데 문제는 이 사람이 호기심 있는 일반이라는 거. 기본적으로 여자를 좋아한다. 나도 남성이 아닌 여성으로 느껴지는 편이라고 말한다. 남성이어서 좋아하지 않고 지금도 나한테 종종 여자 친구면 좋겠다고 말한다. 내가 여자면 사귈 수 있겠지만 남자여서 안 된다는 식으로 말한다. 남자로 태어난 게 슬플 따름이다. ㅋㅋㅋ. 이렇게 애매하게 태어날 거면 그냥 여자로 태어나지.

나는 이 관계를 궁극적 친구라고 표현하는 편인데 내가 생각하는 이상적인 친구는 이렇게 되어야 한다고 생각한다. 나도 처음에는 단순히 친구이지 그 이상의 관계라고 생각하지 않았다. 그런데 친구인데 섹스하기도 하는 친구가 되었다. 친구라는 존재는 다른 모든 것은 공유할 수 있으면서 왜 성은 공유할 수 없는지 하는 의문이 전부터 있었는데, 이런 관계가 나는 참 좋다고 생각한다.

그리고 원래 사랑이라는 건 더 좋은 조건을 갖춘 사람이 나타나면 갈아타는 것이다. 위에 말한 사람들도 보험을 들어 두고 사고 친다는 게 그런 의미일 것이다. 더 좋은 매물로 갈아타기 위해서 보험을 들어 두고 숟가락 들고 여기저기 한 입씩 먹으러 다녀본다는 거 아닐까?

끼순이 문화

그냥 여성스러운 게 아니라 살짝 천박하게 여성스러운…? 서로를 지칭할 때도 언니라고 한다든지. 게이들 특유의 말투? 이런 게 잘 드러나는 사람을 "끼순이"라고 한다.

게이들이 게이 커뮤니티의 문화를 부정하고 끼순이를 배척한다고 하는데 이는 사실이긴 하다. 그런데 이건 나름의 이유가 있다. 솔직히 게이 세계의 문화가 일반적이지 않은 부분이 꽤 있다. 앞서 언급한 논문에서는 "이렇게 살다가 인생 망할지도 모른다"와 같은 식의 말들이 인터뷰 도중에 나오기도 하는데, 왜 그렇게 말하는지 이해가 되기는 한다. 인터뷰 당사자들 같은 경우에는 나보다는 좀 더 나이가 든 사람들이기 때문에 무엇을 두고 말했는지 정확히는 모르겠지만, 내가 느끼기에 기본적으로 게이들의 문화는 향락적이다. 술, 노래, 춤을 좋아하는 전형적인 음주가무 유형의 사람들이다. 또 춤을 그렇게 좋아해서 게이 클럽 같은 경우에는 다 같이 걸그룹 댄스를 추는 경우가 많다. 클럽뿐만 아니라 술집에서도 엉덩이 씰룩거리고 춤추는 모습을 흔히 볼 수 있다. 그리고 그렇게 술 마시고 노래 부르고 춤추다가 맘에 드는 남자를 만나서 화장실 가서 오랄섹스를 하거나 아니면 밖에 나가서 방을 잡고 애무하고 섹스한다. 이런 식의 향락적인 라이프 스타일을 가지고 있는 편이다.

그리고 끼순이를 싫어하는 것을 게이 하위문화에 대한 부정으로 여기기도 한다. 끼순이 말투는 솔직히 그 누구도 좋아하기 힘든 그런 말투다 ㅋㅋㅋㅋ. 게이들은 말투와 행동이 기본적으로 여성스러운 편이다(이게 굉장히 편견이라고 하던데, 내가 봤을 때 실제로 많은 게이가 여성스러운 편이고 탑이더라도 좀 그런 편이며 이에 동의하는 편이다). 근데 이들 중에서도 괜한 설끼를 부려서 과장된 여성성을 표현하는 사람들이 있다. 그리고 흔히 게이 생활에 오래 몸담고 있는, 뭐랄까 벅찬 언니들일수록 이런 끼순이 말투를 내재하고 있는 경우가 많다. 솔직히 홍석천 정도는 끼순이 정도에 들지 않는다고 생각한다(그리고 홍석천 씨는 내성적인 편인데 방송에서 일부러 방송 텐션을 사용해서 과장하여 말하는 느낌이다). 요즘 방송에 김O영씨가 많이 나오던데 그 정도는 돼야 끼순이 축에 든다고 생각한다. 그리고 물론 당연하게도 김O영씨보다 더한 끼순이가 많이 있다. 물론 이런 끼순이 말투를 좋아하는 사람도 있겠지만 싫어하는 게이들, 일반인도 아주 많을 거라고 생각한다.

그리고 게이들은 여성스러운 남자를 좋아하는 게 아니라 일틱한(일반인 같은)[3] 스타일을, 남성스러운 '남자'를 좋아한다. 그래서 일반이 은근 인기가 많고 끼순이는 기피대상이 된다. 끼순이를 벅차하는 사람들이 많다. 끼순이는 내숭도 안 떠니까. 끼순이 자체가 좀 아줌마 성향이랄까? 연애 상대 앞에선 원래 내숭도 좀 떨고 귀여운 척도 할 줄 알아야 하는데, 아줌마처럼 막무가내로 들이대면 상대가 기겁하는 게 당연하지 않을까?

게이 성노동

게이 성노동과 관련한 논문[4]을 보고 처음에는 '자유로운 게이 세계에 도대체 왜 성노동이 필요하지?'라는 의문이 들었다.

---

3 일반틱이라고도 한다. 많은 게이가 가지고 있는 그 특유의 말투와 몸짓 없이 일반 남자같은 그런 사람들로 게이들 사이에서 인기가 많다.
4 정현수, 「한국 게이커뮤니티와 남성 성노동」, 연세대학교 석사논문, 2016. 주은성, 「게이 성노동자와 '여성화된 성노동' : 교란, 수치심, 혐오감」, 서강대학교 석사논문, 2023.

게이 성노동을 말할 때 흔히 마사지 성노동을 떠올린다. 솔직히 마사지 성노동은 너무 유명하고 대중적으로 알려져 있기도 하다. 오히려 성관계를 하지 않는 제대로 된[5] (건전) 마사지 샵을 찾기 어렵다고 할 정도로 퇴폐 마사지[6]가 굉장히 성행하고 있다. 마사지 샵 원장의 경우에는 건전 마사지 샵을 하고 싶어 하기도 하지만, 일대일로 이루어지는 마사지의 경우 폐쇄 공간에서 이루어지기 때문에 직원이 추가 이익을 위해 원장 몰래 은밀하게 성관계를 하면 막을 수가 없다. 그리고 마사지는 살짝 올드한[7] 방법이라고 생각된다.

요즘 게이들 사이에서는 마사지보단 왁싱샵이 섹스 목적으로 더 유명한 것으로 알고 있다. 아무래도 왁싱샵은 성기를 노출할 수밖에 없는 장소이다 보니까 더 자연스럽게 성행위 장소로 변모하는 경향도 있는 것 같다. 트위터에서 왁싱샵을 홍보하기도 하는데 굉장히 에로틱하게 하는 경우가 많다. 왁싱 샘플을 보여준다면서 남성의 잔뜩 발기된 성기를 보여주기도 하고, 왁싱샵에서 전립선 마사지를 해주거나 아니면 섹스하는 장면을 찍어서 올리기도 한다. 그러나 이런 왁싱샵의 경우 추가 요금을 받기도 하나 단지 자신의 성욕구를 해결하기 위해서 부가 서비스로 해주는 사람도 있다. 단순히 왁싱샵을 홍보하고 왁싱값만 받는 사람들도 있어서 왁싱샵에서 모두 성노동이 이루어진다고 보기는 어렵다. 최근에는 왁싱샵뿐만 아니라 물리치료를 하면서 성노동이 이루어지는 곳도 있던데, 단 둘이 있을 수 있는 방만 있다면 어디에서든 성노동이 이루어질 수 있는 게 아닌가 싶다.

---

5 건전 마사지. 정말 마사지만을 위해 운영되는 업장.
6 퇴폐마사지 업장에서는 마사지와 함께 유사성행위 혹은 성행위가 이루어진다.
7 젊은 세대보단 나이가 좀 더 있는 세대에서 인기가 있는 경향이 있다.

그리고 추가 보수 없이 무료로 해준다는 점에서 '게이 세계에 왜 성 노동이 성행하지?'라는 의문점이 들었다. 게이 세계에서는 돈이 필요해서 성노동을 하기보다는 본인의 욕구를 충족하기 위해서 하는 경우도 많다. 그리고 만남과 헤어짐이 일상과 같은 것이기 때문에 실은 자기가 하고 싶으면 어떻게든 할 수 있는 게 게이 커뮤니티의 실상이라고 생각한다. 게이들은 기본적으로 서로 원해서 만나며 욕구는 충분하고, 섹스에 대해 상당히 개방적이며 언제든 손쉽게 관계를 맺을 수 있는 그런 분위기가 형성되어 있는 편이다.

마사지 같은 경우에는 손님들의 순간적인 욕구를 해결해 주는 경우가 많고 지속적인 만남으로 이어지기는 어려운 환경이라고 생각한다. 단순 일회성 만남으로 끝나는 경우가 많은 마사지보단 장기적인 만남이나 연애와 비슷한 분위기로 흘러가는 조건 만남이나 호빠 쪽이 더 궁금했다. 오히려 성노동은 조건 만남이나 호빠 쪽에서 더 성행하지 않을까 하는 생각이 든다. 단순한 성관계를 하기 위해서는 굳이 마사지가 아니더라도 단순히 번개를 통해서도 해소할 수 있을 테지만, 조건 만남이나 호빠는 단순 성관계뿐만 아니라 연애와 비슷한 관계를 요구하는 경우도 상당히 있는 것으로 알고 있다.

성구매자가 애초에 이 관계가 성노동이라고 정의되는 것을 싫어하기도 하며, 여성 성노동자처럼 성구매자가 성노동자를 착취한다는 느낌이 아니라 성노동자를 배려해 주며 성관계를 하기 전에 밥이나 술을 먹으면서 이야기를 나누거나 호감의 표현으로 선물을 가져오기도 하며, 우리가 흔히 생각하는 성구매자와 성노동자 그 이상의 관계를 요구하거나 이런 관계가 지속되는 경우도 많다고 한다. 조건 만남이나 슈거 대디와 같은 경우엔 단순 성접촉뿐만 아니라 유사 연애를 원하는 경우도 많다. 나이 든 중년 아저씨들이 돈을 줄 테니 자기와 데이트, 쇼핑 등을 해달라고 요구하고, 더 나아가 성접촉이 이루어질 수도 있는 관계가 이루어진다. 돈을 전제로 한 유사 연애라 할 수 있다. 일본엔 렌탈 남친, 렌탈 여친 등의 개념들이 확립되어 있다.

호빠도 그런 경우가 많은데 요즘 게이 호빠는 예전과는 다르게 마담이 선수들을 꽉 잡고 있는 시스템이 아니라서 선수에게 성노동을 강요할 수도 없는 분위기이다. 물론 마담 혹은 선수가 공사를 치기[8] 위해서 신체 접촉을 자발적으로 제시할 순 있다. 그리고 생각보다 호빠엔 다짜고짜 그런 성접촉을 요구하며 2차를 나가자고 하는 사람보다는 "로진"이라고 하는 로맨스 진상들이 많은 편인데, 이들은 선수와 육체적 관계를 맺길 원하기보다는 선수와 사랑에 빠져서 연애하고자 하며 열렬히 구애하는 경우가 많다.

게이들 중에 걸레년들이 얼마나 많은데~. 앞서 말했듯이 굳이 성노동을 하지 않더라도 "나 박아 주세요"하는 게이들은 넘치고 넘쳤다. 사람들이 보통 성노동을 생각하면 성노동자는 피해자라고 생각하는 경우가 많은데, 게이 성노동 세계에서는 그런 관계가 아니라 서로의 육체를 탐닉하며 쾌락을 얻는 관계라는 걸 강조해 두고 싶다.

---

8 유흥업소에서 직원들이 돈을 빌려 쓰고 튀는 그런 행위. 애인 행세하며 무리한 선물을 받아내는 것도 포함한 행위를 말한다.

여장남자의 삶과 성활동[1]

박대엽*·윤수종**

크로스드레싱(Crossdressing)과 CD에 대하여

성소수자는 우리 사회에서 예전보다 더 받아들여지는 것 같다. 그리고 매년 서울퀴어문화축제가 공개적으로 열리고 있으며, 요즘 들어 트랜스젠더 연예인이나 유튜버가 TV 프로그램이나 유튜브에 등장해 인기를 구가하고 있는 것을 보면 성소수자에 대한 수용 인식이 나아지고 사회에서 좀 더 받아들여지고 있다는 것을 알 수 있다.

이렇듯 일부 성소수자들은 더 이상 자신들의 존재를 숨기지 않고 적

* 전남대학교 사회학과 3학년.
** 전남대학교 사회학과 교수.
1 『문학들』 72호(2023년 여름)에 실림.

극적으로 드러내 우리 사회에서 함께 살아가고 있다는 것을 알리고 있다. 이러한 성소수자들과 비슷한 것 같지만, 확연히 다른 존재들이 있다. 한때 동성애자라고 여겨진 이들은 동성애자라는 말만으로는 설명되지 않는 존재들이다. 동성애자와 양성애자, 이성애자가 모두 포함될 수도 있어 정체성이 모호한 바로 크로스드레서(Crossdresser. 이하, CD)이다. CD는 남장여자와 여장남자와 같이 특정 사회에서 일반적으로 이성이 입는 것으로 인식되는 옷을 입는 사람들이다.

이렇게 이성의 옷을 입는 것을 트랜스베스티즘(transvestism)이라고 하는데, 이는 1910년 독일의 의사이자 성과학자인 마그누스 히르쉬펠트(Magnus Hirschfeld)가 처음 사용한 단어이다. 트랜스베스티즘은 이유를 불문하고 '이성의 복장을 입는 것'을 뜻하지만, 의학계에서 이 용어를 이상 성행위와 연관해 사용하기 때문에 운동가들과 CD 커뮤니티에서는 트랜스베스티즘이라는 용어 대신 크로스드레싱(Crossdressing, 이성복장착용)이라는 용어를 사용하고 있다.

크로스드레싱은 오래 전부터 존재해왔다. 징집을 피하기 위해, 피난을 가기 위해 남자가 여장을 하는 사례가 적지 않았다. 또한 고대 로마에서는 여장이 유행하기도 했는데, 로마 2대 황제인 티베리우스와 3대 황제인 칼리굴라는 연회에 여장을 한 채로 등장하기도 했고, 유명한 폭군으로 알려진 네로는 자신이 죽인 아내와 닮은 남자노예를 여장시켜 성행위를 하기도 했으며 소년들이 여장을 하고 성매매를 하기도 했다. 실존 인물인지 모호한 프랑스의 잔 다르크는 남장을 하고 살아갔던 것으로 알려졌다. 1차 세계대전에는 여성들이 남성의 군복을 입고 전투에 참여하기도 했다.

동양에서도 여장은 존재했다. 일본 헤이안(794~1192년) 시대에 사찰에는 귀족 여성의 화장을 하고 남성용 평상복인 스이칸을 입고 절의 잡

일이나 행사 등을 돕는 치고(稚児)라는 소년들이 있었는데, 이들은 아예 여장을 하는 경우도 있었다. 그 가운데 신분이 낮은 게치고(下稚児)는 승려의 성욕 해소 대상이 되기도 했다. 에도(1603~1868년) 시대에는 가부키[2]에서 여성을 연기하는 온나가타(女形) 등, 여장한 소년 배우가 성매매를 하는 온가차야(陰間茶屋)가 무가 등의 상류 계급뿐만 아니라 서민 계급에서도 유행했다.

한국의 경우에도 고려시대와 조선시대에 여장이 존재했다. 정약용의 『다산시문집』에는 조선시대 무동(연회나 농악판에서 춤을 추고 노래를 부르는 남자아이)에게 노란색의 저고리를 입히고 빨간 치마를 입히는 등의 여장이 행해지고 있고, 이러한 누습이 고려 말엽부터 시작되었으며 이러한 누습으로 인한 여장을 금지시켜야한다는 내용이 담겨 있다. 조선 세조 때 사방지라는 인물이 여성의 복장을 입고 돌아다녔으며, 여성과 간통을 저질렀다는 기록이 남아있는데, 사방지는 간성(남성 성기와 여성 성기를 함께 지닌 사람)으로 알려져 있다.

그리고 어린아이가 요절하는 경우가 많았던 예전에는 남자아이를 악령으로부터 보호하기 위해 유년기부터 여장시키는 풍습이 있었다. 이는 일본의 천황가뿐만 아니라 유럽의 귀족들도 행했던 풍습이다. 이러한 전례들을 통해 볼 때 과거에 동서양을 막론하고 여장의 풍습이나 유행이 있었다는 것을 알 수 있다. 물론, 앞서 언급한 잔 다르크처럼 남장여자도 있었다. 히르쉬펠트는 서구에서 근대시기에 사후에 여자임이 밝혀지는 남장여자의 사례들을 확인해 주었다.

하지만 오늘날 CD는 조금 다른 것 같다. 우선 앞서 언급한 관습이나 풍습에 의한 크로스드레싱이 거의 존재하지 않고 자신의 취미와 유희,

---

2 17세기 초의 에도 시대부터 전해지는 일본의 전통 연극.

성 만족감을 위한 크로스드레싱이 주를 이룬다. 그리고 CD는 여장남자와 남장여자 모두를 포함하지만 오늘날 여성의 복장과는 달리 남성의 복장이라는 개념은 많이 없어져 창작물(소설, 드라마, 영화)을 제외한 일상생활에서는 남장이라는 말이 잘 쓰이지 않으며 이러한 남장은 아예 패션의 한 범주로 간주되어 크로스드레싱으로 보지 않기도 한다. 그래서 오늘날 CD는 주로 여장남자를 지칭하는 용어로 쓰인다.

이러한 여장남자가 주인공으로 나오는 영화나 드라마는 매우 적은 것에 비해 남장여자는 영화나 드라마와 같은 대중매체에서 하나의 코드 형태로 유행하기도 했다. 이처럼 여장남자는 남장여자와 함께 오래 존재해왔음에도 남장여자보다 사회에서 덜 받아들여지는 것 같다.

CD의 정체성과 유형

이성의 복장이 CD의 정신적 삶에 미치는 영향은 매우 강력하다. CD는 육체적 성의 복장에서 자신을 갇히고 감금되고 억압받는다고 느끼며, 그것이 이상한 것, 자신에게 어울리지 않거나 자신에게 속하지 않는 것이라고 느낀다. 반면에 이성의 복장을 착용하고 있을 때 안정감, 편안함, 고양감을 느낀다고 한다.[3]

생물학적 성과 반대되는 성별의 옷을 입는 사람들을 CD는 라고 한다면, 여장을 하는 남성이 성 정체성이 여성이라고 한다면, 이들을 CD라

---

3 마찬가지로 남장여자들은 남성적인 옷을 입거나 적어도 남성용 모자, 옷, 속옷, 신발을 신었을 때 편안하고 건강하며 유능하다고 느끼는 반면, 여성용 옷을 입으면 갇혀 있고 감금된 느낌을 받는다고 한다.

고 부르는 게 맞는가? 성 정체성과 복장을 일치시키기 위해 여장을 하는 사람들을 CD로 취급해도 되느냐는 것이다.

일반적으로 성 정체성이 여성인 남성이 여장을 할 때는 자신의 성 정체성과 복장을 일치시키기 위한 것이다. 하지만 호기심 때문에 여장을 해봤다가 자신의 성 정체성을 알게 된 경우가 많지는 않지만 간혹 있다. 의사가 성 정체성에 혼란을 겪는 사람을 진료하는 단계 중, 이성의 복장을 며칠 동안 입어보며 생활하고 그 당시 느낀 느낌에 대해 상담(여기서 안정감과 편안함을 느낀다면 성 정체성 장애, 성적으로 흥분을 느낀다면 물품음란성 의상도착증으로 진단함)하는 단계가 있을 정도이다. 이렇듯 여장을 하면서 자신의 성 정체성을 깨닫는다는 것은 의학계에서 인정하는 사실이다.

여장을 하는 것이 성 정체성에 의한 것인지 단순히 취향 때문인지는 자주 혼동된다. 취향 때문에 여장을 시작한 CD가 자신의 성 정체성이 여성인줄 오해하고 호르몬 치료를 받는 경우가 있기도 하다.

일반적으로 여장을 하는 남성CD들은 자신들의 복장과 성 정체성 간의 이질감을 즐기는 취미나 유희, 성 만족감을 위한 것이 목적이라면, 성 정체성이 여성인 남성CD들은 자신들의 복장과 성 정체성 간의 이질감을 없애는 것이 목적이다. 이러한 CD들은 트랜스젠더에 가깝다고 할 수 있다. 많은 CD들은 대부분의 이성애자처럼 동성애를 주관적으로는 불쾌해한다. 순전히 이성애적인 CD, 순전히 동성애적인 CD 그리고 양성애적인 CD가 존재하며 소수의 무성애자도 있다. 이처럼 CD가 어떤 특정한 정체성을 가진다고 말하기는 어렵다. 성 만족감을 위해 여장을 하는 CD들은 대개 이성애자라고 그동안 생각해왔지만, 그 안에는 이성애자뿐만 아니라 동성애자, 성정체성이 남성인지 여성인지 모호한 사람 등 다양한 사람이 존재한다. 이러한 특성 때문에 CD를 섣불리 동성애자나 MTF⁴ 트랜스젠더라고 단언할 수 없다.

이렇게 정체성이 모호하지만, 여장남자에 초점을 맞춰 CD를 크게 네 가지 유형으로 나누어 볼 수 있다.

첫 번째 유형은 단순히 이성의 복장을 선호하여 입는 CD이다. 흔히 아는 젠더리스룩이 이에 포함된다. 일부 남자 연예인들은 가끔 치마나 하이힐 등 일반적으로 여성의 복장으로 여겨지는 것을 입는다. 이들은 단순히 패션으로서 여성의 복장을 선호하여 이성의 복장을 입는 대표적인 예이다.

두 번째 유형은 행사 등에서 취미나 유희를 위해 여장을 하는 CD이다. 이들을 많이 볼 수 있는 행사로는 대표적으로 '서울 코믹월드'(이하, 서코)가 있다. 서코에서는 애니메이션 캐릭터, 군인 등 다양한 것을 코스프레한 '코스튬 플레이어'(Costume Player)(줄여서 "코스어"라고 한다)를 볼 수 있다. 여기에서는 특정 여성 캐릭터를 코스프레한 남성 코스어를 꽤 자주 볼 수 있다. 여장대회에서 여장을 하는 것도 취미나 유희를 위한 여장에 포함된다고 할 수 있다. 이러한 취미나 유희를 위한 여장은 성 만족감을 위한 것으로 발전하기도 한다.

세 번째 유형은 자신의 성 정체성과 복장을 일치시키기 위해 여장을 하는 CD들이다. 이들은 여장을 한다는 의식조차 없는 경우도 있다. 이들의 경우에는 자신의 성 정체성에 맞는 복장을 입는 행위가 다른 사람들에게는 여장을 한 것으로 보이는 것이라 할 수 있다. 의학계에서는 이러한 여장이 성전환증 초기 발달시기에 일어날 수 있다고 보기도 한다. 이들은 성전환자(MTF 트랜스젠더)에 가깝다.

네 번째 유형은 성 만족감을 위해 여장을 하는 CD들이다.

---

4 Male to Female(남성에서 여성으로 성전환하는 사람)

한국에서는 첫 번째 유형에 속한 사람들과 두 번째 유형에 속한 사람들 즉 코스어들은 CD라고 칭하지 않고, 세 번째 유형과 네 번째 유형에 속하는 사람들을 CD라고 칭한다.(이후부터 세 번째 유형과 네 번째 유형을 '여장남자'라고도 칭함) 하지만, 코스어와 CD를 구분하는 것은 상당히 어려운 일이다. 앞에서 언급했듯이, CD들이 코스어로서 행사에 참여하는 경우도 있고, 여장의 목적이 취미나 유희를 위한 것에서 성만족을 위한 것으로 발전하여 코스어가 CD로 변하는 경우도 있기 때문이다.

여장남자의 삶

여장남자라고 할 수 있는 CD들은 일상생활과 CD로서의 생활을 철저히 분리하는데, 일상생활은 다른 사람들과 크게 다르지 않다. 이러한 CD에게는 남폼과 여폼이 있는데, 남폼은 '남자 form'을 줄인 말로 여장을 하지 않은 본래 그대로의 모습을 말하고, 여폼은 '여자 form'의 줄인 말로 여장을 한 모습을 말한다. 여장남자들은 대부분 일상생활에서 즉, 친구를 만나거나 직장생활이나 학교생활을 할 때는 남폼으로 생활하고 자신의 취미생활이나 CD친구, 러버(본래 CD들에 대해 사랑을 느끼는 남성을 뜻하는 말이며, CD들에 대해 사랑을 느끼는 여성도 있는데 이들은 여성 러버라 칭함)를 만나거나 성관계를 하는 등 CD로서 생활할 때만 여폼으로 생활한다.

예외로 여장남자들 중에서 성 정체성이 여성이며 주변인들에게 커밍아웃을 하고 호르몬 치료를 받고 있거나 성전환 수술을 준비 중인 MTF 트랜스젠더들 중 일부가 일상생활에서 여폼을 하기도 한다.

하지만 일상생활에서 남폼으로 생활하는 CD가 가끔 여폼으로 길거리를 활보하거나 편의점에 가는 행동을 하기도 하는데 이를 "패싱"(Passing)이라 부르며, 자신의 여성성을 타인에게 드러내려는 욕구가 행동으로 발현된 것으로 보인다.

그런데 여장남자들의 삶을 들여다보면, 대부분의 경우 이성의 옷을 입는 데 그치지 않는다. 여장 충동 속에서는 남성성을 떠올리게 하는 신체의 모든 것을 혐오감으로 인식하고, 여성성을 상징하는 모든 것을 갈망하게 되는데[5] 많은 여장남자들은 옷 이외의 부분에서도 여성적인 삶을 살고 싶은 충동을 가지고 있다. 가능하면 여성스러운 스타일로 자신을 위해 내실을 꾸미고 거실과 침실을 여성스러운 장식품과 용품으로 장식하고 바느질 작업을 하는 데 상당한 즐거움을 느끼며, 바느질 외에도 여성스러운 스타일의 집안일을 선호한다. 이러한 점을 고려할 때 많은 여장남자들이 여성의 삶을 살아가기를 원하고 일부는 실제로 이러한 소망을 실현하는 데 성공하기도 한다. 평생 자신의 생물학적 성을 숨긴 채 이성의 직업이라고 생각되는 일에 종사하는 사람도 있다.

여장남자들은 무엇보다도 존경할 만한 중산층 여성을 닮고 싶어 하고, 저명한 여성을 닮고 싶어 하며, 저명한 여성의 하인, 요리사, 가정부 또는 객실 메이드 또는 여성을 담당하는 미용사가 되고 싶어 하며, 사교계 여성이나 창녀로 가장하고 싶어하는 등 취향이 다양하다.

여장남자들의 대담한 상상력은 가장 본질적으로 여성적인 소명, 즉 모성에 대한 환상도 지닌다. 아이를 임신하고 낳고 간호하고 돌보는 것

---

5 "그럼 수염을 없앨 수 있는 방법은 없나요?" 또는 "동굴 목소리를 바꾸려면 어떻게 해야 하나요?"라는 질문을 CD들은 자주 한다. CD들이 만나면 서로의 가느다란 허리, 통통한 엉덩이, 풍성하고 길고 부드러운 머리카락, 작은 발에 감탄한다.

은 여장남자들 중 많은 이에게 인간 행복의 절정인 것 같다. 그리고 꿈에서 이러한 것들을 실현하기도 한다. 실제로 많은 수는 아니지만 임신이라는 생각에 사로잡혀 임신한 것처럼 보이기 위해 옷을 입는 여장남자들도 있다.

이러한 갈망은 이름과 관련해서도 나타난다(이름 트랜스베스티즘). 여성적인 외모를 가꾸고 여성으로 일하는 남성이 자신이 가지고 태어났고 외모와 모순되는 남성적인 이름 대신 여성적인 이름을 원하는 것이다. 여장남자들은 일반적으로 신분증에 적힌 이름이 자신의 위장된 성별을 드러내고 지속적으로 어려운 위치에 놓이게 하는 현실적인 이유로 이러한 소원을 정당화하려고 하지만, 실제로 여기에는 내면의 여성성을 표현하려는 충동이 작용하고 있다. 거의 모든 여장남자, 심지어 행동이 아닌 환상의 형태로만 나타나는 성향을 가진 사람들도 편지에 여성적인 이름으로 서명한다. 거의 모든 복장 CD가 이름 CD이기도 하지만, 이름 CD가 모두 복장 CD가 되는 것은 아니다. 가명도 그러한 기능을 하는데, 남성 저자의 여성 가명이 여성 저자의 남성 가명보다 덜 빈번하게 사용되기는 하지만 가끔 있다. 종종 중성적인 이름을 채택하기도 하고, 이니셜로만 이름을 표시하는 방식으로 이름을 관리하는 사람도 있다.

남성의 여장은 오랫동안 오락과 벌칙으로서 존재했었다. 대표적인 예로 중·고등학교의 여장대회, 예능 프로그램에서 벌칙으로서 존재하는 여장 그리고 남자가 우스꽝스럽게 여장을 하고 찍는 패러디물이나 창작물 등이 있다. 이러한 것들은 여장이 오락의 대상이 되도록 부추기는 것 같다. 하지만 여장이 오락의 대상이 되는 것이 여장이 혐오 받는 결정적인 이유라고 보기에는 무리가 있다. 성에 대한 고정관념, 그 중 두 가지가 여장을 혐오하는 데 가장 큰 이유가 된다고 생각한다.

첫 번째 이유는 남성의 복장과는 다르게 여성의 복장이나 화장이 여성의 전유물로 여겨지는 경향이다. 흔히 치마나 원피스 같은 옷은 여성만이 입는 복장으로 여겨진다. 이는 우리가 흔히 볼 수 있는 화장실 픽토그램이나 캐릭터에서도 나타난다. 대부분의 화장실 픽토그램에서는 남성이 바지를, 여성이 치마를 입고 있다. 또한 경찰의 마스코트 중, 여경을 상징하는 '포순이'는 실제 여경이 치마를 입지 않고 바지를 입고 근무함에도 불구하고 만들어진 이래로 치마를 입고 속눈썹이 있는 마스코트였다가 2020년에 들어서야 바지를 입고 속눈썹이 없는 것으로 변경되었다. 이렇듯 치마와 같은 복장이나 화장은 오랫동안 여성을 상징하는 것으로 여겨졌고, 이러한 고정관념은 남성이 여장을 했을 때 거부감을 느끼게 하는데 일조했다고 생각한다.

두 번째 이유는 남성이 여성보다 더 우월하다고 보거나 남성적 기질을 강조하는 문화이다. 성에 대한 고정관념은 한국에서 남존여비 사상으로 나타났고, 미국과 남미 등에서는 마초주의(남성적 기질을 지나치게 강조하여 여성을 지배하려고 하거나 남성이 여성보다 우월하다고 주장하는 주의)의 형태로 나타났다.

앞선 예시처럼 남성을 여성보다 높은 존재로 여기는 생각을 가진 이들에겐 남장이든 여장이든 크로스드레싱 자체가 전통적인 성 역할에 반하고 전통적인 성 역할을 위협하는 것으로 보일 것이다. 그럼에도 여성들의 남장은 법이나 종교에서 금지하는 경우가 있지만 남성우위를 무너뜨리지 않으며 따라서 혐오의 대상이 되지는 않으며, 오히려 드라마와 같은 미디어에서 사회적 통념을 이겨내는 장치로 쓰이기도 한다. 반면에 남성들의 여장은 대체로 혐오 받는 것 같다.

사회적 경멸과 혐오의 대상이 되는 데 대한 두려움으로 인해 많은 CD(여장남자)들이 여장 충동을 드러내는데 조심하게 된다. 많은 사람들이 닫히고 굳게 잠근 문 뒤에서 비밀리에 옷을 갈아입거나 어두운 밤에 여성스러운 옷을 입고 산책을 하거나 일요일을 이용하여 집에서 여성의 삶을 영위한다. 물론 일부 다른 사람들은 대용품에 만족하며, 그중 남성용 겉옷 속에 여성용 속옷을 입는 것이 아마도 가장 널리 퍼져 있다.

이것 역시 크로스드레싱으로 '부분적 트랜스베스티즘'이라고 할 수 있는 CD의 한 형태이며 '부분업'이라고 한다. 이는 완전한 트랜스베스티즘 보다 훨씬 더 빈번하며, 항상 편법에 불과한 것은 아니다. 부분이 전체를 나타내는 것만으로도 내면의 여성적인 느낌을 표현하기에 충분한 많은 CD(여장남자)들이 있다.

CD들에게는 복장은 우연한 외적 현상, 생명이 없고 단순한 대상으로서 천이 아니라 적어도 사람의 성향과 감정, 성격과 행동을 규정짓는 상징이 된다. 많은 CD의 경우 이성의 복장을 입고 싶은 충동이 약하고 상상력에 어느 정도 국한되어 있지만, 다른 CD의 경우 충동이 매우 강렬하다. 그 충동의 통제 가능성은 충동의 강도에 따라 크게 달라지는데, 의심할 여지없이 많은 여장남자들은 여성성을 강조하려는 충동을 일시적으로 또는 영구적으로 억압하는 데 큰 어려움을 겪고 있다. 그리고 이러한 여장 충동의 억압은 종종 여장남자들로 하여금 무기력감, 불안감, 우울증을 야기하기도 하며 이는 종종 극단적인 선택으로 이어지기도 한다.

이렇게 대부분의 여장남자들은 성소수자들이 커밍아웃에 어려움을 가지고 있는 것처럼 여장에 대한 커밍아웃(이 글에서는 커밍아웃을 성 정체성이나 성 지향성을 밝히는 것뿐만 아니라 자신의 사상이나 지향성을 밝히는 것도 포함하는 확장된 의미로 사용한다)에 어려움을 가지고 있다. 바로 남성의 여장이 혐오와 오락의 대상이 되기 일쑤이기 때문이다.

남성의 여장에 대한 혐오는 여장남자 자신들 조차도 여장을 일종의 일탈행위로 여기게 만들고 이로 인해 내면의 큰 불안감을 야기하기도 한다. 이러한 점은 여장남자의 커밍아웃을 더욱 어렵게 만드는 것 같다.

여장남자들의 활동거점

여장남자들의 일상생활은 다른 사람들과 크게 다르지 않다. 보통 여장남자들은 별 특별할 것 없이 대부분 아르바이트나 직장생활, 학교생활을 한다.

하지만 아웃팅의 두려움 때문에 게이가 게이바나 온라인에서 만남을 추구하거나 정보를 얻듯이, 이들은 CD로서 생활(활동)할 때 Crossdresser바(이하, 시디바)와 트위터, Net4TS(이하, 넷포), 옛갤(여장갤러리) 등 각종 웹사이트나 SNS, 어플리케이션 등을 이용한다. 물론 이들도 아웃팅(성향이 타인에 의해 강제적으로 폭로되는 일)에 대한 두려움이 있어, 주로 온라인에서 활동한다.

첫 번째로 가장 활발한 온라인 활동거점은 트위터다. 온라인 상에 있는 많은 SNS와 웹사이트 중에서 트위터가 주요 거점이 된 데에는 몇 가지 이유가 있다.

그 중 첫 번째 이유는 익명성이 보장되기 때문이다. 트위터는 임의로 회원가입이 가능하고 다수의 계정을 생성할 수 있기 때문에 아웃팅에 대한 두려움을 가진 여장남자들은 익명성이 보장되고 계정의 삭제와 생성이 쉬운 트위터를 애용하게 되었다. 두 번째 이유는 트위터가 해외 기업이기 때문이다. 해외 기업은 국내 기업에 비해 불법 계정(성매매,

성인 콘텐츠)에 대한 차단, 삭제, 검색 등의 규제가 쉽지 않기 때문에 계정이 제재받을 확률이 낮아, 여장남자들이 트위터를 애용하게 되었다. 이들은 트위터에서 계정을 생성하는데, 두 종류의 계정이 있다. 다른 SNS처럼 자신의 일상이나 여장 사진을 올리는 일상계정(이하, 일상계)가 있고, 노출하거나 성관계하는 모습이 담긴 사진이나 영상을 올리는 뒷계정(이하, 뒷계)가 있다.

대부분의 여장남자들은 일상계와 뒷계를 별도의 계정으로 나눠 관리하지만, 둘 중 하나만 가지고 있는 여장남자들도 있다. 여장남자들은 일상계에서 다른 SNS들과 마찬가지로 자신들의 일상과 여장 사진을 공유하고 (여장과 관련된) 팁을 공유하기도 한다. 뒷계는 사뭇 다르다. 여장남자들은 여기서 자신이 노출하거나 성관계하는 모습이 담긴 사진이나 영상들을 올린다. 이렇게 자신이 선호하는 복장을 입고 사진이나 영상을 찍는 것은 여장남자들 사이에서 널리 퍼져 있는데 이는 여장남자들이 사진에서 강렬한 쾌감을 얻을 뿐만 아니라 사진이 그들의 제2의 자아 또는 진정한 자아를 반영하기 때문이다. 또한 여장남자들은 이러한 사진이나 영상을 통해 자신들의 팬들의 니즈(욕구)를 충족시켜 주면서 그들의 관심이나 반응을 즐기기도 한다.

이러한 트위터는 다른 SNS와는 구별되는 부분도 있다. 이들 계정에서 성관계를 위한 만남 상대를 구하거나 자신의 부수입원(후술할 조건만남이나 Onlyfans 등)을 홍보하며, 드물게 여장 물품을 광고하기도 한다.

하지만 트위터가 활동거점으로서 아무리 활발하다고 해도 단점이 있기 마련이다. 바로 크루징 활동을 하기에는 위험 요소가 있다는 것이다. 임의로 계정 생성이 가능한 점은 신분을 증명하지 않아도 되기 때문에 좋지만 만남 상대를 구하는 데서는 걸림돌이자 위험 요소가 되기도 한다.

두 번째 온라인 거점은 이러한 위험 요소를 줄이면서 크루징에 최적화된 바로 데이팅 앱이다. 한국에서는 CD만을 위한 데이팅 앱이 없어, 주로 해외 앱이나 게이 데이팅 앱을 이용한다. 해외 앱이나 게이 데이팅 앱도 일반 데이팅 앱과 크게 다르지 않다. 기본적으로 데이팅 앱으로부터 사람을 추천받고 대화를 나눈 뒤 만남을 가지게 되는 과정은 똑같다. 일반 데이팅 앱과 다른 점은 게이들이 만남 상대를 구할 때처럼 내가 어떤 성향이고 어떤 성향의 상대를 만날 것인지를 구체적으로 밝히게 된다는 것이다. 여장남자들도 게이들처럼 만남 상대를 구할 때 자신의 나이, 몸무게, 키, 체형, 성향을 알리는 것이 일반적이다. 게이와 다른 점은 여기에 부분업(특정 부분만 여장함), 풀업(전체적으로 여장함), 여목(여자 목소리를 낼 수 있는지 여부), 홀몬(호르몬 대체 요법) 여부 등 여장남자만의 특별한 용어를 사용한다는 것이다.

하지만 한국에서 이러한 앱의 사용률은 현저히 낮기 때문에 데이팅 앱은 트위터의 자리를 완전히 대체하지 못하고 부수적인 선택지로 남았다.

세 번째 온라인 활동거점은 OnlyFans(이하, 온팬)와 같은 유료 구독 서비스를 제공하는 플랫폼이다. 온팬은 콘텐츠 제작자가 팬으로부터 월 구독료, 팁, 유료 개인 메세지 등을 통해 돈을 벌 수 있는 서비스로, 일반인부터 유튜버, 연예인 등 많은 사람들이 콘텐츠 제작자로서 활동 중이며, CD들 또한 콘텐츠 제작자로서 활동하고 있다. 온팬은 비교적 최근에 생겨난 플랫폼이다. 온팬과 유사한 형태의 Patreon(이하, 패트리온)같은 플랫폼도 있었지만, 온팬처럼 성장하지는 못했다. 온팬이 각광받는 데는 두 가지 요인이 있다.

하나의 요인은 음란물을 제한하지 않기 때문이다. 본래 온팬의 콘텐츠는 음란물이 주가 아니었다. 하지만 온팬이 아동 포르노나 스너프 필름(snuff film)[6] 등과 같은 윤리적으로 심하게 문제되는 컨텐츠만 아니면 검열하지 않는다는 게 알려져 지금은 음란물이 주를 차지하게 되었다. 애초에 트위터를 통해 자신이 등장한 음란물을 게시하고 있던 여장남자들에게 온팬은 기존의 활동으로 부수입을 얻을 수 있는 매력적인 플랫폼이었다.

또 하나의 요인은 코로나이다. 코로나로 인해 발생한 팬데믹은 우리의 많은 일상을 변화시켰다. 코로나에 걸린다는 것 그 자체만으로도 외부 활동이 꺼려졌겠지만, 여장남자들에게는 감염 그 자체가 아닌 다른 두려움도 있었다. 코로나가 창궐하자 코로나 확진자의 동선을 공개했는데 이는 모두에게 부담이 되었다. 여장남자들에게도 예외는 아니었을 것이다. 커밍아웃을 하지 않은 여장남자에게는 러버와의 만남 후, 동선이 공개되는 것은 국가에 의한 아웃팅과 다를 바가 없다. 그래서 이들은 온라인으로 이동했다. 트위터에서 활동할 때와 똑같이 10분이면 만드는 영상으로 돈까지 벌 수 있다는 점이 매력적으로 다가왔다.

네 번째 온라인 활동거점은 넷포(Net4TS), 옆갤, 그 외의 다음 카페 같은 웹사이트들이다. 이러한 웹사이트들은 자신의 여장사진을 올리거나 여장에 대한 팁을 공유하기 위한 목적으로 개설된 경우가 많다. 넷포에서는 만남글을 엄격히 제한하지만, 옆갤이나 다음 카페는 이에 관대하며 실제로 이러한 웹사이트를 통해 온라인상의 유저들이 오프라인에서 만나는 정모가 이뤄지기도 한다.

성전환 수술을 받기 전에 여장을 하는 트랜스젠더가 있고 여장을 통해 자신의 성 정체성을 깨닫는 경우가 있기 때문인지 이러한 웹사이트들은 여장남자(CD)와 트랜스젠더를 거의 구분하지 않고 운영되고 있

---

6 실제로 행해진 강제적 성행위 장면이나 잔혹한 살인장면 등을 찍은 영상물.

다.

오프라인에서의 여장남자들의 주요 활동거점은 시디바다. 시디바는 시디카페로도 불리며, 게이바와 비슷하다고 볼 수 있다. 시디바의 직원(스텝이라고도 불림)들은 여장남자(CD)나 트랜스젠더이다. 하지만 신기한 점이 하나 있는데, 대부분의 시디바는 여자, 남자, 트랜스젠더, CD 등에 제한을 두지 않고 출입하도록 한다는 점이다. 이는 아마도 CD와 러버에 다양한 성과 성 정체성을 가진 사람들이 포함되어 있기 때문인 것으로 보인다.

이러한 시디바들은 모두 술집이지만, 술 판매뿐만 아니라 다양한 서비스를 제공하기도 한다. 대표적으로 여장 서비스가 있다. 호기심으로 여장을 해보고 싶은 손님이나 여장이 아직 서투른 여장남자를 대상으로 비용을 받고 화장을 해주며 옷과 구두를 빌려주기도 한다. 시디바에서는 일반 술집과 같이 지인들과 술을 마시며 놀지만, 원나잇 상대나 섹스 파트너를 구하는 경우도 적지 않다. CD나 트랜스젠더로 이루어진 스텝(시디바의 직원)들이 혼자 방문한 CD나 러버의 말동무 상대가 되어주기도 한다. CD 중 트랜스젠더(성전환여성)도 있기 때문에 트랜스젠더바도 오프라인 활동거점이 될 수 있을 것이라고 생각할 수 있다. 하지만 트랜스젠더바(이하, 트젠바)의 경우, 가끔 여장남자가 트젠바의 직원으로 일하기도 하지만 친목을 위한 곳이 아니라 트랜스젠더들을 보러가는 곳이라는 트젠바의 특성상 크루징 활동에는 적합하지 않아 주요 활동거점이 되기에는 무리가 있다.

성 정체성이 여성인 여장남자의 경우에도 생물학적으로는 남성이기 때문에 당연히 사회의 시선이 곱지만은 않다. 그래서 이들 대부분이 다른 CD들과 같이 온라인에서 주로 활동하며 시디바와 같은 술집을 오프라인 활동거점으로 삼고 있다.

CD들이 시디바를 분류하는 정형화된 용어는 없지만, 성접촉의 수위에 따라 나누어 볼 수 있겠다. 대부분의 시디바는 일반 술집과 같은 느낌을 주며 일반 술집과 비슷하게 운영된다. 이러한 시디바에서는 일행끼리 대화를 하거나 CD와 러버가 합석하기도 한다. 스킨쉽의 수위는 낮은 편이고 거의 없다고 해도 무방하다. 하지만, 이러한 시디바 안에서도 일반 술집에서 헌팅(남에게 교제 목적으로 다가가는 것)을 하듯이 크루징 활동이 일어난다.

일부 시디바는 조명이 어둡고 클럽과 같은 느낌을 주는데, 스킨쉽의 수위 자체가 높고 시디바 안에 성관계를 가질 수 있는 장소가 마련되어 있다. 뿐만 아니라 다른 사람들이 있는 곳에서 스킨쉽을 하거나 유사 성행위가 이루어지기도 한다.

시디바 이외에도 주로 중장년층의 CD나 러버가 크루징 장소로 이용하는 청량리에 위치한 S소극장과 같은 이반 극장이 있지만 CD계에서 오프라인에서의 크루징 활동은 대부분 시디바에서 일어난다.

이렇듯 CD들의 활동은 커밍아웃과 아웃팅에 대한 두려움으로 인해 주로 온라인에서 일어나며, 오프라인에서는 시디바와 같은 제한적인 공간에서 일어난다. 시디바는 평소에는 억누르고 있던 여장 욕구를 발산할 수 있는 거의 유일한 오프라인 공간이기 때문에 여장남자들에게는 안식처와 같이 술집 그 이상의 의미를 지니는 것 같다.

여장남자들의 성활동

여장 자체가 에로틱한 감각을 불러일으키지 않고 단지 여성적인 내면의 삶을 표현하는 것으로만 만족하는 CD들이 있다. 이와 반대로 여장 그 자체로 충분한 쾌감을 얻는 많은 CD(여장남자)들은 여성스러운 옷을 입지 않았을 때는 거의 발기가 되지 않지만, 새 드레스를 입어보고 잘 맞는다는 것을 알게 되면 즉시 발기가 되고 종종 사정이 빨라진다고 한다. 물론 가끔 여성으로 옷을 입고 산책을 할 수 있다면 만족하는 사람들도 있다. 이들은 발기나 사정, 남성 또는 여성과의 성관계에 대한 필요성을 느끼지 못하며, '무성' 또는 섹스리스라고 할 수 있다.

하지만 여장남자들은 대부분 여장을 하고 남성이나 여성과 성관계를 맺는다. 성 정체성이 여성인 경우에 성 정체성과 복장을 일치시키기 위해서 여장을 하는데 이런 경우에는 대부분 남성과 성관계를 맺으며, 여성의 복장을 착용함으로써 성 만족감을 얻기 위한 경우라면 대부분 여성과 성관계를 맺는다. 이와 다르게 이성애자인데도 여장을 했을 때 여성으로 취급받음으로써 성 만족감을 느끼는 여장남자들도 있다. 이는 자기여성애라고도 불리는데, 이런 성향를 가진 여장남자들은 여장을 할 때 가슴골이나, 몸매, 다리 등을 노출시키면서 자신의 여성성을 보려주려 하는데 특이하게도 여장을 했을 때에 한하여 남성과 성관계를 맺기도 한다.

여장남자들과 성관계를 맺는 이들을 러버라 하는데, 러버는 여장남자나 트랜스젠더에게 사랑이나 성적 이끌림(매력)을 느끼는 사람을 뜻한다. 자기여성애적 성향을 가진 여장남자가 스스로를 여성화함으로써 성 만족감을 얻는다면, 러버들은 상대방을 여성화시킴으로서 성 만족감을 얻는 것이다. 서양의 경우에는 여장남자나 트랜스젠더를 남성이나 여성으로 받아들이고 정신적 사랑을 바탕으로 연인으로까지 발전되길 원하는 사람들을 어드마이어(Admire)라고 하고, 단순히 육체적 관계만을 바라는 사람들을 러버(Lover)라고 한다. 한국에서는 둘을 구분하지 않고 러버라고 부르며 그들에 대한 인식도 어드마이어보다는 러버에 가깝다.

러버가 여장남자와 성관계를 맺기 때문에 이들을 동성애자 내지 양성애자로 생각할 수도 있지만, 이들은 대부분 이성애자인데 전체 모습(여성)에 반대되는 성기(남성성기)를 가진 것에 성 만족감을 느끼는 것이어서 여장을 하지 않은 남자에게는 관심도 없을 뿐만 아니라 성전환 수술을 한 트랜스젠더와 외모가 남성적인 여장남자에게도 성 흥분을 느끼지 못한다. 오히려 외모가 남성적인 여장남자의 경우에는 러버들 사이에서 혐오의 대상이 되기도 한다.

커뮤니티(Net4TS나 옛갤 등등)에서 활동하는 여장남자들과 트랜스젠더들은 러버들이 자신들을 여성의 대용품으로 여긴다고 생각하는 경향이 있는데, 러버에 대한 이러한 인식은 러버가 대부분 정서적 사랑이 아닌 여장남자나 트랜스젠더의 여성적인 외모에서 생기는 성적 이끌림에서 그들과 만남을 가지기 때문에 생겨난 것으로 보인다. 일부 커뮤니티에서는 러버의 활동을 탐탁지 않아 하거나 활동 자체를 막는 경우가 있을 정도로 러버에 대한 인식은 좋지 않다.

여장남자가 러버와 성관계를 맺지 않고 다른 여장남자와 성관계를 맺는 경우도 있는데, 이를 "시디레즈"라고 부른다. 시디레즈는 여장남자의 자기여성애적 성향을 바탕으로 자신이 여성으로 취급받음과 동시에 상대방을 여성화시키는 관계인 것 같다.

이렇게 러버나 여장남자 같은 남성들과 성관계를 가지는 여장남자들은 사랑과 성활동에서 성소수자, 특히 게이가 겪는 어려움과 비슷한 어려움을 겪는 것 같다.

성접촉이 활발한 게이 커뮤니티에서 크루징 문화를 자신들의 결핍으로 이해하고 이로 인해 체념, 불안, 우울, 자기혐오 등의 감정에 빠지는 게이들이 생겨난다. 또한 게이들은 평범하고 일상적인 관계나 장기적인 결속을 이상적인 사랑으로 욕망하지만, 이는 욕망으로만 남으며 좋은 삶과 사랑을 누리기 위한 노력이 오히려 현재 자신을 소진시키는 것으로 나타난다고 한다.[7] 이는 일부 CD들에게도 비슷하게 나타나는 것처럼 보인다.

여기서 동성애자 CD와 성 정체성이 여성인 CD는 그렇다 해도, 성 만족감을 위해 여장을 하는 여장남자도 게이와 비슷한 양상을 보인다는 것은 좀 이상하게 느껴질 수도 있다. 왜냐하면 성 만족감을 위해 여장을 하는 여장남자에는 이성애자도 다수 포함되어 있으며 이성애자 중에서도 일부가 여폼일 때에만 남자와 성관계를 가지기 때문이다. 하지만 성 만족감을 위해 여장을 하는 여장남자들은 여자와의 성관계에서도 여장을 해야 성 만족감을 느낄 수 있는 경우가 꽤 많아, 이성과의 관계에서도 커밍아웃의 어려움을 겪기도 한다.

이러한 어려움 때문에, 여장남자들이 여폼일 때 만나는 상대는 다른 여장남자들이나 러버로 제한된다. 여장남자는 모두 남성이고 러버는 대부분 남성으로 이루어져 있기 때문에 여장남자의 만남 상대는 대부분 남성이다. 또한 여장남자들은 여장을 일탈 행위로 더 나아가 러버의 경우에도 여장남자들과 관계하는 것을 일탈 행위로 인식하여 여장남자들을 하룻밤 상대로만 여기는 경향이 있는데, 이는 장기적인 결속을 불가능하게 만드는 것 같다.

앞서 언급했듯이 여장남자들은 남성이나 여성과 관계를 맺는다. 여장남자들이 남성과의 성관계에서는 바텀의 역할을, 여성과의 성관계에

---

7 박해민, 「감정과 정동의 게이정치: 게이 친밀성 사랑 경험을 중심으로」, 연세대학교 석사논문, 2017.

서는 탑[8]의 역할을 수행할 것으로 생각하기 쉽다. 하지만 이들은 남성과의 관계에서 탑의 역할을, 여성과의 관계에서 바텀의 역할[9]을 수행하기도 한다. 이는 역삽이라고 불리는데, 여성이 여장남자에게 손가락이나 인조성기를 삽입하는 행위는 "페깅"(Pegging)이라고 부르기도 한다. 시디레즈의 경우에는 서로의 성향을 고려해 성관계를 한다. 이러한 성관계에서 주를 이루는 성교 형태는 항문성교인데, 위생이나 질병 문제 그리고 고통 때문에 기피하는 여장남자나 러버가 상당수 있기 때문에 항문성교는 아예 하지 않는 경우도 있으며 이러한 경우에는 키스나 애무 더 나아가 성기를 손으로 애무하는 핸드잡, 남성성기를 허벅지 사이나 엉덩이 골에 비비는 행위인 스마타, 성기를 입으로 애무하는 구강성교 등의 성기애무 활동을 한다. 여장남자가 흡입하는 항문성교를 할 경우, 대부분 삽입하는 사람보다 체위상 밑에 있기를 선호한다. 이는 항문의 위치 특성 때문에 흡입하는 사람이 밑에 있는 게 더 편해서 일 수도 있지만, 흔히 알려진 체위가 대부분 여성이 밑에 위치하고 남성이 위에 위치하는데 여장남자는 여성의 역할을 수행하고 여성 취급을 받음으로써 성 만족감을 느끼기 때문에 성관계를 할 때, 자신이 밑에 위치하는 것을 선호하는 것 같다.

이렇듯 여장남자의 성활동은 다른 소수자들의 성활동처럼 주로 비공개적인 장소에서 행해지지만 비교적 공개적인 장소에서 일어나기도 한다. 일부 시디바와 청량리 S소극장처럼 CD가 출입할 수 있는 이반 극

---

8 바텀과 탑은 본래는 남성과 남성 간의 성관계에서 각각 '흡입는 자'와 '삽입하는 자'를 지칭하는 용어이지만, 이 글에서는 여성과의 성관계에서도 이 용어를 사용하겠다.
9 여성은 Strap-on Dildo(스트랩온 딜도, 사타구니에 착용하는 딜도로 남성성기가 없는 여성이 삽입하고자 할 때 사용하는 성인용품이며 페니반이라고도 불림)를 사타구니에 착용하고 여장남자에게 딜도를 삽입한다.

장이 공개적으로 성활동이 일어나는 장소라고 할 수 있다. 이러한 곳에서는 불특정 다수의 사람이 모여 집단 성관계가 행해지기도 한다. 일부 시디바의 경우에는 따로 마련된 방이 있을 경우 거기서 성교까지 이루어지거나 근처 모텔에 가서 본격적인 성관계가 이어지고, 청량리 S소극장의 경우에도 안에서 뿐만 아니라 근처 모텔로 가서 본격적인 성관계가 이어지기도 한다. 이러한 장소는 여장남자들이 대담하게 행동할 수 있는 조건을 가지고 있는데, 여장남자들의 문화를 알고 있는 사람들만 출입하며 조명이 어두워 얼굴을 식별하기 힘들다. 이러한 형태의 성활동은 그 장소 안에서의 일회성 만남으로 끝나는 경우가 대부분이다. 또한 집단 성관계는 이러한 특정 장소에서 이루어지는 즉석만남의 형태뿐만 아니라 웹사이트나 트위터를 통해 사람들을 모아서 하는 경우도 있으며, 흔히 있는 일은 아니지만 지인들끼리 집단 성관계를 하는 경우도 있다. 이처럼 여장남성들은 성활동에 대해 개방적인 모습을 보인다.

조건만남도 여장남자의 성활동 중 하나이다. 조건만남은 인터넷에서 성판매자와 성구매자가 일정 조건(금액)에 합의하여 성관계를 갖는 형태의 성매매인데, 여장남자들의 조건만남을 보면 대부분 어딘가에 소속되지 않고 성매매를 하며, 트위터 디렉트 메신저(Direct Message)같이 SNS 안에서 프로필을 통해 메시지를 보낼 수 있는 SNS 자체의 메신저 서비스나 라인(Line), 카카오톡 오픈채팅 등과 같은 메신저 서비스를 통해 성구매자인 러버로부터 성매매 의사를 전달받고 약속 장소에서 성관계를 한다. 게이들은 이러한 조건만남을 하지만, 호스트바나 마사지샵 등 어딘가에 소속되어서 성매매를 하기도 한다.[10] 여장남성들은 어딘가에 소속되지 않은 채 성매매를 하는 경향이 있다. 여장남자가 개인

---

10 정현수, 「한국 게이 커뮤니티와 남성 성노동」, 연세대학교 석사논문, 2016.

적으로 조건만남을 하는 것이 여장남자 성매매의 주 형태가 된 것은 어딘가에 소속되어서 하는 것보다 일상생활과 CD로서의 생활을 분리하는 데 더 수월하기 때문인 것 같다.

이러한 여장남자의 성매매 과정에서 특이한 상황을 볼 수 있는데, 모든 여장남자가 그런 것은 아니지만, 여장남자가 여성의 모습에 가까우면 가까울수록 성매매 관계에서 갑이 되기도 한다. 트위터에는 많은 여장남자들이 있지만, 이들 모두가 성구매자인 러버들의 사랑 대상이 되지는 못한다. 러버들은 전체 모습(여성)과 성기(남성성기) 간의 괴리감을 통해 성 만족을 느끼므로, 전체 모습이 조금이라도 더 예쁘고 여자다운 여장남자를 원한다. 예쁘고 여자다운 여장남자는 한정되어 있지만 수요는 많으니 예쁘고 여자다운 여장남자들은 관계에서 우위를 점할 수 있다. 이렇게 관계에서 우위를 점할 수 있는 여장남자는 자신의 성을 구매하고자 하는 러버 중 자신의 마음에 드는 사람을 골라 성을 판매할 수 있다.

열린 사회로

여장남자에는 동성애자, 이성애자, 성 정체성이 모호한 사람 등 다양한 사람들이 있다. 추구하는 목적에 따라 여성의 복장을 선호하는 여장남자, 취미나 유희를 위해 여장하는 여장남자, 성 정체성과 복장을 일치시키고자 여장하는 여장남자, 성 만족감을 위해 여장하는 여장남자 등으로 나눌 수 있다.

미디어에서 여장이 그저 오락의 대상으로만 여겨지는 것과 전통적 성 고정관념으로 인해 치마나 원피스 등 여성의 전유물인 복장을 남성이 선택하는 여장이 혐오 받는데, 이 때문에 여장남자는 커밍아웃의 어려움을 가지게 되었고 아웃팅의 두려움 때문에 이들의 문화는 더욱 은밀하게 변해갔다.

그럼에도 불구하고 앞에서 기술한 것처럼 여장남자들은 온라인이나 바에서 교제하면서 자신들의 여장남자로서의 일상을 살아가며 자신들의 공간에서 다양한 만남을 통해 많은 사람과 성쾌락을 나눌 수 있다. 또한 이들은 끊임없이 새로운 상대를 찾아 나서고 다양한 성활동을 추구해 나간다.

이렇듯 여장남자들은 그들만의 삶과 활동 거점을 만들어가고 성활동을 통해 쾌락을 만족시키고 있다. 그 외의 영역에서는 자신들에 대한 혐오 때문에 고립되고 소외되어 간다. 이로 인해 그들은 위축되고 여장 충동을 억제함으로서 고통을 받는다. 여장남성들이 자신들의 정체성을 드러내고 자신들의 삶을 풍족하게 누릴 수 있도록, 우리사회가 다양한 정체성과 취향을 존중할 수 있는 더욱 더 열린사회로 나아가길 바래 본다.

용감한
사람들

용감한 어린이들[1]

조재호*

나는 2005년부터 초등학교 공교육 현장에서 근무하는 교사다. 야구 변형운동인 티볼코치이며, 주로 영어와 체육 과목을 지도하는 교과전담 교사다. 학생들에게는 "조뚱"이라고 불린다. 관료화된 학교 체제에 적응하지 못해 한 달 만에 사표를 냈었다. 이후 기간제 교사 생활을 하다가 2009년에 다시 임용되었다. 담임업무를 수행하지 못해 교과전담 교사만 맡아오다 재작년부터 '시간선택제' 교사를 하고 있다.[2] 수미, 수탁,

---

* 초등학교 시간선택제 교사.

1 『문학들』 71호(2023년 봄)에 실림.

2 초등학교에는 정규교사를 대신해 일정한 기간(1개월에서 12개월)에 근무하는 기간제교사와 시간 강사(1일~7일)가 있다. 시간선택제 교사는 정규교사로서 질병, 간호, 양육 등의 이유로 하루 4시간 근무하며 주당 15시간 이하 수업하는 교사를 뜻한다. 시간선택제 교사는 담임업무를 하지 않는다. 교사들이 담임업무를 기피하기 시작하며 교과전담교사로 근무하기 힘들어졌기에 나는 시간선택제 교사를 할 수 밖에 없는 사정이 되었다.

두꺼비, 게바라, 종이에 관한 이야기는 내가 작년(2022)에 만났던 용감한 어린이들에 대한 것이다. 마르크스가 "교육자 자신도 교육받아야 한다"고 말했는데, 나를 가장 확실하게 교육한 사람이 그들임을 깨달았다.

유명한 아이 수미

강렬한 첫 만남

초등학교에서도 '학급'에서 잘나가는 아이, '학교'에서 알아주는 아이가 있다. 수미(가명)[3]는 소위 '논다'는 범주에서도 벗어날 정도로 유명한 아이였다. 초등학교 4학년 때부터 학급-학교를 벗어나 '시내'에서 생활한 아이였기 때문이다. 일찍부터 시내 생활을 한 수미는 5학년 때 학교폭력위원회에 회부되었다. 수미가 시내에서 도둑질을 했는지 아니면 패싸움을 했는지 잘 모르겠다. 아마 둘 다였을 것이다. 5학년 2학기 마지막 날, 수미는 학교폭력위원회에서 최고 수위의 조치인 등교중지 처분을 받았다. 이 조치는 코로나 시기에 열린 첫 학폭 결정이었다.

수미는 작년(2022)에 6학년이 되었다. 나는 6학년 영어 전담 교사를 맡았다. 수미와 공식적으로 만난 첫날을 잊을 수 없다.

첫 수업을 들어가는데 아이들이 웅성댄다. 무슨 일이 벌어졌음을 직감했다. 몇몇 아이들이 내게 옥상으로 가보라고 했다. 학교 옥상은 굳게 문이 닫혀 있었는데, 그곳으로 올라가는 계단을 아이들은 "옥상"이라 말했다. 거기서 수미를 중심으로 다섯 명의 여학생이 열중쉬어 자세

---

3 수미는 다른 아이들이 이름을 잘 부르지 못할 정도로 센 언니에 속했다. 가능한 아이들이 부르는 별명을 사용하여 기술하려 했지만, 수미의 별명을 부르는 친구가 없었다.

로 서 있었다. 마치 운동부 선수가 선배에게 혼나는 자세였다. 살펴보니 수미가 욕하면서 그들을 두들겨 패려고 하는 듯했다.

어떤 년이 내 뒷담화 했어? 내가 그년 오늘 죽여버릴 거야, 씨발 년들아. 빨리 말 안 해?

우리 학교에는 남교사가 세 명 있는데 남교사가 가지는 장점이 있다. 아이들에게 커다란 몸과 험상궂은 얼굴은 '통제'와 훈육에 있어 큰 강점이다. 거기에 나처럼 나이가 50대 정도 되면, 자연스럽게 '안면 권력'으로 아이들을 누를 수 있다. 그런데 이 아이는 전혀 안 쫀다. 내가 있는 앞에서도 다섯 명의 아이들에게 큰소리로 협박하고 있었다. 나는 안면 권력을 행사함과 동시에 '학교에서 부여된 권력인 어른이자 교사'의 힘으로 수미를 향해 소리 질렀다. "너, 뭐 하는 거야? 학교에서? 애들한테 욕하고 말이야. 그리고 교사가 있는 앞에서도 아이들을 때리려는 거, 싸가지 없는 거 아니야?"

다른 아이들보고 "너희들은 내려가"라고 했다. 그리고 수미에게 내가 할 수 있는 가장 근엄한 표정과 억압적이며 폭력적인 말투로 야단을 쳤다. 수미는 나를 쳐다보더니, "아 씨바, 존나 재수 없네"란 말을 뱉고 내려가려고 했다. 나는 수미의 팔목을 잡았다. 수미는 다시 "노라고, 씨~발"이라고 소리쳤다. 그리고는 도망치듯 교실로 가서 가방을 들고 교실을 빠져나갔다. 나는 이 일을 담임에게 알렸고, 노련했던 담임선생님은 "제가 처리할게요"라고 나를 안심시켰다. 이것이 수미와 첫 만남이었다.

마이쭈로 화해
첫 만남 이후 수미는 나와 거리를 두었다. 초등학교 '교과전담'교사는 담임교사와 달리 학생들과 1주일에 3번 정도 만난다. 나는 영어, 체육 전담교사여서 수미를 거의 못 보았다. 오전에 영어와 체육 수업이 들었는데 수미가 거의 나오지 않았기 때문이다.

우연히 수미와 마주칠 때면 강한 혐오와 분노의 눈빛을 느꼈다. 그럴 때마다 나는 사과한다는 제스처를 했다. 출석하는 날이면 교과서, 노트, 연필 없이 멍하게 앉아 있는데도 감히 이에 대해 지적할 엄두가 나지 않았다. 다른 아이들도 이를 눈치채고 있었다. 노트 검사를 할 때 "왜 수미는 뭐라고 하지 않아요?"라고 말하는 아이가 한 명도 없었다.

나는 눈빛과 '마이쭈'[4]로 화해의 메시지를 보냈다. 1층에 있는 영어체험실로 수미와 아이들을 불러 '마이쭈'를 주었다. 어느 날 "그날 일은 잊어버리자"라며 화해하자고 말한 후, 수미는 학교에 오는 날이면 1층 영어체험실에 들러서 내게 으레 마이쭈를 얻어가고는 했다.

수미는 주로 11시 무렵 학교에 온다. 어제 뭘 했는지, 어디서 어떻게 노는지를 물을 만큼 가까워질 수는 없었던 것 같다.

아래 글은 장 콕토의 소설 『무서운 아이들』의 일부분이다.

동물적이며 식물적인 그러한 본능이 어떠한 행동으로 나타나는지는 포착하기 어려운 일이다. 왜냐하면 우리들의 기억은 그런 본능도 괴로움에 대한 추억처럼 간직하고 있지 않으며, 또한 애들이란 어른이 다가가면 입을 다물어 버리기 때문이다. 그들은 입을 꼬옥 다물고 딴전을 피운다. 이 훌륭한 희극배우들은 느닷없이 짐승처럼 털끝을 곤두세울 줄도 알 뿐 아니라 초목처럼 겸손한 채 얌전을 빼는 재간도

---

4 마이쭈는 사탕 이름이다. 쫀득쫀득하고 달콤하다. 포도, 복숭아, 사과 맛으로 구성된 초등학생들이 제일 좋아하는 과자다.

있다.[5]

'다가가면 입을 다문다!'라는 통찰이라니! 어린이들은 '어른'이 다가가면 '입'을 다물어 버리고 식물 같은 '복종'의 자세로 맑고 티 없는 모습을 보여 어른에게 감동을 준다. 어른들은 이를 토대로 어린이에 대한 이미지를 만들어 마음대로 상상하고 조작하려 한다.

금연이 제일 어려워

수미는 나를 '마이쭈' 주는 학교의 뚱뚱한 아저씨쯤으로 여기는 듯했다. 11시쯤에 학교에 와서 수업을 듣다 보면 12시 20분이 된다. 학교가 제공하는 가장 큰 혜택인 '급식'이 나온다. 아이들 사이에서는 자신들이 학교에 가는 이유를 급식을 먹기 위해서라고 하면서 "급식충"이라고 한다. 수미는 급식충의 전형이다. 급식 시간에는 얌전하고 조신한 아이처럼 줄을 서서 음식을 받은 후 아주 맛나게 먹는다. 그리고 식후 담배를 참아야 하는 매우 괴로운 몇 분의 시간을 보낸다.

수미는 체육관에 있는 남자 샤워실에서 담배를 피우다 걸리기도 했다. 3학년 아이들이 "어떤 누나가 담배 피워요"라고 고발해서 교감이 현장에서 적발했다고 한다. 학교란 공간은 이제 완전금연구역이라서 누구도 담배를 피울 수 없게 되었다. 담배를 피워도 교사에게는 잡히지 않을 수 있다. 그런데 다른 아이들이 '신고'한다. 교사로서는 어쩔 수 없이 학칙에 따라 문제를 처리해야 한다. 하지만 수미가 워낙 '유명'했기 때문에 학교 안에서 담배를 피우는 일 가지고 큰 문제가 된 적은 없었다.

어느 날 수미는 내 교실에 와서 교사용 고급 의자를 가리키며 "여기

5　장 콕토 지음, 오현우 옮김, 『무서운 아이들』, 서문당, 2000, 15쪽.

앉아 있다가 가도 되죠?"라고 물었다. 그러면서 "좀만 잘게요. 어제 과음을 해서요"라고 했다. 50대 교사인 나는 '방어용'[6]으로 수미에게 "너와 제일 친한 친구 한 명은 데리고 와"라고 해두었다. 그래서 수미는 친한 친구 미정이를 늘 데리고 왔다. "선생님 수업 가고 없으면 여기서 자고 가도 되죠?"라고 물었다. 나는 "그러거라"라고 사람 좋게 말했다.

그런데 어느 날 교장이 나를 불렀다. "조 선생, 교실에서 담배를 피우신 적 없으시죠?" "예." "그런데 선생님 교실에서 담배 연기가 올라온다고 민원이 들어왔어요." 아뿔싸. '수미가 범인이구나' 했다. 그래서 수미에게 사정을 말한다. "수미야, 교장 선생님께 너 때문에 야단맞았다, 앞으론 영어체험실에서 담배는 피지 말거라, 좀 참아봐라." 수미는 아주 맑고 건강하고 예쁜 웃음을 "푸하하" 터뜨렸다. 정말 티 없이 맑은 웃음이었다. 그리고 "네!"라고 크게 답해주었다. 수미는 솔직하게 사정을 털어놓으면 어른인 나를 이해해주는 그런 아이다.

아이들이 수미를 연호하다

초등학생이 가장 좋아하는 것이 '마이쮸'와 '체육'인데, 수미도 그것을 좋아하는 영락없는 아이이기도 했다. 초등학생들은 '팝스'(PAPS)라는 체력측정프로그램을 의무적으로 이수해야 한다. 수미도 이를 이수해야 하는데, 마침 프로그램 시기에 출석했다. 실내화가 없어서 친구에게 빌렸다. 입고 온 짧은 치마를 금방 빌린 체육복 바지로 바꿔 입었다.

팝스 프로그램에서 가장 힘든 것이 '오래달리기'다. 강당에서 일정한

---

6 남교사도 자기를 보호해야 한다. 여학생과 교실에 둘만 있는 것은 부적절하다는 규범이 생긴 것이 얼마 되지 않았다. 학생 중에 일부가 악한 감정을 가지고 교사를 성 비위로 고발하면 바로 직위해제—경찰에 아동 학대신고—교육청 징계가 내려진다.

거리를 왕복으로 달린다. 약 7명의 아이가 줄을 서서 자기가 달릴 수 있을 만큼 달리는데 평균 40회 정도면 잘하는 편이다. 수미 차례가 되었다. 80회, 90회, 100회. 아이들이 환호성을 지르며 "수미," "수미"…를 연호한다. 수미는 122회를 했다. 학교 기록이 남녀 통틀어 126회가 최고다. 아이들은 학교짱인 '수미'를 정말 존경하는 듯했다. 긴 머리를 단단하게 묶은 수미는 빌린 실내화를 돌려준 후 숨을 헐떡이며 내게 "나, 몇 회 했어요?" "1등은 누구예요?" "아, 씨바. 담배 때문에 폐가 안 좋아졌나 봐요"라고 말하며 헤헤거렸다.

올해 1월 5일, 수미는 간신히 졸업할 수 있었다. 내게 "초등학교는 졸업해야 하지 않나요?"라고 했는데, 원하는 대로 되었다. 늦었지만 축하해, 수미야.

수미가 교사와 다른 어린이들에게 주는 영향

수미가 학교 바깥에서 어떤 짓을 했는지 나는 잘 모른다. 그 세계는 이미 『학교를 거부하는 아이』[7]를 통해 오래 전부터 묘사되었고 논의되었다.

학교를 거부하는 아이가 공교육에 미친 영향은 수치화할 수 없는 정도로 크다. 공교육 현장은 대안교육이 추구하는 다양한 가치들−생태, 젠더, 경험 중심, 포용−을 담으려고 했고 이는 혁신교육운동으로 나타나기도 했다.[8]

교사들은 대안학교의 실험을 공교육 현장으로 가져와 활용했다. 공교육 교사들도 경쟁보다는 협력을, 획일성보다는 다양성을 추구하는 다

---

7 조한혜정, 『학교를 거부하는 아이 아이를 거부하는 사회』 또 하나의 문화, 1997. 추주희, 「탈주하는 청소년/청소녀의 성과 삶,」 『진보평론』, 2008. 3, 169~195쪽.
8 윤수종, 「탈근대 시대 교육 운동의 전망」, 『현대사회과학연구』, 2008, 12:49.

양한 프로그램들을 실시하려 했다. 2010년 이후 교육감 직선제로 선출된 전교조 출신 교육감이 제시했던 이념과 가치는 대부분 '학교를 거부하는 아이들'을 수용하는 대안교육의 이념과 일치했다. 따라서 공교육의 혁신을 이끈 주체로서의 '대안'교육, 그 대안교육을 추동시킨 주체는 바로 수미 같은 아이들인 셈이다.

수미는 학교 안 구성원들에게 감정적 측면에서 가장 큰 영향을 끼쳤다고 생각한다. 나와의 첫 만남에서 보였듯, 그동안 질문하지 못했던 교사와 학생, 어른과 어린이 사이에 있는 단단한 감정의 벽이 수미의 존재 자체로 깨졌다. 50대 남교사로서 안면 권력이 매우 강하고 목소리도 크며 한 성깔 하는 나 같은 교사도 수미 앞에서는 "왜냐고 묻지 말고 수업에 연필, 공책, 교과서를 가져와라"는 명령을 하지 못했다. 학생이 교사에게 공포감을 느끼지 않고 당당하면 교사가 위축되어 권력을 잃는 듯했다. 수미는 학교에 나오는 것만으로도 충분히 '열심히 사는 것'이었다. 그런데 수미가 학교에 나와 교실에 앉아만 있어도 교사들과 교장, 교감은 긴장했다. 그 긴장감이 어린이를 대할 때 인격적인 대우를 하게 하는 바탕이 된 것 같다.

수미의 존재 자체 때문에 내 교사 권력이 흔들렸고, 나머지 아이들도 고착된 '규칙'의 적용에 대해 약간 의문시했던 것 같다. 어떤 교사들은 "수미 때문에 애들이 나쁜 물이 든다"고 했는데 감정이 전염된다는 점에서 보면 타당한 면도 있지만 그것은 매우 피상적인 관찰이다. 수미의 삶을 모든 아이가 모두 따라 할 수 있는 처지에 있지 않기 때문이다. 강한 '엄마' 권력과 학교 규범 등이 어린이 존재를 구성하고 있어서 수미 때문에 아이들의 인성이 나빠진다는 말은 사실과 거리가 멀다.

수미가 워낙 '쎈언니'였기에 아이들이 수미를 따라 하기보다는 수미에 대한 두려움과 질투와 시기가 컸던 것 같다. 학교에 머무는 시간도 워낙 짧아서 영향을 많이 끼칠 수도 없었다. 수미는 미정이를 제외한 다른 아이들과 친하게 지내지 못했다. 동료 어린이들은 수미를 무서워했고, 수미는 그들을 우습게 여기는 듯했다.

하지만 교사의 말을 잘 듣는 '착실한' 아이들에게도 수미가 큰 영향을 끼치고 있음을 알게 되었다.

수미 인스타를 몰래 보는 아이

그 착실한 아이 중 주아는 "근데 가끔 보면 (수미가) 부럽긴 해요. 학원도 안 가고 놀러 다니고 친구들이랑 늦게까지 놀고"라고 말했다.

주아는 학교에서 공부를 매우 잘하는 편에 속한다. 부모님(자영업)이 고생해서 돈을 벌고 있으며, 부모님 특히 엄마를 위해서라도 학원에서 레벨(영어, 수학)을 올리는 것이 최선의 삶이라고 생각하는 아이다. 하루에 3개의 학원에 다니며 집에 오면 9시가 된다고 한다. 영어학원에서 배우는 것은 고등학생 수준의 영문법이나 토익이다. 하루에 50개 이상의 어휘를 암기하고 시험을 보기 때문에 급식실에도 '보케블러리' 책을 가지고 오는 아이다.

이 아이에게 유일한 휴식 시간은 학원에서 돌아와 유튜브나 틱톡에 올라온 춤 영상 따라 하는 것과 인스타그램에서 시간을 보내는 것이다. 인스타그램 계정을 세 개 정도 만들었는데, 하나는 수미의 계정을 파기 위해 만들었다고 한다. '잘나가는 아이'와 비슷한 계정을 만들어서 수미에게 친구 신청을 했다고 한다. 수미가 매우 조심스러운 고양이처럼 친한 사람에게만 인스타그램 계정을 공개하기 때문이다. 주아는 수미가 뭐 하는지, 어떻게 노는지, 어디서 노는지 안다고 한다. 주아는 학교에서 직접 만나면 한 마디도 못하지만, 모텔, 술, 남자, 담배…… 로 채워진 수미의 인스타를 꾸준히 살펴왔다고 한다. 비록 주아 자신은 그렇게 놀지 못하지만, 학원에 찌든 (주아는 즐겁다고 하지만) 삶으로부터 도피하여 온라인 세계에서는 수미와 친구가 되는 것이다.

과거에는 '학교를 거부하는 아이'가 학교 안의 아이와 연결되는 고리가 매우 드물었다. 지금은 다양한 디지털 기기의 발전으로 그 양상이 달라지는 것 같다. 수미 자신은 그 영향에 대해 알지 못하고, 영향을 받는 수많은 아이들도 그것을 부인하겠지만….

멋쟁이 왕따 수탁

잘생긴 수탁

수탁[9]은 키도 크고 잘생긴 편이다. 어린이들은 어른과 달리 외모에 대해 서슴없이 평가하고 말하는 경향이 있다. 관찰한 바로 많은 어린이는 '외모지상주의자'처럼 보인다. 그것이 대중매체의 영향인지는 모르겠다. 어린이들은 서슴없이 '얼평'을 하고 서로 놀리고는 한다. 외모는 친구를 사귀는 데 매우 중요한 요소 중 하나다. 잘생긴 얼굴에, 아이돌 같은 긴 다리를 가진 어린이가 '왕따'가 되는 경우는 거의 없다.

수탁은 예외다. 수탁은 6학년 학기 초에 전학 왔다. 아이들은 처음에 관심을 가지는 듯했지만, 한 달이 지나지 않아 어떤 아이도 수탁과 함께하기를 싫어했다.

---

9 수탁은 주변머리를 깔끔하게 자르고 속머리만 빨갛게 염색해 와서 인디언 추장 같은 머리 맵시를 가졌다. 아이들은 빨간 속머리만 보고 '닭벼슬' 혹은 '닭대가리'라고 불렀다. 싸움하는 수탉처럼 보여서 그렇게 불렀을 수도 있다. 그래서 수탁이란 별명을 사용하려 한다.

영어는 폼이다

수탁이 내게 찾아왔다. 도서관에서 빌렸다며 영어책을 가져왔다. 우리 학교 도서관에 있는 가장 어려운 영어원서 『해리포터』였다. 책을 가지고 와서 단어와 문장에 대해 질문한다. 그래서 나는 수탁이 기초적인 영어 실력이 있는 줄 알았다. 아마 다른 아이들도 그렇게 생각했을 것이다. 6학년 초등학생 중에 해리포터 시리즈를 영어로 읽을 수 있으면 실력이 뛰어난 것으로 인증하는 편이다. 하지만 수탁이 알파벳을 겨우 읽을 수 있을 뿐이며, 발음기호를 보면서도 영어 어휘를 읽을 줄 모른다는 사실을 알게 되기까지는 그리 오래 걸리지 않았다.

수업 시간에 읽고 쓰는 게임을 하는데, 수탁의 차례가 되었을 때 "몰라요"라고 해서 처음에는 장난인 줄 알았다. 그런데 옆에 있는 아이들이 "이 새끼, 알파벳도 몰라요"라고 한다. 사실 약간 충격을 받았다. 그런데 왜 두꺼운 영어책을 책상에 놔두고 넘기고 있었는가? 수업 후에 물어보자, "그게 폼 나잖아요"라고 아무 일도 아니란 듯 대답한다. "진짜 읽어요. 그림을 보면서 상상해요. 그리고 해리포터 영화도 봤어요"라고 한다. 그러면 한국어로 된 것을 읽지 왜 영어로 된 것을 읽느냐고 했더니, "영어로 된 책을 읽어야 더 상상이 잘 되거든요. 샘은 잘 모르잖아요. 그런 거"라고 했다. 할 말이 없었다. 다른 아이들은 수탁의 대부분 행동이 그렇듯, 잘난 척하기 위해서라고 여기며 경멸했다. 수탁은 전혀 신경 쓰지 않았다. 책상 앞에 놓여 있는 영어책들은 『해리포터』, 『반지의 제왕』, 영어신문까지 계속 늘어났다. 물론 학기 끝날 때까지 나는 그가 교과서에 나오는 기초적인 문장을 제대로 발음하는 것을 듣지 못했다. 영어 공부를 하면 내용도 파악할 수 있으니 좀 해보는 게 어떻겠냐고 했지만, 그때마다 "내가 알아서 할께요"라고 대답했다.

혼자 노는 체육 시간

체육 시간이야말로 어린이들의 성격이 가장 잘 드러난다. 어린이들은 놀이를 좋아하며, 몸을 움직이는 체육 시간을 제일 좋아한다. 수탁은 모든 체육 시간에 매우 적극적으로 참여했다. 하지만 다른 아이들은 수탁과 같은 편이 되는 것을 극도로 꺼렸다.

팀을 나누어 경기하게 되면, 수탁 자신은 늘 중심이 되고자 했다. 예를 들어 배구에서는 공을 올리는 세터나 스파이크를 때리는 레프트를 맡아야 한다고 우겼다. 축구도 늘 공격수만 하겠다고 했다. 수탁의 운동 신경이 나쁘지도 않았다. 문제는 수탁이 늘 '멋있게'만 하려고 할 뿐 팀은 전혀 생각하지 않는다는 것이었다. 그래서 수탁이 들어간 팀은 거의 졌다. 시합에 진 모둠은 수탁 탓을 했다. 심지어 진 것 때문에 수탁에게 주먹질하려 했던 아이와 억울해 울기까지 한 아이들도 있었다. 수탁은 다른 아이들의 반응에 개의치 않는다는 것이었다. "그냥 노는 것 가지고 왜들 목숨 걸고 지랄이야?"라며 시비 거는 아이들에게 욕을 되돌려 주었다.

2학기에는 아예 팀 경기 자체에 참여하지 않고 혼자 놀았다. 예를 들어, 배구공을 벽에 대고 혼자 치고 논다든지, 혼자서 배드민턴 콕을 높이 올려본다든지…. 교사로서 나는 안타까워 설교하기도 했다. "팀을 위해 서로 협력하는 것을 우리는 배워야 하지 않겠냐. 패스도 하고 말이야…." 수탁은 내가 설교할 때마다 매우 지루해하며 말했다. "됐어요. 그냥 재미있자고 하는 건데 꼭 이기려고 미친 듯해야겠어요?"

설교는 헛수고다

아이들은 잘난 척하고 관종짓 하는 수탁을 싫어했다. 여학생들은 특히 수탁을 혐오했던 것 같다. 수탁과 같은 모둠이 되거나 짝이 되면 울면서 항의하는 못난 아이들도 있었다. 그런 아이들일수록 학교에서 모범생으로 취급되고, 부모가 학교에 영향력을 지닌 아이였던 것 같다. 수탁과 짝이 되었다고 인상을 쓰면서 항의하는 아이보다 수탁이 훨씬 늠름해 보였다.

문제는 남학생들이었다. 남학생 중에 덩치가 크고 싸움도 잘하는 집단과 수탁 사이에 분쟁이 벌어지면 나는 늘 조마조마했다. 요즘 아이들은 영악하다. 학교폭력에 관한 교육을 매 학년 일정 시간 이수해서인지, 학교폭력으로 신고가 되면 자신이 처할 낭패를 잘 알고 계산해서 행동한다. "니 에미…"로 시작하는 패드립(패밀리에 대한 욕)으로 자극만 한다. 절대 먼저 주먹을 쓰거나 완력을 행사하려고 하지 않는다. 수탁은 똑같이 "니 에미…"로 시작하는 패드립으로 가장 비열한 '저항'을 했다.

학교에서 몸짓이 큰 170센티 넘는 아이 서넛이 그를 둘러싸고 시비가 일어날 시점에 우연히 내가 개입하게 되었다. 그를 괴롭히는 집단이 내가 맡은 티볼동아리팀 일원임을 알았다. 그 아이들을 불러 "여럿이서 한 명에 대해 이렇게 협박하는 것이 옳은 것이냐?"라며 어른이자 교사로서 혼을 냈다. 아이들은 매우 억울해했다. "그 새끼가 패드립했단 말이에요."

티볼동아리팀 아이들은 학교에서 가장 '잘나가는' 아이들로 구성되었다. 나는 아이들에게 설교했다. 그 당시 방영되었던 「이상한 변호사 우영우」[10]란 드라마를 언급했다. 우영우란 장애인은 우리와 '다를 뿐'인데

---

10 2022년 6월 29일부터 2022년 8월 18일까지 ENA 방송사에서 방영한 16부작 드라마다. 자폐 성향의 변호사 우영우가 법정에서 사건들을 해결해 가며 장애인에 대한 인식을 높였던 드라마다. 초등학생들 사이에서는 우영우법 인사가 유행했었고, 어린이들은 '우투더 영, 영투더 우'와 같은 독특한 인사를 자기들만의 문화로 여기는 듯했다. 하지만 정작 자기 주변에 있는 '다른' 아이들에 대한 인식을 확장하는 경우는 드문 듯하다. 이쁘고 귀여운 '장애인'만을 이웃으로 여기는 의도하지 않은 효과가 있었다고 본다.

차별하거나 괴롭혀서 되겠느냐고 했다. 아이들은 지지 않고 말하기를 "우영우는 우리한테 패드립은 안 하잖아요"라고 했다. 나는 "너희들이 수탁의 처지에서 생각해봐라. 학교에 와서 아무도 친하게 지내려 하지 않잖아. 다들 혐오의 눈길만 주지 않니? 자기 마음도 터놓지도 못하고 모두 쌀쌀맞게 굴잖아. 너희들처럼 덩치도 큰 녀석들이 위협하면 그 아이는 어떻겠냐? 우영우랑 다르다고 했는데, 수탁에게 우리가 모르는 어떤 사정이 있을 수도 있잖니. 예를 들어 아침에 밥을 못 먹고 왔을 수도 있고, 또 부모님에게 학대당했을 수도 있고…."

긴 설교를 들은 아이들은 꼰대 같은 나의 긴 잔소리에서 벗어나는 가장 좋은 방법이 '알아들은 척하기'란 것을 안다. 고개를 끄덕이는 척하며 돌아갔다.

아뿔싸. 이후 소문이 이상하게 퍼졌다. 수탁의 아버지가 폭력을 써서 수탁이 학대당하고 있고 그래서 조똥 샘이 수탁을 편애한다, 뭐 이런 내용이었다. 어린이 집단에서도 '잘나가는 것'들이 있다. 이들은 어른처럼 자기들에게 유리한 쪽으로 여론을 주도하려고 한다.

이틀 정도 지난 후, 점심시간에 급식을 위해 줄을 섰다. 수탁이 앞에 서 있었다. 수탁은 내게 "요새 애들이 나한테 잘해줘요"라고 뭔가 이상한 듯 말한다. "그래? 잘되었다. 네가 잘생겨서 그런 것 아닌가?"라고 말했다. 그러자 "아니에요. 주희도 오늘 나보고 '잘 지냈어?'라고 해요". 주희는 예쁘고 공부도 잘하는 모범 여학생이다. "혹시 너 좋아하는 거 아닌가? 고백으로 받아들여, 임마"라고 하자, "아니에요. 아주 기분이 좆같아요"라고 했다.

돌이켜보니, 수탁은 내가 아이들에게 이상한 말을 해서 문제가 없었던(?) 관계를 더 불편하게 했다는 항의 표현을 했던 것 같다.

수탁이 나를 변화시키다

모든 아이가 싫어했던 아이, 이 아이가 나에게 무슨 영향을 끼쳤는가?

첫째 수탁은 수업과 관련한 나의 생각을 크게 흔들어 놓았다. 지금까지 의문을 품지 않았던 질문을 하게끔 해주었다. 수탁 때문에 나는 학교에서 '경쟁'이란 것에 대해 근본적으로 다시 생각하게 되었다. 전에는 모둠으로 팀을 나누고 팀 간 경쟁을 시킴으로써 흥미(interest)를 불러일으킨다고 생각했다. 어린이들이 배워야 할 것을 '안으로 끌어당기기'(in+terest) 위해서는 경쟁 요소를 가미하는 것이 좋다고 생각했다.

그런데 현재 일부 교사들은 이 '경쟁' 요소가 흥미를 일으켜 학습에 효과적이라는 명제에 의문을 제기하고, 다른 방식, 다른 형태의 교육[11]을 고민하고 있다. 특히 체육 분야에서 팀을 나눠 경기하게 될 때 일부 아이들 예를 들어, 여학생들은 병풍처럼 서 있고 주인공(잘하는 아이들)의 조연 역할만 하거나 일부 우두머리 같은 아이들에게 욕만 먹는다는 것을 알았다. 수탁은 이런 방식의 학교 수업 형태를 아주 우아하게 거부한 것 아닌가?

많은 아이들—여학생뿐 아니라 체육에 소질 없는 남학생들—은 그저 침묵하고 있거나 자기 탓(내가 못 해서…)을 하고 있었던 것 같다. 재미있는 것은 수탁과 비슷한 처지에 있는 '경쟁 경기'를 싫어하는 아이들도 두목 같은 아이들처럼 수탁을 싫어한다는 것이다! 왜 그럴까? 지하철에서 이동권 투쟁을 하는 장애인들을 가장 심하게 욕하는 사람들이 바로

---

11 초등학교 교사 홍경종은 체육 수업에서 '우두머리'만 즐거운 체육 교실을 지양하고, 모든 학생이 참여하고 즐길 수 있는 방식을 연구한다. 티볼 수업을 통해 장애인 학생이 자신 있게 학교생활을 하는 방법을 페이스북에 나누었다.
페이스북 참조(https://www.facebook.com/profile.php?id=100001453188709)

노인들인 것과 비슷한 상황 아닐까?

잘나가는 아이들도 자신들이 돋보일 수 없는 상황이나 처지에 놓였을 때가 올 것이다. 그들이 중학교에 가고, 고등학교 그리고 대학에 진학하면서 거쳐야 할 '경쟁'은 공정한가? 그럴 때마다 그들은 수탁이란 친구를 떠올렸으면 한다. 수탁이 품위 있게 저항하던 모습을 기억했으면 좋겠다.

두 번째, 수탁은 교사인 내게 주체성에 대해 근본적으로 반성하게 했다. 수탁은 이성, 동성 할 것 없이 '친구'가 없었다. 늘 혼자 나름의 시간을 보냈다. 일부 아이들은 그를 '혐오'하였다. 그에게 린치를 가하는 '우두머리' 같은 아이들에게 수탁은 온몸으로 저항했다. 패드립을 하다가 담임 선생님에게 혹은 나에게 걸려 야단도 많이 맞았다. 그런데도 전혀 주눅 들지 않고 묵묵히 자기 혼자 '놀았'다.

어느 날 문득 들었던 생각이다. 내 경우는 어떤가? 잔인하고 상식에 맞지 않던 동료 교사나 교감과 대판 싸운 적이 있다. 다음날 학교에 출근하기 싫었다. 동료 중에 두어 명하고만 문제가 생겨도 나는 이런 마음인데, 수탁은 어떤가? 존경하지 않을 수 없다. 더구나 초등학생 중에 학급의 주류를 이루는 잘나가는 아이들은 키가 크고 몸짓도 큰데다 공부까지 잘하며 다른 아이들에게 인기가 있다. 한 마디로 권력, 지식을 가진 존재들이다. 나는 어떤가? 차를 운전하다가 시비가 붙었는데 키가 190센티 정도 넘는(수탁과 학교 일진들의 비율로 보면) 상대가 마치 검찰인 듯 말한다면, 나는 어떤 표정, 몸짓을 할까? 수탁처럼 끈질기게 '패드립'이라도 하면서 저항할 수 있나? 수탁은 정말 용감하다.

자기 마음대로 하는 두꺼비

글씨쓰기를 거부하는 아이

두꺼비는[12]는 잘 드러나지 않는 아이였다. 6학년 영어 전담교사인 내게 이 아이는 눈에 들어오지 않았다. 조용했고 표정도 없었다. 두꺼비가 눈에 들어오기 시작한 것은 영어 시간에 준비하라는 '노트'를 검사하기 시작할 때부터다.

공교육 교사로서 볼 때 초등영어는 모순점이 너무 많다. 영어 과목은 가정 배경을 가장 잘 반영하는 분야다. 어렸을 때부터 방학마다 해외 연수를 다니면서 영어에 익숙한 아이들부터, 초등학생인데 학원을 통해 이미 고등학생 레벨 수준의 문법, 어휘, 독해를 해내는 아이도 있다. 그런데 한편으로 체계적인 발음, 철자 교육을 받지 않은 학생이 있고, 6학년이 되어도 글자를 읽지 못하고 알파벳도 모르는 '영포(영어포기)'자가 생긴다. 그래서 지난해부터 수업에서 최소한의 철자 교육을 해보자는 생각을 했다. 초등영어교육의 목표가 듣기, 말하기에 집중되어 있었는데, 이는 이명박 정권 시절에 도입된 '영어조기교육'의 영향 때문이다. 언어란 것, 특히 외국어로 된 영어를 배워야 하는 우리와 같은 EFL 상황[13]에서 읽기, 쓰기를 빼고 교육한다는 것은 몇몇 정치가들의 책상 놀음이란 생각이 들었기 때문이다. 그래서 6학년이 된 아이들에게는 최소한의 쓰기를 병행해야겠다 마음먹었다. 노트는 그 준비물이다.

수업 시작 후 2주 동안은 그냥 확인했다. 한 달 후에 노트를 안 가져

---

12 아이들은 "두꺼비"라고 별명을 불렀다. 외모뿐 아니라 성격도 두꺼비 비슷하다고 생각한다. 두꺼비처럼 늘 천천히 다녔고, 시비가 붙으면 몸짓을 크게 하고 공격하는 두꺼비와 많이 닮았다. 아이들은 직관력으로 이를 파악하고 별명을 부른 듯하다.

온 아이들에게는, "부모님에게 전화해서 상담을 하겠다. 내가 노트를 사줘도 되냐고 여쭈면 부모님이 자존심 상하시지 않겠냐?"라고 했다. 그러면 대부분 아이들은 어떻게 해서든 노트를 준비해온다. 작년에 단 한 명이 끝까지 노트를 가져오지 않았다. 그 아이가 바로 두꺼비다.

"부모님에게 전화할거야"라고 두꺼비에게 말했다. 두꺼비는 마스크를 거의 눈까지 덮어쓰고 있었는데 눈빛만은 초롱초롱하게 나를 쏘아보면서, 말을 어물어물 댄다. "그러시든가요." "뭐라고? 그럼 전화번호를 좀 알려줄래?" 대부분 아이를 가장 강력하게 통제하는 권력은 이제 학교도 아니고 교사도 아니다. 엄마가 가장 무섭다. 무슨 일이건 엄마가 알면 안 된다고 여긴다. 그래서 현재 공교육 교사가 취할 수 있는 가장 강력한 협박은 "엄마와 상담하겠다"는 것이다. 그러면 대부분 움츠러든다. 그런데 이 녀석은 아니다. 전혀 움찔하지도 않는다. 내공이 대단한 아이다.

"공일공 팔육…" 어쩌고 하면서 불러준다. 나는 받아 적는 척한다. 솔직히 대부분 아이와 전혀 다른 반응에 당황했다. 실은 협박성으로 한 말이었는데, 이 아이 때문에 정말 귀찮은 노동을 하게 된 셈이다. 그의 엄마와 통화를 통해 두꺼비가 매우 고집이 센 아이고 본인이 납득하지 않으면 전혀 교육이 안 되는 아이라는 것을 알았다.

노트는 내가 진짜 사서 주었다. 두꺼비는 노트 안에 아무것도 적지

---

13 영어를 제2 국어처럼 쓰는 ESL(English as Second Language) 환경은 싱가포르와 같은 나라들이다. 영어를 제2의 언어로 쓰기에 영어 노출이 많고, 따라서 교실 영어는 '소통 중심'으로 구성될 수 있다. 이에 반해 EFL(English as Foreign Language) 환경은 영어를 '외국어'로서 배우는 환경을 뜻한다. 한국, 일본, 중국, 핀란드 같은 나라들에서는 영어를 '외국어'로서 배우는데, 교실 영어에 노출(exposing)하는 것만으로는 습득이 힘들다는 것을 강조한다. 따라서 조기교육처럼 어렸을 때 자연스러운 언어 노출만으로 습득하기보다 성인 학습자가 언어를 학습하듯 어휘, 어법 학습도 강조하는 경향이 있다.

않았다. 1학기 내내 이 문제로 두꺼비와 싸웠다. 5월이 되어서 'May'라는 글자만이라도 써보자고 했다. 안 했다. 딱 세자다. 하지만 그냥 안 썼다.

나는 두꺼비를 쉬는 시간에 남겨 글씨를 써야 하는 이유를 수십 가지 이야기했다. 심지어 손가락으로 쓰는 훈련을 해야 뇌가 좋아진다는 최신 구라까지 동원했다. 마이쮸도 소용없었다. 두꺼비는 침묵하다가 폐부를 찌르는 말들을 해댔다. "쓰기 싫어요!" "그냥요." "안 쓸래요." 도대체 왜 안 쓰냐고 써야 한다고 그렇게 호통을 치고 마이쮸로 어르며 달랬다. 하지만 두꺼비는 절대로 연필을 잡고 쓰는 것을 하지 않았다. 반 아이들에게 들으니, "쟤는 원래 저래요"라고 했다. 담임 선생님과도 이야기했다. "아이가 고집이 있어서 자기가 납득이 안 되면 절대 안 합니다. 저는 포기했어요." 결국 나도 포기했다.

두꺼비의 똥고집

나는 궁금했다. 왜 글씨를 안 쓰는가? 두꺼비는 계속 대답했다. "그냥 싫다니까요. 귀찮아요! 읽기는 같이 하잖아요, 그거면 되었다고 생각해요."

실은 두꺼비가 정통 규범에 맞다. 초등학교에서 영어교육은 쓰기를 하지 말라고 했기 때문이다. 국가 교육과정은 문자 교육보다는 음성을 통해 영어에 흥미를 느끼게 하라고 교사들에게 지침을 주었다. 두꺼비가 국가의 초등영어교육 과정 지침에 더 맞다. 두꺼비는 수업 시간에 쓰기를 제외한 다른 활동에는 별로 태만하지 않다.

중학교 가서 문자를 쓸 때 내 원망을 하지 말라고 협박해도 "알았어요"라고 했다. 나도 학년말쯤에는 집착에서 벗어난 듯하다. 사실 내가 걱정했던 것은 다른 아이들에 대한 영향이었다. 두꺼비는 안 쓰는데,

왜 우리한테만 쓰라고 하냐는 아이들의 '공정'에 대한 항의가 두려웠기 때문인 듯하다. 일부 아이들은 바로 그 항의를 했었다. 또 다른 아이들은 내가 설교하는 연필로 영어쓰기 연습의 필요성을 납득하기도 했었다. 내 두려움과 달리 별다른 일은 일어나지 않았다.

고슴도치처럼…

다른 아이들에게 전해들은 이야기다. 자기 마음대로 행동하는 두꺼비 때문에 늘 담임 선생님들이 화를 내서 힘들었다고 했다. 1학년부터 6학년까지 같이 생활하면서, 두꺼비는 '원래 그런 똥고집 아이'라고 생각하게 되었단다.

청소하기를 예로 들어보자. 두꺼비는 자기 책상 외에 할당된 구역을 청소해본 적이 없다. 1인 1역이라는 학급에서 부여된 역할을 자신이 부당하다고 생각하면 하지 않는다. 힘이 많이 드는 귀찮은 일을 하지 않는 것이 아니다. 중간 놀이 시간에 우유 당번의 경우는 거부하지 않는다. 하지만 칠판 닦기는 절대 하지 않는다. 또한 체육 용구 준비하기와 같은 것은 하지 않지만, 학급 문 닫고 오기(이 역할은 아이들이 대부분 싫어한다. 왜냐하면 급식을 가장 늦게 먹기 때문이다)와 같은 것을 맡기면 아주 얌전하고 성실하게 수행한다.

두꺼비가 싫어하는 행동의 목록을 뽑아서 분류해 보면, 누구도 그 기준을 알 수 없다. 오로지 그만의 기준과 규범이 있을 뿐이다. 두꺼비에게 왜 이건 하면서 저건 안 하냐고 물으면, "나도 몰라요"라는 답이 돌아온다. 그래서 다른 아이들은 처음에는 두꺼비에게 화를 내다가 '조정'한다. 두꺼비가 하기 싫어하는 일은 맡기지 않는다. 두꺼비는 '원래 그런 아이니까'라고 생각하게 된다. 어느덧 교사와 다른 아이들 그리고 두꺼비는 서로 조율하게 된다. 고슴도치가 겨울잠을 잘 때 서로의 거리를 조율한다고 했던 쇼펜하우어의 이야기처럼 관계들을 아주 교묘하게 조정한다. 날카로운 가시에 찔리지 않고 가장 포근한 거리를 기가 막히게 정하는 것이다. 표준을 정해서 '거리'를 정할 수 있다는 생각이 '망상'이 었음을 두꺼비가 잘 보여준 듯하다.

그런데 나는 충격적인 사실을 나중에 깨달았다. 알고 보니 아이들은 정도만 다를 뿐, 대부분 두꺼비처럼 행동하는 것이었다. 학기 말에 노트 검사를 하면서 노트에 쓴 것들을 보면, 내가 칠판에 적은 것보다 훨씬 많은 다양한 것이 있었다. 애니메이션, 애인에게 보낸 편지, 교사에 대한 저주, 고흐가 되살아난 것 같은 정말 대단한 그림들…. 교사인 내가 '의도'한 것과는 다르게 각자가 기준을 가지고 수업과 생활에 임하고 있었다. 그렇게 조정하고 조율하는 관계들을 잘 알지도 못하면서 나는 '통제'하고 있었다고 착각한 것은 아닐까?

모두를 사랑하는 게바라

늘 적절하지 않은 말을 하는 아이

게바라[14]가 마스크를 벗었을 때 너무 잘생겨서 놀랐다. 외모 지상주의자이자 얼평 전문가들인 아이들 입장에서 볼 때, 게바라는 마스크를 쓰는 바람에 손해를 보는 경우라고 생각된다.

게바라는 놀라울 만큼, 정말 대단히 놀라울 만큼, '적절하지 않은 때

---

14 체 게바라는 주지하다시피 멈추지 않고 남미 혁명을 위해 이주했다. 체 게바라는 외모도 매력적이다. 이 어린이도 체 게바라처럼 쉼 없이 남녀노소 가리지 않고 사랑을 나누어주기 위해 이동했다. 아이들은 이 어린이를 '찐따'로 불렀지만, 체 게바라의 오뚝한 콧날과 서늘한 눈매가 이 어린이와 닮아 가명으로 사용한다.

적절하지 않은 주제로 적절하지 않은 말'을 하는 아이다. 주변의 분위기를 못 느끼는 아이라고나 할까? 걱정될 만큼 '사회성'이 전혀 없는 아이다. 예를 들어, 수업 시간에 어떤 여학생이 코피를 흘렸다. 다들 당황해했다. 나도 화장지를 가지고 가서 코를 막았다. 그런데 이 순간에 게바라가 말했다. "아이고. 코에서 생리가 터진 거 아냐?" 분위기가 어땠겠는가? 싸늘해진다. 동료 아이들은 야유를 보낸다. 마치 눈치 없는 아재 같은 능글맞은 말을 해대는 이 아이를 아무도 좋아하지 않았다.

모든 여학생에게 고백하기

게바라의 특징은 모든 여학생에게 고백하는 것이다. 어떤 여학생이 들려주었는데, 게바라는 4학년부터 모든 여학생에게 고백했고 거의 차였다는 것이다. 고백하고 차이고 고백하고 차이고. 또 이것을 담임 선생님과 아이들 앞에서 천연덕스럽게 이야기했다 한다. 사춘기 아이들은 이런 사실에 민감해서 매우 난감해 하고 거북해 한다. 많은 아이 앞에서 자기가 고백을 받았고 찼다는 것이 아우팅 되기 때문이다.

단 한 명의 여학생이 고백을 받아주고 1주일 동안 사귀었다고 한다. 그런데 그 여학생도 게바라만큼 조증이 심한 아이였다. 학교 축제를 할 때 흥분해서 교실에 있는 소화기를 담임 선생님과 아이들에게 분사했다. 이 일로 학교폭력위원회 처분도 받았다. 그래서 게바라의 고백을 받아준 이 여학생 덕에 게바라의 위신은 더 깎였다. 게바라가 뭘 하기만 해도 아이들은 "네 여친 불러서 소화기 쏠라고?"라고 놀렸다.

게바라는 늠름하고 당당하게 학교생활을 했다. 체육 시간에는 '적절하지 않은 방식'으로 행동해서 아이들의 손가락질의 대상이 되었는데, 팀 경기를 하다가 마음대로 "나 그만할래"라며 갑자기 그만두거나 상대편을 응원하거나 하는 이상한 짓을 했기 때문이다.

시간이 흐를수록 아이들은 이 '적절하지 않은 때 적절하지 않은 말'을 하는 아이를 멀리했다. 담임교사는 젊은 미혼여성이었는데 왕따를 당하는 게바라를 감싸주었던 모양이다. 다른 아이에게 들으니 담임 선생님에게도 '고백'을 해서 선생님을 몹시 당황하게 했다고 한다. 담임 선생님도 시간이 갈수록 질척대는 이 아이를 멀리했다. 그렇다고 게바라는 기죽지 않았다. 마치 나비가 꽃을 찾아가듯 대상을 바꿔가며 사랑을 구했다.

50대 남교사에게도 고백하기

어느 날 게바라가 내게 상담을 신청했다. 아이들이 자기를 싫어해서 죽고 싶다는 것이다. 나는 죽고 싶다는 말에 놀랐다. 매뉴얼에 의하면 학생이 이런 말을 하면, 담임교사—학부모—학생생활부장—교감—교장 등에게 연락을 취해 위기관리위원회를 열어야 한다. 담임에게 연락했더니, 한숨을 푹 쉬면서 "이젠 선생님께 간 듯합니다"라고 한다. 별것 아닐 거라면서. 늘 그렇게 사람을 괴롭힌다고.

상담 이후 점심을 먹고 운동장을 혼자서 걷는데 게바라가 졸졸 따라왔다. 아주 수다스럽게 뭔가를 떠들어댔다. 대부분 적절하지 않은 말이라서, 나는 그걸 별 뜻 없이 듣고 반응해주었다. 게바라에게 "네 말은 적절하지 않아"라고 해주면 더 즐거워하며 말을 해댄다.

전화번호를 묻기에 가르쳐주었다. 그러자 저녁에도 두세 번 전화해서 별 실없는 농담, 초딩이 생각하는 음란한 이야기를 해댄다. 나는 전화번호를 차단했다. 그러자 다음날, 왜 차단했냐고 풀어달라고 애원했다. 이후 점심시간마다 계속 쫓아오면서 이야기를 해대는데, 문득 아주 중요한 사실을 깨달았다. 이 아이가 학교에서 내게 가장 친절한 아이가 아닌가? 학교에서 벌어지는 온갖 비밀스러운 '관계'들… 누가 누구를 사귀고 깨지고, 이런 비밀을 내게 가장 많이 알려줬다.

어느 날 급식 시간에는 손을 쓰윽 잡는다. 그런데 묘하다. 이 녀석이 깍지를 낀다. 나는 당황했다. 이게 무슨 의미일까? '이래서 이 녀석이 늘 채이는구나. 적절하지 못한 때 적절하지 못한 고백이로다…' 가끔 단둘이 있을 때면 내 무릎에 앉으려고도 했고 배를 만지기도 해서 혼을 냈다. 물론 게바라의 성적 정체성에 대해서는 아무런 이야기를 꺼내지 않았다. 그냥 그랬을 뿐이다. 그리고 문득 깨달았다. 게바라가 고백했던 사람은 '여학생'만은 아니었구나….

모두 다 사랑하는 어린이

사춘기에 들어선 6학년 아이들은 성적인 호기심이 많다. 어른들이 상상하는 것 보다 훨씬 빨리 성에 눈뜨는 듯하다. 사회는 '이성'애적 사랑만을 '정상'이고 '표준'으로 여긴다. 이는 나 같은 교사들에게 '질문되지 않은 정상적인 것'으로 표출된다. 하지만 어떤 어린이들은 전혀 다른 모습으로 '성애적' 태도(sexuality)를 보인다.

아이들 대부분 동성애 이야기만 나와도 '변태'라고 야유를 보낸다. 그런데도 이성/동성/나이를 초월하여 모든 사람을 사랑하는 어린이들이 존재한다. 한국 사회에서 이성애자 외의 성애가 핍박받듯, 이 어린이들은 게바라처럼 핍박당한다. 나는 생각해 본다. 과연 학교란 '직장'에서 나를 이만큼 진심으로 사랑해 주고, 사람으로서 존중해 준 존재가 게바라 외에 있었는가? 많은 아이들은 50대 교사인 내 외모를 가지고 놀리고는 했다. 나 스스로 이를 통해 아이들과 친해지기도 했다. 아이들은 내가 뚱뚱하고 머리가 벗어지고 나이가 들었고 똥배가 나왔다고 솔직히만 인정해도 약간의 친근감을 느낀 듯하다. 하지만 손을 잡아주고 전화를 걸어준 아이는 게바라뿐이었던 것 같다. 난 그 사랑을 받아들일 만

한 존재가 못되었을 뿐이다. 게바라만큼 용기 있는 어린이의 사랑을 받을 자격이 없는 비겁한 어른이었다.

바람 같은 종이

첫인상

종이[15]는 4학년(10살)이었다. 처음 보았을 때, '남학생인가? 여학생인가?' 의문이 들었다. 머리는 길게 기르고 있었고 옷은 분홍색이었는데 볼은 빨갰다. 키가 매우 작은 편이었으며, 목소리는 쇠구슬처럼 맑았다. "너, 남자냐, 여자냐?"라고 꼭 물어보고 싶었는데 참았다. 잘한 듯싶다. 아이는 10시 무렵, 공강 시간에 쉬고 있는 내 교실에 그냥 불쑥 쳐들어왔다.

"여기는 뭐 하는 곳이에요? 영어체험실이 뭐 하는 곳이죠?" 생전 처음 보는 아이가, 도대체 학년도 모르는데 불쑥 들어와 질문하는 것은 교직 생활에서 처음 겪는 일이었다. 나는 "여기는 6학년들이 영어 공부하는 교실이야"라고 답했다. "아저씨는 누군데요?" "응, 나는 선생님이야." "여기서 놀아도 돼요?" "근데, 너 몇 학년이야? 수업 시간 아닌가?"…. 대화가 끊겼다. 아이는 표정이 일그러지더니 문을 닫고 어디론가 가버렸다.

이후에 알았다. 주변에서 들리는 말에 의하면 종이에게 묘사되는 어

---

15 다른 아이들이 그를 어떤 별명으로 불렀는지 잘 모르겠다. 내게는 종이비행기 같은 느낌의 어린이다. 봄바람을 타고 살랑 날아왔다가 사라지는 종이비행기 같은 느낌. 그래서 가명을 '종이'로 했음을 밝힌다.

휘들은 'ADHD,' '자폐 경계,' '아버지가 방치한 아이'와 같은 것이었다. 담임교사는 그 아이 때문에 몹시 힘들다며, 특히 아이가 약을 먹지 않았기 때문에 증세가 더 심해진다고 말했다. 학교생활에서 벌어진 처참한 일(?) 때문에 연락해도 그의 학부모인 할머니는 노인 일자리 사업에 나가야 해서 "알아서 해부쑈, 나도 모르겠소. 제 부모들이 싸질러놓고 가버렸응께…"라며 비협조적이어서 말이 안 통한다는 것이다.

관찰

초등학교 교사 출신인 페르낭 들리니(Fernand Deligny)는 1960년대 프랑스 산기슭에서 자폐아들과 함께 생활한다. 자폐아들의 움직임을 세밀하게 점과 선으로 표시한다. 그 점과 선을 이어놓는다. 생활에 필요한 노동들−음식 준비, 잠자리 준비, 위생 관련−을 하는 어른(교사)들의 움직임도 점과 선으로 표시하고 이어본다. 그러면 공통'지점'이 나온다. 바로 그 지점에서 '교육'이라고 해야 할 것 같은 '사건'들이 발생한다. '점,' '선'으로 소통 공간을 그리고 공통 '면'들을 발견하는 혁명적인 방식을 고안했다.[16]

종이의 움직임을 들리니처럼 파악할 수 없는 한계가 있었다. 한국 공교육 학교 체제는 같은 나이의 학생들이 한 명의 '담임'교사의 지도 아래 하나의 '교실' 속에서 생활해야만 한다. 그래서 '교과전담'을 하는 교사로서, 그 아이를 가르치지 않는 나로서는 아이의 움직임을 간헐적으

---

16 펠릭스 가타리 지음. 『분자혁명』. 윤수종 옮김. 푸른숲. 198∼213쪽. 1999. 가타리가 소개한 들리니의 아이디어 외에 들리니의 혁신적인 사고를 접할 수 있는 한국어책은 부재한 듯하다. 전남대학교 정종민 교수가 들리니의 관점을 채용하여 인지증을 앓는 치매 환자에게 적용한 논문이 있다. 정종민. 「인지증(치매) 연구와 지도제작적 민족지: 영국의 오소독스 유대인 요양원 사례를 중심으로」. 『한국문화인류학』. 53권 3호. 2020. 489∼521쪽.

로만 지켜봐야 했다.

종이에게 반갑게 인사하고 '영어체험실'로 놀러 와도 된다고 했다. 종이는 일정 시간에 정기적으로 내 교실에 왔다. 영어체험실에 있는 다양한 게임도구와 마이쭈가 그를 끌어당겼기 때문이다.

종이는 다른 아이들에 비해 일찍 학교에 온다. 학교에서는 안전 문제때문에 일찍 등교하는 것을 금지하고 있다. 8시 40분부터 9시까지 등교해야 한다. 하지만 종이처럼 학부모가 일찍 일하러 가는 경우, 아이가 학교에 안 가는 것을 방지하려고 학부모는 자신의 출근 시간에 아이를 학교에 보낸다. 종이는 8시 이전에 학교에 왔다.

학교 건물은 '전관'과 '후관'으로 나뉘어 있다. 전관은 저학년부터 4학년까지 배치되고, 4학년은 최상층을 쓴다. 후관은 고학년이 쓰고 6학년이 최상층에 배치된다. 대부분 저학년은 후관에 오지 않는다. 돌봄교실이 있어서 방과 후에 후관 1층 좌측에만 방문한다. 그런데 종이는 아주 이전부터 후관을 드나들었다. 학교에 오자마자, 후관 교실들을 마치 '교장'처럼 훈시(?)한다. 이것저것 살핀다. 당연히 학급에는 분실물이 많이 생기게 되었다. 없어진 돈이나 장난감 등을 종이가 훔쳤을 것이라고 예상하지만, 종이에게 물어보면 잡아뗀다. 들킨 적이 없다. 분실물이 늘어나면서, 학교 당국은 교사들이 오랫동안 요구해온 잠금장치를 자물쇠방식에서 전자키 방식으로 바꿔준다. 교사들이 요구할 때는 반응이 없다가 종이가 아침에 일찍 와서 돌아다니고 그 후에 분실물들이 계속 생기니 즉각 교사들의 요구가 실현된 것이다. 아이러니다. 도둑이 감시카메라 기술을 발전시키듯, 종이의 움직임이 교사들의 오래된 요청을 실현한 셈이다.

종이는 전관부터 후관까지 홍길동처럼 돌아다닌 후, 담임 선생님과 약속한 대로 9시에는 교실로 간다. 요일에 따라 약간씩 다르지만, 수학―국어―사회와 같은 과목이 있으면 바로 보건실로 향한다. 보건실에 가면, 보건 선생님이 따뜻한 물을 주거나 비타민 C를 준다. 그 후에 교장실로 간다. 교장실은 가장 넓고 따뜻하거나 시원하다.[17]

교장과 종이

내가 근무하는 학교는 교사들이 꺼리는 '지역'이다. 교사들은 4년마다 한 번씩 학교를 옮기는데 11번까지 희망 지역을 쓴다. 우리 학교는 대부분 11번째 희망지로 쓴 교사들이 어쩔 수 없이 오는 곳이다. 광주 외곽 지역에 있을 뿐 아니라, '교육복지투자'학교[18]로서 학부모의 '협조'(?)도 없고, 억지 민원과 학부모의 교권 침해가 심한 편이기 때문이다. 교장도 이 학교에 어쩔 수 없이 오게 되었다. 학생 수가 줄면서 교장들도 발령이 정체되었다. 교장도 별로 원하지 않은 학교에서 4년 임기를 채워야 하는 셈이다.

2000년 후반부터 초등학교 교장들은 갑질로 신고 된 사례가 많았고, 연수를 통해 행정학에서 '임파워먼트'와 같은 개념을 배워서 겉으로는 구성원들에게 모두 친절하려고 노력하는 척한다. 학교 업무에 진짜 필요한 수업이나 행정업무는 하지도 않으면서 말이다. 그 '척하는 태도'를 종이가 모두 까발렸다. 교장은 이 아이가 난감하다. 아침마다 자신의 공간에 쳐들어오는 아이를 어떻게 할 것인가? 처음에는 "종이야. 교장 선생님이 회의해야 하니까, 지금은 오지 말거라"라고 달랬다고 한

---

17 모든 학교에 교장실만큼 안전하고 편안하게 지낼 수 있는 곳이 없음을 교사로서 종이 때문에 알았다. 교장실은 넓고 아늑하며, 여름에는 시원하고 겨울에는 따뜻했다. 이 기준이 모든 교실에도 적용된다면 학교란 공간은 어린이와 어른이 모두 행복할 수 있는 곳이 될 것이다.
18 교육복지투자(우선)학교는 교육청에서 빈곤한 지역에 자원을 우선 투자해주는 학교를 말한다. 교육격차 해소를 위해 복지 관련 투자를 우선해서 받는 학교다.

다. 하지만 종이가 "언제 회의가 끝나요? 그건 왜 해요?"라고 꼬치꼬치 캐물었고, 어쩔 수 없이 일정한 요일에 방문을 허락했다고 한다. 회의를 왜 하는가? 이 질문은 교사인 나도 늘 했다. 쓸데없는 시간 낭비 같은 회의를 왜 그렇게 자주 하는가?

종이는 봄, 가을처럼 날씨가 좋은 철을 제외하고 아침 시간에는 교장실의 너른 소파에 누워서 장난감(칼이나 총)을 갖고 혼자 소리를 지르면서 논다. 그러다가 10시 30분, 중간놀이 시간이 되면 자기 교실로 올라간다. 중간놀이 시간에 아이들과 놀아야 하기 때문이다. 체육 시간−영어 시간−과학 시간과 같은 시간에는 교실에 있고, 그렇지 않은 시간엔 강당이나 학교 안 구석구석을 돌아다닌다.[19] 학교 안팎을 넘나드는 '야옹이'(길고양이)하고도 논다. 1시가 되면 점심 급식 시간, 종이가 가장 좋아하는 시간이다.

종이의 이동

종이의 이동 경로는 대체로 다음과 같다. 등교−전관(4층 교실)−후관 복도(돌아다니기)−교실−보건실−교장실−교실−복지실−강당−급식실−운동장−복지실−보건실−교실−하교.

이 움직임을 선으로 연결해보면, 대체로 학교에서 가장 좋고 편안한 곳이다. 모든 학교 구성원이 누려야만 하는 '개인적 공간'이 있으며 적절한 음료와 다과가 제공되는 곳이다. 종이는 혼자 방랑하는 과정에서 이런 혜택을 모두 스스로 누릴 수 있었다. 대부분의 학교 구성원들

---

19 이를 자세히 파악하지 못했지만, 학교란 공간에 그렇게 많은 '아늑한 곳'이 있는지 몰랐다. 종이와 함께 몇 군데 함께 갔는데, 아무도 모르는 곳이 학교 곳곳에 있었다. 후관 뒤편 움푹 팬 곳이랄지, 체육 창고 옆에 있는 구멍이랄지…. 그런 곳을 발견하며 논다고 했다.

은(교사, 직원, 학생) 주어진 공간에서 주어진 일을 할 뿐 다른 공통 영역을 파악하려하지 않는다. 그래서 '좋은 것'과 '좋은 공간'을 탐구한 적이 없다. 종이는 스스로 이를 찾아 누린다. 종이는 우리에게 색다른 상상력을 불러일으킨다. 궁극적으로 모든 학교 구성원이 종이처럼 공간을 행복하게 누릴 수는 없을까?[20]

불가역적인 변화

공교육 현장에서 변화의 노력은 과거에도 지금도 앞으로도 계속될 것이다. 나는 전교조 조합원 소속 교사로서 그동안 공교육 현장의 변화를 목격해 왔다. 그런데 종이가 이룩한 변화만큼 확실한 변화는 체험하지 못했다.

참교육을 외치며 전교조가 공교육 현장에 대한 개혁의 목소리를 꾸준히 내 온 것은 주지의 사실이다. 교실 붕괴 담론, 교육 불가능의 문제,[21] 그래서 '혁신' 교육까지 줄기차게 연구, 실천해 왔다. 2010년부터 교육혁신을 내건 전교조 출신의 교육감이 탄생하여 '혁신'학교도 생겼다. 대안교육이 추구했던 생태, 비경쟁, 체험중심, 감정중심의 교육이 다양한 방식으로 공교육 현장에 들어왔고, 많은 성과가 있었던 것이 사실이다.

그런데 내 체험에 근거하자면, 이 변화들이 매우 일시적이며 금방 '반

---

20 종이가 학교에서 가장 좋은 공간을 안전하게 활용하게 된 이유 중 하나가 학교 안에서만 놀기 때문이다. 학교 바깥으로 나가는 경우가 거의 없었다. 물론 교문에는 '학교 지킴이' 할아버지가 고용되어 지키고 있어서 바깥으로 나가기 힘들다. 그런데 더 중요한 것은 학교 바깥에 나가도 10살짜리 아이가 놀고, 눕고, 친구와 장난치는 자유를 누리기 힘들다는 점을 종이가 일찍 깨달았다고 생각한다. 그래서 다른 초등학생과 달리 교실 수업에서 빠져도 종이는 다른 구성원들에 의해 묵인된 편이다. 학교에서 제일 우려하는 것은 교실에서 벗어나 학교 자체를 빠져나가서 '사고'를 치거나 당하는 것인데 그런 걱정을 종이는 덜어줬기 때문이다. 알아서 학교 안에서 일정한 시간에 일정한 행동을 하며 놀았기 때문이다.

21 이계삼, 엄기호, 정용주 지음, 『교육 불가능의 시대』, 교육공동체 벗, 2011.

동'의 물결로 돌아가 버리더란 것이다. 내가 근무하고 있는 교실인 영어 체험실만 해도 그렇다. 다양한 체험중심의 '교구'들을 쌓아두고 보드게 임부터 역할놀이 도구까지 갖췄지만, 그것들이 시간이 지나고 담당 교사와 행정이 바뀌니 매해 짐 같은 장부 목록의 한 항목으로 되었다. 누군가 앞에서 '보여주기'에는 좋은 장면들이 연출되었을지라도 실제 노동하는 교사, 실제 생활하는 어린이들의 삶에서 돌이킬 수 없는 변화는 없었다.

대표(전교조 교사)를 통한 위로부터의 '혁신'의 한계는 분명하다. 누군가―교장이나 교감―를 '악마'화하여 본인들이 '좋은' 교장, 교감이 될 수 있으리라 여겼던 것 같은데, 그 방식으로는 혁신할 수 없다. 교실 배치를 ㄷ자로 하여 공간을 '혁신'하고 '배움'을 중심으로 질문이 있는 교실을 만든다는 실천의 한계는 시간이 갈수록 명확히 나타난다. 어린이들이 책상에 가만히 앉아 있지 못하고 교실을 빠져나가 학교를 방황하면서부터다. 어떤 혁신적 수업 방법도 먹히지 않았다.

교사들은 힘들어졌다. 마음대로 돌아다니는 아이들을 통제할 수 없는 상황 앞에서 무기력하다가 휴직하는 교사가 늘어났다. 종이도 교사를 매우 힘들게 했다. 이 아이 때문에 담임교사는 세 번이나 교체되었다. 교장실에 불쑥 들어와 마음대로 하는 아이 앞에서 화를 못 내는 비겁한 교장은 여린 담임교사를 닦달했다. 담임교사는 학부모에게 연락했지만, 학부모는 아이를 돌볼 여유가 없었다. 야단치고 소리치고 울면서 달래도 보았지만, 종이의 학교 안에서의 방랑은 멈출 수 없었다. 어쩌면 '약'을 먹어야 끝나는 일이었다. 담임교사들은 대부분 교장―교감―생활부장의 지적을 듣고 자책하다가 휴직을 선택한다. 기간제 선생님이 오고, 다시 그 일이 반복된다. 기간제 선생님도 그만둔다. 소문이 나서 아무도 기간제 교사에 지원하려 하지 않는다. 교장이 교장실에 아이에게 소파를 허락한 것은, 그가 특별히 좋은 사람이어서가 아니었다. 어쩔 수 없이 받아들인 것이었다.

우리 학교에는 다른 혁신학교에서 자랑하는 '교장이 학생상담을 하고 수업을 하는 일'이 자연스럽게 되었다. 유독 착한 교장, 교감, 생활부장, 담임교사가 있어서가 아니라, 그렇게 하지 않으면 학교가 돌아갈 수 없게 되었기 때문이다. 교장, 교감이 수업과 학생상담을 맡아야만 종이가 있는 학급은 돌아갔다. 나이로 묶인 학년 체제, 학급으로 구획된 학교 시스템 자체가 종이의 '점-선'의 움직임에 의해 산산이 부서지고 동요하였다. 종이는 1학년 아이하고도 놀았고, 6학년 형, 누나들과도 스스럼없이 대했다. 종이는 나 같은 교사에게 "선생님"이라고 하지 않고 "아저씨"라고 했다. 마이쭈를 받고 영어체험실에 있는 놀이기구를 쓰고 나서야 선생님이라고 했다. 선생님과 학생, 아저씨와 어린이, 도대체 우리 관계는 무엇이었을까?

교육지원청에서는 상담교사를 파견해주었고, 아주 근사한 어린이 상담실이 생겼다. 그 안에는 재미있는 놀이기구들이 쌓여있고, 친절한 상담 선생님이 있다. 특이한 것은 종이는 상담실에 가지 않고, 다른 어린이들이 상담실이란 공간에서 놀고 게임을 하고 상담 선생님과 이야기를 나눈다는 것이다.[22]

정작 종이는 약을 먹기 시작했고, 그 후로 다른 아이들처럼 교실에 가만히 앉아 수업을 듣는다. 지난 2학기 말부터 종이는 영어체험실에도 오지 않았다. 겉으로 보면 아무것도 변한 것이 없는 듯하지만, 나는 불가역적인 변화가 내 신체와 다른 교사들과 교직원, 그리고 어린이들 사

---

[22] 장애인 운동이 노인들의 삶을 편안하게 했듯, 종이의 '투쟁'이 다른 어린이들에게 혜택을 준 것이다.

이에서 생겼음을 감지한다.

나오며

교사들은 의무적으로 연수를 많이 들어야만 한다. 법정 이수 시간(90 시간)이 있다. 강제로 이수해야 하는 연수뿐 아니라 교사 생활을 유지하기 위해서라도 자발적으로 연수를 많이 듣는다. 교사도 교육받아야 한다는 사실을 교사 자신이 가장 잘 알고 있다.

아무리 훌륭한 연수도 교육자 자신의 변화가 없으면 무의미하다. 그래서 어린이들과 부딪히고 서로를 닮아가면서 배우는 것이 최고의 교육이다

모두 다 사랑하는 아이 게바라를 생각한다. 많은 사람이 사랑이 최고의 선이라고 생각하면서도 정작 진짜 사랑으로 다가오는 어린이를 터부시하는 것 아닌가? 학교에서 성교육, 젠더 교육과 같은 것보다 게바라와의 대화시간이 내게 더 큰 깨달음을 주었다. 내 안에 있는 이성애적 편견을 깨주었기 때문이다.

스스로 왕따를 택하며 자기만의 기준을 지키는 수탁은 내게 경쟁교육에 대한 본원적 질문을 던졌다. 또한 좋은 것이 좋은 거라며 표준과 규범에 복종한 내 삶을 부끄럽게 여기게 되었다.

자기 마음대로 하는 두꺼비는 영어 수업이 무엇인지 근본적으로 생각하게 했으며, 애초에 '통제'와 교육은 완전히 다른 것임을 깨닫게 했다. 교사로서 늘 두려워했던 것이 바로 학생들을 통제하지 못하면 망한다는 것이었는데, 통제하지 않고도 스스로들 알아서 관계와 학습을 조율하는 어린이에 대해 알려준 듯하다.

유명한 아이 수미는, 교사와 학생, 어른과 아이 간에 있는 단단한 감정적인 벽을 깨게끔 해주었다. 권위와 압박으로 복종시키지 않아도 어린이와 함께 무엇인가를 할 수 있고, 천천히 서로의 존재를 인정할 수 있다는 것을 알려주었다.

마지막으로 종이는 살랑살랑 종이비행기처럼 날아왔다. 종이가 그려준 방랑선은 구성원 모두를 변화시켰고, 이는 어떤 방향으로 혁신이 이루어져야 하는가를 깨닫게 해주었다.

십 대 미혼모의 삶[1]

김재현*

들어가며…

날씨가 무척이나 더운 여름이었다. 서울에서 KTX를 타고 2시간 남짓 지나 도착한 광주송정역은 나에게는 너무나도 낯선 곳이었다. 사실 나에게 광주송정역은 약 25년 전에 잠깐 들렀던 흐릿한 기억이 전부였다. 그만큼 나에게는 너무나도 낯선 곳이었다. 약속시간보다 약 20분 정도 먼저 도착한 나는 역전 광장의 구석진 곳에서 애꿎은 담배만 피워 대고 있었다. 아마도 긴장한 마음을 덜어보고자 한 본능적인 행위였으리라. 약속 시간이 지나도 만나기로 했던 아이 엄마에게 연락조차 없자

---

*   영국 University of Edinburgh 사회학 박사 과정.
1   『문학들』 65호(2021년 가을)에 실림.

초조한 마음이 들기 시작했다.

'혹시 나타나지 않으면 어쩌지? 약속은 했지만, 내가 남자라서 마음이 바뀐걸까?' 초조한 마음에 또 다시 담배에 불을 붙이려던 찰나, 핸드폰의 진동이 격렬하게 울리기 시작했다.

재현   여보세요?
은지   안녕하세요. 저 오늘 만나기로 한 양은지(가명)라고 합니다. 죄송한데, 제가 조금 늦었습니다. 지금 거의 다 왔는데, 혹시 어디 계세요?

너무나 앳된 목소리가 전화기를 넘어 나의 귓속을 강하게 파고들고 있었다.

재현   네, 저 지금 광장 앞에 있습니다.
은지   혹시 광장 어디쯤 계시는 거예요?
재현   광장 앞쪽에 나와 있는데요. 저 검정색 가방 메고, 청바지에 파란색 반팔티 입고 있습니다.
은지   아, 네 저기 보이네요. 제가 금방 갈게요. 감사합니다.

평일이라서 그런지 역 주변에 많은 사람이 있지 않았음에도 불구하고 내가 볼 수 있는 물리적 거리 안에서는 아이 엄마라고 볼 수 있는 사람을 좀처럼 찾을 수가 없었다. 그러나 어떻게든 내가 먼저 찾아서 인사를 건네야 한다는 강박에서 마치 사주경계를 하듯 연신 몸을 움직여 주위를 재빠르게 훑어보았다. 그러는 와중에 은지양은 나를 먼저 알아보고 내게 다가와서 인사를 건넸다.

은지 　안녕하세요. 늦어서 죄송합니다. 오는데 아이가 너무 울어서 시간이 조금 걸렸습니다. 죄송합니다.

　나는 처음 마주친 은지양을 보고 무척이나 놀라지 않을 수 없었다.

재현 　아닙니다. 괜찮아요. 저도 조금 전에 도착했는데요. 오시느라 고생 많으셨어요. 아이가 너무나 이쁘네요. 근데, 이렇게 더운데 엄마 품에서 잘도 자고 있네요. 완전 천사 같아요.

　겉으로는 최대한 다정하게 첫 인사를 건넸지만, 마음속으로는 놀란 심장이 심하게 요동치고 있었다. 하얀 반팔 티에 하얀 반바지를 입은 은지양은 영락없는 십대 청소년이었다. 한쪽 팔로 어색하게 안고 있는 아이는 누가 봐도 은지양의 늦둥이 동생이라고 생각할 수 밖에 없었다. 십대 미혼모를 만난다는 사실을 이미 알고 있었음에도 불구하고 그녀의 첫 모습은 이처럼 나에게 너무나 강렬하게 다가왔다.

재현 　식사는 하셨어요? 안 하셨으면 식사라도 같이 할까요? 혹시 뭐 좋아하세요?
은지 　밥은 먹고 왔어요. 그리고 애기 때문에 밖에서는 밥을 잘 못 먹어요.

　미처 생각치 못했다. 아차 싶었다. 내 스스로가 십대 미혼모를 연구한다면서 이들을 위한 배려가 얼마나 부족했던 것인가?

재현   그럼 커피숍이라도 갈까요?

은지   네 좋아요.

재현   그럼 저 길 건너편에 카페 하나 보이는데, 저기로 가실래요? 너무 더우니까 에어컨 빵빵하게 나오는 곳으로 가요.

은지   저기 좋아요. 감사합니다. 그런데, 저도 더위를 많이 타기는 하는데, 에어컨이 너무 강하면 아이한테 안 좋다고 그래서…

　　또 실수를 하고 말았다. 무지(無智)로부터 출발하는 호의는 때로는 상대방에게 독이 될 수 있으리라.

재현   아이고, 그렇겠네요. 일단 건너편 카페로 가보고 별로이면, 다른 곳으로 옮겨요.

은지   네, 알겠습니다.

　　카페로 들어선 우리는 적당한 곳에 자리를 잡으려 둘러보았다. 카페 안에 사람이 많지는 않았지만 최대한 구석 자리를 찾았다. 에어컨 바람도 강하지 않고 다른 사람과 대화가 섞이지 않을 구석으로 자리를 잡으면서 조심스럽게 은지양에게 첫 질문을 던졌다.

재현   아이 안고 오시기 힘드셨을 텐데, 유모차에 아이를 태워오면 조금 더 편하지 않으세요?

　　전혀 예상치 못한 그녀의 대답에 나는 스스로 보이지 않는 작은 구멍에라도 숨고 싶었다. 동시에 숙연해지는 마음에 내 육체는 온통 휘감겨 내 의지와 상관없이 조금도 움직일 수 없게 되었다.

은지　　유모차가 생각보다 비싸서 아직 구입하지 못했어요.

　어찌할 바를 모르고 얼어붙은 나와는 대조적으로 그녀는 천사 같은 웃음을 시종일관 보이고 있었다.

재현　　아이고 죄송합니다. 저는 당연히 가지고 계신 줄 알고…
은지　　아니에요. 괜찮아요.

　10대 미혼모 은지양과의 만남은 이렇게 민망하고 어색하게 시작되었다.

갑작스런 인생의 전환점

　그녀는 어려운 가정에서 자랐다. 어렸을 때 부모님이 이혼한 후 어린 동생과 함께 어머니와 셋이 살고 있었다. 일 때문에 항상 바쁘신 어머니를 대신해서 동생도 적극적으로 돌보았으며, 학교에서도 성실하게 공부를 잘 해서 반장을 도맡아 하곤 했다. 고등학교 2학년 무렵 옆 학교에 재학중인 남자 친구를 만나게 되었다. 남자 친구는 소위 말하는 비행청소년이었지만, 은지에게는 너무나 소중한 첫 사랑이었다. 고등학교 3학년이 되자, 은지는 더욱 수능시험 준비에 몰두하였다. 물론 남자 친구와의 관계도 계속 되었지만, 목표로 한 대학에 진학하기 위해서 어려운 환경에서도 열심히 공부하였다. 특히 고등학교 3학년 때에는 반에서 반장 직책도 맡고 있어서 누구보다 열심히 공부할 수밖에 없었다. 은지는 가정형편이 어려워서 서울에 있는 대학은 일찌감치 포기하고 전남대나 조선대 간호학과에 진학하고자 하였다. 그리고 본인 스스로가 충분히 진학할 수 있을 것이라고 생각하였다.

그러나 수능시험을 한 달 정도 남겨 둔 10월 어느 날 그녀는 심한 복통을 느끼게 되었다. 평상시에도 변비가 심해서 수업 중 선생님께 말씀드리고 화장실로 변을 보러 갔는데, 그날따라 변비로 인해 느끼는 복통과는 이상하리만치 다른 통증을 느끼게 되었다. 고등학교 3학년으로 진학한 이후 입시준비 및 남자 친구와의 관계 등 과도한 스트레스로 살도 부쩍 쪄서 고민이 이만 저만 아니었던 상황이었다. 식욕도 전보다 왕성해지고, 공부하는 데 집중도 잘 안되어서 수능이 가까워질수록 스트레스로 신경도 많이 예민해졌기 때문이라고 생각하였다. 그러던 어느 날 복부에 심한 통증을 느끼게 되자, 방과 후에 바로 병원을 찾았다. 처음에 내과에 방문하였으나, 산부인과로 가보라는 의사선생님의 조언에 따라 처음으로 산부인과를 방문하였다. 처음 가본 산부인과가 너무나 낯설었지만 긴장하지 않으려고 애써 노력하였다. 그러나 엄청난 긴장상태에서 몇 가지 검사를 받은 후 은지는 의사선생님으로 충격적인 검사결과를 전해 듣게 된다.

병원에서 의사선생님이 왜 이제 왔냐고 뭐라고 하시더라고요. 곧 출산이라고 하시면서 정말 임신한지 몰랐냐고 그러시는 거예요. 그 때 의사선생님이 출산이 1주일 정도 밖에 안 남았다고 그러셨는데, 저는 충격을 받거나 놀랐다기 보다는 당시에는 그냥 멍했어요. 뭘 어떻게 해야 할지 모르겠더라고요. 임신이 되면 배꼽 밑으로 세로 줄이 생기는데, 저는 그 것도 살이 쪄서 피부가 튼 거라고 생각했거든요. 제가 임신했을 거라고는 전혀 생각지 못했어요.

그녀는 덤덤히 이야기를 계속 이어 나갔다.

> 사실 어떻게 해야 할 지 생각할 겨를도 없었어요. 출산이 1주일
> 정도 밖에 남지 않았던 상황이라서 일단 엄마한테 말씀을 드렸어요.
> 그때 엄마가 너무 충격 받았는데, 일단 아이부터 무사히 낳아야 한다
> 고 하시더라고요.

남자 친구에게도 임신 사실을 즉시 알렸다. 처음에는 남자 친구 또한
너무 놀랐지만, 사실을 알린 다음부터는 계속 연락을 피하는 것처럼 보
였다. 뿐만 아니라 갑작스러운 임신으로 은지가 어찌할 바를 모르고 있
을 때 남자 친구는 피씨방에서 친구들과 함께 게임을 하고 있었다. 너
무나 실망스러운 남자 친구였지만 마음 한켠에서는 좋은 아이아빠가 되
어 주기를 바라는 마음이 은지의 불안하고 초조한 마음을 어느 정도 안
정시켜 주었다. 임신 사실을 알고 남자 친구와 만나서 우선 출산 비용
을 걱정하기 시작하였다. 남자 친구는 비용과 관련하여서는 자기가 어
떻게든 마련해 보겠다고 하였다. 그러나 둘이 학생이기에 출산에 필요
한 충분한 돈이 있을 리 만무했고, 남자 친구는 결국 자신의 부모에게
여자친구인 은지의 임신사실을 알리게 되었다. 그리고 출산을 코앞에
둔 어느 날 남자 친구의 부모로부터 연락이 왔다.

> 일단 다짜고짜 애를 지우라고 말씀하시더라고요. 제가 출산이 임
> 박해서 그건 불가능하다고 했더니, 엄청 욕을 하면서 입양이라도 보
> 내라는 거예요. 그 때 제가 뭐라고 할 말이 없어서 울기만 했는데,
> 집으로 찾아오겠다고 하더라고요.

은지양은 덤덤히 이야기를 계속 이어가고 있었다.

출산 바로 전날 밤에 남자 친구 부모가 우리 집에 찾아 왔어요. 오
자마자 엄청 욕을 하면서 화를 내시더라고요. 엄마는 계속 죄송하다
는 말만 반복했어요. 저도 엄마 옆에서 죄송하다고만 말했어요. 그
때 엄마도 많이 울고 저도 많이 울었어요. 남자 친구 부모는 애를 낳
을 거면 앞으로 자기 아들한테 다시는 연락하지 말라고 하더라고요.
자기 아들 인생 망치게 하고 싶지 않으니까 절대 연락하지 말라고 하
면서… 여자가 몸을 함부로 놀린 제 책임이라고 하면서 엄마한테도
자식교육 똑바로 못 시켰다고 엄청 욕을 하더라고요. 제 동생도 옆에
서 울기만 했어요.

은지는 끝내 뜨거운 눈물을 흘리고 말았다. 아직도 아기살처럼 뽀얀
볼 위로 한 줄기 또르르 흐르는 눈물 속에는 마치 잔인하고 서러운 깊은
한(恨)이 서려 있듯이 붉은 햇빛에 날카롭게 반사되어 그녀의 얼굴을 휘
감고 있었다.

근데, 아이를 낳고 시간이 지나보니 너무 억울한 거예요. 저 혼자
아이를 가진 것도 아닌데… 그 때 죄송하다고만 한 것이 너무나 후회
되더라고요. 우리 엄마가 잘못한 것도 없는데, 저 때문에 욕을 들어
야 했던 게 너무나 억울하고….(울음) 그 날 이후 우리 집은 바로 이
사 갔어요. 제가 살던 동네가 작은 동네라서 마을 사람들이 다 알게
되었거든요. 그래서 그 이후 엄마는 다른 곳에 동생이랑 둘이 살고
저는 따로 방을 얻어서 나왔어요. 그 이후 엄마랑 많이 서먹해졌는
데, 엄마한테 미안해서 자주 찾아뵙지도 못해요.

덤덤히 얘기를 이어가던 은지는 결국 그 날을 회상하면서 울음을 터뜨리고 말았지만, 너무나 대견하게도 다시 마음을 다 잡고 감정의 동요 없이 계속 이야기해주었다.

그녀의 이야기를 듣고 있으면서, 나 또한 이 사회에 한 부분을 책임져야 하는 어른으로서 은지를 위해 아무런 역할을 하지 못했다는 것에 대한 자책감이 심장과 머리를 강하게 짓눌렀다. 도대체 그녀의 잘못이 무엇이란 말인가? 누가 그녀를 이토록 어려운 상황으로 몰고 간 것인가? 왜 아이 아빠는 아무 일도 없었던 것처럼 살 수 있는 것인가? 아이 아빠의 부모들은 무슨 권리로 그녀에게 욕을 하였는가? 실타래처럼 지독하게 엉켜버린 수많은 질문이 내 머릿속을 가득 메워서 정작 하고 싶었던 질문들을 온전히 꺼낼 수 없었다. 사실 누구에게 이러한 질문을 던져야 하는지, 그 해답은 누가 가지고 있는지 알 수 없었다. 나 또한 이러한 질문을 던지면서도 동시에, 그녀가 현재의 어려운 삶을 살 수밖에 없도록 한 것에 대한 책임에서 절대로 자유롭지 못하리라.

배제와 고립

감정의 동요 없이 자신의 어려운 이야기를 이어가는 은지와 다르게 나는 이미 엄청나게 상기된 얼굴로 최대한 조심스레 질문을 이어 나갔다.

(고등학교는 혹시 마치신 건가요?) 아니요. 출산하고 한 열흘 정
도 산후조리 후에 선생님이랑 상담하고 나서 바로 자퇴했어요. 수능

이 며칠 남지 않았는데, 조금 아쉽기는 했죠.

그녀가 말하길 10월에 출산을 했다면 수능까지 며칠 남지도 않았을 텐데(통상 수능 시험은 11월 초·중순경에 실시함), 수능 시험을 포기하고 바로 자퇴를 결정한 것이 선뜻 이해되지 않았다. 물론 대부분의 십대 미혼모가 학교를 제대로 마치지 못한다는 사실을 여러 글을 통해 이미 알고 있었지만, 그녀는 정말 수능 시험과 졸업이 조금밖에 남지 않았던 상황이라 더욱더 그 때의 상황이 궁금해지기 시작했다.

　　담임 선생님과 상담하는데, 선생님이 자퇴를 권유하더라고요. 제가 수능 시험을 보고 싶다고 했는데, 선생님이 다른 아이들이 수능 시험이 며칠 남지 않은 상황이라 모두들 예민해 있을 때라서, 다른 학부모들이 민원을 제기할 수도 있고, 그러면 결국에 저한테도 좋지 않을 거라고 얘기했어요. 제가 그래도 시험을 보고 싶다고 얘기하니까, 그럼 상담 선생님과 별도로 상담을 받아보라고 하더라고요. 그래서 상담선생님과도 얘기해 봤는데, 상담선생님은 자퇴가 싫으면, 휴학하는 게 어떻겠냐고 물어보더라고요. 선생님들과 얘기 후에 별 의미가 없어서 그냥 자퇴한다고 했어요.

자퇴의 사전적 의미는 '스스로 물러남'이라고 사전에 명확하게 설명되어 있다. 자퇴생은 '스스로 학교를 그만둔 학생'이라는 의미이다. 하지만 그녀의 이야기에서 그녀는 스스로 학교를 그만두고 싶어 하지 않았다. 자퇴 형식을 취했지만, 이는 명백히 강요와 권고에 의한 학업중단인 것이다. 학생을 우선 보호해야 할 학교에서도 이들은 전혀 보호받지 못하고 있었다. 문제는 강요와 권고에 의한 이들의 학업 중단은 이들의 인생을 통틀어 엄청난 영향을 미칠 수밖에 없다는 것이다. 학벌주의가 공고한 우리 사회에서 고등학교 졸업장조차 없는 이들이 사회에서 쉽게 직업을 구할 수 없을 것임을 모든 이가 너무나 쉽게 예측할 수 있다. 더불어 이들의 학업중단은 결국에 이들의 경제적 어려움에 직접 영향을 미치게 되고, 나아가 이들의 아이들에게까지 영향을 끼칠 수밖에 없다. 이들은 경제적 자본도 사회적 자본도 어떠한 자본도 가지고 있지 않은 극단의 삶을 살 수 밖에 없고, 그러한 환경은 필연적으로 세대 간 대물림될 수밖에 없다.

그렇다면 사회로부터 고립되어 있는 이들은 국가가 만들어 놓은 복지라는 디딤돌을 딛고 스스로 자립할 수 있는가? 우리 사회에서 소외된 계층을 위하여 여러 분야에서 많은 논의가 이루어지고 있지만, 현실에서 이들이 마주하고 있는 국가의 복지는 이들이 양육을 하면서 자립해서 살기에는 너무나도 턱없이 부족해 보이는 듯하였다. 지자체 별로 조금씩 차이는 있을 수 있지만 이들이 한 달에 국가와 사회로부터 받는 돈은 대략 120만 원 남짓(2018년 기준)하다. 그러나 월세와 생활비, 아이 양육에 필요한 비용을 감당하기에는 턱없이 부족한 것이 사실이다. 물론 국가로부터 받는 금액 이외에 홀트 아동복지회 같은 자원봉사 단체로부터 기저귀와 분유 등의 양육에 필요한 물품을 지원 받을 수는 있지만, 이 또한 소량이라 큰 도움이 되지 못하고 있는 것이 현실이다.

결국 이들이 경제적 어려움을 극복하고자 찾는 곳이 미혼모 시설이다. 그러나 많은 미혼모들이 시설에 입소하는 것을 꺼리고 있다. 이는 단순히 단체 생활을 싫어하는 일부 미혼모들의 개인적인 성향으로 치부할 수 없는 문제이기도 하다.

(은지 씨는 시설에 들어가실 생각은 없으신 거예요? 그래도 시설

에서 거주하시면 여러 가지 도움 받을 수 있는 게 있지 않아요?) 저도 처음에는 시설에 입소하려고 알아보고 그랬는데, 안 좋은 얘기들이 많아서요. 일단 입소하면 제가 매달 받는 돈을 못 받는다고 하더라고요. 그 돈을 시설에서 대신 받는데요. 물론 먹고 자는 것은 해결은 되겠지만요. 그리고 그 안에서 엄마들 사이에서 문제도 많다고 하더라고요. 아무래도 나이 많고 먼저 들어온 사람이 갑이겠죠. 그리고 무엇보다 통제가 많다고 하더라고요. 밖에도 잘 못나가고, 배우는 것도 정해져 있고… 그래서 그냥 검정고시 준비하면서 혼자 살기로 결정했어요.

은지의 간접 경험을 통해서, 십대미혼모 시설들이 많은 문제점을 안고 있다는 것을 알게 되었다. 그리고 은지 이후 만난 여러 명의 십대미혼모는 이러한 문제점들을 직접 증명해 주었다. 현재 한국의 미혼모 시설은 사설로 운영되는 곳이 대부분이다. 이들의 재정은 대부분 국가의 보조금과 기부금으로 충당되고 있는데, 실제 조사해 보니 미혼모들은 이러한 시설의 운영이 투명하지 않다고 대부분 생각하고 있었다. 또한 가장 큰 문제는 운영 방식이다. 미혼모들이 가장 큰 불만을 가지고 있는 부분은 시설 안에서 통제된 삶을 살게 된다는 것이다. 시설 대부분이 자체적으로 직업 연계프로그램을 운영하고 있는데, 미혼모들에게는 선택권이 전혀 없었다. 다시 말해, 각자 인생의 목표와 꿈과는 상관없이 정해진 커리큘럼을 통해 정해져 있는 길을 가야 하는 것이다.

그래도 미혼모들은 무엇이라도 배울 수 있다는 데 큰 위안을 삼고자 하지만, 교육 프로그램 이외에 사생활에서조차 통제 받는 것에 대하여 강한 거부감을 가지고 있었다. 가령 서울에 위치한 A시설의 경우 매주 일요일 시설 관계자의 허락 하에 단 몇 시간 동안만 외출이 가능했으며, 그 외의 시간은 시설 안에서 정해진 규칙에 따라 생활해야만 했다. 이들을 위한 시설은 복지 시설로서의 기능보다는 감옥 같은 교정시설로서의 의미가 강한 듯 보였으며, 사회에서 보호받아야 할 이들은 보호의 대상자가 아니라 교화의 대상자로 치부되고 있는 듯이 보였다. 은지의 말을 빌리자면, 십대 미혼모들은 시설 안에서의 삶을 감옥 안에서의 죄수의 삶과 크게 다르지 않다고 인식하고 있었으며, 이들을 위한 교육프로그램도 결국에는 사회에서 필요한 구성원으로 만들기 위한 교화작업과 크게 다를 바 없는 듯이 보였다. 사설로 운영되는 시설의 목적이 복지가 아니라 이윤 추구이기 때문에 그러한 것인지, 국가의 작동 방식 안에서 십대미혼모와 같은 소수자가 비정상인으로 규정되기 때문인지는 모르겠지만, 분명한 것은 소위 정상적인 궤도라고 일컫는 일반적인 삶을 사는 대다수 사람에게 이들은 눈에 띄지 말아야 하는 불편한 존재가 되어 있다는 것이다.

한편, 아이 아빠로부터 양육비를 받는 것에 대한 궁금증도 생겼다. 이들이 매월 받는 120만 원 남짓한 돈은 분명 턱없이 부족해 보이기에 아이 아빠에게 양육비를 청구함으로써 이들이 처해 있는 경제적 어려움이 어느 정도는 타개될 수 있지 않을지 조심스레 물어보았다.

남자 친구 부모한테 당한 것도 있고 그래서 양육비는 꼭 받아내려고 했었어요. 알아보니까 무료로 법률지원 해주는 변호사들도 있다고 하더라고요. 그래서 공짜라고 해서 소송하려고 했는데, 결국에는 그냥 포기했어요.

(에고… 왜 포기하셨어요? 어떻게든 받아내셔야죠. 아이도 혼자 키우시는데….) 양육비를 청구하면 남자 친구 월급에서 일정부분 받을 수는 있나 봐요. 그런데, 남자 친구가 당연히 직업이 없죠. 알바

나 하는데, 그게 얼마 되지도 않아서 받아봐야 몇 푼 밖에 안 되는 거 같더라고요. 그리고 아이 아빠가 소득이 없으면, 부모가 아무리 돈이 많아도 받을 수 없다고 그러더라고요. 애기 아빠였던 남자 친구가 잘 살기는 했는데, 어차피 걔 이름으로 소득이나 돈이 없으면 못 받나 봐요. 그거 진행하는 것도 복잡하고 꽤 오래 걸린데요. 그리고 가장 중요한 게 소송하면 혹시 또 걔네 집안사람들을 만날지도 모르니까…. 진짜 두 번 다시 마주치고 싶지 않거든요. 그래서 그냥 더러워서 안 받으려고요. 줄 거 같지도 않고….

은지의 말처럼 양육을 위해서 아이 아빠로부터 응당 받아내야 할 최소한의 권리마저 국가 행정의 복잡한 시스템과 불합리한 법조항 등으로 인하여 쉽게 포기하기에 이른다. 뿐만 아니라 은지의 마음 깊숙이 자리 잡고 있는 트라우마는 삶의 동력마저 앗아가는 것처럼 보였다. 이러한 이야기를 주고받으면서 자연스레 주변인들과의 관계에 대해서도 질문하게 되었다.

(많이 힘들고 어려운 상황일 텐데요. 혹시 친구들이랑 만나서 스트레스라도 푸시고 그러면 조금 도움은 되지 않을까요?)

그녀는 앳된 얼굴과는 대조적으로 마치 모든 것을 해탈한 것과 같은 표정을 하고서 계속 이야기를 이어 나갔다.

친구는 별로 안 만나요. 고등학교 때 친한 친구들이랑 동네 친구들 거의 연락 안하고, 고등학교 때 같은 반이었던 한 명만 연락하고 지내요. 그 친구는 가끔씩 찾아오기도 하는데, 나머지 친구들은 저도 연락 안 하게 되고, 친구들도 연락 안 하고… 뭐 그래요.

　(그럼 아까 어머니랑은 자주 연락 못한다고 하셨는데, 다른 친척
들이나 자주 만나시는 주위에 사람들이 있어요?) 아뇨, 거의 없어요.
가끔씩 동생한테 연락 오는 게 전부에요. 아까 그 같은 반 친구랑요.

　분명 은지는 사회로부터 그리고 사람들로부터 철저하게 고립되어 있
었다. 특히 시설에 거주 하지 않는 이상 은지가 과거의 친구들과 지속
적인 관계를 이어가거나 혹은 새로운 인간관계를 형성하는 것은 쉽지
않아 보였다. 뿐만 아니라 원가족과의 관계마저 임신과 출산이라는 중
차대한 인생의 변곡점에서 흔들리는 것처럼 보였다. 은지는 사회로부
터 철저하게 고립되어 있는 상황에서 주어진 현실을 묵묵히 받아들이
며, 오롯이 스스로의 힘으로 아이와 함께하는 새로운 삶을 위해 서투른
발걸음을 한 걸음씩 힘겹게 내딛고 있었다. 보호 받아야 할 청소년에서
엄마라는 새로운 주체화를 통해 은지는 이 사회에서 자립적으로 홀로
서고자 처절하지만 간절한 몸부림을 치고 있는 것이다.

우울증과 분노 그리고 희망

　은지와 대화를 나눌수록, 그녀의 덤덤함이 오히려 너무 외롭게 보이
기 시작했다. 어쩌면 그러한 외로움을 숨기기 위해 오히려 더욱 애처
롭게 감정의 동요 없이 덤덤해 지려고 하는지도 모른다. 인간이란 본
디 감정에서 자유로울 수 없기에 현재 그녀가 가지고 있는 감정이 어떠
한지 궁금하였다. 감정이란 인간의 본성과 강하게 연결되어 있기에 몇
마디의 이야기로 그녀의 감정을 파악할 수 없다는 것을 알고 있었지만,

그냥 현재 그녀가 느끼고 있는 감정이 어떠한지 묻고 싶었다. 밝게 웃고 있는 엷은 미소가 마치 깊게 패인 상처를 애써 감추려고 하는 듯 보이기에 거미줄처럼 뒤엉켜 있는 그녀의 내면의 감정을 도무지 알 수가 없었다. 하지만 나의 사악한 호기심은 그녀의 짓무른 상처를 자꾸만 후벼 파고 들춰내려 하고 있었다.

(그런데, 만나는 사람도 없이 항상 집에 있으면, 생각이 많아지고 그러지 않나요?) 아무래도 그렇죠. 우울하고 좀 그렇죠. 우울증이 아닌가 고민도 되고 그래요. 그래서 요즈음에는 가끔씩 혼자 술도 마시고 그래요. **(원래 술을 좀 하셨어요?)** 아니요. 전에 남자 친구랑 아주 예전에 조금 마신 적은 있었는데, 거의 안 마셨죠. 그런데 요즈음에는 가끔 먹어요. 혼자 있다 보니까 핸드폰 하면서 마시게 되더라고요.

물론 은지를 만났을 당시에는 이미 20살의 성인이 되었기에 술을 마시는 것이 비난 받을 일은 아니었지만, 생후 1년도 되지 않은 아이를 홀로 양육하면서 자꾸만 술에 의존하려고 한다는 상황 자체가 분명 좋은 징후는 아니었다. 그녀도 그러한 상황이 문제가 될 수 있다는 것을 인지하고 있었다.

하지만 중요한 것은 현재 철저히 고립되어 있는 그녀가 도움을 구하기가 쉽지 않다는 것이다. 그녀와 이야기를 나누면서 내가 느낀 것은 단순히 말동무가 되어 주는 것만으로도 그녀에게 큰 도움이 될 수 있다는 것이었다. 그만큼 그녀는 주변 사람과 사회로부터 자의든 타의든 철저히 고립되어 있었다. 가슴속에 깊이 묻어둔 그녀의 살아온 흔적들이 깊은 상처가 되지 않기 위해서는 분명 이야기를 속 시원히 풀어 놓을 수 있는 누군가가 필요했다. 하지만 그녀에게는 아무도 없었다.

가끔씩 답답할 때가 있는데, 만날 사람이 없으니까 기분이 좀 그
래요. 아까 말씀 드렸던 같은 반 친구도 사실은 오늘 선생님한테 얘
기했던 내용도 잘 모르거든요. 제가 자세히 얘기한 적도 없고…. 그
때 남자 친구 부모가 우리 집에 와서 쌍욕하고 그런 것도 제가 자세
히 얘기하지 않아서 모르거든요. 그리고 그 친구는 어쨌든 대학생이
됐기 때문에 자주 연락한다고 해도 사실 좀 그래요. 생활이 저랑 완
전 다르다 보니까….

 (자꾸 옛날 생각하지 마시지… 마음만 안 좋아지잖아요.) 그러려
고 하는데, 그래도 계속 생각나요. 다시 그 때로 돌아간다면 저도 같
이 욕하고 싸울 거 같아요. 저 혼자 아이를 만든 것도 아닌데, 죄송
하다고만 한 게 그냥 제가 바보 같고… 엄마도 계속 죄송하다고 한
거 생각하면 너무 억울하죠. 사실 출산하고 산후조리 할 때 남자 친
구가 온다고 했었어요. 근데 정말 보면 죽일 거 같아서 오지 말라고
했어요. 학교 자퇴하고 딱 한번 연락 왔었는데, 전화 받으면 정말 제
가 미칠 거 같아서 그냥 안 받았어요. 그랬더니 다시는 연락이 안 오
더라고요. 지금도 혹시 길에서라도 걔나 걔네 부모 만나면 가만 안
놔둘 거 같아요. 아직도 걔네 부모 앞에서 저랑 엄마랑 무릎 꿇고 빌
었던 거 생각하면 돌아 버릴 것 같아요. 정말 저랑 엄마가 왜 그랬는
지 지금도 이해가 안 가요.

 이런 감정을 한(恨)이라고 표현할 수 있을까? 너무나 깊게 패여 곪아
버린 상처가 마치 암 덩어리처럼 응어리 맺혀 있는 이 상태를 사실 난
간단하게 한 단어로 표현할 수 없었다. 이러한 암세포가 자가 분열을
통해 끊임없이 증식해서 온 몸에 전이 된다면 그녀의 상태는 걷잡을 수

없게 될 것이다. 그러나 아무리 암세포가 자기 복제를 통해서 세포의 변이를 일으킨다고 해도 우리 몸은 쉽게 암세포가 전이될 수 있게 놔두지 않는다. 그녀 또한 그러한 극단의 상황에서도 미래의 구체적인 계획을 통해 희망의 끈을 절대 놓지 않고 있었다.

> 일단 금년에는 검정고시를 보려고 해요. 웬만하면 한 번에 붙어야죠. 그리고 검정고시 붙으면, 자격증 시험도 보려고 해요. 일단 아이를 키워야 하기 때문에 제가 일자리를 빨리 구해야 하거든요. 그래서 검정고시 붙으면 간호조무사 시험을 준비할거예요. 알아보니까 간호조무사로 몇 년 일하면 간호학과에 특별 전형 같은 걸로 진학할 수도 있나 봐요. 4년제 간호학과나 아니면 전문대 간호학과로 나중에는 진학하려고요. 그 때는 애기도 지금 보다는 커서 어린이집도 다니게 될 거고, 어린이집도 한부모 가정은 나라에서 지원받을 수 있어서 그 사이에 돈이 좀 모이면 집도 지금 보다는 큰 데로 옮길 수 있을 거 같거든요. 지금은 조그마한 원룸에 있어요. 그리고 원래 꿈이 저는 간호조무사가 아니라 간호사였기 때문에 나중에는 꼭 진학하려고 해요. 그리고 애기도 진짜 잘 키울 거예요. 어차피 광주 바닥이 좁아서 나중에 걔가 저랑 지 아들 어떻게 사는지 알게 될 텐데, 진짜 잘 키워서 후회하게 만들려고요.

힘겹게 내딛은 홀로서기의 첫 걸음이 헛되지 않기 위해 그녀는 이미 가고자 하는 방향을 명확하게 인식하고 있었다. 한치 앞을 볼 수 없는 칠흑 같은 어둠이 드리워진 깊은 바다에서도 저 멀리 희미하게 빛나는 등대를 향해 흐트러짐 없이 항해하는 바다 위에 떠 있는 외로운 작은 배처럼 그녀도 저 멀리 빛나는 목표를 향해 마음 한켠에서 희망의 씨앗을 가꾸어 나가고 있었다.

하지만 이 지점에서 아이와의 관계에 대한 궁금증이 생겼다. 은지는 미래에 구체적인 계획과 본인의 꿈과 목표를 강조하면서도 아이에 대한 이야기를 빠뜨리지 않았다. 하지만 아이를 누구보다 잘 키우고 싶다는 아이에 대한 '강한 애착'과 '후회'라는 단어가 나의 귓속을 강렬하게 파고들었다. 언뜻 보면 어울리지 않는 이 두 단어가 현재 그녀와 아이의 관계를 정의하는 가장 중요한 내용인 듯 보였다.

아이의 의미

아이는 그녀에게 어떤 의미일까? 어째서 아이를 통해 아이 아빠를 후회하게 만들어 주고 싶다고 한 것일까?

> **(정말 아이 잘 키우실 것 같아요. 엄마가 이렇게 중요한 얘기하고 있다고 곤히 잠들어 있는 거 보면 벌써부터 엄마를 배려하는 효자인 거 같아요.)** 네, 좀 순하고 그래요. 잘 울지도 않고, 착한 편인 거 같아요. **(나중에 아이가 크면, 어떤 사람이 되기를 원하세요?)** 그냥… 좀 힘 있는 사람이 됐으면 좋겠어요. 판사나 검사 뭐 그런 거요. 그래야 힘도 있고 잘 나가잖아요.

판·검사가 우리 사회에서 전통적인 엘리트 계층이기 때문에 직업에 대한 막연한 동경으로 얘기하지는 않는 것처럼 보였다. 과거에는 대부분의 가정에서 자식이 판·검사가 되는 것이 집안을 일으키고 상류층으로 이동 가능한 징검다리와 같은 의미를 지니고 있었다고는 하지만, 은지 또한 그러한 의미로 얘기하는 것인지 궁금하였다.

> 판·검사가 되어서 걔랑 걔네 집한테 당한 만큼 되돌려 주고 싶어
> 요. 아마 아들이 커서 그렇게 잘나가면 걔가 후회하지 않을까요? 그
> 때는 자기 아들이라고 그래도 소용없을 걸요? 그래서 진짜 잘 키우
> 려고요. 해 달라는 것도 다 해주고 돈도 많이 벌어서 진짜 좋은 것만
> 해 줄 거예요. 정말 아이가 공부도 잘 하고 잘 크면 좋을 거 같아요.
> 진짜 다 해 줄 거예요. (**판·검사 되어서 나중에 아이아빠가 보게 되
> 면 진짜 어떤 생각이 들까요?**) 어차피 걔는 연락 한번 안 했잖아요.
> 나중에 아이가 커도 자기 아들인지도 모를 거예요. 그래서 나중에 잘
> 키워서 꼭 알게 해주고 싶어요. 그리고 걔네 부모도 알게 해 줘야죠.

그녀에게는 아이가 복수의 수단인가? 아이에 대한 애착과 복수심이
혼재되어 있는 이 상황을 어떻게 설명할 수 있을까? 복수를 위해 아이
를 잘 키운다는 것인지, 아이를 잘 키워서 나중에 아이 아빠와 그 가족
을 후회하게 만든다는 것인지 정확하게 정리가 되지 않았다. 다시 한
번 조심스레 질문을 이어갔다.

> (**어떻게 당한 만큼 돌려줄 생각이신지…**) 아… 그건 잘 몰라요. 그
> 냥 저 혼자 억울할 수는 없잖아요. 저랑 우리 엄마한테 한 것도 있
> 고, 아이도 저 혼자 키우고…. 그냥 저는 걔가 아무렇지도 않게 지내
> 는 게 진짜 싫어요. 걔네 부모도 똑 같이 당했으면 좋겠는데….

결국 은지는 어떠한 구체적인 복수의 계획이 있다기 보다는 그 동안
본인이 겪었던 형용할 수 없는 모멸감과 지울 수 없는 트라우마, 그리

고 주어진 현실에 대한 피로감이 뒤섞여 있는 듯 보였다. 하지만 이러한 부정적인 생각들이 혹여나 아이에게 안 좋은 영향을 미치지 않을까 걱정되었다. 이럴 때에 은지 주변에 누군가가 있다면 상황이 조금은 괜찮아지지 않을까?

아주 가끔 엄마한테 연락이 와서 아이 얘기 묻고 그래요. 엄마도 가끔씩 아이가 궁금한가 봐요. 근데 아직까지는 아이 데리고 집에 오라고는 안 해요. 근데 동생한테 가끔 전화하면 엄마가 아기 얘기하고 그런데요. 너도 이제 삼촌이니까 조카한테 잘 해줘야 한다고 하면서…. 근데 아이 키우면서 엄마한테 별로 도움 같은 거 받고 싶지는 않아요. 엄마도 힘들고, 바쁘고 그러니까…. 그리고 엄마도 아이 별로 좋아 하는 거 같지도 않고요. 뭐 마음에 안 들어 하겠죠. 이해는 하지만…. 어찌 됐든 제가 알아서 키워야죠. 제 아들이니까요. 그러려면 일단 검정고시 붙고 빨리 간호조무사 자격증 따서 취직하고, 돈도 벌어야죠.

그녀는 엄마를 비롯한 그 누구에게도 양육과 관련하여 도움을 받고 싶어 하지 않았다. 그녀는 스스로 양육을 결정하면서 그에 대한 무거운 책임도 홀로 고스란히 양 어깨에 짊어져야 하고 그것이 피할 수 없는 운명이라고 생각하는 듯 보였다.

근데, 아무래도 하루 종일 아이랑 둘이 있다 보니까 힘들 때도 있어요. 답답할 때도 있고…. 아직 8개월 밖에 안 되어서 전부 다 해줘야 하는데, 아이 때문에 아무 것도 못 하고 움직이지 못하니까 그게 좀 답답해요. 검정고시도 준비해야 하는데, 아이 때문에 집중도 잘 안되고…. 며칠 동안 밖에도 안 나가고 집에만 있었던 적도 많아요.

그때는 짜증도 좀 나고, 우울하기도 하고 좀 그랬죠.

그러나 아이에 대한 강한 애착과 동시에 양육에 모든 것을 쏟아 부어야 하는 현실이 은지의 양 어깨를 짓누르는 것으로 보였다.

그래서 가끔씩은 아무 것도 안하고 싶을 때도 있어요. 밖에서 사람들도 만나고 싶고 그러기는 한데…. 만날 사람도 없고…. 애기 데리고 나가는 것도 힘들고…. 지난 번에 밖에 잠깐 나갔는데, 고등학생들이 교복입고 지나가더라고요. 그거 보니까, 그렇게 입기 싫었던 교복이 너무 입고 싶은 거예요. 그때 아이를 보니까 '내가 왜 이러고 있나' 그런 생각이 들더라고요.

과거와 현재, 미래를 아우르는 복잡한 생각들이 현재의 은지의 삶에 뒤엉켜 그녀를 더욱더 빠져나올 수 없는 폐쇄된 구석으로 내 몰아 고립시키는 것 같았다. 그리고 이러한 고립된 그녀의 삶이 아이에 대한 강한 애착으로 강하게 연결되는 듯 보였다.

지금은 가끔씩 짜증 날 때도 있고 답답하고 우울할 때도 있는데, 어쨌든 정말 잘 키울 거예요. 이제 아이가 저한테 전부잖아요?

자신이 가지고 있는 지울 수 없는 상처를 치유할 수 있는 유일한 방법은 아이의 성공이라고 생각하고 있는 듯 보였다. 그리고 아이의 성공이 결국에는 아이 아빠와 그 가족에 대한 복수라고 여기고 있었다. 한편으로는 그녀의 말처럼 그녀에게 아이는 희망이요, 삶의 목표이자 인생 그 자체가 되어 그녀가 어려운 여건 속에서도 절대 포기하지 않고 힘겹게 한 걸음 한 걸음 나가갈 수 있게 만드는 중요한 의미를 지니고 있었다. 그리고 이러한 여러 가지 복잡한 감정들은 아이에 대한 강한 애착으로 점철되고 있었고, 이는 그녀가 다른 가정으로의 입양이 아니라 양육을 선택한 가장 중요한 이유이기도 하다.

나오며…

은지와의 첫 만남 이후 나는 11명의 십대 미혼모를 추가로 만나게 되었다. 이들 모두는 임신까지의 과정은 저마다 달랐지만, 임신 이후의 삶은 마치 누가 정해 놓은 것처럼 비슷하였다. 경제적 어려움을 토로하고 아이 아빠와 가족을 포함한 가까운 주변 지인들과의 단절을 통해 고립된 삶을 살고 있다는 것이 은지의 경우와 너무나 똑같아 보였다. 단지 차이점이라고는 일부는 시설에서 거주하고 있고 나머지는 아이와 함께 독립하여 살고 있다는 것뿐이었다.

매 순간이 아름다운 추억으로 남을 수 있는 우리 인생에서 가장 아름다운 시기인 십대…. 여전히 집에서는 부모님께 응석을 부리며 귀여움을 한 몸에 받아도 모자랄 시기에, 은지를 비롯한 십대 미혼모들은 임신과 양육이라는 인생의 거대한 전환점에서 저마다 지울 수 없는 트라우마를 안고 견디기 힘든 사회적 편견과 외면 속에 청소년에서 한 아이의 엄마로 힘겹게 주체성의 전환을 경험하고 있었다. 때로는 잔인한 편견 속에서 때로는 무서운 외면 속에서 영화에서 주인공 뒤편에 흐릿하게 처리된 배경처럼 이들은 분명히 존재하되 이 사회에서 드러나지 말아야 하는, 들어낼 수 없는 존재로서 사회의 끝자락으로 철저히 밀려나 있었다. 청소년과 엄마라는 경계선 위에서 어느 곳에도 속하지 못한 불분명한 존재로서, 십대 미혼모들의 삶은 외줄 타기를 하고 있는 것 마냥 위태로워 보였다. 그러나 이들은 절대 외줄 위에서 떨어지지 않았으며, 오히려 그러한 위태로운 삶 속에서도 아이의 행복을 위해, 자신과 아이의 삶을 위해 강인하게 자신의 주어진 삶을 주체적으로 살아가고자 하였다. 일반적인 십대들과는 다르지만, 저마다 명확한 꿈을 가지고 양육에 대한 강인한 의지를 가슴 속에 새기고서 하루하루를 위대하고 값지게 살아가고 있었다.

이들은 십대 청소년도 맞고, 아이의 엄마도 맞다. 우리 사회가 아무리 이들을 부정하려고 하여도, 이들은 오롯이 자신들의 결정으로 가족을 꾸린 것이다. 가족의 형태가 다르다고 이들을 비난할 수 있는가? 십대에 위대한 엄마의 역할을 해내겠다고 하는 이들에게 우리가 왜곡된 편견을 가질 수 있는가? 누가 이들의 행복권과 학습권을 파괴할 권리를 가질 수 있는 것인가? 여자라는 이유만으로 어느 누가 이들에게 모든 책임을 지우게 할 수 있는 것인가? 자신의 눈을 가린다고 사회의 극단에서 힘겹게 살아가는 이들의 존재가 가려질 것이라고 생각하는가? 나 또한 그러한 책임에서 자유롭지 못하리라. 은지가 잠시나마 흘렸던 눈물을 우리는 따뜻한 손길로 닦아 줄 수 있는가?

이 지점에서 우리 모두 깊이 생각해 볼 필요가 있다. 어쩌면 이들에게는 과도한 관심이 부담스러울 수 있다. 아니, 그런 종류의 연민 따위는 필요 없을 지도 모른다. 이들에게는 자신의 이야기를 들어 줄 수 있는, 자신의 편이 되어 대화를 함께 나눌 수 있는 사람이 필요한 것뿐인지도 모른다. 국가와 사회, 그리고 우리는 십대 미혼모를 편견 없이 대하고 이들이 이 사회의 중심으로 편입되어 살아갈 수 있게 이들을 우리와 동등한 이웃으로 대해야 한다. 이들은 결코 경계선 위에 있는 불분명한 존재가 아니라, 오히려 이 사회에서 누구보다 용감하고 위대한 사람들이다.

'행복한' 레일라[1]

상사화*

　지금부터 내가 소개하는 것은 학창시절 함께한 추억이 많은 그러기에 서로 마주 보기만 해도 웃음이 절로 나오는 나의 가장 소중한 친구 '레일라'[2]의 이야기다. 그녀는 '평범하게 고등학교를 졸업하고 대학교에 입학한' 나와는 약간은 다른 삶을 살고 있지만, 나와 똑같이 평범한 20대 여성이다.

---

* 　전남대 자율전공학부 2학년.
1 　『문학들』 74호(2023년 겨울)에 실림.
2 　레일라(Leila)는 모로코에서 가장 많이 사용되고 있는 여자 이름이며, '밤에 태어난 어두운 아름다움'이라는 의미를 지니고 있다.

레일라와의 만남

내가 레일라를 처음 만난 건 여수의 한 중학교 입학식 때였다. 그녀는 크고 처진 눈매와 높은 코를 가지고 있는 전형적인 미인이었다. 특히 녹색과 갈색이 섞인 오묘한 눈동자와 짙은 속눈썹은 정말 매력적이었다. 레일라는 혼혈이었는데, 누구나 그녀의 수수하고 뽀얀 얼굴을 본다면 친구가 되고 싶을 것이다. "쟤 누구야? 예쁘지 않아?" "혼혈인가? 코 엄청 높다." 그녀는 입학식 날부터 여러 애들의 입에 오르내리며 많은 관심을 받았다. 그중 몇 명은 일부러 그녀가 들을 수 있게끔 "야, 존나 이쁜데? 한번 꼬셔 봐?"라며 크게 소리치기도 했다.

그렇지만 레일라는 아무것도 모르는 듯한 표정으로 조용히 앉아만 있었다. 그때 한 남자아이가 레일라에게 말을 걸며 그녀의 머리를 만지려 했다. "씨발." 나는 그때 처음으로 레일라의 목소리를 들을 수 있었다. 나보다 훨씬 뚜렷한 발음으로 욕을 하는 그녀의 모습에 호기심이 생긴 나는 그녀 앞으로 다가갔다. 그녀는 갑자기 다가온 나를 의아한 눈초리로 쳐다봤고, 나는 싱긋 웃으며 그녀에게 친구가 되고 싶다고 말했다. 그렇게 우리는 친구가 됐다. 초등학생 때 다문화 친구가 없었던 내게 그녀는 항상 신기하고 궁금한 존재였다. 처음엔 그저 호기심에 그리고 알 수 없는 매력에 이끌려 친해지고 싶었지만, 어느새 그녀는 내게 없어서는 안 될, 둘도 없는 친구가 되어 있었다.

가족

레일라는 모로코인 어머니와 한국인 아버지 사이에서 둘째 딸로 태어났다.

> 우리 엄마랑 아빠? 아빠가 모로코로 유학 와서 만났지. 아빠가 엄
> 마한테 엄청 대쉬했대. 엄마가 젊었을 때 엄청 예뻤거든. 그래서 모
> 로코에서 외할머니랑 외할아버지, 아빠, 엄마, 언니 모두 같이 살다
> 가, 10살쯤 한국에 와서 학교도 다니고 그랬어. 그때쯤 친할머니가
> 많이 아팠거든. 그런데 언니는 같이 안 왔어. 네덜란드 사람 만나서
> 곧 결혼한다고 그랬거든.

레일라의 어머니와 아버지는 모로코에서 만나 결혼한 뒤 별장이 있
는 모로코 외할머니 집에서 살았다고 한다. 나와 처음 만났을 때 그녀
는 커다란 별장이 있는 100평짜리 집에서 살았다고 자랑했으며 집 사진
을 보여주곤 했는데, 나중에 알고 보니 그녀가 보여준 사진들은 인터넷
에 나와 있는 홍보용 모델하우스 집 사진이었다. 당시 레일라의 아버지
는 모로코의 한 건설회사 소속으로 현장에서 일했는데 허리 상태가 많
이 안 좋았다. 그녀가 10살(나중에 알게 된 바로는 12살)이 될 무렵 그
녀의 가족은 친할머니 병간호를 목적으로 한국행 비행기를 타게 됐고,
아버지의 고향인 여수로 오게 되었다.

한국에 왔을 때 이미 50대 후반이었던 레일라의 아버지는 직장을 새
로 구하지 못해 건설현장에서 일용직으로 일하곤 했다. 그때부터 그녀
의 부모님 사이가 급격하게 나빠지기 시작했다. 물론 금전적인 이유도
있었겠지만, 자유분방한 성격인 레일라의 어머니는 아무도 모르는 한국
에서 시어머니 간호만 하는 것에 싫증이 났다. 한국으로 온 지 5년이 지
날 때까지 한국말을 거의 못 해 그녀는 집 앞 마트도 혼자 나가지 못했
고 레일라가 통역해주곤 했다. 레일라의 부모님은 거의 매일 부부싸움

을 했고, 결국 그녀가 13살이 될 무렵 두 사람은 이혼하게 되었다. 당시 레일라는 매일 부모님이 싸우는 소리에 밤잠을 설치는 일이 많았고, 그때 이어폰으로 노래를 들으며 자던 버릇이 현재까지 남아있다.

그때부터 레일라는 아버지 집에서 아버지와 둘이 생활하게 되었다. 아버지는 할머니를 병간호하기 위해 집에 잘 들어오지 않았고, 레일라는 집에 혼자 있는 날이 많았다. 중학교 2학년 무렵 친할머니가 돌아가셨는데, 그 후로도 아버지는 집에 잘 들어오지 않았다. 항상 술을 마시고 새벽이 돼서야 잔뜩 취한 얼굴로 집에 들어왔는데, 그때마다 레일라를 앉혀놓고 자신의 삶이 얼마나 불행한지 하소연하곤 했다. 그녀는 그런 아버지가 미웠다. 레일라는 항상 기회만 있으면 아버지 곁을 하루빨리 떠나고 싶다고 입버릇처럼 말하곤 했다.

덧붙여 그녀의 언니는 네덜란드에서 유학하고 있어 한국에 오지 않았는데, 레일라가 15살 무렵 네덜란드인과 결혼한다며 그녀에게 연락했다. 그렇지만 레일라는 친언니의 결혼식에 가지 않았다. 레일라와 친언니의 관계는 돈독했다. 연락도 자주 했으며, 내게 언니가 자기에게 사준 옷을 자랑하기도 했다. 따라서 나는 아직까지 그녀가 왜 언니의 결혼식에 가지 않았는지 알 수 없다. 또한 그녀와 그녀의 언니는 그맘때쯤 연락이 끊기게 되었다.

거짓말쟁이 레일라

부모님의 이혼을 기점으로 레일라의 성격이 많이 바뀌게 되었다. 그녀는 원래 조용한 성격이었다. 한국말이 서툴렀던 점도 있었지만 그림을 그리거나 혼자 있는 것을 좋아했다. 하지만 부모님이 이혼한 뒤부터 그녀는 쉬는 시간마다 남자아이들과 나가 축구나 야구를 했다. 또한 짓궃은 남자아이들은 그녀에게 욕을 알려주었는데, 한국말이 서툴던 레일라는 어떤 뜻인지도 모른 채 "시발놈", "난 병신이야"라고 말하곤 했다. 그러면 아이들은 깔깔대며 비웃었고, 그녀는 멋모르고 함께 웃었다. 사실 그녀는 아이들이 자신을 욕보이고 있다는 사실을 알고 있었을지도 모른다. 그렇지만 당시 그녀는 집과 학교에서 모두 혼자인 삶이 버거웠고 자신의 빈 공간을 채우기 위해 자존감을 버리면서까지 그들과 어울려야 했다.

반대로 레일라는 초등학교 시절 여자아이들과 별로 안 친했고, 여자아이들이 서로 마음에 없는 칭찬을 하거나 웃기 싫어도 웃는 것이 싫었다고 했다.

> 아니, 남자애들은 그냥 막 놀고, 싸워도 바로 화해하고 그러거든? 그렇잖아. 보면 남자애들은 치고박고 싸우고 바로 풀어. 근데 여자애들은 존나 짜증나. 진짜 욕하고 째려보고 다니고. 지들이 째려보면 어쩔건데? 아 진짜 싸가지 없는 년들. 아 그냥 나는 남자애들이랑 잘 맞는 거 같아. 여자애들, 너무 피곤해.

또한 그녀는 부모님과 함께 외식해서 좋았다(실제로는 그날 친구와 밥을 먹었다)는 둥, 아빠가 오늘 바빠서 엄마가 학교로 데리러 올 것이라는 둥, 사소한 거짓말을 하기 시작했다.

> 아, 거기 뷔페 맛있지. 나도 어끄제 엄마랑 아빠랑 같이 갔다 왔는데, 먹을 것도 많고 좋았어. 그리고 이것 봐봐. 이거 립스틱 내가 다 떨어졌다고 말하니깐, 남친이 사다 줬다? 어, 색깔은 내 입술 보

고 그냥 비슷한 거 사온 거 같애. 근데 딱 내가 매일 쓰는 색인 거 있지? 좀 섬세한 거 같아. 이거 말고도 걔가 사준 거 진짜 많아. 보여줄까?

　그녀의 거짓말은 모두 그럴듯했지만 항상 허점이 있었다. 집에 돈이 많다는 그녀는 허름한 아파트에 살고 있었고, 남자 친구가 사줬다고 자랑하던 화장품은 사실 자신이 직접 산 것이었다. 이렇듯 레일라는 리플리증후군[3]과 비슷한 행동양상을 보였는데, 그녀에게 이를 지적하면 항상 "나는 아무것도 몰라"라고 대답했다. 그녀는 자신의 모든 것을 감추려 하는 것 같았지만 표현이 서툴렀다.

　가장 놀라웠던 사실은 그녀가 자신의 나이까지 속였다는 점이다. 레일라를 처음 만났을 때, 그녀는 다른 친구들과 다르게 성숙했고, 나는 반농담 삼아 "너 03년생 맞아?"라고 묻곤 했다. 그때마다 그녀는 "맞아"라며 고개를 끄덕였다. 당연히 나를 포함한 모든 이가 그녀를 03년생으로 알고 있었다. 내가 그녀의 실제 나이를 알게 된 것은 그녀의 병문안을 가서였다. 어머니가 해준 음식만 먹고 자란 그녀는 아버지와 살게 된 후 요리할 줄 몰라 항상 밖에서 끼니를 때우고 집에 들어갔다. 삼각김밥, 라면 등 인스턴트 음식을 주로 사 먹던 그녀는 16살이 될 무렵, 체중이 40kg에서 60kg 이상으로 불어나게 되었다. 그녀는 살을 빼기 위해 하루에 사과 한 개와 물 2리터만 마시고 3일을 지냈다. 어느 날 레일라가 학교에 오지 않아 연락해보니, 영양실조로 병원에 입원해 있다고 했다. 나는 학교가 끝나자마자 레일라가 있는 병원으로 달려갔고,

---

3 　리플리증후군은 실제와는 다른 상상의 세계를 실제로 믿고 행동하는 반사회적 인격장애로, 대부분 자신이 결핍되어 있다고 느끼는 부분에서 기억조작이 일어나게 된다.

그녀의 병실 앞에 있는 환자 신상정보 표를 보게 됐다. 표에는 2003년 생이 아닌 '2001년생'이라고 적혀있었다. 레일라에게 사실 여부를 묻자, 그녀는 그제야 자신은 01년생이며, 한국에 처음 왔을 때 아버지가 공부를 좀 더 하라고 실제 나이보다 2년 아래 학년으로 자신을 입학시켰다고 말했다.

> 아, 나 사실 01년생 맞아. 내가 한국 처음 왔을 때, 한국말을 거의 못 했거든. 그래서 처음 배운 게 욕이기도 하고.(웃음) 음, 아마 처음 한국 왔을 때 실제론 5학년에 입학해야 했는데, 그냥 3학년에 입학했어. 근데, 나 존댓말이나 언니 이런 표현 딱 질색이야. 그래서 여태 그냥 말 안 한거야. 어, 너가 언니라고 부르는 거 생각하니까 존나 이상해.(웃음) 소름 돋으니깐 절대로 나 언니라고 부르지 마! 우린 걍 친구야 친구.

그녀는 나에게 그리고 주변에 수많은 거짓말을 했지만, 거짓말을 할 때 항상 자신감이 없었고 상대의 눈을 쳐다보지 않고 말하곤 했다. 또한 자신이 거짓말을 했다는 사실조차 잘 기억하지 못했는데, 그녀의 말이 의심스러워 며칠 뒤 다시 물어보면, 그녀는 그때 일이 기억나지 않는다며 새로운 거짓말을 시작했다. 더불어 나는 레일라의 거짓말을 금방 알아챌 수 있는 눈치를 가졌고, 그녀의 거짓말 역시 이해해 줄 수 있다는 마음이 컸다. 또한 그녀는 자신을 숨기고 '행복한 레일라'를 연기하는 것처럼 보였는데, 자신을 보는 많은 시선으로부터 자기를 보호하고 방어하기 위해 거짓말을 하고 다녔다. 그녀의 이국적인 외모는 어딜 가든 눈에 띄었고, 그녀가 하는 말은 모두 과장되고 부풀려져서 전해지곤 했다. 그녀는 그러한 상황에 꽤 스트레스를 받는 것처럼 보였고, 더

불어 거짓말이 심해졌다.

> 지금 내가 사는 집은 이사 전에 잠깐 사는 거야. 곧 엄청 큰 집으로 이사 가는데, 그 전에 머물 곳이 필요하잖아. 요새 저쪽에 짓고 있는 큰 아파트 있지? 거기가 우리 집이야. 그리고 우리 엄마랑 아빠 둘 다 스포츠카 타고 다녔었는데, 아빠가 관리 힘들다고 팔았대. 좀 아깝긴 해. 나 그 차 타는 거 좋아했거든. 그래서 지금은 그냥 작은 차 타고 다니는 거야.

남자 친구들

레일라의 성격이 변한 데는 또 다른 이유가 있다. 당시 그녀에게 가장 영향을 준 것은 어쩌면 가족보다는 '남자 친구들'이었을지도 모른다. 14살 때 그녀에게는 키가 크고 잘생긴 첫 남자 친구 A가 있었는데, 같은 반 친구 사이에서 연인이 된 그들은 매일 함께 하교했다. 레일라는 그에게 초콜릿, 핸드크림 등 작은 선물을 자주 사줄 정도로 그를 좋아했다. 그녀는 A와 있었던 일을 주변에 잘 말하지 않았는데, 반대로 입이 무척 가벼웠던 A는 레일라에게 들었던 개인사를 남들에게 서슴없이 말하고 다녔다. 당시 레일라는 중학교 1학년 중에서 가장 예쁜 아이라고 소문이 났기 때문에, 그런 그녀와 사귄다는 것에 대해 A는 상당히 허세를 부렸다. 그는 레일라의 모든 것, 심지어 가정사까지 다 알고 있다는 사실을 아이들에게 뽐내기 위해, 더 신나게 그녀의 이야기를 떠벌리고 다녔다. 심지어 A는 그녀가 자신의 집에 놀러 온 사실을 마치 무언가 음흉한 일이 벌어진 듯 부풀려 신나게 떠들고 다녔다. 당시 A의 어머니가 그들과 함께 집에 있었고 레일라는 그의 어머니가 차려준 밥만 먹고 돌아왔지만, 그는 그녀와 단둘이 집에 있었던 것처럼 상황을 묘사했다. 그녀의 평판은 점점 더 나빠졌는데, A는 레일라 앞에서는 한없이 다정한 척 연기를 했기 때문에 당시 그녀는 그가 뒤에서 자신의 이야기를 안 좋게 소문내고 다닌다고는 조금도 의심하지 않았다.[4]

같은 학년의 아이들과 비교했을 때 나이가 2살이나 많았던 레일라는 몸매가 또래보다 훨씬 성숙했다. 따라서 주위에 그녀의 몸을 품평하는 사람이 많았는데, 이와 함께 '남자 집에 혼자 간 여자'라는 소문이 돌자 그녀는 한순간에 '발랑 까진 아이'로 낙인찍혔다. 그때부터 그녀는 여자 친구들로부터 종종 경멸하는 시선을 받았고, 엉큼한 남자 선배들로부터 추파를 받곤 했다. 이후 그녀는 더더욱 사람을 믿지 못하게 되었고, 나를 비롯한 소수의 친구 이외의 사람들에게 큰 벽을 쌓게 되었다. 나중에 그녀는 종종 자신이 얼마나 많은 사람의 연락을 차단해왔고, 남자 연락이 오면 바로 쌍욕부터 한다는 이야기를 자랑스럽게 말하곤 했다. 그렇지만 레일라는 항상 남자에게 그리고 친구들에게 사랑받기를 원하는 아이였다.

15살 무렵, 사람들에게 치여 힘들어하던 그녀에게 두 번째 남자 친구 B가 생겼다. B는 레일라보다 2살 많은 오빠였다. 그는 고등학교 자퇴생으로 그녀의 생리 날도 기억해 챙겨줄 정도로 섬세했다. 또한 B 역시 레일라처럼 이혼가정이었고 아버지와 둘이 살았다. 그러한 점에서 레일라는 그에게 동질감을 느끼게 되었다. 레일라는 B의 다정함에 빠져들었고, 그의 집에 자주 놀러 가기 시작하면서 첫 경험을 하게 되었다. 당시 그녀가 15살이었던 것을 생각하면, 또래보다 빨리 경험했다고 할

---

4 나중에 이 사실을 알게 된 그녀는 내 앞에서 펑펑 울었다.

수 있다.

그때부터 그녀는 성과 남자에 눈뜨게 되었다. 그녀의 화장은 진해졌고, 옆에 다가가면 코를 찌를듯한 지독한 향수 냄새가 났다. 교복치마는 짧아졌고, 자신의 가슴이 크고 말랑하다며 친한 남자아이들에게 스스럼없이 자랑하곤 했다. 가끔은 그녀의 노골적인 성적 발언에 반 친구들이 당황하기도 하고 괜스레 부끄러워하기도 했다. 레일라는 집에 가더라도 반겨주는 사람 없이 혼자 있는 시간이 많았다. B 역시 아버지가 늦게 퇴근했기 때문에 저녁까지 집이 비어있었다. 그래서 그녀는 거의 매일 B의 집에 갔고 매번 섹스를 했다. 당시 그녀에게 가장 큰 버팀목이 되어준 건 어쩌면 매일 곁에 있던 B가 아니었을까.

그러던 중 두 사람이 헤어지게 되는 사건이 발생했다. B가 레일라와의 섹스 비디오를 몰래 찍은 것이다. 관계가 끝나고 급하게 어디론가 향하는 B를 본 레일라는 그의 손을 빠르게 낚아챘고, 방금 전 그들의 뜨거웠던 모습이 적나라하게 찍혀있는 영상을 보게 되었다. 갤러리를 넘겨보니 그 밖에 두어 개 정도 영상이 더 있었다. 그녀는 큰 충격을 받아 영상을 지우고 헤어지자고 말한 뒤, 그의 집에서 도망치듯 나왔다. 당시 그녀는 그를 경찰에 신고할 생각조차 하지 못했는데, 그녀에게 B는 힘든 시절 옆에 있어 줬던 고마운 존재이기도 했기 때문이다.

B는 항상 레일라를 보고 "넌 나한테 소중한 존재야. 나도 너한테 제일 소중한 존재지? 우린 서로밖에 없잖아"라는 둥, "우리 섹스는 평생 서로만 하자"는 둥 그녀를 옭아매는 언행을 종종 내뱉곤 했다. 그의 이러한 가스라이팅은 수준급이었고, 이를 옆에서 듣고 있던 나 역시 그가 착한 사람이고 그녀에게 잘해준다고 착각하게 되었다. 어렸던 레일라는 자신이 데이트폭력, 즉 가스라이팅을 당하고 있다는 사실을 깨닫지 못했는데, "경찰이나 부모님께 말하면 죽어 버릴거야"라는 B의 협박에 약

해진 레일라는 그에게 "말하지 않겠어"라고 약속하기까지 했다.

> 아니, 그 새끼 존나 쓰레기야. 씨발. 일반 쓰레기도 아니고, 핵폐
> 기물. 아 개 더러워. 영상은 다 지우긴 했는데, 막 이상한 데 올린 건
> 아니겠지? 하, 그때 왜 그냥 나왔지. 거시기를 한 대 치고 나올걸, 아
> 아까워, 아까워…. 그 새끼 아직도 나한테 "잘 지내?" 하고 연락 오
> 고 전화도 오고(웃음) 진짜 웃겨. 진짜 그 새끼 그러는 거 즈그 부모
> 는 알까? 나 걔 엄마 번호 아직 알고 있는데, 확 꼰지를까? 에휴, 아
> 니다. 그냥 차단이나 하고 끝낼래.

16살이 되던 해 여름, 레일라는 갑자기 내게 광주로 전학간다고 말
했다. 그녀의 어머니는 이혼 후 일거리를 찾아서 광주에서 생활했는데,
당시 레일라는 아버지와 크게 싸운 상태였고 틀어진 사이가 회복되지
않자 어머니가 있는 광주로 가게 되었다.

그녀는 광주에 있는 마이스터고등학교에 들어갔지만 잘 적응하지 못
했다. 당시 학교의 남자와 여자 성비는 약 8대 2로, 한 반에 여자는 5명
이 전부였다. 처음 전학 갔을 때, 레일라는 자신을 제외한 4명의 여자친
구와 어디를 가든 함께 붙어 다녔다. 그러던 중 그녀는 무리의 실세와
다투게 되었고 무리에서 따돌림을 당하게 됐다. 실세인 여자아이와 그
무리는 레일라를 투명인간 취급하였고, 레일라는 교실에서 철저히 고립
됐다. 공부에도 흥미가 없고 학교생활도 재미없었던 그녀는 고등학교를
자퇴한 뒤 검정고시를 준비했고 빠르게 합격했다. 그렇게 그녀는 고졸
이 되었다. 그 후 그녀는 생계를 위해 돈을 벌고자 여러 가지 일을 시작
했다. 당시 나는 대입준비에 바빴고 그녀는 일하느라 바빴다. 그렇게 2
년 정도 그녀와 연락이 끊기게 되었다.

레일라의 변신

점차 레일라와 연락하는 빈도가 줄고 얼굴을 보지 못한 채 2년이 지난 2022년 나는 그녀가 있는 광주의 한 대학교에 입학하게 되었다. 광주에 함께 있게 되자 연락을 하게 되어 다시 레일라와 자주 만나게 되었고, 연락이 뜸했던 지난 2년간의 이야기를 들을 수 있었다.

오랜만에 본 그녀의 얼굴은 많이 달라져 있었다. 입술 필러를 맞아두 배로 부푼 입술에, 보톡스를 맞아 어색하게 올라간 입꼬리와 갸름한 턱선, 화려한 옷과 장식들. 레일라의 얼굴은 다소 부자연스러워 보였고 인조인간 같았다. 예전의 수수하고 이국적이던 아름다운 얼굴은 사라지고, 한국의 전형적인 성형미인 얼굴이 되어 있었다. 레일라는 다이어트로 뼈만 남은 체형이 되었어도 여전히 가슴은 컸고,[5] 가슴골이 다 드러나는 옷을 입은 채 손에는 샤넬 가방을 들고 있었다.

그녀는 하나부터 열까지 모든 게 달라져 있었다. 예전과는 확연히 달라진 그녀의 외모에 적응하기도 전에, 레일라는 내게 "언니"라고 부르라고 요구했다.

> 야, 이제 나 언니라고 불러. 내가 일하는 곳에서는 진짜 언니한테 깍듯하게 대하거든. 언니한테 반말? 안되지. 내가 그래도 너보다 2살이나 많으니깐. 그냥 언니라고 불러줬으면 좋겠어. 근데, 언니라고 부르는 것 빼곤 편하게 해도 돼. 아, 그리고 너 입술이 왜 이리 얇아? 좋은 병원 소개해줘? 필러는 국산도 좋긴 한데, 무조건 외국산으로 맞아야 해. 싸구려는 안 좋거든. 비싸도 한 번 투자할 때 확실하게

---

5 그녀의 가슴은 자연산이다.

해. 너도 관리 시작해, 우리 금방 늙는다?(웃음)

레일라는 외모부터 성격까지 전혀 다른 사람으로 변해있었다. 그녀의 왼쪽 팔은 온통 문신으로 도배되어 있었는데, 예전부터 그림 그리기를 좋아하던 그녀는 직접 도안을 하나씩 그렸다고 했다. 그녀의 문신은 사람들이 그녀에 대한 선입견을 갖도록 하는 데 충분했다. 그녀의 거친 입과 문신은 제법 잘 어울려 보이기도 했다. 그녀의 왼쪽 팔에는 해골, 하트, 고양이, 카드 에이스 등 다양한 문신이 있다. 오른쪽 팔에는 문신이 하나도 없는데, 나중에 자신이 직접 디자인한 문신으로 채울 예정이라고 했다.

그녀는 광주에 올라와 다양한 남자들을 만났다고 했는데, 그들에 관해 이야기하는 내내 생기가 돌았고 바깥에서 남들이 있는데도 자신의 입술을 핥거나 손으로 남자 성기를 잡는 시늉을 하는 등 성적인 동작도 서슴없이 표현했다. 그녀는 야구선수들과 원나잇을 많이 했다고 했다. 운동하는 남자는 힘이 좋아 섹스를 잘한다는 게 그녀의 철학이다. 또한 그녀는 남자 친구를 사귀면 항상 자신의 집에서 동거하곤 했다. 작년에 레일라를 다시 만났을 때 그녀가 사는 신식 오피스텔에 방문한 적이 있는데, 방이 2개 있는 꽤 크고 좋은 집이었다. 그녀는 골든 리트리버를 키우고 있었는데 강아지를 위해 방이 많은 집으로 이사하게 됐다고 했다.

스무 살이 되자마자 어머니로부터 독립한 그녀는 처음에는 작은 원룸에서 살았지만 다양한 일을 하면서 돈을 모았고 2년 만에 크고 좋은 집을 얻을 수 있었다. 당시 그녀는 헬스장에서 만난 C와 동거 중이었다. C와는 그 후 반년이 지났을 무렵 합의하에 헤어지게 되었는데, 그녀는 하루 동안 집에 들어가지 않고 C가 자신의 짐을 다 챙겨서 나갈 수 있도록 시간을 줬다. 그녀는 이러한 행동에 익숙하다고 했다. 그밖에도 이미 두 차례 다른 남자와 동거를 한 적이 있었는데, 두 번 모두 끝이 좋지 않았다. 한 남자는 그녀의 귀중품을 훔쳐 도망갔고, 다른 한 남자는 그녀의 집에 다른 여자를 부르려고 하다가 걸렸다.

그녀는 옆에 누군가가 있어야 잠을 잘 수 있다고 말했다. 그녀는 원나잇이나 성에 대한 거부감이 전혀 없었고, 섹스하면 기분이 좋다고 말했다. 그녀의 외로움과 공허함은 남자와의 섹스로 채워졌다.

또한 레일라는 남자 친구가 없는 기간이 한 달 이상 길어지면 동물을 입양하기도 했다. 그녀는 고양이 2마리, 강아지 1마리를 키우고 있었다. 레일라는 공허하고 조용한 집을 싫어했고, 동물들로 집을 가득 채우고 싶어 했다.

저번에 한번은 어플에서 어떤 남자가 자기꺼(성기) 크다고 찾아오라고 했다? 그래서 기차타고 갔지. 근데, 걔 집 앞에 도착해서 얼굴을 봤는데, 얼굴이 진짜 감자인거야.(웃음) 진짜 흙에서 굴러온 감자처럼 생겨서, 그냥 바로 바쁜 일 있다고 하고 후다닥 내려왔어. 씨발. 내 시간만 버리고 개 짜증났지. 그 뒤로 얼굴사진 인증 안 하면 절대 안 만나. 근데 사실 어플보단 대부분 그냥 술집에서 만나지. 원나잇이 편해. 감정 없이 깔끔하고. 아, 그리고 난 산부인과도 정기적으로 가서 검사받아서 성병도 아직 딱히 걱정 없어. 관리도 하고. 아, 피임약도 먹어. 난 노콘이 좋거든. 그 콘돔 고무 느낌이 너무 싫어.

그녀는 어플을 통해 남자와 원나잇을 하거나 헌팅포차에 가서 마음에 드는 남자가 있으면 합의 후 섹스를 했다. 모두 일회성 만남이었으며, 나중에 연락해 오는 사람은 드물었다. 레일라는 인스타그램(sns)도 활발히 했는데, 속옷 차림의 반나체 사진을 주로 올렸다. 나 역시 그녀의 게시물이 올라오면 깜짝 놀라 주변을 살피곤 했는데, 지금은 그녀의 게시물이 내 sns에서 보이지 않도록 숨긴 상태다. 그녀의 반나체 게시물을 보고 남자들은 자신의 성기 사진을 그녀에게 보내거나, 용돈을 준다며 만남을 제안하기도 했다. 그녀는 그렇게 남자들을 유혹했고, 섹스를 하거나 가벼운 만남과 연락을 지속했다.

> 너 유튜버 D[6]알아? 걔, 운동도 좀 하고 막 돈 자랑하는 유튜버인데, 몸매도 개~ 좋아. 근데 나한테 인스타로 저번에 광주 왔다고 같이 놀자고 연락이 온 거야. 여기 번호도 있어, 내가 D오빠라고 저장해놨거든. 근데 벗겨봤는데, 그 새끼 좆 개~ 작아. 근데 돈은 많아서 여자는 존나 많은 거 같애. 아, 그런데 그때 한번 만나고 그 뒤로 딱히 연락은 안 해. 뭐, 그 사람도 안 하고 나도 안 하고. 근데 좆이 작아서 다시 하고 싶진 않아.(웃음) 그래도 몸은 진짜 근육도 많고 내 스타일이긴 했는데. 야, 그래도 남자는 거기가 커야 해. 아니면 아무 쓸모없어 진짜. 내가 진짜 남자 좆 많이 보고 다녔거든? 큰 게 최고야. 아 굵기도.

레일라는 자신이 얼마나 유명한 사람과 자봤는지, 남자를 기쁘게 해주는 법, 섹스를 잘하는 법 등에 대해 신나게 떠들었다. 그녀는 섹스는 전혀 부끄럽거나 나쁜 것이 아니라 말했고, 평소 자위를 즐긴다고 했다. 레일라는 우머나이저, 딜도 등 다양한 성인용품을 모으는 취미가 있다. 현재 그녀가 가지고 있는 성인용품은 10가지가 넘는다. 그녀는 기구를 이용해 남친과 같이 노는 것을 즐겼다. 레일라는 남자 친구가

---

6 D의 유튜브 구독자 수는 현재 약 40만 명으로, 아직도 활발하게 활동하고 있다.

너무 좋은데 속궁합이 맞지 않으면 기구로 오르가즘을 느낀다고 했다. 또한 그녀는 에세머[7]가 아니었지만, 남자 친구나 원나잇 상대가 SM 플레이를 원하면 기꺼이 맞기도 하고 때리기도 했다. 그녀에게 섹스는 곧 삶의 활력소였고 사랑을 느끼는 방법이었다.

밤에 태어난 어두운 아름다움

레일라의 어머니는 그녀를 지나치게 걱정하고 억압하며 친구들과 노는 것도 참견하곤 했다. 어머니의 간섭에서 벗어나고 싶었던 레일라는 스무 살이 되자마자 독립해 집을 얻었다. 사회초년생이었던 그녀는 생계를 유지하기 위해 돈이 필요했고 다양한 아르바이트를 했다. 그녀는 고깃집 알바, 통역 알바, 식당 알바 등 다양한 일을 했지만, 돈이 잘 모이지 않았다. 부모의 도움 없이 집세와 각종 공과금, 생활비 등을 사회초년생이었던 그녀가 혼자 감당하기에는 버거운 상황이었다. 그러던 중 그녀는 클럽에서 만난 E와 친해진 뒤, 그의 집에서 약 한 달 동안 생활했다. 다행히 같이 생활하는 동안 그가 레일라에게 잠자리를 요구하거나 몸에 손대는 일은 없었다. 대신 E는 그녀에게 일자리를 소개해줬는데, 자신이 일하고 있는 홀덤바[8]의 '딜러'였다. 그녀는 게임을 하나도 모른다며 거절하려 했지만, 한 번만 해보라는 E의 말에 포커카드를 손에 잡기 시작했다.

---

7 에세머(SMer)란 BDSM(Bondage–Discipline, Dominance–Submission, Sadism–Masochism의 약자로, 구속과 훈육, 지배와 복종, 가학과 피학 등을 포함하는 성 활동을 말한다)을 하는 사람을 말한다.
8 홀덤바란 음료나 음식, 술을 마시며 포커 게임의 일종인 홀덤을 즐길 수 있는 곳이다.

그 홀덤바에 어떤 손님이 제일 많은 줄 알아? 유부남들이 존나 많이 와. 손님 절반 이상이 걍 다 유부남이야. 그중에 막 나보고 여자친구 하자고 꼬시는 새끼들도 있고(웃음), 20대도 오긴 하는데 다들 문신 개 많고 허세 있고 그냥 엄청 별로였어. 애새끼들 보다는 오히려 나이 많은 오빠들이 더 나아. 돈도 많이 쓰고 팁도 많이 주려하고. 뭐, 좀 터치가 많긴 한데, 그래도 돈은 많이 주니깐. 심한 터치는 거기 일하는 오빠들이 저지해주고 해서 할 만해. 그런데 거기서 일하다 보니깐 나는 결혼은 진짜 안 하려고 생각했어. 나는 연애만 하다가 멋진 할머니가 되는 게 목표야.(웃음) 진짜 거기서 일하니깐 다 보이더라. 막 지 와이프랑 자식한테는 존나 다정한 척 해놓고 여기서는 아가씨들이랑 놀아나고, 집도 얻어주고. 내 주위 언니 중에 그런 언니가 있기도 하고. 그냥 남자는 다 못 믿겠어. 진짜 좆 달린 짐승마냥. 번듯해 보이는 새끼들이 더해. 용돈 줄 테니깐 한번 하자고 하는 새끼들. 걍 만만하게 보는 거지 뭐.

그녀는 홀덤바 일을 하면서 결혼에 대한 생각이 싹 사라졌다. 그녀에게 남자의 사랑은 신뢰할 수 없는 것이었고, 그녀는 짧은 만남, 원나잇에 더더욱 빠져들었다. 그녀는 40살이 넘어가는 남자들도 자기 관리만 잘하면 오빠라고 불렀으며, 35살부터 45살까지 다양한 나이대와 교제해 왔다. 오히려 20대는 허세만 가득 차서 만나기 싫다고 말하곤 했다. 그녀는 쉬는 날마다 그녀가 말하는 '오빠'들과 캠핑을 즐기고 오곤 했다. 그녀는 오빠들과 캠핑갈 때는 아무것도 준비하지 않아도 되고 놀고만 오면 돼서 좋다며 신나 했다. 또한 그녀는 지금은 나이 많고 돈 잘쓰는 오빠들을 만나고 나중에 늙게 되면 반대로 젊은 남자들을 만나 자신이 돈을 쓰는 연애를 하면서 맘 편히 지내고 싶다고 말하기도 했다.

　그녀에게는 같이 홀덤바 일을 하면서 친해진 20대 후반에서 30대 초반의 언니들이 있었다. 진하게 화장하고 줄담배 피는 소위 쎈 언니들이었다. 언니들은 남자를 유혹하는 법, 돈 많이 쓰게 하는 법, 기분 좋게 애무하는 법을 알려주고 필러나 보톡스를 같이 맞으러 가자고 꼬시기도 했다.

　그 언니들은 그녀에게 또 다른 세상을 보여주었다. 레일라의 생일날 언니들은 막내였던 그녀를 데리고 호빠를 방문했는데, 그녀는 그동안 늙은 오빠들의 비위를 맞춰주다가 자신이 주인공이 된 듯한 기분에 빠져 한동안 호빠를 자주 이용했다. 하루에 50만 원 이상 쓴 날도 있었다. 그녀는 자신이 일하며 받은 스트레스를 반대로 자신과 비슷한 일을 하는 남자들을 통해 해소하곤 했다. 그녀는 요즘은 늙은 아줌마보다 자신과 같은 젊은 여성들이 호빠를 더 많이 이용한다고 말했다.

　　야. 니도 다음에 꼭 호빠 가봐. 걔네 존나 웃겨(웃음). 내가 기라고 하면 바닥에서 낑낑거리면서 기고. 키스도 좀 하고, 근데 또 잘생겨서 나도 꼴리긴 해. 진짜 해달라는 거 거의 다 해주고, 막 공주처럼 대해주는 게 너무 좋아. 그리고 그거 말고도 남자가 옷 다 벗고 마사지해주는 데가 있거든? 거기도 한번 가봐. 진짜 신세계야. 그 마사지해주는 새끼 좆이 내 등에 닿는 게 그냥 올라탈 때부터 느껴지거든? 근데 오일이랑 같이 섞이니깐 막 미치겠는 거야. 진짜 뭔가 마사지도 시원한데, 일부러 막 자극하려는 그런 것도 있고. 아, 이건 말로 다 설명 못해(웃음). 그리고 보통은 마지막에 서비스로 섹스까지 하는데, 돈 받는 경우도 있고 마사지 해주는 새끼가 맘에 들면 걍 하기도 하고.

동시에 그녀는 돈 씀씀이가 커졌는데, 한 달에 70만 원이 넘는 오피스텔에 살며, 명품을 하나둘 사 모으기 시작했다. 그녀는 이미 커져 버린 씀씀이를 감당하기 힘들어 더 고소득 알바를 찾아다니기도 했다. 토킹바[9] 면접을 보기도 했으며 스웨디시 마사지[10] 일을 알아보기도 했지만, 실제로 일하지는 않았고 오빠들에게 용돈을 받아 생활했다.

내가 웃긴 거 말해줄까? 남자 새끼들 존나 단순해. 내가 막 집에 세탁기 필요하다고 하면 사주고, 먹고 싶은 거 쿠팡 장바구니에 담아 놓으면 로그인해서 사주고 그래. 그러면 한 번쯤 대줄 거라 생각하는 거지 뭐. 아무튼 청소나 그런 비싼 거는 오빠들한테 사달라고 하는데, 대부분 걍 사줘. 쿨하거든. 아 그리고 드라이브 가고 싶다고 하면 집 앞까지 차로 데리러 오거든? 그럼 그냥 개인택시 생기는 거지, 편해 진짜.

스물한 살이 된 레일라는 헬스장에서 운동을 하면서 F와 친해지게 됐는데, 그는 그녀가 다니는 헬스장의 주인이었다. F는 그녀에게 헬스장 카운터 일을 제안했고 그녀는 그와 함께 일하게 됐다. F는 처음에 그녀를 잘 대해 주었다. 아플 때는 죽을 사주기도 했으며, 손님이 없을 때는 편하게 놀아도 된다며 그녀를 배려해 줬다. 하지만 그녀에게 남자 친구가 있다는 사실을 알게 된 후로 F는 전혀 다른 사람으로 변하였다. 레일

---

9 종업원이 술 시중을 들며 이야기 상대를 해주는 술집
10 스웨덴에서 유래한 오일 마사지의 한 종류이지만, 한국에서는 보통 남성성기 주변을 자극해 성관계를 하고 싶게끔 유도하는 마사지를 의미한다.

라를 차로 스토킹했으며, 그녀의 집까지 찾아갔다. 경찰에 신고한 그녀를 상대로 협박 메시지를 끊임없이 보내기도 했다. 그는 레일라에게 '사랑을 빙자한 폭력'을 내보이고 있었다. 결국 레일라는 일을 그만뒀고 살던 곳에서 조금 떨어진 곳으로 이사하게 되었다. 충격적이게도 F는 당시 일로 처벌을 받거나 벌금도 내지 않은 채 접근금지처분만 받았다고 한다.

그녀가 다음으로 일한 곳은 왁싱샵이었다. 왁싱샵은 그녀가 자주 다니는 태닝샵에서 일하던 G의 추천으로 들어가게 되었다. 그녀는 건강한 피부색을 원했으며, 여름만 되면 태닝을 했다. 또한 자신의 태닝 사진을 sns에 올리곤 했는데, 맨몸에 수건 한 장만 걸쳐 젖꼭지만 가리고 가슴이 모두 드러난 사진을 자주 올렸다.

그 헬스장에서 스토커 새끼 때문에 안 좋은 일이 있고 나서는 왁싱샵에서 일했지. 왁싱을 하려면 따로 자격증이 필요하거든? 그런데 나는 그냥 일단 사장님이 해도 된대서 한 달? 정도 하다가 그다음에 지금은 자격증 따서 계속하고 있지. 근데 이게 예약제이기도 하고, 손님이 없으면 계속 쉬어야 하거든. 그게 좀 별로야. 막 친구들이랑 만나고 싶어도 약속도 잘 못 잡아. 몇 시에 어떤 손님이 예약할지 모르니까. 벌이가 한정적이라 일단 예약이 잡히면 취소하기는 싫거든.

왁싱 특성상 제모에 관심이 많은 여자 손님이 더 많기 마련인데, 유난히 그녀의 가게에는 남자 손님이 더 많이 찾아왔다. 특히 사채업이나 여러 사업을 하는 무서운 오빠들이 자주 왔다. 그녀가 일한 왁싱샵은 1대1 프라이빗 샵으로 예약제로만 운영됐다. 만 원 정도 예약금을 보내면 예약되는 시스템이었다. 한두 시간 동안 한 손님만 상대하고 한 손님당 적어도 10만 원 이상의 수입이 났는데, 이를 그녀와 가게가 6대 4로 나눠 가졌다. 레일라는 털이 굵은 손님을 제일 싫어했는데, 왁싱만으로는 털이 다 뽑히지 않아 족집게로 잔털을 뽑아야 했기 때문이다. 브라질리언 왁싱을 하기 위해서는 팬티까지 모두 벗어야 했는데, 대부분의 남자 손님은 그녀가 털을 뽑기 위해 그곳 근처에 손을 갖다 대기만 기다렸다. 그녀는 남자 성기가 세워져 있어야 털을 더 잘 뽑을 수 있고 잔털이 남지 않아 일부러 성기를 세운 적도 많았다.

아니, 진짜 개 더러운 게, 왁싱을 하다 보면 남자손님 10명 중 9명 이상이 발기를 한단 말야? 근데 그건 어쩔 수 없어서 넘긴다고 해도, 대부분 한 번 빼달라고 해. 그냥 손으로. 진짜 막 돈 더 줄 테니깐 손으로 딸딸이 쳐달라고 하고, 안 해준다고 하면 그냥 너무 아프다고 안 받는다고 하며 예약 취소하고 막 나가고. 팁을 꽤 많이 준다고 해서 딸딸이 쳐준 적도 몇 번 있어. 근데 이 새끼들이 막 나한테 다 묻게 일부러 싸고, 생각하니깐 개 같네. 진짜 내가 이 일 하면서 본 좆만 수백 개다 진짜. 이제 좆을 봐도 별 감흥이 없어. 그냥 개불이네~ 한다니깐(웃음).

홀로서기

그녀는 항상 주변에 있는 남자의 권유로 일을 시작하곤 했는데, 대부분 그녀 주위의 남자들은 그녀에게 흑심을 품고 다가왔다. 사회초년생이자 혼혈이었던 그녀는 어떻게 보면 그들의 눈에 누구보다 잘 띄는 희생양이었을지도 모른다. 기댈 곳 하나 없던 그녀는 다가오는 남자들에게 의지할 수밖에 없었고, 그들에게 이용당하던 그녀는 이제 오히려 그들을 이용하려 한다. 남자를 믿지 못해 결혼할 생각도 없고 남자는 모두 더럽다고 말하지만, 오히려 그녀는 남자가 없는 환경에서는 살아갈 수 없고, 끊임없이 남자와의 관계를 통해 쾌락을 추구했다. 사람 관계에서 항상 상처받는 그녀였지만, 그럼에도 그녀는 혼자인 것을 더 두려워했다. 값비싼 선물을 하면서까지 주변인들의 환심을 사려 했으며, 남자와의 관계를 통해 사랑을 채우려 했다.

그렇지만 그녀는 자신의 성에 대해서는 그 누구보다 솔직했다. 또한 성에 대해 고지식한 한국 사회를 비판하는 말을 내뱉곤 했다. 개인의 성 욕구는 자연스러운 것인데, 현재 한국 사회는 이를 잘 받아들이지 못하며 자신의 성을 부끄럽게 여기게 할 뿐이고, 다른 선진국과 비교했을 때 성에 대해 솔직하지 못하고 보수적인 태도가 강해 일단은 무조건 감추려는 경향이 있으며, 그래서 잘못된 성 인식을 가지거나 성범죄 혹은 데이트폭력 등의 성 관련 문제에 대처하기 어려워진다고 했다.

레일라 역시 이러한 이야기를 허심탄회하게 나눌 친구가 그동안 필요했는지도 모른다. 내가 광주에 올라온 후로 그녀는 나에게 성적인 이야기를 털어놓거나 여러 가지 상담을 하기 시작했다. 자신이 생각하는 섹스는 무엇인지, 앞으로 어떤 사랑을 하고 싶은지 등 그녀는 상처받는 와중에도 또다시 사랑하고 싶어 했다. 그렇지만 이제 그녀는 원나잇이나 돈 목적이 아닌 '건강한' 사랑을 하고 싶어 했으며, 그러기 위해 기꺼이 혼자만의 시간을 가지겠다고 말했다. 그녀는 진로에 대해 고민했는데, 나는 친구로서 그녀가 하는 왁싱샵 일을 그만둘 것을 제안했다.

현재 그녀는 광주에서 벗어나 서울로 거처를 옮겨 강남의 한 레스토랑에서 일하고 있다. 또한 6개월째 연애를 쉬는 중이며 반려동물들과 함께 생활하고 있다. 종종 그녀는 대학에 다니는 내 모습을 보고 자신도 대학에 들어가고 싶다고 말하곤 했는데, 최근 다시 공부를 시작했다. 토익 자격증을 준비하고 운전면허증도 따며 자기계발에 힘쓰고 있다. 그녀는 예전부터 공부 머리가 있었는데, 자신이 싫어하는 과목인 수학은 30점을 맞아도 좋아하는 과목인 과학은 85점을 맞을 정도로 배우려는 열정만 있다면 곧장 잘하곤 했다.

나와 그녀는 하나도 다를 게 없다. 인간에게 쾌락이 있는 한, 나는 그녀가 될 수 있고 그녀는 내가 될 수 있다. 앞으로 그녀가 배움의 즐거움을 깨닫고 새로운 쾌락에도 눈뜰 수 있기를 바란다.

BDSM 경험과 커뮤니티의 특성[1]

세진*·윤수종**

머리말

나는 성가시게도 성적으로 깨끗한 여성으로 자라지 못했다. 사회에서 요구하는 여성상과 달랐다는 것이지 난잡했다거나 성 문제로 일상생활에 장애를 겪었다는 것은 아니다.

그냥 여행이든 클럽이든 게스트하우스 파티든 그런 곳에서 우연히 처음 알게 된 사람과 데이트 후 가벼운 하룻밤 관계를 즐기기도 하고, 가끔 인터넷에서 나와 섹스스타일이 맞을 거 같은 사람을 구하기도 하고,

* 전남대학교 사회학과 수료.
** 전남대학교 사회학과 교수.

1 『문학들』 73호(2023년 가을)에 실림.

남들에게 이야깃거리가 될 성벽을 가지고 있는 정도다. 살다 보면 이것만으로도 가끔 스스로가 비정상으로 느껴진다.

우리의 리비도는 본성적이며 선천적인가? 우리는 자유롭게 성욕하는가? 성욕은 과연 사회에서 흔히 일컬어지는 것처럼 모든 사회적 영향과 무관하게 본능적이고 자연스러운가? 유년기 혹은 삶의 어떤 부분에서 성적으로 억제당하거나 부정당한 경험이 있다 해도 우리는 그 트라우마에서 자유롭게 욕망할 수 있는가?

성욕은 본능적인 것이라고 일컬어지지만 사실 대단히 사회적이다. 우리는 정상과 비정상, 욕망해도 될 것과 욕망하지 말아야 할 것들을 학습한다. 이런 사회에서 오는 교정성의 영향의 개인차는 있겠지만 우리 모두가 사회적 교정성과 무관하게 리비도를 느낀다고 확신하기 어려울 것이다.

어렸을 때의 몇 번의 추행 경험이나 가벼운 수준의 부모님의 방치 환경 등 다양한 원인을 찾고는 했지만 이제 그런 것들로 나를 합리화할 필요가 없다고 느낀다. 이런 생각은 나랑 비슷한 성욕구를 가진 여성들을 만난 후 확고해졌다. 내가 즐기는 성형식은 다른 어떤 성형식과 마찬가지로 하나의 성형식으로 존중받아야 할 것이라고 생각하게 되었다.

BDSM과 SM 메카니즘

내가 즐기고 있는 성형식은 바로 가학-피학, 사디즘-마조히즘이라고 알려져 왔던 것이다. 이것을 좀더 확대하여 BDSM이라고 한다. BDSM이란 구속과 훈육, 지배와 복종, 가학과 피학 등을 포함하는 성활동을 말한다(BDSM 관련 용어는 뒤에 정리해 놓았다).

BDSM이란?

BDSM의 역사를 거슬러 올라가면 『소돔 120일』[2]이라는 책을 빼놓을 수 없다. 이 책의 저자인 사드 후작[3]의 사디즘 묘사는 BDSM 행동에 대한 담론이 없던 시절에 색다른 욕망의 발견이라고 할 수 있으며, 구체적인 정서 분석은 부족하지만 다양한 이상성욕행위에 대한 끊임없이 점점 수위를 높여가는 묘사는 타의 추종을 불허한다. 흔히 사디즘의 반대짝으로 여기는 마조히즘과 관련해서는 남성 서브미시브와 여성 도미넌트의 관계를 다룬, 전형적인 마조히즘적 성향을 드러내는 레오폴트 폰 자허-마조흐의 소설 『모피를 입은 비너스』를 주목하게 된다. 이 각각의 성향을 사디즘과 마조히즘이라고 했는데 이 두 성향을 합해서 사도마조히즘이라는 용어가 만들어졌다.

사디즘과 마조히즘은 오랫동안 타락한 자들, 방탕하고 기이한 자들의 전유물처럼 여겨졌다. 그러나 이후 이어진 성 개방과 BDSM 담론의 발전, 인터넷의 발달로 인한 커뮤니티 형성으로 다양한 사람들이 익명 뒤에서 자신의 성 취향을 공유할 수 있는 지금, BDSM 판에서는 새로운 세력과 그들만의 문화와 언어, 온라인을 넘은 오프라인 코뮌이 생기고 있다.

BDSM이란 용어는 다양한 성 활동을 말하지만, BDSM 플레이가 지닌 핵심은 상하관계이다. 합의하에 권력이 한쪽에게 이양되는 관계이다. 관련하여 도미넌트가 서브미시브를 지배하는 일방적인 관계라고 흔

---

2 마르키 드 사드, 『소돔 120일』, 몇 군데서 한글로 번역되었다. 고도(2000); 동서문화사(2012), 워크룸프레스(2018).

3 27세에 부친사망 이후 지위를 물려받는데 결혼 이후에도 매춘부와 이상성행위를 거듭해 구금되기도 하며 부활절에 상대여성에게 채찍질과 촛농을 떨어뜨리고 나이프로 위협하는 등의 사건이 알려져 세간에 충격을 주었다. 『소돔 120일』 뿐만 아니라 『사랑의 죄악』, 『미덕의 불운』, 『사제와 죽어가는 이의 대화』 등을 집필했다.

히 생각할 수 있지만, 사실 BDSM 관계에서 진짜 권력은 서브미시브, 바텀에게 있다는 주장도 있다. 표면적으로 보았을 때 명령하고 폭력을 가하는 것은 도미넌트 쪽이지만 그 시간과 범위, 강도를 결정하는 것은 절대적으로 서브미시브라는 것이다. 사람들의 생각처럼 모든 권력이 도미넌트에게 이양되지 않으며 서브미시브의 결정권이 크다는 것이 BDSM의 본질이다.

BDSM을 행하는 사람들을 BDSMer(또는 줄여서 SMer, 에세머)라고 하는데, BDSMer들의 정서는 BDSM 안의 카테고리만큼 다양하다. 상대에게 폭력을 가하거나 당하는 부분에서 쾌락을 얻는다는 점에서 BDSM은 도착적 변태행위, 사회적 가치와 인습을 무시한 채 개인들끼리 즐기는 비사회적이고 비규범적인 성행위라고도 일컬어져 왔다. 그러나 현재는 여성 남성 모두에게 소프트 포르노그래피 요소로 여겨지며 자주 일반 문화에 등장하기도 한다.

통상 사회로부터 규정된 정상섹스라는 것을 벗어났다는 해석의 가장 큰 예시는 BDSM 안의 디엣 문화를 통해 알 수 있을 듯하다. '디엣[디에스]'(DS)이란 BDSM 문화 안의 특수한 약속관계이다. 권력이양관계의 한 부분인 지배종속관계(Dominant-Submissive Relationship)의 약자이다. 도미넌트와 서브미시브가 일대일로 관계를 맺는다는 점에서 일반적인 연애와 비슷한 양상을 보이지만, 무조건적인 독점 관계를 약속하는 연애와 달리 디엣의 경우 관계를 끝내는 기간을 미리 정해두기도 하고 성행위를 하기 위해 그 수위와 범위, 강도와 종류를 깊게 이야기하는 것이 정도라고 불릴 만큼 일반 연애와 다른 모습을 보인다.

그 중 '세이프 워드(Safe Word)' 제도는 도미넌트가 상호 합의한 수위와 강도의 성행위를 수행하는 와중에도 서브미시브가 원하지 않는다면 순간 멈출 수 있는 약속된 신호나 언어이다. 연인끼리의 밀담처럼 세이프 워드 자체는 정해진 것이 없으며 상대의 이름을 부르거나 숫자를 이야기하면 지배권력을 가진 도미넌트는 바로 멈추기로 하는 등의 가벼운 약속이다.

이러한 '합의와 대화'라는 요소 때문에 BDSM은 그 어떤 성행위보다 페미니즘적이라고 혹자는 말한다. 충분히 서로에 대해 이야기하며 정상이라 일컬어지는 삽입섹스 외의 성적인 행위도 대화 안에서 이야기하면서 나누는 것이다.

내가 BDSM 커뮤니티에 녹아든 이유는 BDSM이 주는 성쾌락 뿐만 아니라 이러한 페미니즘적인 담론력에 끌렸기 때문이다.

SM 메커니즘

가학, 피학(SM) 성애는 동성애와 함께 최근까지도 보건기구에서 성적 정신 질병이라고 분류되었다. 그럼에도 불구하고 프로이트, 라이히, 스테켈, 들뢰즈, 사드, 주네 등 다양한 사람들이 고유한 성애형태로 분석하고 설명하려고 애썼다.

BDSM 인터넷 커뮤니티인 '아라곤 왕국'에서 발표한 회원수 통계에 따르면 가장 수가 많은 성향이 '남성 도미넌트(가학성애)'이며 다음이 '여성 서브미시브(피학성애)' 그리고 이어서 '남성 서브미시브', '여성 도미넌트' 순이었다. BDSM의 주요 모델은 남성 도미넌트와 여성 서브미스브 간의 일대일 관계다. 페미니즘 관점에서 볼 때, 여성 서브미시브가 섹스에서 수동적인 위치, 나아가 강압적으로 강요받는 위치에 있는 것을 선호한다면 그것은 사회적 영향의 가능성이 크다고 생각된다. 성욕은 사회적인 것에 의해 결정되는데, 사회가 정한 흥분해도 될 상황과 흥분해서는 안 되는 금기를 우리는 내재화하며 살아가기 때문이다.

미디어에서 남성의 자위 혹은 발기 상황은 종종 웃음거리, 이야깃거리로 삼는 반면 여성의 리비도나 흥분에 대해서는 매우 금기시하며 다룬다고 해도 매우 남성리비도적 시선에서 그려진다. 즉 성욕을 가진 여자는 사회에서 비판받을 여지가 있으며 하물며 섹스를 적극적으로 원한다는 것은 스스로의 사회적 자아뿐만 아니라 개인적 자아에도 손상을 입을 만한 치명적인 것이다.

성욕과 그런 사회적 시선의 기이한 합작으로 여성 서브미시브들에게 발달한 성적 판타지는 자신은 수동적인 위치에 있고 이 성적인 행위에 대해 방관자, 억지로 당하는 피해자의 위치에 속함으로써 여성의 성욕에 대한 사회의 질타에서 한 발짝 거리를 둘 수 있다는 안정감을 준다. 이것이 여성에게서 서브미시브 성향이 가장 많은 이유라고 생각한다.

이뿐만 아니라 사디즘과 마조히즘에 대해 프로이트는 정신분석학의 입장에서 해설했으며 프롬은 사회심리학적 입장에서, 로렌쯔는 생물학적 진화론의 입장에서 해석하려 했다. 라이히는 마조히즘을 쾌락을 방출할 수 없어서 타인으로부터 강제로 방출시켜 달라고 하면서 수동적 구타 등을 통해 해소해 가는 것이라고 보았다.[4] 이처럼 여러 입장에서 사디즘과 마조히즘에 대한 설명에도 불구하고 앞서 말한 여성의 피학성향을 페미니즘 관점에서 보면 억눌린 여성 성욕의 사회와의 타협에서 나온 것이라는 해석 또한 가능할 것이다.

분명한 것은 본능이고 자연적이라 분류되는 성욕(리비도) 영역 또한 사회적 힘을 무시할 수 없다는 것이다. BDSM이라는 성벽 또한 사회적 산물이며 이를 해석하려는 시도들은 계속 이루어질 것 같다.

---

4 Wilhelm Reich, Character Analysis, 1972. 빌헬름 라이히 지음, 윤수종 옮김, 『성격분석 1』, 심미안, 2023.

개인적 경험

　개인적인 경험으로 내가 한때 내 정체성을 스스로 피학성애의 에세머라고 생각했던 이유는 도미넌트 성향 중에서도 정신적 복종을 강하게 요구하는 마스터(Master) 성향자와의 만남이 만족스러웠기 때문이었다. 특히나 성적인 상황에서 주체성을 반납하고 고양된 명령에 따르던 일종의 트랜스 상태[5]에서 나의 시끄러운 생각들이나 주체적인 존재의 불안감, 과잉된 자의식에서 멀어지는 경험이 인상 깊었다.

20살

　처음 성관계를 한 것은 20살이 되던 해 봄이었다. 상대는 연인 관계의 비성향자였다. 섹스는 본성이고 그 자체만으로 짜릿하다고 들었는데, 섹스를 하는 동안 내 머릿속은 더욱 복잡해졌다. 제모가 확실히 되었나? 이 자세는 너무 뚱뚱해 보이지 않을까? 야한 영상에 나오는 사람들에 비해 내 가슴은 너무 작은데 남자 친구는 기분 좋은 게 맞을까? 아니면 나처럼 전혀 즐겁지 않은데 좋은 척하는 걸까? 내가 집중하지 못한다는 걸 눈치 챘을까? 그런 것 같아. 전혀 사정할 것 같지가 않아. 그런 생각을 하는 순간 섹스는 허무하게 끝났다.

21살

　그리고 이후에 어느 날 만난 남자 친구 A는 평범해 보이지만 섬세하

5　자의식이 사라지고 여러 잡생각, 본인에 대한 에고가 사라지는 경험이다. 에고가 사리진다는 건 내려놓을게 많은, 자기에 대한 자존심이 큰 사람일수록 더 크게 영향을 받는다. 클라리스 쏜은 '서브스탠스'라고 하는데, BDSM 플레이 중에 특정한 무아지경 상태로 서로 빠져서 즐기다가 그 상태에서 다시 빠져나온다고 한다.

고 다정한 면이 마음에 들었다. A와 관계를 처음하고 한 달이 지났을 무렵 A는 자신이 하고 싶은 대로 관계를 해봐도 좋겠냐고 물었다. 평소에 유하고 부드러운 성격의 A였기에 마초적 허세일까 싶어 장난스럽게 승낙했다. 기껏해야 벽으로 밀치는 정도라고 생각했는데 갑자기 "당장 꿇어"라고 하는 말에 순간 당황했다. 그리고 스스로 옷을 벗고 다리를 벌리라고 말했다. 명백한 명령이었고 마주하고 의자에 앉아 있는 A는 옷을 벗을 생각이 없어 보였다. 갈림길에 서있는 기분이었다. 그만하자고 말할 수 있었고 그의 말을 따를 수도 있었다. A는 어느 쪽을 택하든지 웃어줄 것이 분명했다.

나는 자발적으로 A의 말을 따랐다. 기묘한 기분이었다. 나 혼자만 벗고 A의 말대로 움직이는 이 행위에 변태 행위라는 죄책감이 들 새가 없었다. 그런 생각에 빠지기엔 너무 기분이 좋았고 온전히 몰두하여 아무 생각이 들지 않았고 상대가 사랑스러웠다. 기존 섹스에서 느끼던 불안감과 잡생각은 없었다.

끝나고 강압적이던 A는 곧바로 내가 알던 연인으로 돌아와 이마에 입을 맞췄다. 자연스럽게 어리광을 부렸고 우리가 한 행위가 무엇이냐고 물으니 A는 내게 "너는 서브고 마조야"라고 답했다. 그렇기 때문에 기분이 좋았던 것이라고 했다. 후에 일련의 경험을 더 하며 알게 된 것이었지만 나는 서브지만 마조히스트(맞는 행위 자체에 쾌락을 느끼는 성향자)는 아니었다. 그러나 피암시성이 높은 탓인지 A의 말 때문인지 나는 한참을 내가 마조히스트라고 생각하며 살았다. A는 본인이 탑이자 마스터라고 밝혔고 여러 가지 커뮤니티를 알려줬다. 거기서 여러 가지 규칙을 알게 되었고 어딘가에 항상 소속되고 싶었던 나는 A의 소유욕과 다정함이 좋았다. 나는 내가 BDSMer라고 생각하게 되었고 그것 때문에 A와 특별한 디엣 관계일 수 있어서 행복했다.

22살

A와 결별 이후 스물두 살에 클럽 라운지에서 만난 B는 나보다 12살 많았다. 스테이지에 있는 나에게 말을 걸어 라운지로 데려온 C는 존경하고 좋아하는 형이라고 B를 나에게 소개했다. 그 라운지는 B가 빌린 것이었다. B는 돌아오는 주말에 함께 놀자고 했다. 내가 알지 못하는 곳이었다. 흔히 영화에서나 보는 회원제 클럽 같은 곳이었다. B가 약속했던 대로 C도 그 자리에 있었다.

단번에 이상한 곳이라는 것을 알 수 있었다. 화장실만 세 곳이었고 테라스에는 작은 스파가 있었다. 수건도 많았다. 무엇보다 침대가 있는 방이 몇 군데 있는 홀에서 양주를 마셨다. 스물하나라는 말에 동갑이라고 말하는 여자애 D가 붙임성 있게 말을 붙여왔다. D의 혀는 반으로 갈라져 있었다. 피어싱의 일종이라고 했는데 농담으로 이 혀로 핥아주면 정말 기분 좋을 거라고 나에게 안겨 애교를 부렸다. 무섭지만 착한 애라고 생각했다. B는 이곳에 있는 사람들 모두 BDSMer라고 소개했다. A가 아닌 BDSMer를 보는 것은 처음이었다.

술에 취해 어느 어두컴컴한 방으로 쉬러 들어갔을 때 그곳에서 C가 속옷만 입은 채 어떤 여자의 발을 핥고 있었다. 여자는 웃으면서 다른 발로 C의 머리를 툭툭 치고 C의 성기부분을 짓이기기도 했다. 여자는 나가려는 나를 붙잡고 C에게 나를 보며 자위해 보라고 명령했다. C는 기쁘게 받아들였다.

아침이 돼서 B가 집으로 데려다 줬다. 나는 다시는 이 사람들과 어울리지 않겠다고 다짐했다. 하지만 그 뒤로 반년 가까이 복학하기 전까지 나는 주말마다 그들과 놀았다. 무리에서 비교적 어린 축에 속했던 C, D와도 둘도 없이 친해졌다. B는 무리의 보이지 않는 실세였다. B가 나를 편애해서, 나는 B가 아닌 다른 사람과 섹스를 할 일이 없었다. 대신 B

의 말에 복종해야했고 B는 사람들 앞에서 내 가슴을 만지거나 야한 옷을 입히고 안겨있는 걸 즐겼다. B는 누누이 내가 예쁘진 않지만 착해서 좋다고 말했다. 그 말은 내게 계속 착하게 굴라고 말하는 것처럼 느껴져서 나는 B에게 더 헌신했다. 과시욕이 있었던 B는 자신 앞에서 나보고 C의 성기를 핥으라고 한 적도 있었다. B의 취향을 알아가고 있었다. B가 내게 "넌 누구꺼냐?"고 물으면 나는 늘 "당신 것"이라고 했다.

한때 연인 가까운 사이라고 느낀 적도 있다. 취한 B가 우리 집으로 와 못살았던 자기 옛날이야기를 하고 울 땐 B도 인간으로 느껴졌고 잠깐 사랑스럽다고도 느꼈다. 그 뒤로 우린 평일에 단둘이 자주 만나 데이트도 하고 쇼핑도 했다. 예상했던 대로 B는 D와도 잔 사이였다. 그렇지만 나는 D와 잘 지냈다. 그런 것으로 미워하기엔 둘 다 좋아했다. C와도 아웅다웅 했지만 잘 지냈다. 복학하여 지방에 내려오기 전까지 그들은 비록 남들 눈엔 어떻게 보일지 몰라도 내게는 가족 같은 사람들이었다. B와 독점관계에는 연애 감정도 있었지만 소속감을 주는 그 무리에서 계속 있을 수 있는 안정감도 있었다.

24살

서울 중심의 SM바를 다녔다. 안에서 스킨쉽이나 성행위는 일절 허락되지 않는 곳이었다. 그곳에서 만난 친구들은 내가 22살 때 놀았던 무리가 BDSMer들이라기보다는 변태바닐라 집단이라고 말했다. 동의했다. SM바를 자주 다니며 홀덤[6]을 치고 보드게임[7]을 하곤 하는 탑 성향의 남성 E와 디엣 연애를 했다. 번듯한 직장을 가진 멋있는 사람이었

---

6 포커 게임의 한 종류이다. 개인별로 2장의 카드를 갖고 나머지 5장의 공통 카드로 족보를 완성하게 된다.

다. 그는 술을 먹고는 플레이를 하지 않았다. 그래선지 맨 정신에 하는 섹스가 처음엔 어색했지만 익숙해졌다.

E는 영역표시 하듯 마킹하는 것을 좋아했다. 얼굴에 사정하거나 입 안에 사정해 받아내는 걸 사랑스럽게 봐줬다. 그것은 나도 즐기는 것이었다. 누군가의 것이 된다는 것, 자유의지를 반납하고 철저히 도구로서 사용되는 기분은 내게 기쁜 것이었다. 시끄럽게 일어나지도 않은 불안을 쏟아놓는 자의식은 사라지고 아무 생각이 없었다. 나로 인해 행복해하는 사람의 행복한 감정만이 몸에 흘러왔다. 그리고 플레이가 끝나고 진지하게 사랑한다고 이야기하는 E를 보면서 행복했다. 비성향자와의 연애에선 느낄 수 없는 충만함이었다.

나는 8살 차이의 그를 종종 "아빠"라고 불렀다. 그것은 내 결핍을 드러내는 것이었다. 우리는 서브와 탑으로 상하관계였지만 가끔 난폭한 E의 성행위를 받아주는 것으로 나는 E의 어리광을 받아 준다는 생각이 들었다. 내가 아니면 누가 이런 걸 기꺼이 즐겁게 받아줄까 생각하면 E가 몹시 사랑스럽고 나의 아기 같았다. 사귀는 시간이 길어지며 E의 친구들과 부모님을 보기도 하고 E 역시 내 주변사람들을 보았다. 우리는 침대에서의 상하관계가 아닌 평범한 연인이었다.

26살

F는 한 달 정도 내가 타지에서 생활한 적 있을 때 만난 최초의 서브 성향 남성이었다. 나보다 두 살 어렸던 F와는 인터넷 커뮤니티에서 알게 되었다. 그는 나를 직접 본 첫날부터 섹스 한 후 사귀자고 말했다. F

---

7 놀이판 및 간단한 물리적인 도구로 진행하는 놀이를 말한다. 오프라인 게임이라고 하기도 하지만 넓은 의미에서는 온라인으로 진행하는 카드게임 등을 포함한다.

가 불안해 보였기에 사귀었고 나는 처음으로 탑으로서 F를 만났다.

　F는 성행위에서 자신의 사정보다는 내 만족을 우선했다. 내 성기를 핥는 걸 좋아했는데 그럴 때면 강아지 같았다. 허벅지로 머리를 조이면 숨이 막혀하며 좋아했다. C의 이야기를 들어 어설프게 흉내낸 것에도 F는 착실히 발기해줬다. 큰 키의 F는 몸을 구겨 내게 안겨있는 것을 좋아했다. 나는 F가 헌신하는 감정을 알 수 있었다. 사랑받고 싶고 소속되고 싶어 하는 마음을 잘 알고 있었다. 나는 F가 내게 기대듯 부르는 "주인님"이란 소리가 좋았다.

　야외 화장실에서 벽을 짚게 하고 가축을 대하듯 손으로 성기를 만졌을 때 F는 굴욕적인 듯 펑펑 울었다. 한참 안겨 울던 F는 나중에는 자기가 무엇 때문에 우는 지도 모르고 칭얼댔다. 그리고 눈물 때문에 빨간 눈을 하고 바다를 보면서 세상에서 지금 자기가 제일 행복할거라고 해서 나도 행복했다.

　그런 F는 어릴 때부터 친구였던 전 여자친구에게 미련이 있었다. 둘의 관계가 복잡하게 얽혀있는 것을 우연히 알고 나는 F와 연인 사이를 천천히 정리하자고 통보했다. 헤어지고 나서도 우울증이 있는 F가 새벽이나 종종 낮에 전화를 해오면 한참 듣곤 했다. 미련보다는 책임감이었다. A와 B, E 그리고 이야기하지 않은 탑성향자들은 내게 그랬으니까 나 또한 그래야한다고 생각했다. F는 내가 걱정한 게 무색할 정도로 지금 잘 지내고 있다.

BDSM 커뮤니티의 특성

온라인(SNS, 온라인 사이트를 중심으로)

2010년까지, 2000년대 인터넷 보급 이후 가장 큰 BDSM 커뮤니티는 '스패킹 토이', '에셈라이프', 네이버 카페 '아라곤 왕국'이었다. 보통 도메인 인터넷 사이트 형태나 다음이나 네이버 카페형태였다. 당시 활동했던 사람들은 30대 초반에서 40대 후반까지가 가장 많았으며 활동 인원규모가 크지 않아 소위 "네임드"(인지도 있는, 좀 알려진 사람)라고 불리는 사람들에 의해 전반적 문화가 주도되었다.

때문에 기혼자의 구인활동이나 혼외 관계 등의 도덕적 문제에 대해서는 알음알음 쉬쉬하기도 하였다. 이 네임드들은 현재 성장한 BDSM 시장을 기반으로 독자적인 사이트를 운영하거나 인맥을 바탕으로 BDSMer만 출입가능한 바를 개업하기도 하고 성인 플랫폼에서 BJ방송을 하기도 하는 식으로 40대, 50대의 나이에도 커뮤니티 안에 잔류하고 있어서, 인터넷 보급 초기의 BDSM 커뮤니티에 대한 이야기가 전해진다.

BDSMer들은 온라인에서는 주로 실명이 드러나지 않는 트위터나 인스타그램 등을 이용하여 교류한다. 트위터와 특정 인터넷 사이트 한곳이 가장 큰 축을 이루고 있다.

온라인 BDSMer들은 자신의 성향을 진지하게 고찰하는 계정, 일상을 올리는 계정, 수위 높은 사진을 올리는 계정 등 다양한 계정을 운영하는데, 한 명이 여러 다른 성격의 계정을 동시에 운영하는 경우도 있다. 대체로 이들이 공통적으로 이야기하는 것은 BDSM 플레이에 관련한 지식이나 기구, BDSM 플레이 중에 일어나는 사건이나 감정에 대한 것이다. 정식 판매허가를 받고 BDSMer들을 대상으로 타겟팅한 성인몰들도 온라인에서 바이럴마케팅[8]을 하기도 하고 이것이 온라인 BDSMer들 사이에서 화제가 되기도 한다.

온라인에는 오프라인에보다 훨씬 많은 단체들이 존재하여 모두를 파악하기는 어렵다. BDSMer들은 독자적인 사이트와 SNS계정을 통해 활동하며 미성년자부터 40대까지 다양한데, 최근 미성년 성문화의 확산으로 미성년자들의 유입과 그로 인한 그루밍 사건이 벌어지면서 미성년자 BDSMer들은 자기들끼리만 교류하며 친목을 쌓고 성인 BDSMer들은 미성년자와의 교류를 금기시하는 경향이 있다.

오프라인(서울 중심의 SM바를 중심으로)

BDSMer들의 교류는 온라인을 넘어 오프라인으로도 확장되었다. 특정한 성별만 출입가능한 게이바나 레즈바, 퀴어바처럼 BDSMer들만 입장 가능한 펍과 바들이 서울을 중심으로 6개가 운영되고 있다. (BDSM바와 관전클럽의 구분점이 되는 특징인) 유사 성행위가 허용되는 클럽까지 합하면 14곳 내외일 것으로 추정된다.

그러나 퀴어바들이 퀴어들이 모여 서로 스몰톡을 하고 이야기만 나누는 곳부터 성적인 텐션을 지니고 진지하게 만날 상대를 찾는 펍, 나아가 성관계를 맺기까지 하는 블랙 남성찜질방이나 지하 원나잇클럽까지 수위가 다양하듯이 SM바도 마찬가지다.

처음부터 출입은 기존 회원과 동행하거나 BDSM 커뮤니티 활동 증명 내역을 보여줘야 하며 서로 닉네임으로 소개하고 호칭하는 것이 기본이다. 주요 콘텐츠는 술보다는 대화이며 친목인 경우가 대부분이다.

---

8 어떤 기업이나 회사의 제품을 소비자의 힘을 빌려 알리려는 마케팅. 바이러스가 퍼지는 것처럼 입소문이 나는 것을 활용하는 방법으로, 이메일 추천과 같은 방법이 자주 사용된다.

SM바에 모이는 이들은 20살부터 40대 초반까지 남녀 다양하다. 자신보다 키가 큰 여성에게 밟힐 때만 흥분하는 성향을 가진 남자가 있는가 하면, 상대에게 무한한 신뢰를 가지고 성적인 봉사를 하는 것에서 통상적인 연인 같은 애정을 느낀다고 하는 30대 여성도 있다. 반면 합의하에 여러 파트너를 두고 어떤 파트너와는 스패킹이 위주가 되는 신체적인 성 플레이를 하고 다른 파트너와는 섹스와 스킨쉽, 명령과 대화가 위주가 되는 정신적인 성 행위를 즐기는 폴리아모리도 존재한다. 또한 사람을 포박하거나 자신이 묶이는 것에 만족감을 느끼는 리거와 로프버니가 있기도 하고, 실제로 몇몇 오프라인 장소에선 공개적으로 한쪽에서 옷을 입은 채 본디지(몸을 밧줄로 묶는 성 플레이의 일종)를 진행하며 그 옆에서 태연히 여러 사람이 모여 보드게임을 하기도 한다.

종종 이러한 [이상]성욕을 공유한 사람들의 소수적 유대감을 동경해서 성향이 없는 사람들도 자유로운 분위기와 대화를 위해 바를 드나들기도 하지만 이곳의 규칙을 지킨다면 크게 제재받지 않는다.

그리고 오프라인 SM바(에셈바)에서 만난 정신적으로 의지하길 바라는 남녀 서브미시브(슬레이브Slave로 카테고리화된 성향자)들은 일상에서도 순종적이고 자기주장이 뚜렷하지 않을 것이라는 편견과 달리 사업체 CEO나 명문대생, 명망 있는 학군과 직업 계열의 사람들이 많았고 자기주장이 뚜렷하며 사교적이고 주도적인 편이었다.

오프라인과 온라인 양쪽을 사용하는 사람들이 있지만, 온라인 커뮤니티와 오프라인 커뮤니티는 그 성격이나 기능하는 요소들이 조금 다른 편이며 이 또한 소수자 코뮌으로 보았을 때 흥미로운 부분이다.

일반 퀴어와 BDSMer를 비교하였을 때 흥미로운 점은 이들의 수용성인데, 아웃팅 문제를 제외하고는 일반인이 오프라인 바에 출입해도 크게 배제하지 않으며 자신들의 정체성을 존중하는 한 반긴다는 것이다.

이는 폐쇄적 퀴어바와 비교해 흥미로운 지점이다.

커뮤니티 안의 집단성과 헤게모니

BDSM 문화를 외국에서 체험한 친구들의 이야기를 들으면 우리나라의 BDSM 문화는 이상하게 보수적이고 모순적이라고 한다. 서로 BDSMer라는 사실을 알고 있으면서 자신들의 성향에 대해서 이야기하지 않고, 보통 술을 마시거나 보드게임, 홀덤을 치다가 아주 친해졌을 때만 성향 이야기를 간단히 하는 것이 신기하다는 것이다. 한국의 BDSM 커뮤니티는 아웃팅에 매우 민감하고 폐쇄적인 성문화를 지닌 채 침묵 속에서 발전해왔다.

그런데 BDSM 문화는 성을 다루는 특성상 다른 일반 유사 성매매 문화가 개입하곤 해왔다. 놀라운 점은 그럴 때마다 작동하는 온라인 BDSM 커뮤니티의 자성기능이다. 일명 '공론화'란 형태로 이러한 자성기능이 작동하는데, 주로 남자 에세머의 스텔싱[9] 사건이나 성병 전파, 다중 관계 등이 대상이 된다. 뿐만 아니라 도미넌트에 해당하는 여자 에세머의 합의되지 않은 폭력도 자주 공론화되곤 하는데, 이러한 성별을 떠난 사건 이슈화는 이들에게 익숙한 것이다.

최근에는 수위가 높지 않은 건전한 컨셉으로 2022년 9월 오픈한 강남의 에셈바에서 이루어지는 성접대 분위기에 대해서 공론화가 진행된 바 있었는데, 그 과정에서 온라인을 통해 많은 BDSMer들에게 여러 가지 정보가 공유되었고 이 같은 여파를 수용하여 해당 에셈바도 그러한 풍조를 만드는 몇몇 장치에 대한 수정을 약속했다.

---

9 '스텔싱(stealthing)'은 콘돔 등 피임도구의 사용에 관해 상대방의 의사에 반하여 이를 사용하지 않거나 몰래 제거 또는 훼손하는 등의 행위를 말한다.

BDSM 커뮤니티 안의 공론화는 보통 트위터에서 피해자나 제3자가 객관적인 사실을 담은 게시글을 올리면 그것을 인용하여 글을 덧붙이거나 리트윗하는 형식으로 진행된다. 2021년 8월에 문제행위를 일삼는 SMer를 제재하고 알리고자 트위터 안에서 #Me_too 해시태그 운동처럼 '#검은_손수건_흔들기'라는 해시태그로 공론화 글들을 더 많은 사람이 볼 수 있게 아카이빙 하자는 의견이 한 여성회원에게서 나오게 된다. 이후 미성년자 비합의 관계나 성병 전염, 준강간 등의 BDSM 커뮤니티의 고질적인 이슈를 둘러싼 사건들이 해당 해시태그를 달고 공론화되었다.

그러나 SBS가 '그것이 알고 싶다' 프로그램에서 이 같은 해시태그와 관련된 제보를 받는다는 방송 이후 커뮤니티 안의 사건사고가 일반 언론에도 노출될 가능성이 생기자, 다들 계정에서 개인정보가 담긴 사진들을 지우고 계정을 비공개로 전환했으며 해시태그를 제안한 회원 또한 이 같은 취재에 반감을 드러내고 해시태그 사용을 멈추며 기존 글들을 삭제할 것을 권고했다. 또한 해시태그를 만든 유저는 BDSMer를 대표해 해당 방송작가와 인터뷰해 BDSM 문화 특성상 주류적인 포르노그래피 리비도를 연상시킴으로써 따라오는 BDSMer들에 대한 악질적인 관심이나 아웃팅을 신경써서 취재를 멈춰줄 것을 전달했다. 이 같은 의견 전달은 역시 커뮤니티에 공유되었다.

이는 과거 한차례 일반인이 레즈비언 인터넷 카페에 몰래 가입해 회원 사진들을 바깥 커뮤니티에 뿌린 아웃팅 사례를 연상시킨다. 뿐만 아니라 N번방 성착취 사건이 큰 공분을 사며 트위터 안의 여성들의 자발적 포르노계정이 수면 위로 올라왔을 때도 모두 계정을 잠그고 신규회원을 받지 않는 등 비BDSMer들의 커뮤니티 안 유입을 막고 있다. 오프라인 바에서도 온라인 활동 기록이 있거나 유명한 SMer들의 친분을 통해서만 출입이 가능할 만큼 집단적 경계가 이루어진다.

2022년 9월에 강남 논현로 대치동에 개업한 200평 규모의 SM바 'D**P' 또한 개업한 지 3개월만에 사장으로 알려진 인물의 10년 전 과거 혼외관계 사실이 인터넷 커뮤니티에서 공론화되어 불매운동이 일어나기도 하였다. 이러한 빠르고 유연한 흐름은 2010년대에 들어와 트위터 플랫폼에서 커뮤니티가 자리 잡은 덕에 대거 유입된 20대 초중반 SMer들과 여성들이 이끈 결과라는 분석이 있다.

이처럼 커뮤니티 내부에서 문제행동에 대한 공론화가 활발해진 이유는 트위터 안에 있는 BDSM 커뮤니티에서 여성이 주류가 되었기 때문이다. 실제로 비슷하게 많은 활동자를 가지고 있는 '아라곤 왕국' 사이트에서는 반대로 공론화가 금지되어 있다. 이 같은 함구 규칙은 단순히 전 파트너의 바람이나 외도 뿐만 아니라 심각한 성병 여부나 혼인 여부를 숨기고 구인하는 것 혹은 성폭력 범죄사실에 대한 것까지 포함하고 있기 때문에 다른 커뮤니티의 비판대상이 된다.

온라인 BDSM 커뮤니티의 공론화는 첫째, 해당 커뮤니티에서 문제되는 회원을 제지하기도 하지만 다른 회원들에게도 자신의 비슷한 권력관계에서 일어날 수 있는 불공정하고 비합의된 관계를 경계하고 이 같은 규칙을 학습하고 내재화하도록 하는 역할을 한다. 그 과정에서 이러한 BDSM 커뮤니티의 헤게모니를 학습한 BDSMer들은 보통 사람들보다 더 엄격한 기준과 잣대를 가지고 있는 것이 대부분이다.

이런 맥락에서 국내 BDSM 커뮤니티는 남성에 대한 복종을 동반하는 바텀 여성 에세머에게서 뿐만 아니라 전반적으로도 페미니즘 성격이 강하다는 모순적일 수 있는 특징을 지닌다. BDSMer들과 범죄적인 변태 바닐라들을 구분하는 것은 BDSM 커뮤니티의 합의이므로, 정체성과 파트너와의 지속 가능한 관계를 위해 상대의 의사를 파악하고 존중하는 것과 여성이 당할 수 있는 피해에 대한 심각한 사례들을 공유하고 공론화하는 것은 계속해서 자성기능으로 작용할 것이다.

페미니즘과 BDSM의 양립 가능성

페미니즘과 BDSM은 공존할 수 있는가, 페미니스트 BDSMer가 가능한가라는 논제는 BDSM 커뮤니티의 오랜 논쟁거리였다. 최근에는 연구 작업도 이루어졌다.[10]

남성 도미넌트와 여성 서브미시브 관계가 주류인 BDSM에 페미니즘을 집어넣는 것은 자칫 BDSM 욕망을 불필요하게 탄압하고 폐쇄적으로 만들 수도 있다. 그래서 둘은 양립할 수 없다는 의견이 커뮤니티 안에서 매우 우세하다.

그렇지만 나는 BDSM이야말로 페미니즘적인 성적 라이프스타일이란 생각을 하며, 그런 생각과 궤를 함께하는 논평의 구절을 인용해 보겠다.

> 역사적으로 섹스는 '재생산과 전형적인 남성의 성 쾌락이라는 두 가지 관점'에서 정의되어왔다. 삽입성교만이 '진짜 섹스'라고 여기는 사람들, 틀에 박힌 남성의 쾌락으로 정의되어버리는 섹스, 그 과정에서 섹스의 전체적인 과정, 소위 말해 풀코스를 즐기며 오르가즘을 느끼는 행위는 마치 허울인 양 취급하는 경우도 있다. 그저 삽입, 피

---

10 차지은, 「20~30대 한국여성 'BDSMer'의 섹슈얼리티 탐구 욕망 : 개인에서 주체로」, 이화여자대학교 여성학과 석사논문, 2021.

스톤운동, 발사, 끝. 이렇게만 여겨지는 섹스에 휘둘려 와야 했던 그 안에서 나는 오르가즘을 느끼지 못해 만족할 수 없었으나, 파트너를 위해 만족한 척 연기해왔던 순간들. 만족할 수 없어 더 해보라는 요구가 너무 문란하거나 음란한 여성처럼 보일까 봐 혹은 밝히는 사람처럼 보일까 봐, 내가 매달리는 것처럼 보일까 봐 망설이며 나의 욕구를 눌러왔던 일들.

　　[중략]

　　기본적인 부분만 잘 지켜진다면, 정해진 합의와 완전한 동의를 바탕으로 한 규칙 안에서 플레이를 한다면, BDSM은 어떠한 다른 섹스보다 더 페미니즘적이다. 파트너와 자신의 욕망의 한계를 공유하고, 어떤 체위, 어떤 장소, 어떤 것이 나를 혹은 상대방을 흥분시키는지, 더 즐겁고 짜릿한 섹스를 하게 만드는지에 대한 공유, 몸에 대하여 솔직하고 긍정적으로 대화하며 하는 섹스는 페미니즘적이 아닐 수 없다. 남성중심적인 일방적인 오르가즘으로 끝나는 삽입성교가 아닌, 섹스에 있어서의 애피타이저부터 디저트까지 모든 것을 총망라한 풀코스로 즐기며 오르가즘을 충분히 느끼는 것, 그리고 그렇게 이끌어 내는 것이야말로 오히려 페미니즘에 가깝다.[11]

　　BDSM 커뮤니티에서 만난 사람들은 섹스가 곧 삽입이 아니며, 플레이하는 중에도 상대가 세이프워드를 외치거나 그만하고 싶다는 의사를 밝히면 바로 멈추고 이에 대해서 비판해서는 안 된다는 것을 곧잘 이행하곤 했다. BDSM 커뮤니티 안에서는 섹스 전후에 대한 케어와 관리, 주의사항을 계속해서 강조한다. 플레이 전에 서로의 성병 검사지를 확

11　클라리스 쏜 지음, 『S&M 페미니스트』, 송경아 옮김, 여이연, 2019.

인하는 것, 플레이 중 발생하는 일에 대해서 합의된 내용임을 공중하는 계약서를 쓰는 등의 잘 이행되지 않는 규칙들도 있다.

하지만 삽입유무를 확인하고 할 수 있는 플레이 범위를 정하는 것과 세이프워드를 정하는 것과 원하는 관계지향(원나잇 스탠드[하룻밤의 외도(one night stand)], FWB[사랑 없이 가볍게 잠자리만 같이 하는 친구(friends with benefits)], 파트너, 디엣, 다자연애, 독점 섹스파트너, 연애 등)을 서로 이야기하는 것, 그리고 관계 후에 일어날 수 있는 심적인 부정적 감정(섭드롭, 돔드롭[12]이라고 한다)에 대해서 이야기하는 것 등은 모두가 지키는 규칙이다. 이를 어길 시 보통 공론화 형태로 커뮤니티에서 퇴출되거나 공개적으로 비판받고 그것이 예의라고 커뮤니티 안에서 학습하기 때문에 다들 필수적으로 지키는 편이다.

이것이 내가 어떤 BDSM 성향도 확실하지 않다고 느끼며 가끔 집단 안에서 이방인 같은 기분이 들어도 이 씬(판)에 남아 있는 이유였다. BDSM 커뮤니티에서의 섹스는 디테일한 합의 속에 이루어졌고, 친목으로 만나는 여성들의 과감한 성적 토크도 매우 해방감이 들고 유익했다. 고등학교 성교육 시간에 배우지 못한 필수적인 몸에 대한 지식들을 동성과의 대화에서 많이 얻은 것도 이 커뮤니티를 대체로 긍정하는 이유이다.

관련하여 최근 화가 났던 개인적인 경험에 대해 이야기하고자 한다. 클럽에서 만난 남자와 근처 모텔에서 술 한잔 더 마시기로 하고 클럽에서 나와 모텔 방에 들어가 술을 마시며 이야기하던 중에, 첫인상과 다르게 맘에 들지 않아 암묵적으로 동의했던 섹스를 중단하고 집에 가고 싶다고 얘기한 적이 있었다. (여기까지는 내가 정말 미안한 부분이다)

---

[12] submisive drop, dominant drop.

그런데 상대방의 반응이 너무 모욕적이었다. 그 사람은 "여기까지 와서 빼는 건 진짜 아니다. 너 뭐하는 애냐, 모텔비 아깝다"라며 화를 냈다. 그 남성에게 미안한 마음이 드는 것도 잠시 섹스를 종용하는 듯하자 나는 주눅들기보다는 화가 났다. 부당하다고 느꼈고 짜증난다고 얘기했다. 아직도 내 핸드폰에는 그 친구의 사과 영상이 있다. 내 반박에 사과할 만큼 그 사람은 나쁜 사람이 아니었다.

연인 관계가 아닌 사이의 성관계는 많은 리스크를 내포하지만 여성의 입장에서 BDSM 커뮤니티 룰을 학습한 남성은 비교적 안전하다고 느낀다.

BDSM 성향자들의 내러티브

성향자들의 유형은 한가지로 설명할 수 없고, 선천성과 후천성, 정신적 지배와 피지배, 육체적 고통 취향 등 여러 범주에 따라 다양하게 분류할 수 있다. 무엇보다도 BDSM 성향자들은 BDSM 커뮤니티의 등장과 함께 이러한 다양한 성향을 드러내고 능동적으로 활동하게 되었다.

여기 소개할 다섯 명의 남녀는 각각 다른 성향과 상황, 환경을 가지고 BDSMer로 온 오프라인에서 활동하고 있다.

A (27세 남성) 리비도 : 본디지(포박)

A는 부모님이나 친척 형제가 없이 혼자인 채 자랐는데 이 때문에 생존, 돈과 건강에 대한 집착이 강했다. A는 군대에 5년 동안 머물 정도로 규칙적인 생활을 좋아했다. A는 모든 생활에서 자신의 규칙이 있었다. A에게 이성관계로서의 여성은 알 수 없고 변덕스럽기에 두려운 존재였

다.

A는 27살에 첫 성관계에서 상대 여성을 케이블 타이(플라스틱 끈)로 손목을 묶었다. 애인관계였던 외국인 여성과 진행하였는데 모텔에 들어가 한참을 있어도 발기가 되지 않아 서로 서먹한 관계에서 끝났다고 밝혔다. 그 때문에 A는 자신이 발기하고 있을 때, 성 능력을 발휘할 수 있을 때 분위기를 최대한 깨지 않으려고 섹스를 조르는 강박이 생겼다.

A는 성관계를 할 때 늘 상대를 공들여 꼼꼼하게 포박했다. 주로 팔다리를 꼼짝할 수 없게 묶는 것이었다. 그런 과정으로 사정이라는 사회정상적인(?) 섹스를 완수하고 나면 A는 상대에게 늘 고맙다는 기분이 들었다. 본디지는 자신이 정상적으로 성관계를 할 수 있도록 해주는 것이었다. A는 본디지에 큰 의미를 두는 듯했고 (사정을 하는) 정상적인 남성성이 기능하는 것을 확인하는 것에 안도했다. 그는 계속해서 본디지를 연구하며 교류회를 가지고 일부 시디바에서 쇼를 하는 등, 본디지를 진행하는 공연을 하기도 했다.

B (30대 초반 여성) 리비도 : 도미넌트, 새디스트

B는 인터넷 공간이 주가 되는 BDSM 사회에서 유명했다. 얼굴 사진이나 일상을 SNS에 공유했고 한정된 범위로 본인이나 파트너들의 나체 사진을 올리기도 했다. B는 일반 여성들과 다르게 성적으로 자유분방했고 자신이 잔 남자를 전시하고 소유물로 여기는 행위로 주목받았다. 그 과정은 매우 자연스러웠다.

활동 과정에서 B는 유명세와 많은 팔로워로 인한 영향력과 여장부적인 특성으로 자연스럽게 여러 여성 BDSMer들의 공론화를 돕곤 했는데, 이후에는 여성 뿐만 아니라 남성 서브미시브나 억울하게 공론화당한 도미넌트 여성 BDSMer의 공론화를 도와 커뮤니티 안의 이미지를 쇄신하도록 돕기도 했다. 나체 사진을 올리거나 섹스 영상, 본인의 일상이나 셀피 사진을 올려 팔로워를 늘리고 사람들과 소통하는 행동과 BDSM 커뮤니티 안의 자정능력에 일조하는 것이 페미니즘 관점에서 모순적인 모습처럼 보이지만 이 또한 B에게는 자연스럽게 융합되고 있으며 본인도 괴리를 느끼지 않는다.

C (20대 남성) 리비도 : 서브미시브

C는 큰 키에 훤칠한 외모로 번듯한 사업체를 운영하고 있는 관리가 잘된 30대 초반 남성이고 커뮤니티 안에서도 유명했다. 그의 리비도는 여성에 대한 복종이었는데 아예 여성이 자신 위에 밟고 올라가는 것을 좋아했다. 또한 힐을 핥거나 정서적으로 고통당하고 이용되는 것을 즐겼는데 이것은 부모님의 매우 자유분방한 육아방식 때문이라고 스스로 밝혔다. 그는 적당한 구속을 즐겼고 리스크가 큰 사업체를 운영하는 데서 오는 불안감을 해소하는 수단으로 여성에게 지배당하고 구속당하는 순간에 흥분했다.

C는 자신의 성욕을 농담으로 이용하기도 했는데 "취향인 여성의 집에 가구로 취직하고 싶다"같은 내용이었고 C의 사회적으로 어긋남 없는 외양에 이런 발언은 어김없이 모두를 웃게 했는데, 커뮤니티 안에서 이런 농담은 서로 사회적으로 이해하기 힘든 [이상]성욕을 가지고 있고 이를 맘껏 발설할 수 있는 장소라는 유대감과 정서적 안정을 주곤 하는 요소이다.

D (20대 중반 여성) 리비도 : 슬레이브

D는 유명한 여대 출신으로 자칭 페미니스트였다. 그러나 D는 슬레이브와 리틀로 상대 남성에 대한 의존도가 굉장히 높은 성향을 지녔는데,

그 때문인지 자신이 만나는 상대 외의 다른 사람에게 자신의 성향을 말하는 것을 극히 싫어했고 때론 이것이 자신의 페미니즘과 충돌할 때마다 고충을 느끼곤 했다. 그러나 최근 몇 번의 커뮤니티 안에서 역사적으로 재생산과 전형적인 남성의 성 쾌락이라는 두 가지 관점으로 이야기되었던 섹스를 벗어나 여성의 자기주도적 욕망과 관계의 합의라는 부분에 초점을 맞춘 BDSM 담론을 통해 어느 정도 자신 안의 두 가지 충돌하는 신념이 조화를 이루고 있다고 밝혔다.

D는 현재 연인 관계로 만나고 있는 10살 연상의 남성 도미넌트 상대가 있는데 상하관계적 BDSM 관계를 만족스럽게 맺으면서도 가끔은 남성상대에게 페미니즘 담론을 나누기도 하고 관계의 방향성을 바꾸는 등 대화를 이어가고 있다. 이점이 D가 파트너를 만족스럽게 여기고 안정감을 느끼는 이유이기도 하다.

E (40대 남성) 리비도 : ETC(불명)

E는 쾌락주의자라고 자신을 표현하는 40대 프리랜서다. 그는 자신이 하루걸러 사람을 바꾸는 것을 굳이 비밀로 하지 않았고 오히려 자랑하는 듯했다. 그는 가벼운 관계들이나 뚜렷한 성향 없이 여러 포지션을 오가는 까닭으로 커뮤니티 안에서 물을 흐리는 사람이라고 자주 오해받지만, 자신은 상관없다고 얘기하며 BDSM 커뮤니티 안에서 꾸준하고 오랜 친목을 이어갔다. 자신을 싫어하고 배척하고자 하는 움직임과 상관없이 E는 커뮤니티 안에서 활동을 이어가고 있으며 그와 교류하는 사람도 적지 않다. 이런 쾌락주의적인 면과 달리 그는 관계에 있어서 STD[13]검사나 파트너 유무 등 신체·건강 내용을 중요시하며 상대와 공

---

13 STD(sexually transmitted disease), 성병.

유했다. 그가 한번 잔 파트너에게 쓴 성인기구는 모두 새 것이며 관계가 종료될 때 모두 파트너에게 준다는 사실은 공공연한 이야기였다. 이러한 E의 준칙 때문에 E의 쾌락주의적인 면이 불쾌하다는 이야기가 불거질 때마다 특별히 공론화할 지점을 찾지 못한다고 판단된다.

마무리

BDSM 커뮤니티를 살펴보면서, 여러 가지 소수 퀴어 코뮌들이 BDSM과 연결되어 있음을 발견했다. 오프라인 매장은 CD, BDSM 모두를 컨셉으로 진행하기도 했다. 또한 레즈비언 BDSM 커뮤니티와 일반 대형 레즈비언 커뮤니티의 주요 활동자가 겹치는 등 BDSM과 퀴어 세계는 많은 부분을 공유했다.

그리고 커뮤니티의 규모가 큰 것에 대해서도 흥미로웠는데, 가장 큰 독자적 BDSM 커뮤니티 사이트인 '아라곤 왕국'의 총회원수는 13만 6,315명이며, 실질적 활동자가 더 많은 것으로 추정되는 트위터의 경우 5만여 명에 이를 것으로 추정된다.[14]

그리고 BDSM적 포르노그래피 문화가 대중문화 코드에 확산됨에 따라 BDSMer와 일반인의 경계는 모호해지고 있다. 개인적으로 오프라인 매장에 방문했을 때도 BDSMer인지 일반인인지 크게 개의치 않고 반기며 일반 동아리처럼 보드게임이나 대화를 하거나 술을 마시며 어울리는 분위기였다. 그러나 이러한 흐름 속에서도 분명히 BDSM적인 지식과 대화를 나누는 모임은 나름대로 집단화되며 세분화되고 있을 것으로 예

---

14 가장 큰 BDSM 오프라인 매장의 SNS 팔로워는 2만 명이다.

측된다.

BDSMer들을 게이나 레즈비언처럼 성소수자로서 볼 것인가에 대해서는 흔히 의견이 갈린다. 그리고 BDSM을 그냥 존중해야 할 하나의 성취향으로 볼 것인가 아니면 사회를 성적으로 문란하고 퇴폐적으로 만드는 부도덕한 것으로 볼 것인가로 의견이 갈린다.

3년 전 같은 동아리에서 만났던 전남자 친구의 말실수로 인해 2-3명의 학교 지인들이 내가 BDSM 커뮤니티에서 활동한다는 걸 알게 된 적이 있다. 사실 가장 화났던 부분은 내가 그런 성벽을 가졌다는 사실이 알려지고 그 사람들 사이에서 나의 성생활에 대해서 마치 공익적인 문제를 다루는 것마냥 이야기가 오갔다는 것이었다. 이것이 순전히 가십거리로 사람들의 이야깃거리가 된 것에 대한 분노인지 혐오를 느끼는 기분에서 비롯된 부정적인 감정인지 아직도 잘 구분하지 못하겠다. BDSM 문화는 사회에 악영향을 끼치는 문화일까? 신경을 쓰지 않으려고 해도 쓰이는 문제 같다.

어쨌든 BDSMer들은 자신들의 커뮤니티를 통해 욕망을 실현해 감으로써 정상규범으로 환원되지 않는 욕망형식들을 구현해 나간다.

BDSM 용어

BDSM: Bondage-Discipline, Dominance-Submission, Sadism-Masochism의 약자로, 구속과 훈육, 지배와 복종, 가학과 피학 등을 포함하는 성 활동을 말한다. 기존에 가학과 피학만을 의미했던 'SM'이라는 명칭에서 더 넓은 개념의 단어로 변했다.

BDSMer: BDSM 성향이 있으며 이를 수행하는 사람을 말한다. '성향자'라고 부르기도 한다. 그리고 줄여서 에셈머라고도 부른다.

도미넌트(Dominant): 지배하는 성향. 상대를 자신에게 복종하게 하고 자신의 말을 따르게끔 지시하며 규칙을 만들기도 한다. 줄여서 '돔'이라고 불리며 성별과 결합하는 방식으로 자주 쓰인다. 예) 펨돔(female dominant), 멜돔(male dominant).

디엣(DS): BDSM 문화 안의 특수한 약속관계이다. 권력이양관계의 한 부분인 지배종속관계(Dominant-Submissive Relationship)의 약자이다. 도미넌트와 서브미시브가 일대일 관계를 맺지만 관계를 끝내는 기간을 미리 정해 두기도 하고 성행위를 하기 위해 그 수위와 범위, 강도와 종류를 깊게 이야기한다.

로프버니(Rope Bunny): 본디지를 당하는 사람. 상대방에게 끈으로 묶이거나 결박당하여 자신이 꼼짝 못하게 되는 무력한 상황을 원한다.

리거(Rigger): 본디지(bondage)를 행하는 사람. 상대방을 끈으로 묶거나 결박하여 상대를 꼼짝 못하게 만들어 상대가 무력해지는 것을 원한다.

리틀(Little): 자녀 역할. 상대에게 애정과 돌봄을 받음으로써 자신이 상대에게 의지하고 소속되는 것에서 쾌락을 느낀다.

마스터(Master): 주인 성향. 상대를 노예로 부리면서도 노예에게 존경을 받는 데에서 쾌락을 느끼며, 상대의 정신과 육체를 모두 지배하길 원한다.

마조히스트(Masochist): 피학(고통을 당하는 것)을 즐기는 성향.

바닐라(Vanilla): 무성향자. BDSM 성향이 없는 모든 사람을 말한다.

바텀(Bottom): 플레이에서 상대에게 주도당하고 싶어 하는 수동적 성향. '피지배'나 '피학' 성향에 해당하는 모든 성향을 '바텀'이라고 부른다. 퀴어 담론에서 말하는 '바텀'(흡입자)과는 의미가 다르다.

변태바닐라: BDSM 플레이보다 섹스나 폭력이 목적인 '바닐라'에 가까운 사람들이지만 자신을 'BDSMer'나 '성향자'라고 소개하며 BDSM 판 안에 들어온 사람들을 말한다.

새디스트(Sadist): 가학을 즐기는 성향.

서브미시브(Submissive): 종속하는 성향. 상대에게 복종하고 상대의 말을 따르며 상대가 만든 규칙을 이행하고자 한다. 줄여서 '섭'이라고 하며 성별과 결합하는 방식으로 자주 쓰인다. 예) 펨섭(female submissive), 멜섭(male submissive).

세이프 워드(Safe Word): 도미넌트가 상호 합의한 수위와 강도의 성행위를 수행하는 와중에도 서브미시브가 원하지 않는다면 순간 멈출 수 있게 하는 약속된 신호 또는 언어이다.

스팽커(Spanker): 새디스트의 하위 성향으로 상대를 찰싹 때리는 것(spanking)에서 쾌락을 느낀다. 때리는 것에는 손뿐만이 아니라 채찍이나 패들, 케인 등 다양한 도구가 동반될 수 있다. 스팽커는 때린 후 상대의 상처나 자국을 보면서 만족감을 느끼기도 한다.

슬레이브(Slave): 노예 성향. 주인인 상대를 존경하고 의존하며 복종하는 데에서 쾌락을 느끼며, 상대에게 정신과 육체를 종속당길 원한다.

탑(Top): 플레이에서 상대를 주도하고자 하는 능동적 성향. '지배'나 '가학' 성향에 해당하는 모든 성향을 '탑'이라고 부른다. 퀴어 담론에서 말하는 '탑'(삽입자)과는 의미가 다르다.

헌터(Hunter): 사냥꾼 성향. 상대방을 육체적으로 소유하길 원하며, 지시를 하거나 명령을 하는 것이 아니라 무자비하게 먹잇감을 사냥하는 방식으로 플레이함으로써 쾌락을 느낀다.

사이버 거지와 사이버 도둑[1]

조예은[*]

거지와 도둑의 변신

전세계가 우경화되는 상황에서 가난은 여전히 문제다. 특히 2000년 이후 가난은 더욱 철저하게 숨겨지고 개인의 탓으로 여겨졌다. 사회 안에서 더는 자본을 쥘 기회가 없어 틀 밖으로 나가고자 하면 그럴 줄 알았다는 듯 국가는 개인을 구속하고 경멸한다. 따라서 거지는 늘 비난 대상이었다. "두 손, 두 발 멀쩡한 놈들이 매일 구걸을 한다." "자존심도 없나? 노력도 하지 않는 게으른 놈들" 같은 낙인은 그들을 애초에 불량한 성품을 가지고 아무런 노력도 하지 않은 빈대들처럼 표현하였다.

---

[*] 전남대학교 대학원 사회학과 석사과정.
[1] 『문학들』 70호(2022년 겨울)에 실림.

그러나 오래전부터 사회의 구조적 모순으로 배제된 하층민들은 무수히 많았다. 남녀노소 할 것 없이 다양한 사람들이 거지가 될 수밖에 없었다. 그러다보니 본래의 거지란 나홀로 구걸을 다니기도 했으나, '부랑자'라는 큰 카테고리 안에서 일정한 집단유대와 보호장치의 필요를 느껴 집단적으로 모여 사는 경우가 많았다. 거처가 비슷한 이들끼리 모여 살면서 만들어진 거지조직은 대부분 내부 위계가 엄격했고 총체적으로는 거지대장(왕초)이 이들을 통솔하였다.

그렇기에 늘 범죄자라는 의심을 받았으며, 국가는 1950년대부터 깨끗한 도시의 외관을 위한다는 명목으로 소년거지들을 강제 입대시키거나 거지수용소에 구금하고, 청계천 변이나 다리 밑에 집단거주하는 거지들을 거지수용소나 복지시설에 수용하고, 구걸하러 다니는 나환자들을 격리 수용하기에 이르렀다. 큰 도시에서는 아직 감금되지 않은 어린 거지들이 버스 정류장이나 빌딩 모퉁이, 지하도 등에서 행패를 부리거나 구걸 '협박'을 일삼았다. 1950~1960년대에는 유엔군이 모여드는 장소에서는 아예 쓰리(도둑질)까지 하곤 했다. 이런 경우는 보통 배후에 앵벌이 조직원이나 왕초가 있는 경우가 많았다. 1960년대를 기준으로 서울에만 70여 개의 거지소굴이 있을 만큼 거지들이 많았다. 지방도 물론이고.

거지소굴은 이러한 거지들의 집합적 주거지를 이르는 말로, 다리 밑이나 산밑, 빈집 등에 있었다. 협박, 공갈, 행패, 구걸, 도둑질 외에도 껌을 비싸게 파는 형식의 구걸은 전쟁 직후부터 시작됐다. 1990년대 중반에는 구걸로 쏠쏠한 돈을 벌어들일 수 있었기에 가출한 청소년들이 구걸 생활을 이어가는 경우가 많았다. 이들은 시설수용이나 취업 알선을 기피하고, 구걸한 돈의 대부분을 소비와 유흥을 위해 쓰면서 나머지는 '두목'에게 바쳤다. 어른 또한 사정은 마찬가지였다. 추후 수용시설과 생활보호제도가 시행되어도 습관성 구걸이나 장애를 가장한 직업성 거지들은 여전히 존재했다.

때로 거지들은 넝마주이나 도둑과 겹쳐지기도 했는데, 어떤 때는 구걸을 하고, 어떤 때는 물건을 주워다 쓰고, 어떤 때는 훔쳐다 쓰곤 했기 때문이다. 특히 어릴 때부터 거지로서 방랑하던 이들은 나이가 들며 열심히 일하려는 넝마주이가 되거나 남의 것을 훔쳐 생계를 유지하려는 도둑이 되었다. 따라서 거지에서 도둑으로 나아가는 것은 자연스러운 과정처럼 보였다. 다만 상황에 따라 거지가 도둑이 되고 도둑이 거지가 되어서 거지와 도둑을 엄밀하게 구분하는 것은 매우 힘들다. 흔히 껄렁한 사람을 이르는 '양아치'라는 말 또한 이들에게서 유래된 것이다.[2]

그러나 2022년에는 예전과 같은 거지의 이미지를 떠올리기 어려워졌을 뿐 아니라, 주변에서 거지들을 찾아보기도 힘들다. 옛 시대를 풍미하던 기성세대의 거지들 같은 노숙인들은 흔히 볼 수 있지만, 구걸을 하거나 도둑질을 일삼는 사람들은 찾아보기 힘들다. 그렇다고 사라진 것은 아닐 것이 분명하다. 그 많은 거지와 도둑은 어디로 갔으며, 어떻게 살아갈까?

한때 거지들은 형편의 어려움을 호소하며 길거리와 지하철에서 껌과 양말을 팔았고, 도움을 호소하는 찌라시를 돌렸다. 버스에서는 나름 '어려운 이웃을 도와주세요'와 같은 문구가 쓰인 모금함을 들고 다니기도 했다. 지금은 대부분 사라지고 그나마 남은 것이 맹인구걸이나 장애인 행색을 하고 도움을 요청하는 것이지만, '종점의 기적'이라는 단어로 이야기되듯, 이들 대부분은 지하철 종점에서 내리는 순간 눈을 뜨고 태연히 밖으로 나간다. 하지만 이마저도 보기 힘든 광경이 되었다.

---

2 윤수종, 「거지와 국가」, 『진보평론』 62호, 2014, 242~272쪽

복잡한 서울 지하철 안에 몸을 의탁한 사람들 사이에서 눈을 감은 채 차칸을 이동하며 구걸하는 이가 있다고 생각해보자. 깔끔하게 차려입고 좋은 냄새를 흘리는 서울시민들은 그를 힐끔거리며 보다가 벽면 한쪽에 붙은 번호로 곧장 메시지를 보낼 것이다. 몇 분 지나지 않아 평상복을 입은 지하철 보안요원이 어디선가 나타나 동료들에게 전화를 걸어 그가 몇 번 출구로 나간다고 알릴 것이다. 맹인거지가 밖으로 나서는 순간 처벌을 받게 될 것이다.

정확하게는 처벌 대신 시설로 안내된다. 맹인 구걸이 아니더라도 이미 많은 거지들은 이런 식으로 거리에서 사라졌는데, 이는 2012년 구걸금지법 제정 이후 더 확실해졌다. 법의 효력이 발생한 순간부터 구걸하던 거지들은 너도나도 할 것 없이 신고를 통해 곧장 경찰서로 인계되었다. 이제 돈을 달라는 호소조차 경범죄로 처벌을 받을 수 있게 된 것이다. 그런데 돈이 없어서 구걸하는 이들에게 벌금을 물린들 낼 수 있을 리 없다. 결국 '복지국가'가 택한 길은 그들을 복지시설로 수용하는 것이었다. 충북 진천에서 천주교가 운영하는 '꽃동네' 복지시설의 신부들은 노숙자들을 모집하기 위해 노숙체험까지 하였다. 많은 시설들이 열심히 입소자를 찾아나서는 가운데, 눈에 보이는 거지들은 곧바로 '복지의 혜택' 속으로 안내된다. 복지시설들은 거리를 깨끗하게 청소하는 획기적인 역할을 맡게 된 것이다.

보이는 성매매를 금지하고 처벌하기 위해 성매매집결지를 폐쇄하였지만 오히려 보이지 않는 성매매의 확산을 가져왔듯, 보이는 구걸을 금지하는 순간 보이지 않는 구걸의 확산은 예견된 것이었다. 마침 보이지 않는 공간의 출현은 거지들에게 날개를 달아준 것이나 다름없는 셈이었다. 아니, 오히려 거리에서보다 적극적이고 공격적인 구걸이 가능해졌다. 더욱이 거지는 그 공간에서 익명의 도둑으로 변신할 수 있었다.

한편 도둑 또한 보이는 도둑질이 점점 어려워졌다. 골목 사이사이에 달린 카메라의 설치 때문이었다. CCTV가 거리의 구석구석에 설치되면서 아무리 손이 빠르고 날랜 도둑이라도 완전범죄는 불가능해졌다. 경찰보다도 더 최전선에서 쉬지 않고 일하는 CCTV는 도둑질과 범죄를 억제하는 최정예 엘리트들이라고 할 수 있다. 그러니 이제 도둑들은 일찍이 거지들이 그랬던 것처럼 보이지 않는 공간으로 갈 수밖에 없다.

현대 과학기술의 발달로 만들어진 가상공간은 그런 의미에서 최적화된 장소이다. 단순히 놀이를 위한 곳으로 생각되었던 인터넷 세상은 익명성을 간직한 공간이자 여러 사람이 동시대에 함께 모일 수 있는 공간이면서, 24시간 쉬지 않고 나를 전시할 수 있는 공간, 현실의 나에게도 영향을 미칠 수 있는 혹은 정반대로 영향을 미칠 수 없기도 한 무한한 가능성을 가진 공간이기 때문이다. 따라서 거지와 도둑은 일찍이 이 가상공간에서도 존재해왔다.

하지만 현대의 거지와 도둑은 과거의 거지와 도둑으로 치부하기에는 억울할 정도로 치밀하고 지능적이다. 세련되고 다양한 수법으로 봐서 그들을 과거의 거지와 도둑과 같은 칭호를 붙이기에는 불공평하므로 "사이버 거지"와 "사이버 도둑"이라 부르고자 한다. 이들은 누구보다 사회를 잘 이해하고 있으며, 상황과 맥락에 따라 '불쌍한' 거지로 구걸을 하기도 하고, 껄렁하게 겁박하는 '양아치'가 되기도 하며, 떠돌아다니는 정보를 수집하는 '넝마주이'가 되기도 하는 '멀티 플레이어'다.

이렇듯 비범함을 타고난 사이버 거지와 사이버 도둑은 탄생부터 남다르다. 이들은 경제적인 이유뿐 아니라 배제 받고 숨겨진 채로 정상성 이데올로기 속에 포함될 수 없는 소수자들에 가깝다. 이들은 탈가정 청소년이기도 하고, 노인이기도 하며, 몰락한 사업가이기도 하고, 현실과 사이버세상을 유랑하는 글로벌 거지이기도 하다. 가상공간인 '사이버공간'은 국가와 사회의 경계를 넘어, 정상과 비정상의 경계를 넘어 이들이 당당하게 나서서 모일 수 있는 그들만의 거처가 되었다. '익명성', '빠른 변동성', '쉬운 접근성'이라는 갑옷으로 온몸을 두른 사이버 거지와 사이버 도둑은 경찰과 시민을 손바닥에 올려놓고 장난을 치듯이 누구보다도 멋지게 활약한다.

구걸과 앵벌이 그리고 사기

거지라면 자고로 걸밥을 얻어오고 구걸과 앵벌이를 할 줄 알아야 한다. 상대와 눈을 맞추고 능수능란한 말빨로 기어코 지갑 안에 돈을 꺼내놓게 만드는 기술은 필수다. 이러한 덕목은 사이버공간에서도 필수다. 1990년대부터 사이버 거지들은 누구보다 돈이 될 것을 구걸하는 다양한 수법을 연구해왔다. 가장 손쉬운 방법은 현금처럼 유통할 수 있는 사이버머니 시스템을 이용하여 게임 아이템을 구걸하거나, 실제 현금을 구걸하는 것이었다. 하지만 짧은 시간 안에 여러 명에게서 돈을 갈취하기 위해 채팅 사이트나 게임 채팅창뿐 아니라 수만 명을 대상으로 이메일을 뿌리는 피싱(Phishing)[3]을 하는 거지들이 있었다.

구걸의 기초 중 기초라고 할 수 있는 피싱은 그 수법과 기술이 다 파헤쳐져 이제 누가 이런 것에 속나 싶은데도 여전히 애용되는 거지들의 기술이다. 그렇기에 다양한 변형은 감탄이 나올 정도인데, 글로벌거지들의 'Yeeun, we need your help' 메일들은 물론이고, '회원님의 다음

---

3 피싱(Pishing)은 개인정보(Private data)와 낚시(fishing)의 합성어로, 유명 회사나 기관 등을 사칭하는 e-메일을 보내어 개인정보를 입력하게 하는 사기수법을 말한다.

계정이 삭제됩니다' 같은 메일을 보내는 사람의 이름이 'Daum'인 경우도 허다하다. 이렇듯 단순히 동정심을 일으키는 내용부터 대형 포털 사칭으로 협박까지 그 내용은 천차만별이며, 누군가 사실확인을 요구하는 경우가 있더라도 당황하지 않고 거짓말로 점철된 회신을 보낸다.

이것이 꼭 한국에 한정된 일은 아니다. 미국 유명 오디션 프로그램에서 수상한 경력이 있는 유명인사 또한 암투병을 호소하여 후원을 받기도 하였으며, 미국에서 개인 사이트를 개설하여 '카드빚 해결' 성공담이나 미혼모·불임부부 등 사연을 통해 자발적 기부를 원하는 글을 올리는 이들도 있다. 특히 회원수가 많은 유명 커뮤니티를 돌아다니면서 구걸글을 올리기도 한다. 그 표적에는 같은 거지도 포함되어 있다. 특히 스포츠토토[4]나 주식 등으로 돈을 잃어 같은 처지인 다른 거지(?)들에게 구걸을 하다 보면, 개평을 주듯 실제로 돈을 보내는 이들이 있기 때문이다. 예절 바른 사이버 거지들은 고마움에 인증 사진을 올리는 경우도 있는데, 이는 금방 입소문이 나서 너도나도 구걸 경쟁에 뛰어들게 했다. 예를 들어, 일본에서는 이미 '金くれ(돈 줘)'라는 인터넷 사이트가 거지들로 하여금 계좌 정보를 등록하고 트위터와 연동하여 구걸할 수 있도록 체계적인 시스템을 마련해두기까지 했다.

그래도 이런 구걸은 퍽 순수한 편이다. 대체로 구걸은 사기와 도둑질로 이어지며, 대규모 모금 사기를 벌이는 경우는 일반적으로 카페, 동호회, SNS 등을 통해 이루어진다.

최근 '트위터'라는 SNS를 통해 이루어진 모금 사기의 경우가 그러하다. 대략 몇 천만 원에 이르는 사기를 친 해당 사례는, 이전에는 전혀 없던 팬덤 문화 속에서 이루어진 새로운 사기 방식이다. 코로나의 영향

---

4 농구, 축구, 야구, 배구, 골프 등 스포츠 경기의 승패를 분석해 결과를 맞춰 배당금을 받는 게임.

으로 오프라인 행사를 취소하게 되면서, 행사를 주최한 개인들에게 빚으로 남은 장소 대관료 등에 대해 후원을 호소한 것이 발단이었다. 어떻게 얼굴도 모르는 이들이 그렇게 덥석 돈을 줄 수 있었는가?

그 이유는 트위터라는 SNS 공간의 특징 때문이다. 처음에는 그 특성을 단정 지을 수 없지만, 시간이 흐르면 해당 플랫폼을 이용하는 유저들이 편향되기 때문에, 그 플랫폼에 대한 일정한 특징이 보이기 시작한다. 인스타그램의 경우는 인싸[5]와 일반인 유저가 많기에, 카페와 음식점 사장이라면 필수로 활동해야 하는 SNS다. 마찬가지로 트위터는 아싸[6]와 오타쿠[7]의 영역이다. 예를 들어 내가 성적 일탈이 필요하다면, 잘생긴 영화배우 팬덤을 살피고 싶다면, 트위터를 가입하는 것이 현명하다.

즉, 트위터라는 SNS 공간은 이미 상당수의 10~20대와 일부 30~50대의 오타쿠들이 차지한 공간이다. 그리고 이 안에서 오타쿠는 아이돌, 해외연예인, 웹툰 캐릭터, 만화 캐릭터 등의 팬으로서 창작물을 올리고 그 작품에 대한 자신의 캐릭터 해석을 바탕으로 소설이나 만화를 책으로 만들기도 하며 굿즈를 만들어 나눔 및 판매를 하곤 한다. 그러나 오타쿠가 된다는 것은 사회에서 배제되거나 그럴 위험을 무릅쓴 상태이기에 필연적으로 익명성에 대한 갈구와 더불어 사회적인 모임을 갈망하게 된다. 그러한 욕망에서 같은 문화와 같은 작품, 같은 캐릭터를 사랑하는 팬이라는 동질성 아래에서 조직된 오프라인 행사는, 다른 이들의

---

5 인사이더(insider)의 줄임말로, 보통은 외향적인 사람들을 통칭한다. 더 자세하게는 자신이 속한 공동체에 적극적으로 참여하며 사람들과 잘 어울리는 이들을 지칭한다.
6 아웃사이더(outsider)의 줄임말로, 인싸와 반대 성향을 가졌다. 혼자서 노는 것을 더 편하게 여기는 사람들을 지칭하며, 보통 내향적인 사람들을 이르는 말이다.
7 오타쿠란 일본에서 생겨났던 신조어로, 전문가나 열정적인 사람들을 이르는 말이었다. 그러나 근래에는 일본 애니메이션을 비롯한 뮤지컬, 영화, 애니메이션, 소설 등을 좋아하고 그에 열성적인 취미를 가진 사람들을 통칭한다.

눈에는 멍청해 보일지 몰라도, 오타쿠에겐 무조건적인 지지를 보낼만한 것이 된다.

오프라인 행사는 그 규모가 천차만별이다. 최근 인기 있는 캐릭터의 팬덤은 크루즈를 빌려 선상 파티를 열기도 하였으며, 폭발적인 인기를 자랑하는 웹소설 팬덤은 아예 300명 이상이 수용 가능한 유명 호텔의 홀을 빌려 행사를 하기도 하였다. 특히 팬덤은 인원이 많을수록 그리고 대부분 성인 이상의 연령층이 열광할수록 모이는 돈의 단위가 커지게 된다. 따라서 단순한 모임을 위한 장소 대관이나 준비에도 백만 원, 천만 원 단위의 돈이 주최진에게 주어지게 된다. 코로나로 인해 행사가 '취소될 수밖에 없는' 점을 이용한 주최자는 대관 취소료 270만 원, 렌탈 취소료 200만 원, 인건비 130만 원 등 약 600만 원 가량의 손실이 발생하였다고 주장하였다. 그러면서 돈을 지불하기 위해 머물던 집의 보증금을 빼고 제2금융권 대출을 받아 손실을 보전하게 되었다는 개인사를 공개하고 후원 모금을 시작하였다. 이는 당시 코로나 상황으로 오타쿠 행사에서 흔한 일이었다. 게다가 오래 전 오타쿠 내부의 많은 싸움과 갈등으로 인해 오프라인 행사의 주최를 궁금해 하지 말 것, 행사 시 지출/사용 내역을 궁금해 하지 말 것을 암묵적인 매너[8]로 공유하고 있었기에 많은 오타쿠들은 순순히 후원에 동참하였다.

---

8 그 이유는 다음과 같다. 첫 번째, 팬 행사는 사실상 저작권 침해 사례에 해당하는 불법행위다. 그러나 출판사나 작가들이 작품의 인지도를 높이기 위해 모른 척 해주는 일종의 '그레이 존'을 형성하고 있다. 두 번째, 수익을 목적으로 하는 것은 아니지만 가격 제한이 없어 수익이 내려면 얼마든 낼 수 있는 구조다. 더구나 출판사를 거치지 않으므로 수익을 개인이 전부 챙길 수 있다. 이 과정에서 수익 창출 신고를 하지 않기에 탈세를 하게 되는 것이다. 세 번째, 일반인들에게 이들은 '오타쿠', '씹덕' 등 많은 조롱을 듣는다. 따라서 대다수의 팬들은 '덕질'을 하는 것을 숨기기 위해 '일코', 즉, 덕질 문화에 전혀 관심이 없는 '일반인'인 척 코스프레(캐릭터 등의 모습으로 분장하여 즐기는 것)를 한다. 즉, 불법임을 감내하고 서로를 눈감아 주면서 오타쿠들의 행사에는 이러한 암묵적인 매너 혹은 룰이 생겨난다.

결국 각각 다른 팬덤 안에서 이러한 모금 내역이 천만 원을 넘어가는 것으로 추정되는 점, 많지 않은 시간차를 두고 비슷한 상황에서 후원 모금이 이루어지고 있다는 점, 동일인이 후원을 받은 금액으로 타 팬덤의 행사 대관료를 내고 취소한 것이 아니냐는 주장이 제기되면서 의혹에 휩싸였다. 추후 차명계좌 사용이 증명되고 자살사기극을 벌였음이 드러나면서, 거짓 후원 및 횡령 사실이 밝혀졌다. 그러면서 이와 같은 일은 조직적인 운영이 필요함을 깨닫고 오프라인 행사를 꾸준히 해오던 모 기업이 가족이나 지인 혹은 직원을 시켜 계획한 것이 탄로나 고소를 당하게 되었다.

사이버 도둑들은 이런 면에서 트렌드 세터(Trend Setter)[9]에 가까우며 꼼수의 대가이자, 지피지기면 백전불패라는 말에 걸맞는 전략가들이다. 우산 장수가 비 오는 날 우산을 잔뜩 준비하듯, 사이버 도둑은 설과 추석 연휴를 전후로 택배 사칭 사기를 벌이고 부모에게는 자녀인 척하여 용돈을 얻어내는 타고난 낚시꾼이다. 하지만 이러한 조직적 형태의 도둑질은 아무래도 꼬투리를 잡히기 쉽다. 그런데도 그들은 조직으로 움직이는 것의 장점을 놓치지 않고 꾸준히 도둑질을 해낸다. 대체 이들의 지속적 운영비결은 무엇일까?

도둑질의 지속성에는 뜻밖에도 평범한 아르바이트생이 연관되어 있다. 일반적으로 알바 사기의 목적은 크게 두 가지로 분류된다. 하나는 중고거래를 위한 대포통장이 필요해서 이며, 또 하나는 대포통장 개설을 위해서다. 그런데 또 돈을 두둑히 준다고 하니, 가장 손쉽게 걸리는 것이 취업준비생들이다. 한참 취업을 준비하며 부족한 생활비 마련을 위해 구직사이트에 개인정보를 기입하는 이 불쌍한 사람들은, 아무런

---

9 그 시대의 유행을 조사하거나 선동하는 사람을 의미하는 단어로 마케팅 분야에서 자주 사용된다.

의심 없이 '해외 구매대행 기업' 등으로 올라온 채용공고에 속아 '근로 계약'을 체결한다.

이 뼈아픈 사기행각은 글쓴이도 피해갈 수 없었다. 대학교 4학년, 전 전긍긍하던 시기 시급과 일자까지 정확하게 확인해주던 친절한 사이버 도둑은, 아르바이트에 합격했다며 서류제출 요구를 미끼로 신분증 사진과 신분증을 들고 찍은 필자의 사진을 요구했다. 그 정도야. 참으로 쉬운 조건이다 싶어 친구까지 끌어들였을 때는, 쉽게 걸려들어서 고맙단 말 대신 연락두절로 만남을 종결지은 상대의 자취가 흔적도 없이 사라진 뒤였다. 경찰서와 은행을 통해 확인한 결과 대포통장 개설을 위한 알바 사기로 판명이 났을 땐 이미 매혹된 뒤였다.

그러나 알바 사기는 사이버 도둑들의 사기 행각의 피날레를 장식하기 위한 도구일 뿐이다. 그들이 궁극적으로 원하는 것은 '보이스 피싱', '스미스 피싱'으로, 검찰 사칭, 채권 추심, 대출, 가상화폐 환전 등을 통해 사람들이 제 손으로 돈을 건네는 마술을 행하는 것이다. 실제로 집에서 세탁기를 돌리던 60대 노인인 필자의 아버지는 수화기 너머로 "아빠가 돈을 안 갚으면 딸이 죽게 된다"는 손윗 형제의 목소리에 깜빡 속을 뻔했다. 마술을 현실로 만들어내기 위해, 사이버 도둑들은 온 힘을 쏟는다. 일부러 자녀의 핸드폰으로 끊임없이 연락하고 일시적으로 연락두절 상태를 만들어두면, 사실관계를 파악하고자 전화한 부모의 연락은 무용지물이 된다. 덕분에 순간적으로 판단이 마비된 노인들은 앞뒤 가릴 새 없이 보내라는 돈을 알려준 계좌로 입금하게 된다.

이처럼 철저하다 못해 마술을 부리는 사이버 도둑들은 조직 운영마저 허투루 하지 않는다. 국내에서 최초로 검거된 '금오C파(金敖C派)'의 조직과 그 운영실태가 이를 여실히 보여준다. 이들은 대만인 51명, 중국인 7명, 한국인 2명 등 총 60명으로 제주도에서 빌라 2개 동을 임대하여 중국인을 상대로 4억 7,000만 원을 편취했다. 통신사직원, 공안, 금융기관 모두를 사칭하여 전화요금 연체 알림, 개인정보 유출로 인한 공안 팀장 연결 후 신고, 상담을 받게 하고 은행에 연락하는 식으로 이미 확보한 체크카드로 돈을 인출해 갔다. 이처럼 콜센터와 장집(대포통장 모집), 모집책(조직원 모집), 출자(인출), 송금(범죄수익 송금) 등의 행동 분담을 하고 서로 알지 못하게 한 뒤 검거되더라도 마비된 기관만 새로 정비하면 다시 유지되는 형태다. 특히 콜센터의 경우는 행동규칙과 합숙생활을 위한 매뉴얼까지 갖추고 있었다.

대부분의 보이스피싱은 이와 비슷한 구조다. 우두머리가 있고 중간급 관리자들은 여러 명으로 각각 다른 일을 맡는다. 두목의 지시를 받아 지출과 수익 장부를 정리하는 사람, 교육을 담당하며 보이스피싱에 사용되는 단어를 암기하고 쓰고 말하게 하며 발음 교정을 하는 사람, 성공 금액 정리와 상담조직원 보수 기록자 등이 있다. 조직원들은 1990년대 출생한 젊은이들로 나이가 적고 직업 또한 대학생이 주를 이룬다. 이들은 내부 규정을 이용해 착실히 서로 단속하는데, 그 내용 중 일부는 아래와 같다.[10]

- 여권과 휴대전화는 집중 관리한다.
- 개인 휴대전화는 사용할 수 없다.
- 상호간 본명을 알려주지 말고 별명을 사용한다.
- 시나리오는 연습 후 당일 바로 파쇄한다.
- 경찰체포 시 변호사를 선임해준다.
- 단속되면 도박사이트 운영으로 진술한다.

---

10 신상철, 「대만 보이스피싱 범죄조직 국내 활동 분석」, 『아시아연구』 21(3), 2018, 151~191쪽.

- 야간에 떠들거나 다른 방 거주자와 잡담하지 않는다.
- 경찰이 오면 시나리오 종이를 소각한다.
- 검거되면 가족을 돌봐줄 테니 두목을 물으면 백형이라고 허위 진술하라.
- 증거은닉 및 파손하라.

여기에 현금인출책으로는 단순 아르바이트생을 이용하는 게 유행이다. 이들은 쉽게 잡히지만 주범은 아니다. 대부분 검거되는 내국인은 대포통장 명의자, 판매자, 중간 송금책, 대포폰 제공 등의 단순 가담자다. 알바 사기로 고용된 것도 억울한 마당에, 아르바이트생은 사기방조죄로 처벌까지 받는다.

어린 자녀를 키우는 부모에게는 스미스 피싱[11]이 활개를 친다. 스미스 피싱은 직접 통화를 하지는 않지만, 다양하게 설계된 시나리오를 통해 지인, 친구, 자녀 등을 사칭하여 문자를 발송하여 사기를 친다. 모르는 번호로 온 문자에 "아빠, 나 폰 깨졌어. 수리 맡기고 친구 번호로 연락하는 거야. 수리비로 80만 원 나왔는데 여기 계좌로 보내달래"라는 내용이 적혀있거나, "엄마 나 급하게 돈이 필요한데, 편의점에서 구글 기프트카드 3만 원짜리 20개만 사다가 핀 번호 알려줄 수 있어?" 등이 바로 그 예다. 직접 돈으로 받지 않는 경우는 추적을 피하고 세탁을 쉽게 하기 위해서다. 그 외에도 투자 전문가를 사칭해 도움을 주겠다는 목적으로 접근해 입금하게 한 후 달아나는 준비성 있는 도둑들의 경우, 해외 IP 사용으로 기술적인 추적을 피하고, 대포통장과 대포폰으로 금융추적을 따돌리며, 금융회사를 사칭하여 악성코드를 깔아서 피해자의 스

---

11 스미스피싱이란 SMS와 피싱의 합성어로, SMS를 통하여 피싱을 하는 수법을 일컫는다.

마트폰에 설치된 모바일뱅킹 앱을 원격 조종해 계좌에서 돈을 빼내거나 금융정보를 탈취하는 원격제어 시스템을 통해 그 누구보다도 빛나는 활약을 하고 있다. 미성년자에게도 도둑질의 손길은 공평하게 적용된다. 부모님 명의로 대출이 가능하다고 말하는 '애미론', '애비론'은 엿장수가 매일 엿 두 개씩 줄 테니 집에 있는 금목걸이를 훔쳐 오라는 격이다.

하지만 뛰는 사이버 도둑 위에 나는 사이버 도둑이 있다. 보이스피싱 조직에 접근한 사이버 도둑은 그들에게서 돈을 갈취하기도 하고 대기업의 주머니를 털기도 한다. 최근 불거지는 이메일 무역 사기, 일명 스캠(Scam)[12]은 사이버 도둑들 사이에서 글로벌하게 즐겨 쓰는 수법 중 하나다. 특정 기업 최고경영자(CEO) 이름으로 재무담당자에게 이메일을 보내 특정 계좌에 거래대금을 송금하라고 지시하거나, 좋은 투자처가 있다는 내용의 이메일을 보내 투자금을 가로채거나, 상대가 기업이라면 거래대금을 특정 계좌로 입금시키라는 등 그 사례가 매우 다양하다. 그 외에도 CCTV나 인터넷프로토콜(IP) 카메라[13]를 해킹하는 사이버 도둑들은 민감한 개인의 사생활을 담아 판매하거나 보안 업체나 기업 등을 대상으로 금전을 요구한다.

그러나 우리가 살면서 당하는 완벽한 한탕은 바로 성과 사랑에 관한 뒤통수일 것이다. 로맨스 스캠(Romance Scam)은 썸 관계를 만들거나 로맨틱한 사이를 만든 뒤, 도움 등을 목적으로 현금 및 금품을 요구하는 것을 의미한다. 보는 사람도 없겠다, 1분 만에 남성이 여성이 되고 여성이 남성이 되는 기적을 행하는 사이버 도둑들은 '랜덤채팅'을 통

---

12 스캠(scam)은 상대방을 속이는 행위를 일컫는 말로, ○○○에는 크게 국가 이름이 들어가기도 하고, 작게는 로맨스와 같은 형용사가 붙기도 한다. 나이지리아 스캠, 영국 스캠 등이 대표적인 예다.
13 집 안이나 사업장, 특정 공간 등을 외부에서도 감시할 수 있게 하는 보안 카메라를 의미한다.

해 구걸하거나, 돈을 받거나, 다른 도둑과 협력하여 적당한 남성을 덫에 빠뜨리기도 한다. 앱을 통해 만나기로 해서 나가보면 현장에서 미성년자와 관계하려는 파렴치한이 되어 신고 및 폭로에 대한 입막음을 대가로 돈을 뜯기는 경우가 바로 그것이다.

아예 만나지 않고 돈을 뺏는 방법도 있다. 남성들을 상대로 야한 대화를 하자며 다른 모바일 채팅앱으로 접속하도록 유도하는 사이버 도둑은, 추적망을 가볍게 피하면서도 미리 준비해둔 야한 동영상이나 사진들을 주며 '너도 찍어서 보내라'는 등 음란물 배포 행위를 유도한다. 이때 통화를 요구하며 음성지원이 되는 어플리케이션, 즉 가짜로 만든 해킹용 어플리케이션의 설치를 유도하기도 하는데, 이 경우에는 설치와 동시에 주소록 정보를 뜯기게 된다. 이제 남은 것은 아는 사람들에게 폭로하겠다며 돈을 요구하기만 하면 된다. 이것이 '몸캠피싱'이다.

도둑질과 되팔이족

하지만 뭐니 뭐니 해도 사이버공간에서 사기당하기 쉬운 곳은 '중고나라', '당근마켓', '번개마켓'일 것이다. 그중에서도 네이버 카페 서비스를 통해 2003년 개설된 '중고나라'는 멤버수 1,871만여 명에 이르는 국내 최대 규모의 중고 거래 사이트다. 현재는 통신판매 중개자로서 완전히 자리 잡고 네이버페이나 유니크로 안전결제 시스템 또한 갖추고 있지만, 여전히 오늘도 '평화로운' 중고나라라는 비꼼이 있을 정도로 많은 사기행각이 판을 치는 곳이다.

그중에서도 아예 '중고나라론'으로 자리 잡은 수법을 하나 소개해보자. 노트북, 휴대폰 등의 고가 제품을 허위매물로 올리고 거래 제의가 들어오면 선입금 거래를 한 뒤 튀는 것이다. 이 돈은 도박자금으로 쓰이기도 하는데, 사이트에서 공공연하게 공유되는 방법 중 하나다. 따라서 남녀노소 손쉽게 사이버 도둑이 될 수 있다. 하지만 그 내용은 천차만별이다. 가장 간단하게는 '중고나라론'의 변형으로, 처음부터 카카오톡 아이디를 알려주며 채팅을 시도한다. 이 경우 전화번호를 밝히지 않기 때문에, 실명인증이 되지 않은 상대와 거래하는 꼴이 된다. 이에 중고나라 카페에서는 자체적으로 사기·도용 의심 카카오톡 아이디를 밝히고 있지만 그걸로 사이버 도둑을 막기엔 역부족이다. 이미 거래가 완료된 게시물의 사진을 도용하여 판매글을 올리고, 실제 물건을 보내는 대신 그 안에 정말 물건이 있는 것처럼 보이게 벽돌을 넣는다거나 집에서 나오는 생활 쓰레기를 넣어 보내는 행위는 현대 예술을 몸소 체험하는 느낌까지 들게 한다.

더 영리한 도둑들은 차명계좌를 사용하여 흔적조차 남기지 않는다. 먼저, 도둑들은 구매 게시판에서 문화상품권이나 사이버머니 같은 현금화가 가능한 물품 판매글을 올린 게시자에게 자신이 구매하겠다는 의사를 밝힌 후, 판매자의 계좌를 알아낸다. 그리고 동시에 자신이 가지고 있지도 않은 물건에 대해서 판매하겠다는 허위 판매글을 올린다. 그러다가 미끼를 문 일반인이 도둑의 물건을 사겠다고 하면, 도둑은 자신의 계좌가 아닌 다른 물품을 판매하려고 했던 이의 계좌를 알려준다. 즉, 5만 원짜리 문화 상품권을 47,000원에 팔던 사람의 계좌로 미끼(허위 판매글 속 판매물품)를 문 사람이 같은 금액 47,000원을 넣게 되면, 상품권 판매자는 도둑에게 문화상품권 5만 원어치 핀(pin)번호를 줘서 쓸 수 있게 해준다. 도둑은 5만 원 짜리 문화 상품권을 공짜로 얻고, 5만 원 문화상품권을 판 사람은 자신의 계좌로 허위거래를 한 내역이 남게 되며, 도둑의 허위판매글에 낚인 이는 실제 판매자를 찾을 수가 없게 된다.

이 경우 남의 돈으로 문화상품권을 구매하는 것과 다름 없는데, 특히 거래 시 네이버 시스템이 아닌 카카오톡과 같은 외부 어플리케이션을 사용하는 경우 잡을 방법이 거의 없다. 심지어는 아예 가짜 안전결제 사이트를 만들어내 결제를 유도하고, 제휴업체 담당자로 사칭하는 경우도 있으니 말을 말자. 그러나 최고는 역시 조직적으로 훔치는 떼도둑일 것이다.

사이버 도둑떼는 사무실을 차리고 알바를 고용한 뒤 맘카페 등을 이용해 차명계좌로 돈을 받아 가상화폐거래소를 거쳐 세탁을 해 이익을 챙긴다. 이와 같이 해외에서 연락을 해온 경우 혹은 대포폰과 대포통장을 사용하는 경우 당하면 그 돈은 그들에게 기부한 것이나 다름없다고 생각하면 된다.

마찬가지로 애초에 물리적으로 존재하지 않는 게임 아이템 거래 또한 좋은 먹잇감이다. 게임머니를 포함한 게임 아이템을 얻은 이용자가 다른 이용자에게 금전을 지급하고 게임 아이템을 이전하는 현금거래는 사이버자산으로서 새로운 '자산'으로 인정받는다.[14] 그러므로 '먹튀'를 하는 초보 도둑부터 시작해, 개인정보를 빼내어 계정 자체를 도용하는 경우도 매우 흔하게 볼 수 있다.

그런데 이들 중에서도 너무도 조용하고 은밀하게 사이버공간을 먼지처럼 떠도는 정보들을 수집해 재활용하는 이들이 있다. 이들의 수집 후 재활용은 빈번하고도 대담해서, 가끔은 넝마주이를 떠올리게 한다. 그러나 결국 그러한 정보를 판매하는 행위를 통해 이득을 챙기기 때문에 '사이버 도둑'이라고 불러도 좋을 것이다.

---

14 정해상, 「블록체인 게임(Dapp Game) 아이템 거래와 사행성의 관계」, 「서강법률논총」 9(3), 2020, 113~141쪽.

이처럼 은밀한 사이버 도둑들은 사이버공간에서 눈으로 볼 수 있는 것들을 소리 소문 없이 훔친다. 오른쪽 마우스 클릭이 금지된 웹툰, 드래그가 되지 않는 웹소설 뿐만 아니라 그림, 음악, 영상, 무엇이든 돈이 될 만한 것을 수집한다. 아무리 저작권 침해를 들먹여도 사이버 도둑들에겐 소귀에 경 읽기다. 그도 모자라 커뮤니티나 동호회, 당근마켓 등에서 회원들끼리 나누고자 하는 무료 물품을 재빠르게 받아가곤 한다. 그러한 무료 물품에는 생활용품 뿐 아니라 오타쿠들의 돈이 되는 굿즈, CGV 영화 쿠폰, 게임 아이템 쿠폰, 편의점 할인쿠폰 등 다양하다. 심지어는 어떤 제작 물품을 공동구매하려는 이들 틈에 끼어 디자인이나 도안을 쓱싹하기도 한다. 가짜로 공동구매를 주선해 돈은 돈대로, 유니크한 디자인은 디자인대로 훔치고 튀는 것이다. 그뿐인가? 아직 수입되지 않은 영화나 드라마의 한글자막과 같은 사소한 것도 예외 없이 그들의 주머니(?)에 수집된다.

　보통 이런 식으로 수집한 정보와 물품 보따리는 '되팔기' 시장에서 그 진가를 발휘한다. 실제로 개인적으로 쓰는 경우도 있지만, 대부분은 되팔아서 수입을 얻는다. 이를테면 초상화 한 장에 5만 원을 받고 그려주겠다는 사이버화가들의 틈바구니에서, 적당히 샘플로 떠다니는 진짜 화가들의 그림을 훔친다. 그리고는 마치 자신이 그린 것처럼 작업 샘플이라고 구매자들을 현혹하여 돈을 받고 달아난다. 그 외에도 소프트웨어를 공유하거나 프로그램 툴을 공유하는 이들의 것을 훔쳐 돈을 받고 거래 사이트에서 되팔기도 한다. 이러한 거래들이 성행하는 사이트들은 훔친 물건을 거래하는 것에 걸맞게 사이버공간의 암시장으로서 활용되는데, 그곳에서는 무엇이든 자신의 컴퓨터에 저장한 파일을 일정 포인트에 팔아치울 수 있다. 이러한 포인트는 당연히 현금화가 가능하거나 다른 필요 물품을 살 수 있는 실질적인 자산이 된다.

2000년대 후반 불법촬영물 뿐 아니라 만화와 영화 등을 거래하던 '온 디스크'와 같은 대형 웹하드 사이트가 사이버 도둑들의 주거지였다면, 얼마 지나지 않아서는 토렌트(Torrent)[15] 프로그램을 이용하는 것이 유행이었다. 하지만 더는 추적을 피할 수 없게 되자, 사이버 도둑들과 암시장은 법조망을 피해 새로운 운영 규정을 가진 사이트를 만들어내야만 했다.

그리하여 찾은 타개책이 바로 2010년대 후반부터 생겨난 사이트들인데, 이들 대부분은 해외에 적을 두고 현지의 법에 따라 사이트를 운영한다. 이들은 대부분 웹툰, 만화, 웹소설 등을 불법 공유하고 복제하여 게시하는데, 특히 2016년에 등장한 '밤토끼'가 대표적이다. '밤토끼'는 페이퍼 컴퍼니를 설립하고 미국에 서버를 장만해 인천의 오피스텔에서 불법 사이트를 운영했다. 그리고 합법 웹툰 사이트에서 이미지 추출 프로그램을 이용해 무단으로 복제한 뒤 무료로 게시하는 방식을 사용하였다. 인류의 복지니 남자들의 의리니 어차피 돈 주고 볼만한 가치도 없는 작품이라느니 나누고 살자느니 별의별 말을 다 붙이면서도, 한 편으로는 또 다른 불법 사이트들의 무단 복제와 게재를 막기 위하여 창작물에 사이트 로고를 붙여 자신들의 것임을 확고히 한다. 그러면서도 사이트 첫 화면에 불법 도박 사이트, 성인 사이트 등의 광고배너를 달아 광고 수익은 따로 챙기는 야무짐을 보여준다.[16] 여기에 사이트에 가입한 회원들의 개인정보를 수집하는 건 덤이다.

덧붙여 이들은 사설 도박 사이트와 연결되어 운영되는 경우가 많은

---

15 파일을 전송하는 P2P 기술 중 하나로, 여러 대의 컴퓨터로부터 파일을 분산시켜 다운로드 받는 형식의 프로그램이다. 한국에서는 불법이다.
16 박석환, 「만화·웹툰 불법 유통의 특징과 문제점 연구」, 『만화애니메이션 연구』, 2019, 341~374쪽.

데, 단속을 피하기 위해 추천인 아이디가 필요하다는 특성[17]을 갖고 있기 때문이다. '개발자(프로그래머)·대포폰·대포통장·지인' 등의 조건을 갖추면 개설되는 인터넷 사설 도박장은 보통 서버를 일본에 두고, 필리핀, 대만, 중국 등에서 오피스텔을 계약해 거주하며 운영한다. 경찰 추적이 들어오는 경우, 이미 실시간 사이트 모니터링 중이기 때문에 도메인을 즉시 바꾼 후 오피스텔을 폐쇄한다. 결국 경찰들이 서버를 급습해도 '바지사장'의 명의로 되어 있으며, 아이피 주소를 추적해 필리핀으로 가도 사이버 도둑들은 한발 앞서 대만으로 가고, 그곳까지 쫓아간들 이미 사이버 도둑들은 떠난지 오래다.

새로운 유형의 사이버 거지들

그런데 참으로 어느 범주에도 넣기 힘든 미묘한 사이버 거지들이 있다. 이 거지들은 인스타그램, 트위터뿐만 아니라 유튜브와 같은 방송 사이트로 발길을 돌렸다. 개인 방송 시대의 도래에 익명성이 사라질 위험을 감수하고서, 얼굴을 공개한 채 구걸을 하는 것은 아무것도 아니라는 듯 대담하기까지 하다.

이는 제대로 된 구걸이나 도둑질보다는 교환을 선택한 것으로 볼 수 있다. 트위치나 아프리카TV 같은 라이브 스트리밍 사이트에서 '먹방[18]'

---

17 윤우석, 「불법온라인 도박의 운영방식과 현황파악에 관한 연구: 관찰조사를 중심으로」, 「한국공안 행정학회보」 64, 2016, 139∼165쪽.
18 먹는 방송의 줄임말로, 보통 시청자들이 원하는 음식을 이야기하면 배달 및 조리를 통해 먹는 방송을 진행한다. 따라서 BJ들은 대부분 대식가이며 야식을 먹는데, 먹는 양을 동일하게 유지하면서도 살이 찌지 않고 건강을 챙기기 위해서 하루 4∼5시간 동안 고강도 운동을 한다.

이나 '벗방'[19] 등 다양한 방송의 송출은 실시간으로 돈을 받을 수 있게 해주는 좋은 매체다. 정해진 수익도 없으며, 그 수익을 얻는 방법도 천차만별이다. 이를테면 새우 알러지가 있다고 하더라도 새우 하나를 먹으면 10만 원을 준다는 시청자의 선언에 기꺼이 그렇게 할 의향 있는 사이버 거지들이 바로 여기에 몰려든다.

대형 플랫폼인 유튜브는 거기에 유료광고를 통한 수익까지 더할 수 있다. 그래서 개인 방송을 진행하는 비제이(BJ)[20]는 적극적으로 시청자와 기업의 논리를 수용하고, 어떤 방식으로든 관심과 인지도를 끌어올리려 안간힘을 쓴다. 하지만 방송은 하나의 업무라기보다는 팀 프로젝트에 가깝다. 따라서 이들을 노리는 인터넷 방송 제작을 지원해주는 회사 또한 생겨났다. 거지들이 왕초를 중심으로 조직되는 것처럼, 비제이도 회사에 소속되면 플랫폼과의 다툼을 직접 해결하지 않아도 되며, 개인의 힘으로는 해결하기 힘든 영상 편집, 해외 자막 구현, 수백만 원에 달하는 영상 장비의 문제를 해결할 수 있다. 그뿐만이 아니다. 회사나 팀을 만들어 제작한 방송을 통한 사기는 하나의 프로젝트가 된다. '먹뱉'[21] 논란 유튜버의 경우, 알고 보니 회사가 직접 비제이를 구인하고 영상 제작자 등의 전문가를 통해 팀을 꾸려 만든 '거짓 방송'으로 인지도를 올리고 광고를 받아 이익을 챙기기도 했다.

게다가 인터넷 방송 시대의 초기부터 활동해온 유명 비제이들을 따라잡기란 매우 힘든 일이다. 그러므로 새로운 비제이들은 빠르게 인기순

---

19 벗는 방송의 줄임말로, 성인 방송이다. 여성들이 대다수이며, 가슴을 노출하는 등 수위 높은 방송을 포함해 코스튬을 입고 유저와 음란채팅을 하는 등의 방송도 있다.

20 BJ는 인터넷 방송인들을 의미하며 Broadcasting Jockey의 약자이다.

21 먹고 뱉는다는 행위를 일컫는 말로, 먹는 모습을 찍고 쓰레기봉투나 변기 등에 씹던 음식물을 버리는 것을 의미한다. 영상 업로드 시에는 먹고 즐기던 모습까지만 잘라내어 송출한다.

위 안으로 치고 올라가기 위해 구독자 수에 매달릴 수밖에 없기 때문에 이들을 위해 대량으로 구글 계정을 생성해 구독자 수를 높여주는 또 다른 사이버 도둑인 전문 조작업체가 생겨나는 것은 필연적이다. 구독자 1만 명에 80만 원, 조회수 2만 회에 20만 원 등을 투자하면 후에 수십억 원의 광고 수익을 올릴 수 있으니, 구독자부터 늘리는 것이 가성비 좋은 투자처럼 느껴지기까지 한다.

이처럼 언택트 시대의 도래로 더욱 넓어진 시장 안에는 참으로 여러 사이버 거지와 도둑들이 상주한다. 다양한 영상만큼 다양한 배경의 사람들이 쉽게 참여할 수 있게 되면서 많은 사이버 거지와 도둑들은 동성애자에서부터 노인, 여성, 어린이, 트랜스젠더 등의 속성을 숨기지 않고도 사이버공간에서 충분히 또 다른 '나'가 될 수 있다.

사이버 시대의 눈부신 도래

고대사회로부터 현대사회에 이르기까지 언제나 존재해왔던 거지들은 사회의 골칫거리처럼 여겨지며 사회 안에서 배제, 격리, 수용되곤 하였다. 하지만 그들은 경제적 몰락, 사회 구조의 모순 등으로 인해 어쩔 수 없이 거지가 될 수밖에 없었으며, 다양한 모습으로 각 시대의 사회적 약자의 상을 담고 있었던 것이 분명하다. 그러나 2022년, 이제 우리의 눈에 더는 그런 거지들과 도둑들의 모습이 보이지 않게 되었다. 대신 그들은 복지시설이나 살기 좋은 사이버공간으로 이주했다.

이제 사이버 거지와 사이버 도둑은 사이버공간 안에서 내 실제 모습과 나이와 스펙과 형편에 상관없이 어엿한 거지와 도둑으로 활약할 수 있다. 대응해보고자 경찰들이 머릴 싸매고 많은 매체가 그들을 잡으려

혈안이 되어있지만, 자유로운 세상 안에서 익명성과 다양한 해킹 프로그램, 사기 수법으로 무장한 이들을 잡기는 쉽지 않다. 사람들은 그들에게 한 번쯤 당하고 나서야 사이버공간이 현실 공간과 다름없으며, 사이버세상에서 먼지처럼 떠도는 자신의 개인정보에 경악하고 먹잇감이 되었음에 분함을 참지 못하게 된다.

그런 점에서 사이버 거지와 사이버 도둑은 넝마주이처럼 하나의 직업으로서 인정해야 할지 모른다. 상대에 대한 꼼꼼한 파악을 바탕으로 한 사기는 범죄 수사를 이끌어가는 프로파일러의 모습을 방불케 하며, 철저한 사전검증과 준비성은 법정에 선 변호사와 비슷한데, 마술적으로 현실을 그려내는 수법은 한 편의 끝내주는 사기극을 연기하는 배우들과 같다. 그들이 하는 수많은 활동은 사회운동가나 시민들이 주장하는 것보다도 더 강력하게 국가와 법을 향해 수많은 모순점을 파고들어 허점을 까발리고 대책을 강구하도록 만든다. 대기업에서 정보를 털어가고 시민들의 돈을 빼먹는 동안 방관하던 국가는 그제야 허겁지겁 피해액을 환산하고 관련 법안을 제정하려 한다. 이런 점에서 사이버 도둑은 국가에 경각심을 일깨우는 하나의 아이콘으로 자리잡은 것 같다.

그럼에도 아직 그들이 주는 교훈은 많다. 예를 들어 여전히 국제공조수사가 가진 많은 난관으로 보이스 피싱의 피해액은 대부분 돌려받지 못하는 무능함, 게임 아이템의 피해를 인정하지 않는 고지식함이 그것이다. 어쩌면 그런 면에서 사이버 도둑은 범지구적 활약을 통해 시대에 뒤진 법안을 뜯어고치라 요구하고, 국가는 그들의 활약에 미필적 공조를 해준 셈이 아닐까? 더불어 시대의 흐름을 제대로 즐길 줄 아는 사이버 거지와 사이버 도둑은 그들이 사는 사회에 존재하는 여러 모순과 문제를 보여주는 단면이기도 하다. 취업 준비를 위해 대학만 열심히 다닌 청년들이 어떻게 '가성비' 관점에서 보이스피싱의 현금인출책이 되는

지, 노인들에 대한 정보화 교육의 미비가 어떤 결과로 돌아오는지 말이다. 아예 '먹뺕' 등과 같은 사기행위가 논란성을 발판 삼아 더 많은 구독자를 보유하고 수익을 챙기는 기회가 되어버리는 경우는 합법과 불법의 사이에서 사람들에게 선택을 종용하고 있는 것처럼 보이기까지 한다.

그러나 가장 주목할 것은 이러한 사이버 거지와 사이버 도둑이 그 누구보다도 앞질러 현 시대에 잘 적응하며 살아가고 있다는 점이다. 더는 사이버경찰이 손을 쓸 수 없을 만큼 성장하고 다양한 수법과 가면을 쓰고 살아가는 이들의 모습 속에서, 자본주의 안에서 다양성을 가진 소수자의 진정한 역능을 엿볼 수 있지 않을까.

약물과 함께하는 삶과 죽음[1]

연구모임POP*

이 글은 세 개의 절로 구성되어 있고, 각 절을 각기 다른 사람이 작성하였다. '한국 사회에 켐섹스 이슈를 제기하기'는 약물사용과 약물사용자의 문제를 단속과 처벌로 해결하지 말고 약물사용자의 건강과 인권을 제기하면서 새로운 구도에서 보자고 제안한다. '위해감소' 전략에 입각하여 활동해온 POP의 지향을 소개하고 약물사용의 부작용이나 후유증은 약물이 증폭시키긴 했지만 생산해낸 것이 아니라, 약물사용자가 사용하게 된 이유나 약물과 상관없이 오랫동안 가져온 삶의 문제이고, 이것이 약물의 화학적 작용과 사회적 낙인이 결합하면서 약물사용 이후의

---

* 켐섹스 이슈를 다루는 연구모임. 위해감소 전략과 약물 비범죄화, 약물사용자의 인권과 건강 등을 주제로 연구해왔고, 게이 약물사용자의 경험과 삶을 드러내기 위한 작업을 해왔다.
  queerpop@gmail.com
1 『문학들』 78호(2024년 겨울)에 실림.

삶에 자리 잡게 되었다는 점을 지적한다.

'약물과 함께하는 삶'은 약물사용을 중단한 이후에도 약물과 함께 살아가는 방식에 대해서 서술하였다. 필자는 약물사용을 중단하고 나서, 약물과 함께 살아간다는 것의 의미를 정면으로 마주하고 있는 자신을 드러낸다. 약물사용 또한 살기 위한 방식이었고, 약물사용을 중단한 이후에도 몸과 마음에 남아 있는 약물의 기운과 기억을 어떻게 안고 살아갈 것인가에 대해 이야기하는 것이 필요하다고 지적한다.

'약물과 함께하는 죽음'은 단약의 이유와 목표를 질문하면서 이 질문이 온전히 약물사용자의 삶의 맥락에서 자리 잡는 것이 중요하다는 점을 제기한다. 불법적인 약물을 중단하는 것이 범법자가 되지 않는 길이라는 명령에 복종하도록 강요하는 단약은 약물을 중단하는 이유도 약물사용을 주저하게 만드는 이유도 되지 못한다. 처벌을 피하기 위해서, 직장으로부터 해고되지 않기 위해서, 가족으로부터 버림받지 않기 위해서 강요되는 단약은 그 이후의 삶을 약속하지 못한다. 약물을 사용할 때 약물사용자가 지키고 싶었던 일상과의 관계가 약물과의 거리를 만들 수 있었다면, 그 힘으로 단약에 대한 결심과 단약 이후에 지속될 삶을 욕망할 수 있다고 말한다. 약물과의 거리를 만들 수 있는 힘이 소수에게만 주어지는 행운이 아니라 모든 약물사용자가 경험할 수 있는 자원이 될 수 있도록 하고 그 길에 동행하는 것이 약물사용자의 건강과 인권을 돌보는 조력자의 역할이라고 말한다.

한국 사회에 켐섹스 이슈를 제기하기

약물이슈를 게이 섹슈얼리티와 관련한 경험으로, 문화로, 현상으로,

의제로 다룰 필요가 있다고 생각한 소수의 인원이 2015년부터 모임을 하기 시작했고 "연구모임POP"(Power of Pleasure)라는 이름을 붙였다. 이 모임은 그동안 대만 활동가를 초청해서 '대만 게이커뮤니티 약물 이슈' 강연회를 연 것을 시작으로, 대만에서 정기적으로 열리고 있는 켐섹스(Chemsex)[2] 심포지움에의 수년간 참여와 발표, 〈켐섹스 가이드북〉 온라인 사이트[3] 구축, 〈켐섹스하는 사람들의 이야기와 한국 상황에 대한 보고서〉(이하 〈보고서〉))[4] 출간, 게이 섹스와 약물 이슈를 담은 싱가폴 영화 상영회 개최 등의 활동을 했고, 정부의 '마약 단속'과 관련된 비판 논평 등을 발표하였으며 '2023 노프라이드 파티'[5]를 공동으로 기획하였다. 한국게이인권운동단체 친구사이에서 수여하는 17회 무지개 인권상을 수여하기도 했다.

약물사용자에 대한 악마화, 치료가 아니라 처벌과 감금을 기조로 하는 국가 정책 속에서 노동을 위한 각성제, 고통을 줄이기 위한 진통제가 아닌 성 만족을 위해 약물을 사용하는 켐섹스는 순도 100%의 질타를 받는다. 게이 커뮤니티 안에서도 약물에 대한 인식은 별다르지 않으며 켐섹스는 게이에 대한 사회적 인식을 망가트리는 수치로 인식된다.

이에 대해 연구모임POP는 켐섹스가 게이 섹슈얼리티 문화의 일부라

---

2 켐섹스(Chemsex)란, 케미컬 섹스의 줄임말로 남성과 성관계를 가지는 남성(MSM)이 섹스 이전이나 도중에 아이스(aka 얼음, 필로폰, 메스암페타민), 케이−김치(ketamine), 지워터(GHB/GBL) 등을 포함한 약물을 사용하는 것을 의미한다. 켐섹스는 게이 남성들이 쓰는 데이팅 앱(특히, 그라인더)에서 유래된 용어다.
3 켐섹스 가이드북 홈페이지 보기 https://chemsexsupportkorea.cargo.site/
4 연구모임POP, 〈켐섹스하는 사람들의 이야기와 한국 상황에 대한 보고서〉(2022) 다운로드 받기 https://chemsexsupportkorea.cargo.site/26548339
5 노프라이드 파티 홈페이지 보기 https://nopride2023.my.canva.site/. 연구모임POP는 "구금시설에는 프라이드가 없다. 약물사용 비범죄화를 요구한다"는 선언문을 별도로 발표했다. 노프라이드 파티의 전반적인 소개는 다음의 글을 참조할 수 있다. 나영정, 2023, "'프라이드'가 부끄럽게 여기는 불법 존재들의 삶과 정치 드러내기", 〈비마이너〉, 7월 28일.

는 점을 인식하고, 그로부터 발생할 수 있는 해로운 영향을 줄이면서도 약물사용자들을 커뮤니티 밖으로 배제하지 않고 이들의 생존과 인권을 돌보는 역할이 필요하다는 점을 주장했다. 약물사용 경험이 있는 게이들의 목소리를 드러냄으로써 약물사용자를 인간화하고 관계성의 단초를 마련하고자 했다.

〈보고서〉(2022)는 약물사용 경험이 있는 게이남성 여섯 명의 인터뷰에 기반해, 인터뷰에서 등장했던 중요한 타인에게 편지를 쓰는 형식으로 쓰였다. 애인, 동료, 상담선생님, 커뮤니티 유사가족들, 그리고 어플에서 만나는 약물에 호기심을 가진 이들에게 인터뷰이들은 최선을 다해서 자신이 왜 약물을 사용했고, 중단하거나 유지했는지, 그 과정에서 자신에게 소중한 이들에게 전하고 싶은 이야기는 무엇인지에 대해 썼다. 게이 커뮤니티가 약물사용자를 커뮤니티 일원으로 인식하고, 이들이 HIV감염인으로서, 빈곤한 사람으로서, 외모 자원이 없는 사람으로서, 게이로서 살아오면서 느꼈던 외로움과 배제의 이슈를 함께 마주해주길 바랐다.

또한 켐섹스가 가진 쾌락과 욕망에 대한 긍정과 추구라는 속성을 빼놓을 수 없다. 강렬한 화학작용이 만들어내는 자신감과 눈앞의 상대에게 느끼는 친밀감은 각자가 게이로 살아오면서 마주했던 복잡한 장벽들을 뛰어넘게 만든다.

이 약물의 특징이 친밀감을 높여주는 게 있잖아요. 그래서 뭔가 이미 충분히 사랑하고 있는데도 그걸 하면 그 이상 단계로 넘어가는 거 같은, 서로에 대해서 다 터놔도 될 것 같다는 안전한 느낌이 들게 해주니까 그걸 위해서 많이 사용했던 거 같고, 쾌감도 있고. 저는 정말 한 사람과만 사용했고, 그 사람이 애인이었는데 지금 와서 생각해

보면 그 사람이랑 사용하는 거 외에 약물을 사용하는 큰 의미를 못 찾은 것 같아요. 근데 반대로 보면 그 사람과의 관계에 집착한 거죠. 제가 HIV 양성 판정을 받았을 때 그걸 부정적 견해 없이 받아들여 줬다는 게. 그것에 대해 마음에 안정이 생기니까.(〈보고서〉, 50쪽)

내가 아이스[필로폰]를 만났을 때 뭔가 생각할 필요가 없었어. 이 대상과는. 아이스가 내 베스트프렌드다 라고 이야기하는 느낌이 이런 거니까. 그렇지, 딱 맞는 느낌. 이 세상의 근심 걱정이 다 사라지니까 그 순간에는. 그 순간에는 사라지는데 그 이후에 끌고 당기는 갈등은 더 심해지지. 그럼 또다시 이걸 생각하게 되는 거고. [중략] 외로움의 맥락에서 약물을 이야기하는 건 단지 시작점인 것 같아. 그래서 개인적인 맥락 전반에서 외로움이 약물사용의 이유라고 설명하는 건 좀 힘들다고 생각해. 약물이 한번 몸에, 삶에 들어오면 강력한 케미컬의 힘에 이끌릴 수밖에 없게 되니까. 그래서 평생 중독이랑 싸워야 한다, 그 얘기가 크게 틀린 말은 아닌 거야. [중략] 성 쾌락 추구의 문제도, 사실은 약물을 사용한다고 쾌락을 약속하는 건 아니야. 왜냐하면 이걸로 성 쾌락을 느낄 순 있는데, 강력한 경험은 한두 번 뿐이고….(〈보고서〉, 75~78쪽)

HIV감염인과 관계 맺는 차별적인 방식, 쾌락을 추구하면서도 '문란함'에 대한 도덕적 판단이 선택적으로 작용하는 한계가 게이 커뮤니티에 여전히 존재한다. 이는 게이 섹슈얼리티를 단죄하고 위험하게 여기는 사회구조와 불연속적으로 공명하면서 비동질적인 경험을 만들어낸다. 켐섹스를 하는 게이들의 경험은 게이 섹슈얼리티나 게이 커뮤니티를 대표하는 경험이 될 수는 없겠지만, 한편으로는 쾌락을 추구하고 동시에 비정상성을 단속하는 커뮤니티의 중대한 단면을 보여준다. 이는 어떤 이들이 쉽게 사회 밖으로 밀쳐지고, 구금되고, 빈곤의 굴레로 들어간다는 것을 의미한다. 윤석열 정부의 단속 강화 정책 속에서 많은 커뮤니티 구성원이 단속되고 구속을 경험하고 있다. 종종 미디어를 통해서 연예인, 경찰 등의 약물사용이 이슈화되면 적어도 엑스(X, 구 트위터)의 시민들은 정권의 구린 소식을 덮기 위해서 마약 뉴스가 나온다는 공식을 기억하며 정치 뉴스를 발굴하기에 바쁘기도 하다. 하지만 약물사용자의 건강과 인권을 '자기 몸을 망칠 자유'에서 어떻게 좀 더 건설적으로 논의할 수 있는지에 대해서는 그다지 나아가지 못했다.

　모임을 시작한 지 10년이 되어가고 있는 지금, POP 구성원들은 약물 범죄화와 약물사용자에 대한 낙인을 비판하는 것에서 한발 나아가기 위해 개인적인 경험을 좀 더 꺼내 보기로 했다. 약물사용자는 약물과 함께 살아간다. 약물사용자의 건강과 인권을 증진하기 위해서 애쓰는 전세계 활동가와 전문가들은 '위해감소'[6] 전략에 입각해서 약물사용자가 약물과 함께 살아갈 수 있는 방안을 끊임없이 모색하고 발굴해왔다. POP 구성원들은 이러한 지향을 통해서 약물사용 경험을 해석하고 켐섹스를 둘러싼 관계와 자원, 비용, 위계, 위험을 비판적으로 보는 작업을 하면서, 게이 커뮤니티와 시민사회에 약물사용자의 건강과 인권, 성적 낙인에 대한 문제를 제기할 수 있었다.[7] 약물사용이 개인의 불운이나 불행이거나 일탈이라는 것에 주목하는 것이 아니라, 약물이 생산되고

6　약물사용의 맥락에서 '위해 감소(Harm Reduction)'는 약물사용이 곧 유해하다는 개념을 버리고 약물사용 자체보다는 약물사용의 부정적인 결과를 개입의 대상으로 파악한다. 위해 감소 전략에는 주사기 교환 프로그램, 안전한 주사 시설, 과다 복용 예방 프로그램 및 정책, 오피오이드 대체 치료 등이 포함된다. 참조: https://harmreduction.org/

7　참조. 나영정, 「행복이 들어갑니다? ―쾌락과 돌봄을 다시 발명하기」, 『문학동네』 113호, 2022.

유통되는 전 지구적인 구조, 약물 정책이 수립되고 실행되는 사회적 맥락, 약물사용자가 겪는 성적 낙인과 빈곤의 경험에 주목했다. 의료화된 담론은 "한번 시작하면 끝", "영구적 손상", "헤어나올 수 없는 중독"과 같은 구호로 환원되면서 처벌과 단속 위주의 정책을 바꾸기는커녕 약물사용자의 사회적 격리를 정당화하는 데 활용된다. 이러한 한국 사회 현실에서, 약물과 함께 살아갈 수 있는 가능성을 상상하고 지금을 살아가고 있는 사람들의 경험을 설명해내는 것은 매우 절실한 작업이었다. 지금은 고인이 된 영국의 활동가 데이비드 스튜어트(David Stuart)가 개발한 '켐섹스 케어플랜'[8]은 약물사용자가 자신의 약물사용과 건강, 일상생활을 돌보기 위해서 스스로 계획을 세우고, 자신의 사용패턴을 돌아보고, 자신이 원하는 방향으로 나아가기 위한 노력을 지지하는 도구인데, 바로 이런 것이 약물과 함께 살아가기의 중요한 예가 된다.

하지만 약물사용으로 인해 변화된 몸과 마음, 후유증을 통해서 확인하게 되는 각자가 가진 트라우마나 내면화된 공포를 마주하게 된 이후 어떻게 여전히 약물과 함께 살아갈 것인지에 대한 이야기를 꺼낼 수 있는 기회가 별로 없다. 이러한 이야기를 하면 결국 약물사용의 폐해로 환원하면서 하지 말았어야 할 잘못을 한 것으로 환원하여 버린다. 이러한 부작용이나 후유증을 예상하고 감수한 것은 아니었지만 이렇게 경험하는 것들은 약물이 증폭시키긴 했지만 생산해낸 것은 아니다. 오히려 내가 약물을 하게 된 이유나 약물과 상관없이 오랫동안 내가 가져온 삶의 문제이고, 이것이 약물의 화학적 작용과 사회적 낙인이 결합하면서

---

8 켐섹스 케어플랜은 여기에서 확인할 수 있다. 생전에는 한글을 비롯해 전세계의 다양한 언어로 번역이 되어있었으나 사이트 개편이후 찾을 수 없는 상태이다. https://www.dean.st/chemsex-care-plan/

약물사용 이후의 삶에 자리 잡게 되었다.

부작용의 증상으로서 나타난 문제를 어떻게 다루어나갈 것인가가 눈앞에 있다. 약물사용을 중단하게 되면 이제 이 과제가 압도적으로 전면에 등장한다. 또한 약물은 항상 죽음과 함께 한다. 약물사용자들은 약물사용과 연관된 주변의 죽음들을 경험하면서 살아가며, 약물사용을 계속하게 되었을 때 죽음의 문제가 훨씬 더 가까이 빨리 다가온다고 느끼게 된다. 하지만 그 죽음들은 역사에 쌓이지 않는다. 사인은 숨겨지고, 애도는 중지된다.

약물과 함께하는 삶

이것은 '살아가기 위한' 이야기이다. 사람들은 보통 삶을 이야기할 때 빛나고 사회적으로 용인되고 점잖은 조각들만을 삶의 전시장에 내세운다. 그러나 우리는 모두 각자의 욕망을 지녔고 그 욕망과 뒤엉켜 어우러져 긴긴 삶의 여정을 이끌어간다. 그렇게 뒤엉키다 보면 그것은 더 이상 나와 별개의 다른 무엇이 아니고 나 자체가 된다. 여정의 이면에는 기실 우리가 흔히 '프라이드'라고 말할 만한 것들과는 전혀 다른, 감추고 싶고 아니 감추어야 한다고 강요받고 비난받을 만한 것들이 가득하다. 하지만 우리는 이러한 조각들이 우리 삶의 이면에 가득하며 그것들을 분리할 수 없다는 것을 너무나 잘 안다. 우리는 그것들과 함께 '살아가기' 위해서 각자가 당면한 상황 속에서 고군분투한다. 이 고군분투는 다름 아닌 '삶' 그 자체이다. 누가 이 고군분투를 자세히 들여다보지도 않고서 돌팔매질할 수 있는가.

2023년에 이러한 프라이드 너머의 삶의 문제를 지니고 공감하는 이들이 함께 이야기하고 듣는 '노프라이드 파티'가 있었다. 사회가 공고하게 세워놓은 프라이드의 벽 너머 광장에 드나듦을 금지당한 성노동자, 약물사용자, HIV감염인, 성소수자 등이 우리의 이야기를 우리의 광장에서 풀어놓았다. 그 당시 약물사용자로서 발언했던 내용을 소개하고자 한다.

모든 사건은 표면과 속사정을 지닌다. 사건의 외부자들은 이 둘 중 어느 하나에 집중한다. 사건을 가십화하고 비난의 제단에 번제로 쓰려는 이들은 주로 표면에 집중하고, 반면 사건을 해결하고 그것이 우리 공동의 문제임을 절감하는 이들은 속사정에 집중한다. 여기 사건이 있다. 이것은 문란과 타락의 얼굴을 하고 삶을 위한 몸부림과 발악이라는 속사정을 지녔다.

나는 이른바 약쟁이다. 주기적으로 내 팔뚝에 아이스라고 일컬어지는 필로폰을 꽂았다. 꽂고서 완전히 정신을 놓은 채 아무것도 생각하지 않고 모든 걸 잊고 그 순간의 감정에 취하곤 했다. 왜냐고? 문란한 쾌락이나 브레이크 없는 즐거움 때문에? 그런 표면적인 현상보다도 오늘은 속사정을 좀 더 들여다봐야 비로소 보이기 시작하는 이유를 말해보려 한다.

단도직입적으로, 나는 살고 싶어 약을 했다. 죽지 않고 어떻게든 버텨서 조금이라도 더 살아보고 싶어서. 밤새 약에 취했다가 몽롱한 정신으로 아침에 창문 틈으로 비쳐오는 햇살을 계속 보는 일. 이 살아있음을 어떻게든 조금이라도 더 지속해보고 싶어서였다. 마흔이 넘는 나의 인생 동안 여기저기에서 삶이 무너지고 좌충우돌하면서 별별 일을 다 겪고 별별 발악을 다 해 봤다. 그 마지막에 이 약이 아니면 나는 살 수가 없었다. 그저 콱 죽어버리는 것 말고는. 내 주변에는 1년, 5년, 길게는 20년 가까이 약쟁이로 살아온 사람들이 있다. 약물을 사용하면서 그 사람들과 삶을 공유하고 이야기를 듣다 보면 정말 세상에 별 희한한 기구한 삶, 보호받지 못한 인생, 존중받지 못한 마음들이 있다는 걸 깨달았다. 그렇지만 이건 너무 긴 이야기가 되겠다.

궁극적으로 내가 하고 싶은 말은 내가 만났던 그 누구도 당장 이 삶을 끝내버리고 싶어서 약을 꽂는다는 사람은 본 적이 없다. 물론 이 행위가 우리를 죽음으로 몰고 가기도 한다. 그런데 그 속사정을 들여다보면 모두가 다 살고 싶어서 약을 한다. 내쳐진 마음을 위로받고 싶어서, 치밀어 오르는 화를 해소하고 싶어서, 응답받지 못한 대화를 해보고 싶어서. 나는 제발 우리 게이 커뮤니티와 이 사회가 이 살고 싶음의 속사정을 봐주었으면 좋겠다. 이 커뮤니티와 이 사회가 우리를 지독히도 못 살게 몰아세운 것을 깨닫고 사과해줬으면 좋겠다.

커뮤니티는 이른바 못생긴 사람, 끼스러운 사람, 뚱뚱한 사람, 에이즈에 걸린 사람, 약쟁이의 삶 따위에, 그것이 그렇게 된 조건과 그들이 삶을 영위하는 방식 따위에는 전혀 관심이 없다. 오직 계급과 신분을 나누고 이들에게 그 표면을 들어 하등한 직분을 부여한 채 조리돌림과 처벌과 비난과 매도만을 행사할 뿐이다. 우리는 그저 불법이고 병균이고 무슨 '숙이', 무슨 '쟁이'로 불릴 뿐이다. 우리의 삶은 공유되거나 고민되거나 애정 받거나 하다못해 미움받지도 못한다는 생각이 들 때가 있다. 그저 꺼려지고 눈앞에서 사라져줬으면 하는 그런 감정이 이 커뮤니티를 지배하고 있다. 왜냐하면 우리는 그네들이 구축해놓은 말끔한 '게이 프라이드'에 먹칠을 하니까. 우아하게 좋은 옷 빼입고 격식 있는 말 나누는 연회에 나타난 냄새 나는 부랑자 같으니까. 자기들이 만들어놓고 도취해 있는 흥을 깨버리니까. 그래서 자기들의 족보에서 우리를 파내고 자기들의 성역에서 우리를 파묻시키지 않으면 자기들이 오염될 것 같으니까. 치장된 언어로 장식된 프라이드의 빈 상자만이 필요할 뿐

온갖 것들로 가득 찬 시궁창의 현실은 없어져 버렸으면 좋겠으니까. 이 속사정은 우리가 만든 것인가? 아니면 그들이 만든 것인가?

약 끊고 정신 차리고 당당하게 현실을 이겨내며 살아가라고? 약을 끊고 돌아온 그 자리에 옛날 우리를 몰아세우고 조롱하던 그 현실이 그대로 기다리고 있는데도? 자신들이 당당해지기 위해 온갖 자원과 권력과 우아해질 수 있는 구조를 앗아 독점하고서 우리보고 다시 돌아와 그 자리에 서서 자기네들의 손가락질을 그대로 받기를 바라다니.

나는 내가 살기 위한 방법을 택했고 내가 살기 위해 이 방법과 싸우고 헤어지고 만나고 타협하기를 반복하는 시궁창 속에 있다. 그런데 시궁창이 곧 삶인 것을 어이하랴. 나에게 정신 차리라는 말은 그만했으면 한다. 그냥 정신 차리라고 말하는 그네들부터 정신 좀 차리고 나와 진지하게 대화했으면 한다. 그네들도 나도 그냥 다같이 잘 살았으면 좋겠기에.

나는 약물을 어떻게 시작하게 되었는가? 여기에는 개인적이면서도 사회적인 이유가 모두 포함되어 있다. 나는 중학교 시절부터 거의 모든 시기를 혼자서 생활했다. 부모님의 이혼 이후 아버지와 같이 살았지만 삼교대 근무를 했던 아버지의 얼굴은 거의 볼 수 없었기에 거의 모든 살림과 결정을 혼자 알아서 해야만 했다. 마흔이 넘는 나이가 될 때까지 혼자 지내는 것에 익숙했던 나는 처음에는 몰랐지만 나이가 들면 들수록 외로움에 사무쳐갔다. 그러던 중 서른 중반 무렵 나는 HIV에 감염되었다. 처음에는 감염이 되어도 일상생활에 아무 문제가 없으며 약물을 잘 복용하면 타인에게 감염시킬 가능성도 없다는 것을 알고 별 충격을 받지 않았다. 하지만 문제는 그 후였다. 사회도 물론이지만 내가 속한 게이 커뮤니티에서는 감염인을 마치 무슨 벌레나 불가촉천민을 대하듯 하는 시선이 팽배했다. 어디를 가든 내가 아무런 위험이 없는 사람임을 계속 반복해서 설명하고 또 설명해야만 했고, 이를 이해하는 사람과 그렇지 않은 사람들을 만나면서 아무리 내가 떳떳해도 나를 바라보는 불편한 시선과 무한히 나를 설명해야 하는 자괴감 드는 일을 멈출 수 없다는 사실에 점점 지쳐갔다. 그 지쳐감은 내 안에 쌓여온 외로움과 뒤엉키면서 한순간 버틸 수 없는 거대한 파도가 되어 나의 모든 감정과 에너지를 집어삼켰다. 이것은 지극히 개인적이면서도 매우 사회적인 문제가 혼합된 것이다. 나는 나의 삶을 그저 그렇게 살아나가고 있을 뿐이었지만 사회적인 시선과 억압으로 인해 나의 삶은 더 이상 굴러가지 못하였다.

이렇게 지쳐가고 있을 무렵 나는 우연한 기회에 약물을 만났다. 약물이 주는 쾌락도 좋았지만 다른 한편으로 좋으면서 편안했던 것은 약물을 하면 그 누구도 나의 조건을 따지거나 억압하지 않는다는 것이다. 쾌락과 해방의 기분이 합쳐지면서 비로소 나는 내가 계속 살아나갈 수 있는 에너지를 얻은 것 같았고 이것이 아니면 더 이상 내 삶을 살아갈 수 없을 것만 같았다. 물론 내가 직면한 나의 문제들을 꼭 약물로 해결해야만 했느냐 하는 의문이 있을 수도 있다. 당연히 신체적 정신적 위해성이 없지 않은 약물 말고 또 다른 방식도 존재했을 것이다. 그러나 나는 여기서 약물사용에 대한 재판을 벌이고 싶지 않다. 한 인간의 삶에 대한 시비와 판결은 사법체계나 공론이 할 수 있을지 모르지만, 그보다 더 중요한 것은 한 인간의 삶에 대한 무조건적인 존중과 살핌과 나눔이며 이것이 인간을 살게 하고 인간을 인간답게 한다고 생각한다.

말하자면 약물은 내가 '살아가기 위한' 방법이었다. 나는 어떻게든 삶을 계속 살고 싶었고 그것을 위해 어떤 방법이라도 찾고 싶었다. 나뿐만 아니라 모두가 살기 위한 수단을 택할 것이고 나에게는 그것이 '약물'이었다. 그렇게 약물을 사용하다가 신체적, 정신적 위해를 겪은 이후 현재 나는 약물사용을 중단한 상태이다. 그러나 물리적 약물사용은 중단했지만 약물은 계속 내가 살아가는 영역 안에 함께하고고 있다. 어쩌면 내 삶이 끝나는 날까지 약물은 계속 나와 함께할 것이다. 약물을 하면서 느꼈던 쾌락과 해방을 다시 느끼고 싶은 갈망이 나의 삶과 함께하고 있다. 약물의 후유증으로 남은 정신과적 환청이나 망상의 문제가 나의 삶과 함께하고 있다. 약물을 사용하면서 뒤틀어졌던 인간관계에 대한 조정이 나의 삶과 함께하고 있다. 바뀌어버린 성격과 행동 양식에의 적응이 나의 삶과 함께하고 있다. 그리고 그대로 남아 있는 것들도 있다. 나의 외로움이 나의 삶에 그대로 남아 있다. 나를 더럽게 바라보고 억압하던 사회적 시선도 그대로 남아 있다.

나의 삶은 계속되고 있고 약물사용 전에 나를 괴롭히던 문제가 약물 중단 이후에도 계속 남아 있는데, 이제 나는 삶 속에서 약물과 관련한 여러 가지 사건을 새로 또 함께하고 있다. 사람들은 약물을 바라볼 때 혹은 약물 중단을 바라볼 때 오로지 물질인 '약물'만을 바라본다. 이 물질을 어떻게 사용했느냐, 왜 이런 위법적인 물질을 사용했느냐 혹은 이 물질을 중단했느냐 라는 것만 바라본다. 또 중단한다고 하면 그것으로 모든 일이 끝난다고 믿는다. 그리고 더 이상 그 사건과 그 사람에 관심을 가지지 않는다. 그러나 약물사용의 문제는 물질의 문제가 아니라 '사람'의 문제이고 '삶'의 문제라는 것을 알아야 한다. 한 인간이 약물을 사용하게 된 개인적 사회적 조건은 너무나 다양할 것이고 그것은 약물을 사용하는 동안이든 약물을 중단한 이후든 계속 존재하는 것이다. 물질이 아니라 물질을 둘러싼 삶의 문제를 들여다보지 않는다면 우리는 약물을 이해할 수 없다. 사람을 이해할 수 없다.

나는 약물을 중단한 이후 내 삶에 다시 직면해야 했다. 다시 직면한 삶은, 약물 없이 내가 처해 있는 문제들을 어떻게 헤쳐 나갈 것인가, 삶 속에 새로 들어온 약물의 문제들과 어떻게 함께할 것인가 하는 화제를 던졌다. 나의 삶은 끝나지 않았기에 나의 문제도 계속되는 것이다. 나는 사람들이 나를 "약쟁이"라고 비난하기보다 어떤 조건으로 약물을 사용하게 됐는지, 약물 속에서 삶을 무탈하게 영위했는지, 약물 후에 어떤 조건으로 삶을 살아나가려 하는지를 물어봐 주고 같이 고민해줬으면 좋겠다. 약물 전에도 약물 후에도 결국 그 모든 사건과 조건들은 '삶'을 위한 것이었다. 내가 삶을 '살아나가는' 한 이제 약물도 계속 함께한다. 말하자면 나는 여전히 약물을 '사용중'이다.

약물과 함께하는 죽음

약물사용은 지극히 개인적 경험이지만, 정치적 이해관계, 역사적 맥락 등 다양한 이유로 인해 사회적으로 부정적 의미를 지니면서 공적인 개입을 받는다. '마약'에 대한 기사만 찾아봐도, 어떤 방식으로 약물사용이 언급되는지 알 수 있다. 한 지자체는 보이스피싱과 마약을 같은 선상에 두고, 나이에 상관없이 사회문제로 확산되면서 일상을 위협하기에 근절해야 한다고 주장한다. 한 기독교 단체는 약물을 절대적으로 보호해야 하는 다음 세대와 정반대의 위치에 설정해 절대적으로 박멸해야 하고, 그래서 "마약방역"을 실시해야 한다고 주장한다.

물론, 이에 대해 연구모임 POP나 '노프라이드 파티' 주최 모임들은 약물사용, 특히 켐섹스를 인권 안에서 어떻게 얘기해야 하는지에 대한 명확한 답을 제시한다. 약물사용에 대한 편견은 쾌락을 추구하는 사람에 대한 악마화이며, 약물사용으로 인한 문제의 대부분은 사용 자체보다는 수사기관이 실적을 올리기 위한 강압수사나 함정수사로 인해 발생하며, 이는 약물의 부작용을 극대화시키고 사용자들의 삶과 관계를 망가뜨린다는 것이다. 국내에서도 점차 형성되고 있는 여론은, 약물 '문제'의 해결은 범죄화와 처벌이 아닌 치료와 지원이라는 점에 대해서 동의하지만, 더 나아가 우리는 게이 커뮤니티의 약물 문제는 커뮤니티가 겪는 경험과 관계성에 기반하기 때문에 사용자가 홀로 이겨내야 할 문제가 아니라 커뮤니티의 개입이 필요한 문제라는 점을 피력해왔다.

이러한 공적인 담론과 더불어, 켐섹스를 하는 사람의 이야기를 소개하고, 약물사용의 경험과 맥락을 사회적으로 드러내기 위한 노력이 〈보고서〉이다. 특히, 이러한 노력은 국제적으로 약물에 대한 담론으로 형성되고 있는 위해감소 원칙의 필요성에 대한 명분이며, 게이 커뮤니티가 왜 개입해야 하는지 설명하기 위한 시도이다. 이 〈보고서〉가 나온지 벌써 2년이 흘렀고, 이러한 다양한 이야기를 10년 가까이 해온 연구모임 POP의 일원으로서 개인적인 경험과 이야기를 '업데이트' 하고자 한다.

이 개인적인 이야기는 삶과 공존할 수 없는 약물과 그 사용에 대한 것이고, 결국 죽음에 대한 것이다.

약물 경험은 사용자가 처한 사회적 환경, 약물 종류, 사용 빈도나 사용량 등 다양한 변수에 크게 영향받는다. 그래서 그 경험을 하나로 묶어낼 수 없겠지만, 어떤 방식이든 오랫동안 약물을 사용하는 사람은 죽음을 향해 달려가는 것 같다. 사용량도 계속해서 늘고, 부작용도 점점 더 심해지고, 일상도 조금씩 무너지고, 사회적으로 연결된 사람들과의 관계도 소원해질 수밖에 없다. 이런 경험들이 '삶'에 가깝다고 생각하는 사용자들은 없을 것이며, '죽음'을 생각해 보지 않는 사용자도 없을 것이다.

물론, 죽음을 생각하게 되는 계기와 맥락에 경찰의 단속에 대한 두려움, 사용자를 바라보는 사회적 편견과 낙인이 반영되고, 이것이 약물사용의 전반적인 과정에서 쾌락과 즐거움 대신 두려움과 절망을 야기하는 건 맞다. 사용자에게 가장 이상적인 상황은, 경찰의 단속으로부터 자유롭고, 적당히 안전하게 사용하고 적당히 일상을 유지하며, 적당한 즐거움과 쾌락을 유지하는 것이다. 그런 상황이 만들어지려면 사회가 변해야 하고, 커뮤니티가 변해야 하고, 내 환경이 안정적이어야 하는데, 이건 '당장은' 불가능한 일이다. 그리고 약물사용자들은 자신의 문제를 인권의 관점에서 생각한다거나, 부당한 일로 표현하고 정의로운 원칙이 무엇인지 토론하지 않는다. 그냥, 힘들면 힘든 거고, 무서우면 무서운 거고, 죽을 것 같으면 그냥 그런 거다.

사용하는 기간이 길어지면서 여전히 예상을 벗어난 부작용이나 경험들을 하지만, 점점 더 강력하게 드는 생각은 '이러다 죽겠구나'이다. 몸에 난 다양한 상처들, 모텔을 전전하며 하게 되는 위험한 행동들, 며칠씩 잠을 못 자면서 생긴 정신적/육체적 피로, 단속에 대한 과대망상과 트라우마, 일상과의 괴리, 무엇보다 반복해서 겪게 되는 비슷한 고통스러운 과정의 굴레에서 벗어나지 못하는 스스로에 대한 자괴감과 무기력함 그리고 절망이다.

물론 처음부터 이런 절망의 감정이 들었던 건 아니다. 처음에는 어떻게 사용하면 더 재밌게 할 수 있을지에 대해서 주로 생각했고, 다양한 시도도 해보았고, 지속해서 사용하기 위해서 일상을 잘 유지하기 위해 노력했음은 물론 안전하게 사용하기 위해서도 꾸준히 노력했다. 즐겁지 않은 경험을 했더라도, '다음 번에 사용할 때는 더 좋겠지', '다음 번엔 더 만족스럽겠지' 라는 '희망'이 있었다. 지금 돌이켜보면, 그 '희망'이 중독인 걸까? 하여튼, 그런 시기를 거쳐, 지금은 이대로라면 죽음에 한 발짝씩 더 가까워지고 있을 거라고 생각한다.

단약을 목표로 하는 약물 중독 관련 상담이나 치료를 받다 보면, 항상 듣게 되는 말이 있다. 사용자가 스스로, 자발적으로 상담이나 치료를 받으려고 해야만 어떤 식으로든 긍정적인 효과가 있다는 것이다. 오랜 경험에 비추어 보았을 때, 그 '스스로'의 자각은 다음 번에 대한 '희망'이 꺾이고 다음 번이 조금 더 죽음에 가까울 것이라는 생각이 들 때, 비로소 생기는 것 같다. 그런데 많은 사용자는 그런 자각에 이르기 전에 자살이나 다른 방식의 죽음을 맞이하고, 경찰의 단속으로 인해 삶이 망가진다. 경험상 약물은 삶과 공존할 수 없기에, 살려면 단약은 중요하다. 그런데 단약에 이르기 위해서는, 반복된 경험을 통해 스스로 자각한 절망(또는 희망)에 이르러야 하고, 무엇보다 생존해야 한다.

항상 감사한 마음이 있다. 아직 살아남아서, 죽음의 굴레에서 벗어나고자 하는 마음을 가지게 돼서. 연구모임 POP의 활동을 통해, 켐섹스의 사회적 맥락을 이해하면서, 그리고 내가 처한 처지나 환경을 이해해 주는 활동가 친구들이 있어서, 살아남을 수 있었다. 결국, 단약이 중요하지만, 단약을 하고자 하는 마음이 생기려면 생존해야 하고, 생존하기 위해서는 게이 커뮤니티가 사회적 맥락의 켐섹스와 인권 관점의 이해를 가지고 적극적으로 개입하는 것이 필요하다. 가끔 약물을 사용하는 커뮤니티 일원이 심장마비로 죽어서 급하게 장례를 치르는 경우를 목격한다. 비단, 단약해서 살기 위해서 뿐만 아니라 존엄하게 죽고, 누군가가 추모할 수 있는 죽음을 위해서도, 이러한 인권 관점의 약물 얘기는 필요하다. 사인에 대해서 함구해야 하고, 그가 생전에 어떤 외로움과 고통을 겪었는지 나눌 수 없고, 사람들이 오지 않기를 기대하는 장례가 아니라, 사람들이 추모할 수 있고 내 경험을 이야기할 수 있고 왜 죽었는지 이야기할 수 있으면 좋겠다. 죽음과 가까운 삶을 살았다고 하더라도 죽음을 당연시하지 않고, 내 죽음을 경험한 사람들이 죽음과 가까운 다른 이들에게 더 가까이 다가갈 수 있으면 좋겠다.

나는 약물사용과 죽음의 굴레를 벗어나서 살아남아, 단약과 삶을 추구하는 과정에 이르고 싶다. 그리고 죽더라도, 그냥 숨겨진 죽음은 아니기를, 나뿐만 아니라 우리 커뮤니티의 많은 죽음이 숨겨진 죽음이 아니기를 바란다. 그런 변화를 위해, 연구모임 POP가 애쓰는 게 아닌가 싶다.

소수자들의 삶과 커뮤니티

초판1쇄 찍은 날 | 2025년 2월 21일
초판1쇄 펴낸 날 | 2025년 2월 26일

엮은이 | 윤수종
펴낸이 | 송광룡
펴낸곳 | 문학들
등록 | 2005년 8월 24일 제 2005 1-2호
주소 | 61489 광주광역시 동구 천변우로 487(학동) 2층
전화 | 062-651-6968
팩스 | 062-651-9690
전자우편 | munhakdle@hanmail.net
블로그 | blog.naver.com/munhakdlesimmian
값 22,000원

ISBN 979-11-94544-07-4   03300